高 等 职 业 教

智慧化税费申报与管理

罗佛如 苏 娜 李晓波 主 编

徐祥龙 王文华 赵 磊 黄秋香 副主编

化学工业出版社

·北 京·

内容简介

本书是2022年内蒙古自治区高等学校科学研究项目"'1+X'证书制度背景下计算机应用技术专业'三教'改革研究"（项目编号：NJSY22418）阶段性研究成果。本书在大数据技术、人工智能等技术背景下，按照我国最新财税政策进行编写，各项税收政策收录截止到2023年10月。教材内容包含了我国增值税、企业所得税、印花税等19种税费的计算、纳税申报、大数据税务风险预警管理、税务筹划、智慧化税费申报、税务会计和税收程序法等相关内容，有效对接企业税务会计岗、智慧化纳税申报岗、大数据税务风险管理岗、税收筹划岗位的工作内容和工作过程，并融合了1+X职业技能等级证书考核标准和职业院校技能大赛业财税融合大数据应用赛项和会计实务税务工作考核内容。

本书适合高职高专院校大数据与会计专业、大数据与财务管理专业、大数据与审计专业、财税大数据应用等财经类专业教学使用，也可作为应用型本科院校财经类专业的教材和社会从业人员的业务学习用书。

图书在版编目（CIP）数据

智慧化税费申报与管理 / 罗佛如，苏娜，李晓波主编. -- 北京 : 化学工业出版社，2025. 5. --（高等职业教育教材）. -- ISBN 978-7-122-48231-0

Ⅰ. F810.423 ; F812.42

中国国家版本馆CIP数据核字第2025LZ4103号

责任编辑：王　可
责任校对：张茜越
装帧设计：张　辉

出版发行：化学工业出版社
（北京市东城区青年湖南街13号　邮政编码100011）
印　　装：北京天宇星印刷厂
787mm×1092mm　1/16　印张$23^{3}/_{4}$　字数512千字
2025年8月北京第1版第1次印刷

购书咨询：010-64518888　　售后服务：010-64518899
网　　址：http://www.cip.com.cn
凡购买本书，如有缺损质量问题，本社销售中心负责调换。

定　　价：49.80元

前言

以大数据、云财务、人工智能为代表的数字经济时代已经到来，企业数字化转型升级加速，传统财税行业的工作模式也发生了巨大变化。需要财税人员手工完成的核算工作逐步由财税机器人完成，企业财税工作实现财税核算智能化、自动化。本教材具有以下特色：

1. 课程思政育人理念贯穿全过程

教材每个任务均挖掘课程思政元素，运用思政载体，在讲解知识技能时巧妙融入，在教学课件、信息化教学资源中呈现，实现德技并修的育人目标，做到节节有思政，课课能育人，课程思政育人理念贯穿全过程。

2. 以“岗课赛证”综合育人理念设计

以岗定课，教材内容与税务会计岗、智慧化纳税申报岗、大数据税务风险管理岗与纳税筹划岗的工作内容和工作过程有效对接，在很大程度上实现了“学业对接就业”“育人对接用人”。以证验课，书证融通设计教材内容，提高学生证书通过率。在专业课程教材内容中开展书证融通，将X证书考核标准和会计职称考试内容有效融入教材中，提高学生的X证书通过率，提高学生毕业就业技能。以赛促课，赛教一体化设计教材内容，提升学生实践技能水平。实现教材内容对接赛项内容和标准，由过去“教得浅、学不深”积极向“教得好，学得专”转变，在实践教学环节融入职业院校技能大赛案例技能考核点，提高学生实践能力和职业素养。

3. 校企合作，“业财税”融合助推专业教学改革，满足人才培养需求

本教材编写与内蒙古明法度税务师事务所有限责任公司、厦门科云信息科技有限公司展开深度合作，企业骨干参与教材编写，可以充分利用企业方掌握财税工作新技术的优势，按照高等职业教育人才培养规律，在产业持续升级调整、大数据技术和会计职业转型背景下，开展“业财税”融合实践教学改革。教材培养学生“业财税”融合思维，做好企业财税风险管控，为企业创造价值，满足就业市场对人才培养的需求。

4.“三教”改革，提高专业人才培养质量

教材内容全面对接企业财税工作岗位，能全面提升教师“双师型”素质，提高教师教学能力。教材以“工作领域→工作任务→岗位技能”为主线进行编写，教材内容对应财税工作内容，实现教材改革。教材配套建设在线精品课程，开展“以学生为中心”的线上线下混合式教法改革，实现课程信息化、教学资源颗粒化动态建设，提高教学质量。

5.教学资源丰富多彩，动态持续更新和建设

教材配套有课程教学标准、授课计划、教案、教学PPT课件、学中做答案、项目检测答案、主要知识点微课视频、期末试题、在线精品课程等信息化教学资源。在线精品课程信息化教学资源按照最新财税政策进行持续更新和建设，确保所学知识准确无误。

本教材是2022年内蒙古自治区高等学校科学研究项目“‘1+X’证书制度背景下计算机应用技术专业‘三教’改革研究”（项目编号：NJSY22418）阶段性研究成果。

本教材由内蒙古化工职业学院罗佛如、李晓波和内蒙古机电职业技术学院苏娜担任主编，内蒙古化工职业学院徐祥龙、王文华、内蒙古明法度税务师事务所有限责任公司赵磊和厦门科云信息科技有限公司黄秋香担任副主编，内蒙古化工职业学院郭海霞、阿荣参与编写。具体编写分工如下：苏娜编写了项目一和项目九，罗佛如编写了项目二任务一、项目三任务一、项目四任务一，赵磊编写了项目二任务二、项目三任务二、项目四任务二、项目五任务二，徐祥龙编写了项目五任务一，王文华编写了项目六，李晓波编写了项目七，黄秋香编写了项目八，郭海霞、阿荣负责收集教材课程思政素材、教材微课录制等工作。罗佛如负责教材编写结构体系设计、教材课程思政设计、教材统稿等工作。

本教材在编写过程中参考了不少教材和著作，得到了内蒙古明法度税务师事务所有限责任公司、厦门科云信息科技有限公司等校企合作单位的大力帮助和支持，在此深表谢意。

最后，感谢您选用本教材，由于编者水平有限、对实际工作研究不够全面，书中难免存在疏漏和不当之处，在此我们期待使用本教材的教师和学生的不吝指正，以便今后不断完善。

编　者

2025年8月

目录

工作领域一

税务工作基础与税务会计岗

项目一

税务工作认知

【学习目标】

一、素质目标

1. 培养为国聚财、为民税收的理念。
2. 培养诚信依法纳税意识，增强社会责任感。
3. 培养不做假账的职业品质。

二、知识目标

1. 了解税法与税收法律的关系。
2. 了解税法原则。
3. 了解税收立法与执法。
4. 了解其他税种会计核算。
5. 了解税收征收管理法的概念、适用范围和适用对象。
6. 了解税务管理的概念。
7. 了解税务行政复议的概念。
8. 熟悉现行税种与征收机关。
9. 熟悉税收征纳主体的权利和义务。
10. 熟悉税款征收方式、税收减免和税款退还、补缴税款和税款追缴。
11. 熟悉税务管理相对人税收违法行为的法律责任、税务行政主体税收违法行为的法律责任。
12. 熟悉企业所得税会计核算。
13. 掌握税法要素。
14. 掌握税务登记管理的规定、账簿和凭证管理的规定、发票管理的规定。
15. 掌握纳税申报管理的规定，应纳税额的核定、调整和缴纳，税款征收的保障措施。

16. 掌握税务机关在税务检查中的职权和职责。
17. 掌握税务行政复议范围、税务行政复议管辖。
18. 掌握增值税会计核算。

三、技能目标

1. 能够计算速算扣除数。
2. 能够进行增值税的会计处理。
3. 能够进行企业所得税的会计处理。
4. 能够进行其他税种的会计处理。

任务一　税法基础知识

【任务情景】

虚假填报捐赠扣除和大病医疗专项附加扣除案例

税法基础知识自测题

江苏省苏州市税务部门在2022年度个税汇算退税数据分析时发现，纳税人吴某存在虚假填报捐赠扣除和大病医疗专项附加扣除的情况。经查，吴某先后就职于苏州某人力资源有限公司、苏州某房地产经纪有限公司，在办理2022年度个税汇算时，填报了大额的公益性捐赠扣除和大病医疗专项附加扣除，并提供了伪造的“国家医保服务平台”相关扣除截图和捐赠支出凭证截图。税务部门进一步对该纳税人以前年度的个税汇算情况进行了核查，发现该纳税人在办理2019—2021年度个税汇算时，均存在以上类似情况。吴某在个税年度汇算时存在伪造证据骗取国家税款的情况，性质较为恶劣，税务部门已对其立案稽查，并在后续三年将其纳入税收监管重点人员名单。（来源：国家税务总局）

任务要求：思考以下问题。

1. 个人所得税工资薪金所得适用的税率形式。
2. 违反国家税法规定的行为人承担的法律责任。
3. 个人所得税法的立法机关和征收机关。
4. 谈谈偷逃税款对个人和国家的危害。
5. 你是如何理解“税收取之于民、用之于民、造福于民”的？

【知识准备】

微课－国家定税，本意爱民

一、税法与税收法律关系

（一）税法

税法是国家立法机关制定的用以调整国家与纳税人之间在纳税方面的权利及义

【思维导图】

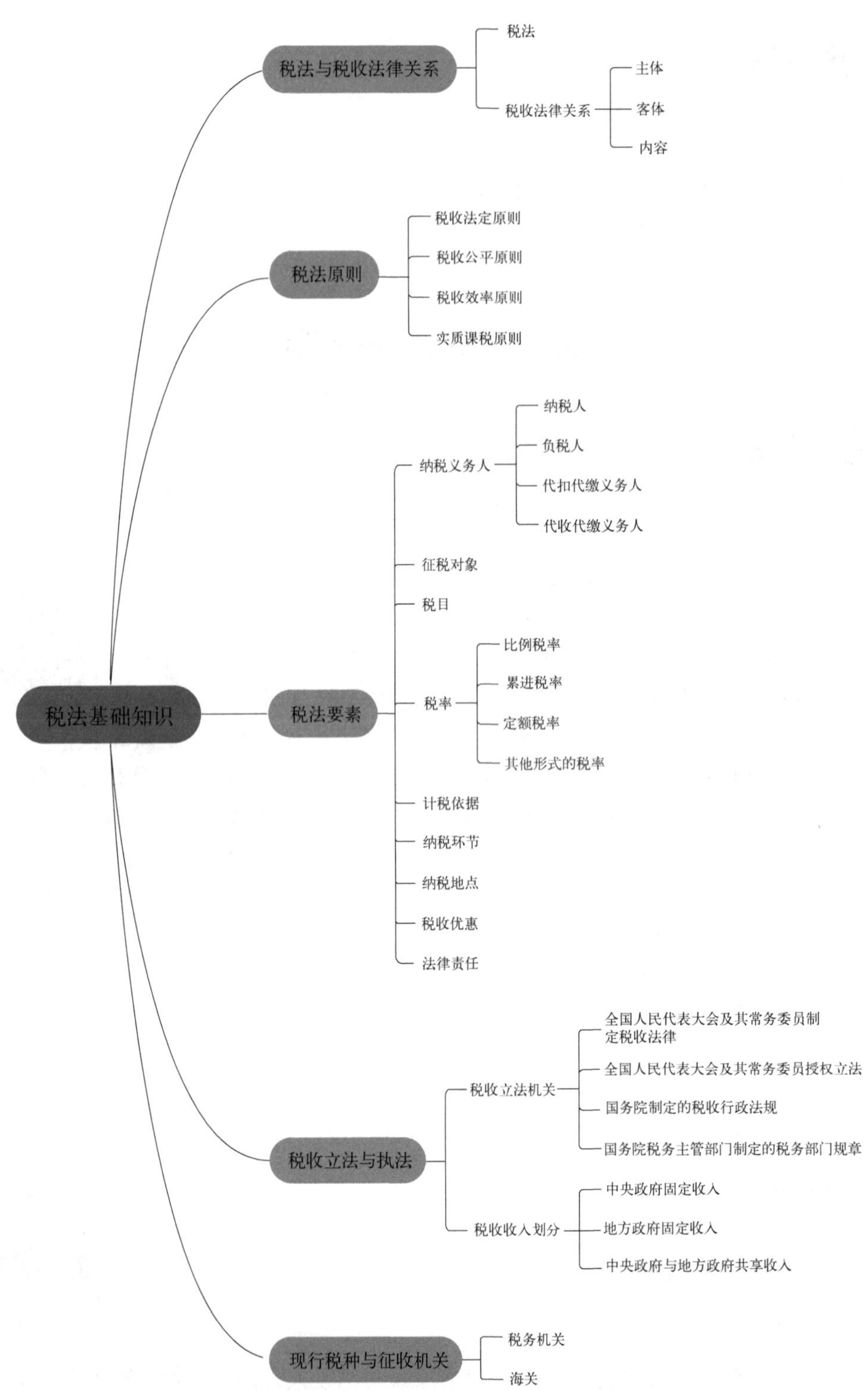

税法基础知识
税法与税收法律关系
税法
税收法律关系
主体
客体
内容
税法原则
税收法定原则
税收公平原则
税收效率原则
实质课税原则
税法要素
纳税义务人
纳税人
负税人
代扣代缴义务人
代收代缴义务人
征税对象
税目
税率
比例税率
累进税率
定额税率
其他形式的税率
计税依据
纳税环节
纳税地点
税收优惠
法律责任
税收立法与执法
税收立法机关
全国人民代表大会及其常务委员制定税收法律
全国人民代表大会及其常务委员授权立法
国务院制定的税收行政法规
国务院税务主管部门制定的税务部门规章
税收收入划分
中央政府固定收入
地方政府固定收入
中央政府与地方政府共享收入
现行税种与征收机关
税务机关
海关

务关系的法律规范的总称。税收是政府为了满足社会公共需要，凭借政治权力，强制、无偿地取得财政收入的一种形式。税收是国家取得财政收入的一种重要工具，其本质是一种分配关系；国家征税的依据是政治权力，有别于按生产要素进行的分配；税收分配是以国家为主体进行的分配；国家征税的目的是满足社会公共需要。

【想一想】如何理解税务工作“为国聚财，为民税收”的初心与使命。

（二）税收法律关系

税收法律关系是税法所确认和调整的国家与纳税人之间、国家与国家之间以及各级政府之间在税收分配过程中形成的权利与义务关系，由税收法律关系的主体、客体和内容三方面构成。

1. 主体

主体即税收法律关系中享有权利和承担义务的当事人。在我国，税收法律关系的主体包括征纳双方，即一方为征税方，包括国家各级税务机关和海关，另一方为纳税方（含扣缴义务人和纳税担保人），包括自然人、法人和其他组织。

2. 客体

客体即税收法律关系主体的权利、义务所共同指向的对象，也就是征税对象。例如，流转税（如增值税、消费税等）法律关系客体就是货物或劳务收入，所得税（如企业所得税、个人所得税）法律关系客体就是生产经营所得和其他所得。

3. 内容

内容即税收法律关系主体各自所享有的权利和承担的义务，这是税收法律关系中最实质的东西，也是税法的灵魂。

二、税法原则

税法适用原则

税法的原则反映税收活动的根本属性，是税收法律制度建立的基础。税法原则包括税法基本原则和税法适用原则。本书主要讲述税法基本原则，税法适用原则可以查阅资料学习。

税法基本原则是统领所有税收规范的根本准则，税收立法、税收执法、税收司法等一切税收活动必须遵守。税法基本原则包括税收法定原则、税收公平原则、税收效率原则和实质课税原则。

1. 税收法定原则

税收法定原则，又称税收法定主义，是指税法主体的权利义务、税法的各类构成要素都必须且只能由法律予以明确，其内容包括税收要件法定原则和税务合法性原则。税收法定原则是税法基本原则的核心。

税收要件法定原则是指有关纳税人、课税对象、课税标准等税收要件必须以法律形式作出规定，且有关课税要素的规定必须尽量明确。税务合法性原则是指税务机关按法定程序依法征税，不得随意减征、停征或免征，无法律依据不征税。

2. 税收公平原则

税收公平原则是指税收负担必须根据纳税人的负担能力分配，负担能力相等，税负相同；负担能力不等，税负不同，包括税收横向公平和纵向公平。税收公平原则源于法律上的平等性原则，特别强调“禁止不平等对待”的法理，即禁止对特定纳税人给予歧视性对待，也禁止在没有正当理由情况下对特定纳税人给予特别优惠。

3. 税收效率原则

税收效率原则包括经济效率和行政效率，前者要求有利于资源的有效配置和经济体制的有效运行，后者要求提高税收行政效率，节约税收征管成本。

4. 实质课税原则

实质课税原则是指应根据客观事实确定是否符合课税要件，并根据纳税人的真实负担能力决定纳税人的税负，而不能仅考虑相关外观和形式。

三、税法要素

微课－税法基础知识

税法要素是指各单行税法共同具有的基本要素。在税收法律里，既包括税收实体法（比如增值税、消费税、企业所得税、个人所得税等），也包括税收程序法（税收征收管理法、税收行政复议等）。税法要素一般包括纳税义务人、征税对象、税目、税率、计税依据、纳税环节、纳税期限、纳税地点、税收优惠、法律责任等。

【想一想】每一个税种一般都具有以上税法要素，税法要素为我们学习我国 18 个税种提供了什么样的学习思路和方法?

（一）纳税义务人

纳税义务人是指税法规定直接负有纳税义务的单位和个人，包括自然人和法人。

需要说明的是，实务工作中，注意区分纳税人与负税人。纳税人是指直接向税务机关缴纳税款的单位和个人，而负税人是指实际负担税款的单位和个人。有两种情形：①如果纳税人与负税人一致，属于直接税，如企业所得税、个人所得税；②如果纳税人与负税人不一致，属于间接税，如增值税、消费税等流转税类。纳税人与负税人不一致的主要原因是价格与价值背离（即税额包含在价格里），引起税负转移。

【想一想】同学们在校园超市购买商品要缴纳增值税，那么超市和你，谁是纳税人，谁是负税人?

【比较学习】代扣代缴义务人和代收代缴义务人

与纳税义务人相关的概念包括代扣代缴义务人和代收代缴义务人。代扣代缴义务人是指有义务从持有的纳税人收入中扣除其应纳税款并代为缴纳的企业、单位或个人，例如，工资薪金个人所得税由发放单位从员工工资中代扣代缴。代收代缴义务人是指在向纳税人收取商品或劳务收入时，有义务代收代缴其应纳税款的单位和个人，例如，委托加工的应税消费品，除受托方为个人外，由受托方在向委托方交货时代收代缴税款。

（二）征税对象

征税对象又叫课税对象，是指税法中规定的征税的目的物，是征税的依据，解决对什么征税，是一种税区别于另一种税的重要标志。征税对象是税法最基本的要素，它体现征税的最基本界限，决定了某一种税的基本征税范围，同时决定了各个不同税种的名称。

（三）税目

税目是课税对象的具体化，反映具体的征税范围，代表征税的广度，解决课税对象的归类，是对课税对象质的界定。税目具有明确征税范围，解决征税对象归类等作用。

（四）税率

税率是计算税额的尺度，代表课税的深度，关系着国家的收入多少和纳税人的负担程度，税率是税收制度的核心和灵魂。税率的形式主要有比例税率、累进税率、定额税率和其他形式的税率。

1. 比例税率

比例税率是指对同一征税对象或同一税目，均规定一个比例的税率。其形式包括产品比例税率（如消费税中小汽车—乘用车按排气量设置税率）、行业比例税率（如增值税销售服务按行业设置税率）、地区差别比例税率（如城市维护建设税按纳税人所在地不同设置税率）和有幅度的比例税率（如契税实行 3% ～ 5% 幅度税率）。采用比例税率的税种主要有：增值税、消费税（黄酒、啤酒、成品油除外）、城建税、企业所得税、个人所得税（综合所得、经营所得除外）、印花税、房产税、契税、车辆购置税、资源税、关税（有例外情形）。比率税率具有：①税率不随课税对象数额的变动而变动；②课税对象数额越大，纳税人相对直接负担越轻；③计算简便；④税额与课税对象成正比等特点。

2. 累进税率

累进税率是指同一课税对象，随数量的增大，征收比例也随之增高的税率。累进税率分为全额累进税率、超额累进税率和超率累进税率三类。

全额累进税率是以课税对象的全部数额为基础计征税款的累进税率，因税收负担不合理，目前我国税收法律制度中没有采用。

超额累进税率是分别以课税对象数额超过前级的部分为基础计算应纳税额的累进税率。超额累进税率的特点：①计算方法比较复杂，征税对象数量越大，包括等级越多，计算步骤也越多；②累进幅度比较缓和，税收负担较为合理；③有利于鼓励纳税人增产增收。因此，个人所得税中工资薪金所得、经营所得和劳务报酬所得均采用超额累进税率。

为了简化超额累进税率的计算，需要将速算扣除数设计在超额累进税率表中。所谓速算扣除数，是按照全额累进计算的税额与按照超额累进计算的税额相减而得的差数，用公式表示为：

速算扣除数 = 按全额累进方法计算的税额 − 按超额累进方法计算的税额

公式移项得：

按超额累进方法计算的税额 = 按全额累进方法计算的税额 − 速算扣除数

速算扣除数通常事先计算出来附在税率表中，随税率表一同颁布，例如居民个人劳务报酬所得预扣预缴率表（表 1-1）。

表1-1　居民个人劳务报酬所得预扣预缴率表

级数	预扣预缴应纳税所得额	预扣率	速算扣除数
1	不超过 20000 元	20%	0
2	20000 元至 50000 元的部分	30%	2000
3	超过 50000 元的部分	40%	7000

【学中做 · 计算题】ABC 公司某员工全年工资薪金应纳税所得额为 70000 元。

要求：请代为确定表 1-2 中第 2 级速算扣除数，并利用速算扣除数计算该员工全年工资薪金应纳税额。

表1-2　居民个人工资、薪金所得预扣预缴率表

级数	累计预扣预缴应纳税所得额	预扣率 /%	速算扣除数
1	不超过 36000 元的	3	0
2	36000 ～ 144000 元的部分	10	请计算?
3	144000 ～ 300000 元的部分	20	16920
4	300000 ～ 420000 元的部分	25	31920
5	420000 ～ 660000 元的部分	30	52920
6	660000 ～ 960000 元的部分	35	85920
7	超过 960000 元的部分	45	181920

【解答】

（1）确定速算扣除数。假定某员工全年应纳税所得额为 70000 元，则按全额累进税率计算应纳税额 =70000 × 10%=7000（元），按超额累进税率计算应纳税额 = 36000 × 3%+（70000−36000）× 10%=4480（元），因此，速算扣除数 = 按全额累进方法计算的税额 − 按超额累进方法计算的税额 =7000−4480=2520（元）。

（2）计算该员工全年工资薪金应纳税额。该员工全年工资薪金应纳税额 = 70000 × 10%−2520=4480（元）。

超率累进税率是以课税对象数额的相对率为累进依据，按超累方式计算应纳税额的税率。目前，我国只有土地增值税采用这种税率，如表 1-3 所示。

表1-3 土地增值税四级超率累进税率表

级数	增值额与扣除项目金额的比率	税率/%	速算扣除系数/%
1	不超过50%的部分	30	0
2	50%～100%的部分	40	5
3	100%～200%的部分	50	15
4	超过200%的部分	60	35

3. 定额税率

定额税率是指根据课税对象的计量单位，直接规定固定的征税数额。目前我国使用定额税率的税种包括：环境保护税、城镇土地使用税、耕地占用税、车船税、船舶吨税、消费税中部分应税消费品（如黄酒、啤酒、成品油等）、资源税中部分资源产品（如黏土、砂石、未列举名称的其他非金属矿产品、水资源）。定额税率具有以下基本特点：①税率与课税对象的价值量脱离了联系，不受课税对象价值量变化的影响。②适用于对价格稳定、质量等级和品种规格单一的大宗产品征税的税种。③由于产品价格变动的总趋势是上升的，因此，产品的税负就会呈现累退性。

4. 其他形式的税率

其他形式的税率包括名义税率与实际税率、边际税率与平均税率、零税率与负税率等，现介绍实务工作中使用较多的零税率和负税率。零税率是以零表示的税率，是减免税的一种方式，表明课税对象的持有人负有纳税义务，但不需缴纳税款。负税率是指政府利用税收形式对所得额低于某一特定标准的家庭或个人予以补贴的比例。

（五）计税依据

计税依据，又称税基，是指税法规定的据以计算各种应征税款的依据或标准。计税依据的表现形态包括从价计征和从量计征。从价计征是以计税金额为计税依据，从量计征是以征税对象的重量、体积、数量等为计税依据。

【比较学习】课税对象和计税依据

课税对象是指征税的目的物，计税依据则是在目的物已经确定的前提下，对目的物据以计算税款的依据或标准；课税对象是从质的方面对征税所作的规定，而计税依据则是从量的方面对征税所作的规定，是课税对象量的表现。

（六）纳税环节

纳税环节是指税法规定的课税对象从生产到消费的流转过程中应当缴纳税款的环节。广义的纳税环节指全部课税对象在再生产中的分布情况，如生产环节（即生产/委托加工销售环节，如增值税、资源税、消费税）、流通环节（即批发和零售环节，如增值税）、分配环节（如企业所得税、个人所得税）、消费环节（如购置使用环节，比如车辆购置税）。按照纳税环节的多少，可将税收征收制度分为一次课征制（如消费税、资源税、车辆购置税、耕地占用税等）和多次课征制（如增值税、契税等）。

（七）纳税地点

纳税地点是指根据各税种的纳税环节和有利于对税款的源泉控制而规定的纳税人（包括代扣代缴义务人、代收代缴义务人）的具体申报缴纳税收的地点。

（八）税收优惠

税收优惠是指国家对某些纳税人和征税对象给予鼓励和照顾的一种特殊规定。主要包括减税和免税、起征点、免征额等。

减税是指对应征税款减少征税部分税款。免税是对按规定应征收的税款给予免除。起征点是指征税对象达到一定数额开始征税的起点。免征额是指在征税对象的全部数额中免予征税的数额。

【比较学习】起征点和免征额

①当纳税人收入达到或超过起征点时，就其收入全额征税；而当纳税人收入超过免征额时，则只就超过的部分征税。②当纳税人的收入恰好达到起征点时，就要按其收入全额征税；而当纳税人收入恰好与免征额相同时，则免于征税。因此，享受免征额的纳税人就要比享受同额起征点的纳税人税负轻。起征点只能照顾一部分纳税人，而免征税额则可以照顾适用范围内的所有纳税人。

（九）法律责任

法律责任是指对违反国家税法规定的行为人采取的处罚措施，包括行政责任和刑事责任。纳税人和税务人员违法税法规定，都将依法承担法律责任。

四、税收立法与执法

（一）税收立法机关

根据《中华人民共和国宪法》（以下简称《宪法》）《中华人民共和国全国人民代表大会组织法》《中华人民共和国国务院组织法》《中华人民共和国立法法》以及《地方各级人民代表大会和地方各级人民政府组织法》的规定，我国的立法体制是：全国人民代表大会及其常务委员会行使立法权，制定法律；国务院及所属各部委，有权根据宪法和法律制定行政法规和部门规章；地方人民代表大会及其常务委员会，在不与宪法、法律、行政法规抵触的前提下，有权制定地方性法规，但要报全国人大常委会和国务院备案；民族自治地方的人大有权依照当地民族政治、经济和文化的特点，制定自治条例和单行条例。

1. 全国人民代表大会及其常务委员制定税收法律

现行税法中，例如《中华人民共和国企业所得税法》《中华人民共和国个人所得税法》《中华人民共和国车船税法》《中华人民共和国环境保护税法》《中华人民共和国烟叶税法》《中华人民共和国资源税法》《中华人民共和国耕地占用税法》《中华人民共和国车辆购置税法》《中华人民共和国船舶吨税法》《中华人民共和国城市维护建设税法》《中华人民共和国印花税法》《中华人民共和国契税法》《中华人民共和国税收征收管理法》已由全国人民代表大会及其常务委员会制定并发布实施。除《宪法》

外，在税法体系中，税收法律具有最高法律效力。

2. 全国人民代表大会及其常务委员会授权立法

授权立法与国务院制定行政法规不同，国务院经授权立法所制定的规定或条例等，具有国家法律的性质和地位，其法律效力高于行政法规，需报全国人大常委会备案。《中华人民共和国增值税暂行条例》《中华人民共和国消费税暂行条例》《中华人民共和国土地增值税暂行条例》属于全国人民代表大会及其常务委员会授权国务院立法。

3. 国务院制定的税收行政法规

《中华人民共和国企业所得税法实施条例》《中华人民共和国个人所得税法实施条例》《中华人民共和国环境保护税法实施条例》《中华人民共和国车船税法实施条例》《中华人民共和国税收征收管理法实施细则》等税收行政法规，其效力高于地方性法规、部门规章、地方规章，低于宪法、法律。

4. 国务院税务主管部门制定的税务部门规章

财政部、国家税务总局和海关总署有权制定税务部门规章。《中华人民共和国增值税暂行条例实施细则》《中华人民共和国消费税暂行条例实施细则》《中华人民共和国土地增值税暂行条例实施细则》等均属于税务部门规章。

（二）税收收入划分

根据国务院关于实行分税制财政管理体制的规定，我国的税收收入分为中央政府固定收入、地方政府固定收入和中央政府与地方政府共享收入。

1. 中央政府固定收入

中央政府固定收入包括消费税（含进口环节海关代征部分）、车辆购置税、关税、海关代征的进口环节增值税、证券交易印花税等。

2. 地方政府固定收入

地方政府固定收入包括城镇土地使用税、耕地占用税、土地增值税、房产税、车船税、契税、环境保护税和烟叶税等。

3. 中央政府与地方政府共享收入

中央政府与地方政府共享收入主要包括增值税、企业所得税、个人所得税、资源税、城市维护建设税、印花税（除证券交易印花税）。

五、现行税种与征收机关

现阶段，我国税收征收管理机关包括税务和海关部门。

1. 税务机关负责的税收征收和管理

①国内增值税；②国内消费税；③企业所得税；④个人所得税；⑤资源税；⑥城镇土地使用税；⑦城市维护建设税；⑧印花税；⑨土地增值税；⑩ 房产税；⑪ 车船税；⑫ 车辆购置税；⑬ 烟叶税；⑭ 耕地占用税；⑮ 契税；⑯ 环境保护税；⑰ 出口产品退税（增值税、消费税）。

2. 海关负责的税收征收和管理

①关税；②船舶吨税；③委托代征进口环节增值税、消费税。

【任务实施】

1. 个人所得税工资薪金所得适用的税率形式。

解答：个人所得税工资薪金所得适用超额累进税率。

2. 违反国家税法规定的行为人承担的法律责任。

解答：违反国家税法规定的行为人承担的法律责任包括行政责任和刑事责任，例如，如果违法情节轻微，未构成犯罪的，由税务机关追缴其拒缴的税款、滞纳金，并处一定罚款。构成犯罪的，除由税务机关追缴其拒缴的税款、滞纳金外，依法追究刑事责任。

3. 个人所得税法的立法机关和征收机关。

解答：个人所得税法的立法机关是全国人民代表大会及其常务委员会，征收机关是税务机关，一般由纳税人所在单位代扣代缴。

4. 谈谈偷逃税款对个人和国家的危害。

解答：偷逃税款是违法行为，个人将面临法律责任和处罚，包括滞纳金、罚款、刑事处罚等，影响个人征信。偷逃税款导致国家财政收入减少，影响国家的经济运行和发展。国家无法获得足够的财政收入，难以支持各项公共事业和社会福利事业，影响人民的生活质量和社会稳定。

5. 你是如何理解“税收取之于民、用之于民、造福于民”的?

解答：税收具有“返还”的性质，即最终要通过国家财政预算分配、提供社会公共产品和服务等方式用之于纳税人。在我国社会主义制度下，国家、集体和个人之间的根本利益是一致的，税收的本质是“取之于民、用之于民、造福于民”。按照国家税收法律规定，纳税人履行纳税义务，及时足额缴纳各项税款，这是纳税人享有国家提供公共产品和公共服务的前提和基础。国家通过税收筹集财政收 入，并通过预算安排将之用于财政支出，进行交通、水利等基础设施和城市公共建设，支持农村和地区协调发展，用于环境保护和生态建设，促进教育、科学、文化、卫生等社会事业发展，用于社会保障和社会福利，用于政府行政管理，进行国防建设，维护社会治安，保障国家安全，促进经济社会发展，满足人民群众日益增长的物质文化等方面的需要。

【任务总结】

本任务主要学习了税法与税收法律关系、税法原则、税法要素、税收立法与执法、现行税种与征收机关，重点理解和掌握税法要素，为学习具体税种打好基础。

【职业素养提升】

税收主要用于国防和军队建设、国家公务员工资发放、道路交通和城市基础设施建设、科学研究、医疗卫生防疫、文化教育、救灾赈济、环境保护等领域。

2021 年 1 月，厦门市警税联合破获一起虚开增值税发票案，成功摧毁 1 个虚开发票团伙。经查，该犯罪团伙控制多家空壳企业，在没有真实业务交易的情况下，累计虚开增值税专用发票2101份，价税合计金额2.19亿元，虚开增值税普通发票9365份，价税合计金额5.13亿元。该案5名犯罪嫌疑人已由公安部门移送检察机关审查起诉。(来源：央视新闻)

谈谈你对"为国聚财、为民税收"的理解。

【岗课赛证融通测评】

任务一岗课赛证融通测评

【知识技能评价】

知识技能评价表

业务能力	评价内容	评价结果	改进措施
税法与税收法律关系	1.税法 2.税收法律关系	□A　□B　□C □A　□B　□C	1. 2. 3.
税法原则	1.税收法定原则 2.税收公平原则 3.税收效率原则 4.实质课税原则	□A　□B　□C □A　□B　□C □A　□B　□C □A　□B　□C	1. 2. 3.
税法要素	1.纳税义务人 2.征税对象 3.税目 4.税率 5.计税依据 6.纳税环节 7.纳税地点 8.税收优惠 9.法律责任	□A　□B　□C □A　□B　□C □A　□B　□C □A　□B　□C □A　□B　□C □A　□B　□C □A　□B　□C □A　□B　□C □A　□B　□C	1. 2. 3.
税收立法与执法	1.税收立法机关 2.税收收入划分	□A　□B　□C □A　□B　□C	1. 2. 3.
现行税种与征收机关	1.税务机关 2.海关	□A　□B　□C □A　□B　□C	1. 2. 3.
说明：在□中打√，A掌握，B基本掌握，C未掌握			
任课教师评语			
成绩		任课教师签字	

任务二　税收征收管理与税务行政复议

【任务情景】

某公司于2021年5月22日完成上年度企业所得税汇算清缴，办理了纳税申报并缴纳税款入库。2023年4月发现2020年度企业所得税汇算清缴时因计算错误多缴了50万元，在2023年4月18日向主管税务机关提出退还多缴税款申请。主管税务机关认为这部分税款属于2020年度的税款，已超过法律规定的退还期限，决定不予退还，于2023年4月25日制作相关文书，并在2023年4月26日送达该公司签收。

任务要求：思考以下问题。

1. 该公司多交税款是否可以退还？请简述政策规定。

2. 对税务机关不予退税决定，该公司是否可以直接向人民法院提起行政诉讼？为什么？

3. 若申请税务行政复议，必须从哪一天开始多少天内提出申请？

4. 该公司应向哪个机关申请税务行政复议？

5. 复议机关受理后，应在多长时间内做出复议决定？最长可以延期多少天？

【知识准备】

一、征管法概述

（一）税收征收管理法概念

税收征收管理法是调整税收征收与管理过程中所发生的社会关系的法律规范总称。税收征收管理法属于税收程序法，它是以规定税收实体法中所确定的权利义务的履行程序为主要内容的法律规范，是税法的有机组成部分。

（二）税收征收管理法的适用范围

凡依法由税务机关征收的各种税收的征收管理均适用《中华人民共和国税收征收管理法》（以下简称《征管法》），但教育费附加不适用《征管法》。由海关负责征收的关税以及海关代征的进口环节的增值税、消费税，依照法律、行政法规的有关规定执行。我国同外国缔结的有关税收的条约、协定同《征管法》有不同规定的，依照条约、协定的规定办理。

（三）征纳双方的权利和义务

1. 征税主体的权利和义务

征税主体的职权主要包括：

（1）税收立法权：包括参与起草税收法律法规草案，提出税收政策建议，在职权范围内制定、发布关于税收征管的部门规章等。

【思维导图】

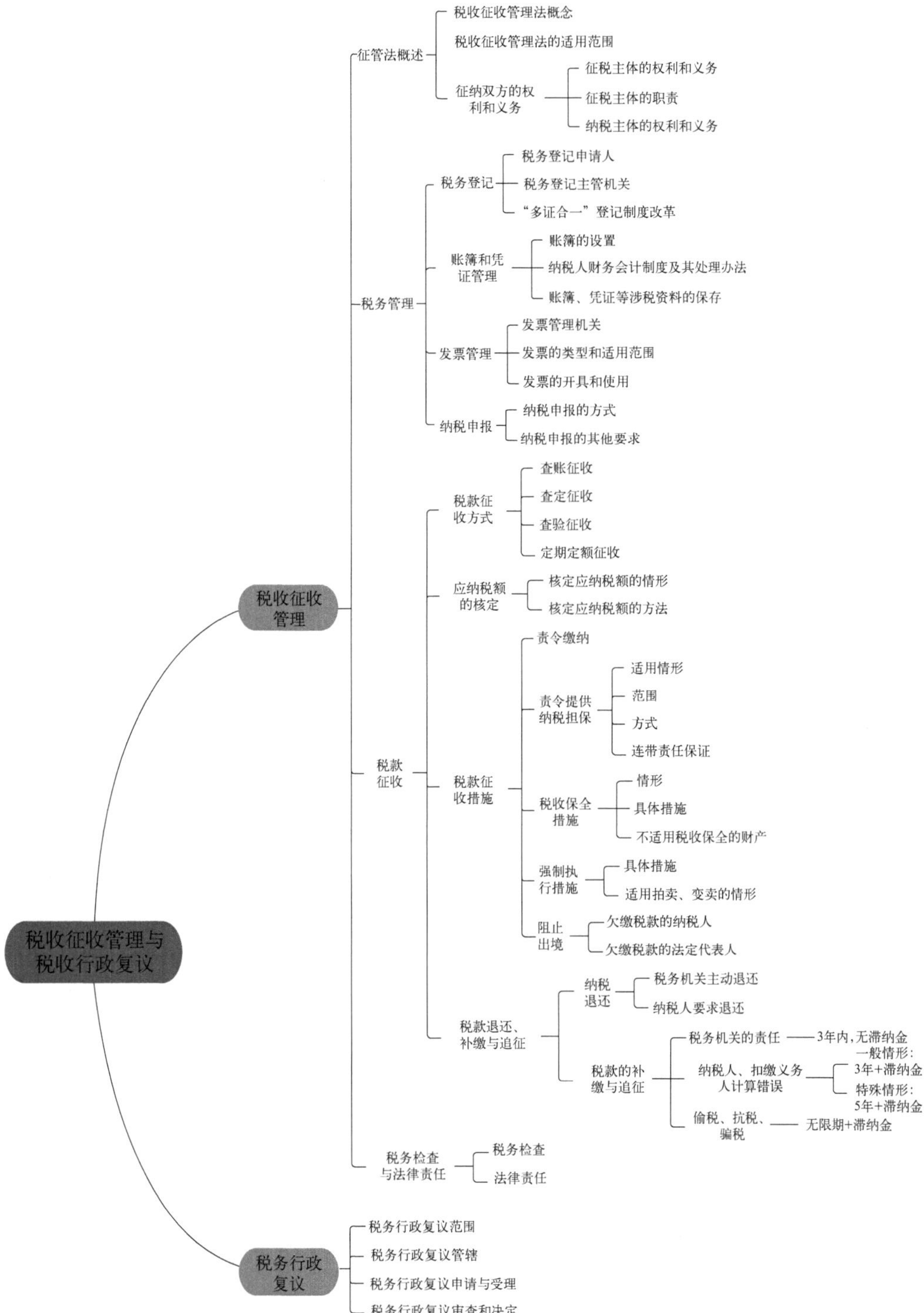
税收征收管理与税收行政复议
税收征收管理
征管法概述
税收征收管理法概念
税收征收管理法的适用范围
征纳双方的权利和义务
征税主体的权利和义务
征税主体的职责
纳税主体的权利和义务
税务管理
税务登记
税务登记申请人
税务登记主管机关
“多证合一”登记制度改革
账簿和凭证管理
账簿的设置
纳税人财务会计制度及其处理办法
账簿、凭证等涉税资料的保存
发票管理
发票管理机关
发票的类型和适用范围
发票的开具和使用
纳税申报
纳税申报的方式
纳税申报的其他要求
税款征收
税款征收方式
查账征收
查定征收
查验征收
定期定额征收
应纳税额的核定
核定应纳税额的情形
核定应纳税额的方法
税款征收措施
责令缴纳
责令提供纳税担保
适用情形
范围
方式
连带责任保证
税收保全措施
情形
具体措施
不适用税收保全的财产
强制执行措施
具体措施
适用拍卖、变卖的情形
阻止出境
欠缴税款的纳税人
欠缴税款的法定代表人
税款退还、补缴与追征
纳税退还
税务机关主动退还
纳税人要求退还
税款的补缴与追征
税务机关的责任——3年内,无滞纳金
纳税人、扣缴义务人计算错误
一般情形:3年+滞纳金
特殊情形:5年+滞纳金
偷税、抗税、骗税——无限期+滞纳金
税务检查与法律责任
税务检查
法律责任
税务行政复议
税务行政复议范围
税务行政复议管辖
税务行政复议申请与受理
税务行政复议审查和决定

（2）税务管理权：包括对纳税人进行税务登记管理、账簿和凭证管理、发票管理、纳税申报管理等。

（3）税款征收权：包括依法计征权、核定税款权、税收保全和强制执行权、追征税款权等。

（4）税务检查权：包括查账权、场地检查权（不能进入生活场所）、询问权、责成提供资料权、存款账户核查权等。需要说明的是，不能对其他内容进行检查，比如旅客自带的行李物品等；将空白发票调出查验时，应当开具收据；经查无问题的，应当及时返还；对与案件有关的情况和资料，可以记录、录音、录像、照相和复制。

（5）税务行政处罚权：如罚款等。

（6）其他职权：如对纳税人的减、免、退、延期缴纳的申请予以审批的权利；阻止欠税纳税人离境的权利；委托代征权；估税权；代位权与撤销权；定期对纳税人欠缴税款情况予以公告的权利；上诉权等。

2. 征税主体的职责

征税主体的职责主要包括：

（1）宣传税收法律、行政法规，普及纳税知识，无偿为纳税人提供纳税咨询服务。

（2）依法为纳税人、扣缴义务人的情况保守秘密，为检举违反税法行为者保密。纳税人、扣缴义务人的税收违法行为不属于保密范围。

（3）加强队伍建设，提高税务人员的政治业务素质。

（4）秉公执法，忠于职守，清正廉洁，礼貌待人，文明服务，尊重和保护纳税人和扣缴义务人的权利，依法接受监督。

（5）税务人员不得索贿受贿、徇私舞弊、玩忽职守、不征或者少征应征税款；不得滥用职权多征税款或者故意刁难纳税人和扣缴义务人。

（6）税务人员在核定应纳税额、调整税收定额、进行税务检查、实施税务行政处罚、办理税务行政复议时，与纳税人、扣缴义务人或者其法定代表人、直接责任人有利害关系，包括夫妻关系、直系血亲关系、三代以内旁系血亲关系、近姻亲关系、可能影响公正执法的其他利害关系的，应当回避。

（7）建立、健全内部制约和监督管理制度。上级税务机关应当对下级税务机关的执法活动依法进行监督。各级税务机关应当对其工作人员执行法律、行政法规和廉洁自律准则的情况进行监督检查。

3. 纳税主体的权利和义务

（1）纳税主体的权利包括：①知情权。②要求保密权。③依法享受税收优惠权。④申请延期申报权。⑤申请退还多缴税款权。⑥纳税申报方式选择权。⑦申请延期缴纳税款权。⑧索取有关税收凭证的权利。⑨委托税务代理权。⑩陈述权、申辩权。⑪ 依法要求听证的权利。⑫ 对未出示税务检查证和税务检查通知书的拒绝检查权。⑬ 税收法律救济权。⑭ 税收监督权。

（2）纳税主体的义务包括：①按期办理税务登记，及时核定应纳税种、税目。②依法设置账簿、保管账簿和有关资料以及依法开具、使用、取得和保管发票的义务。③财务会计制度和会计核算软件备案的义务。④按照规定安装、使用税控装置的义务。⑤按期、如实办理纳税申报的义务。⑥按期缴纳或者解缴税款的义务。⑦接受税务检查的义务。⑧代扣、代收税款的义务。⑨及时提供信息的义务，如纳税人有歇业、经营情况变化、遭受各种灾害等特殊情况的，应及时向征税机关说明等。⑩报告其他涉税信息的义务，如企业合并、分立的报告义务等。

二、税务管理

税务管理，是指税收征收管理机关为了贯彻执行国家税收法律制度，加强税收工作，协调征税关系而对纳税人和扣缴义务人实施的基础性的管理制度和管理行为。税务管理是税收征收管理的重要内容，是税款征收的前提和基础。税务管理主要包括税务登记管理、账簿和凭证管理、发票管理、纳税申报管理等。

（一）税务登记管理

税务登记是税务机关对纳税人的基本情况及生产经营项目进行登记管理的一项基本制度。税务登记是整个税收征收管理的起点。从税务登记开始，纳税人的身份及征纳双方的法律关系即得到确认。

1. 税务登记申请人

（1）企业，企业在外地设立的分支机构和从事生产、经营的场所，个体工商户和从事生产、经营的事业单位，都应当办理税务登记。

（2）国家机关、个人和无固定生产经营场所的流动性农村小商贩，不办理税务登记。

（3）非从事生产经营但依法负有纳税义务的单位和个人也应当办理税务登记。

（4）负有扣缴税款义务的扣缴义务人（国家机关除外），应当办理扣缴税款登记。

2. 税务登记主管机关

县以上（含本级）税务局（分局）是税务登记的主管机关，负责税务登记的设立登记、变更登记、注销登记以及非正常户处理、报验登记等有关事项。

纳税人未按照规定的期限进行纳税申报，经税务机关责令其限期申报，逾期仍不申报，税务机关可以收缴其发票或者停止向其发售发票。纳税人连续3个月所有税种均未进行纳税申报的，税收征管系统自动将其认定为非正常户，并停止其发票领购簿和发票的使用。对欠税的非正常户，税务机关按规定追征税款及滞纳金。非正常户接受处罚、缴纳罚款、补办纳税申报，税收征管系统自动解除非正常状态，无须纳税人专门申请解除。

3.“多证合一”登记制度改革

在全面实施企业、农民专业合作社工商营业执照、组织机构代码证、税务登记证、社会保险登记证、统计登记证“五证合一、一照一码”登记制度改革和个体工商户工商营业执照、税务登记证“两证整合”的基础上，将涉及企业、个体工商户和农民专业合作社登记、备案等有关事项和各类证照进一步整合到营业执照上，实现“多证合一、一照一码”。实行“多证合一”改革后，加载统一社会信用代码的营业执照，可以替代税务登记证使用。

（二）账簿和凭证管理

1. 账簿的设置

（1）账簿，包括总账、明细账、日记账以及其他辅助性账簿。总账、日记账应当采用订本式。

（2）从事生产、经营的纳税人应自领取营业执照或者发生纳税义务之日起15日内，按照国家有关规定设置账簿。

（3）生产、经营规模小又确无建账能力的纳税人，可以聘请经批准从事会计代理记账业务的专业机构或者经税务机关认可的财会人员代为建账和办理账务。聘请上述机构或者人员有实际困难的，经县以上税务机关批准，可以按照税务机关的规定，建立收支凭证粘贴簿、进货销货登记簿或者使用税控装置。

（4）扣缴义务人应当自税收法律、行政法规规定的扣缴义务发生之日起10日内，按照所代扣、代收的税种，分别设置代扣代缴、代收代缴税款账簿。

2. 纳税人财务会计制度及其处理办法

从事生产、经营的纳税人应当自领取税务登记证件之日起15日内，将其财务、会计制度或者财务、会计处理办法报送主管税务机关备案。纳税人使用计算机记账的，应当在使用前将会计电算化系统的会计核算软件、使用说明书及有关资料报送主管税务机关备案。账簿、会计凭证和报表，应当使用中文。民族自治地方可以同时使用当地通用的一种民族文字。外商投资企业和外国企业可以同时使用一种外国文字。

3. 账簿、凭证等涉税资料的保存

账簿、记账凭证、报表、完税凭证、发票、出口凭证以及其他有关涉税资料应当保存10年，但是法律、行政法规另有规定的除外。

（三）发票管理

1. 发票管理机关

国家税务总局统一负责全国发票管理工作；省、自治区、直辖市税务机关负责本行政区域内的发票管理工作；财政、审计、市场监督管理、公安等部门应当配合税务机关做好发票管理工作。

在全国范围内统一式样的发票，由国家税务总局确定；在省、自治区、直辖市范围内统一式样的发票，由省、自治区、直辖市税务机关确定。

增值税专用发票由国家税务总局确定的企业印制；其他发票，由省、自治区、直辖市税务机关确定的企业印制。

2. 发票的类型和适用范围

（1）发票的类型

① 增值税专用发票：包括增值税专用发票（折叠票）、增值税电子专用发票和机动车销售统一发票。

② 增值税普通发票：包括增值税普通发票（折叠票）、增值税电子普通发票和增值税普通发票（卷票）。

③ 其他发票：包括农产品收购发票、农产品销售发票、门票、过路（过桥）费发票、定额发票、客运发票和二手车销售统一发票等。

（2）发票适用的范围

① 增值税一般纳税人发生应税销售行为，使用增值税发票管理系统开具增值税专用发票、增值税普通发票、机动车销售统一发票（含二手车销售统一发票）、增值税电子普通发票、增值税电子专用发票。

② 增值税小规模纳税人发生应税销售行为，开具增值税普通发票，一般不使用增值税专用发票，可以到税务机关申请代开增值税专用发票。为持续推进“放管服”改革，小规模纳税人（其他个人除外）发生增值税应税行为，需要开具增值税专用发票的，可自愿使用增值税发票管理系统自行开具。

3. 发票的开具和使用

（1）发票的开具

① 销售商品、提供服务以及从事其他经营活动的单位和个人，对外发生经营业务收取款项，收款方应当向付款方开具发票。特殊情况下，由付款方向收款方开具发票：收购单位和扣缴义务人支付个人款项时；国家税务总局认为其他需要由付款方向收款方开具发票的。②取得发票时，不得要求变更品名和金额。③不得有下列虚开发票的行为：为他人、为自己开具与实际经营业务情况不符的发票；让他人为自己开具与实际经营业务情况不符的发票；介绍他人开具与实际经营业务情况不符的发票。

【拓展阅读】

虚开发票罪，是指为了牟取非法经济利益，违反国家发票管理规定，虚开增值税专用发票和用于骗取出口退税、抵扣税款发票以外的发票的行为。我国《中华人民共和国刑法》规定：虚开本法第二百零五条规定以外的其他发票，情节严重的，处二年以下有期徒刑、拘役或者管制，并处罚金；情节特别严重的，处二年以上七年以下有期徒刑，并处罚金。单位犯前款罪的，对单位判处罚金，并对其直接负责的主管人员和其他直接责任人员，依照前款的规定处罚。

（2）发票的使用和保管

任何单位和个人应当按照发票管理规定使用发票，不得有下列行为：①转借、转让、介绍他人转让发票、发票监制章和发票防伪专用品。②知道或者应当知道是私自印制、伪造、变造、非法取得或者废止的发票而受让、开具、存放、携带、邮寄、运输。③拆本使用发票。④扩大发票使用范围。⑤以其他凭证代替发票使用。已经开具的发票存根联和发票登记簿，应当保存 5 年。保存期满，报经税务机关查验后销毁。

（四）纳税申报管理

纳税申报，是指纳税人按照税法规定，定期就计算缴纳税款的有关事项向税务机关提交书面报告的法定手续。纳税申报是确定纳税人是否履行纳税义务，界定法律责任的主要依据。

1. 纳税申报的方式

纳税申报方式是指纳税人和扣缴义务人在纳税申报期限内，依照规定到指定税务机关进行申报纳税的形式。纳税申报的方式主要有以下几种：①自行申报。②邮寄申报。③数据电文申报。④其他方式。

数据电文申报，是指经税务机关批准，纳税人、扣缴义务人以税务机关确定的电话语音、电子数据交换和网络传输等电子方式进行纳税申报。这种方式运用了新的电子信息技术，代表着纳税申报方式的发展方向，使用范围逐渐扩大。纳税人、扣缴义务人采取数据电文方式办理纳税申报的，其申报日期以税务机关计算机网络系统收到该数据电文的时间为准，与数据电文相对应的纸质申报资料的报送期限由税务机关确定。

2. 纳税申报的其他要求

（1）纳税人在纳税期内没有应纳税款的，也应当按照规定办理纳税申报。

（2）纳税人享受减税、免税待遇的，在减税、免税期间应当按照规定办理纳税申报。

（3）纳税人、扣缴义务人按照规定的期限办理纳税申报或者报送代扣代缴、代收代缴税款报告表确有困难，需要延期的，应当在规定的期限内向税务机关提出书面延期申请，经税务机关核准，在核准的期限内办理。

纳税人、扣缴义务人因不可抗力，不能按期办理纳税申报或者报送代扣代缴、代收代缴税款报告表的，可以延期办理；但是，应当在不可抗力情形消除后立即向税务机关报告。税务机关应当查明事实，予以核准。

经核准延期办理纳税申报、报送事项的，应当在纳税期内按照上期实际缴纳的税额或者税务机关核定的税额预缴税款，并在核准的延期内办理税款结算。

三、税款征收

税款征收是税收征收管理工作的中心环节，是全部税收征管工作的目的和归宿。

微课－税收征收管理

（一）税款征收方式

税款征收方式是指税务机关根据各税种的不同特点和纳税人的具体情况而确定的计算、征收税款的形式和方法，包括确定征收方式和缴纳方式。税款征收方式定义及适用对象如表 1-4 所示。

表1-4 税款征收方式定义及适用对象

方式	定义及适用对象
查账征收	查账征收是由纳税人依据账簿记载，先自行计算缴纳，事后经税务机关查账核实，如有不符可多退少补。查账征收适用于财务会计制度健全的纳税人
查定征收	对账务不全，但能控制其材料、产量或进销货物的纳税单位或个人，由税务机关依据正常条件下的生产能力对其生产的应税产品查定产量、销售额并据以征收税款的征收方式。适用于生产经营规模较小、产品零星、税源分散、会计账册不健全，但能控制原材料或进销货的小型厂矿和作坊

续表

方式	定义及适用对象
查验征收	税务机关对纳税人的应税商品、产品，通过查验数量，按市场一般销售单价计算其销售收入，并据以计算应纳税款的征收方式。适用于纳税人财务制度不健全，生产经营不固定，零星分散、流动性大的税源
定期定额征收	税务机关对小型个体工商户在一定经营地点、一定经营时期、一定经营范围内的应纳税经营额（包括经营数量）或所得额进行核定，并以此为计税依据，确定其应缴纳税额的一种税款征收方式。适用于经税务机关认定和县以上税务机关（含县级）批准的生产、经营规模小，达不到《个体工商户建账管理暂行办法》规定的设置账簿标准，难以查账征收，不能准确计算计税依据的个体工商户（包括个人独资企业）。

（二）应纳税额的核定

1. 核定应纳税额的情形

纳税人有下列情形之一的，税务机关有权核定其应纳税额：

（1）依照法律、行政法规的规定可以不设置账簿的。

（2）依照法律、行政法规的规定应当设置但未设置账簿的。

（3）擅自销毁账簿或者拒不提供纳税资料的。

（4）虽设置账簿，但账目混乱或者成本资料、收入凭证、费用凭证残缺不全，难以查账的。

（5）发生纳税义务，未按照规定的期限办理纳税申报，经税务机关责令限期申报，逾期仍不申报的。

（6）纳税人申报的计税依据明显偏低，又无正当理由的。

2. 核定应纳税额的方法

税务机关有权采用下列任何一种方法核定应纳税额：

（1）参照当地同类行业或者类似行业中经营规模和收入水平相近的纳税人的税负水平核定。

（2）按照营业收入或者成本加合理的费用和利润的方法核定。

（3）按照耗用的原材料、燃料、动力等推算或者测算核定。

（4）按照其他合理方法核定。

当其中一种方法不足以正确核定应纳税额时，可以同时采用两种以上的方法核定。纳税人对税务机关采取上述方法核定的应纳税额有异议的，应当提供相关证据，经税务机关认定后，调整应纳税额。

（三）税款征收措施

税款征收措施主要包括责令缴纳、责令提供纳税担保、税收保全、强制执行、阻止出境等。

1. 责令缴纳

（1）纳税人未按照规定期限缴纳税款的，扣缴义务人未按照规定期限解缴税款的，税务机关可责令限期缴纳，并从滞纳税款之日起，按日加收滞纳税款万分之五的滞纳金。逾期仍未缴纳的，税务机关可以采取税收强制执行措施。

加收滞纳金的起止时间，为法律、行政法规规定或者税务机关依照法律、行政法规的规定确定的税款缴纳期限届满次日起至纳税人、扣缴义务人实际缴纳或者解缴税款之日止。

【学中做·单选题】甲公司按照规定，最晚应于2023年1月15日缴纳应纳税款30万元，该公司却迟迟未缴。主管税务机关责令其于当年2月28日前缴纳，并加收滞纳金。但直到3月15日，该公司才缴纳税款。甲公司应缴纳的滞纳金金额为（　　）元。

A.8850　　B.8700　　C.9000　　D.6600

【正确答案】A**【答案解析】**该企业应缴纳税款期限是1月15日，即从1月16日滞纳税款，从1月16日至3月15日，共计16+28+15＝59（天）。300000×5‱×59＝8850（元）。

（2）对未按照规定办理税务登记的从事生产、经营的纳税人以及临时从事经营的纳税人，由税务机关核定其应纳税额，责令缴纳；不缴纳的，税务机关可以扣押其价值相当于应纳税款的商品、货物。

扣押后缴纳应纳税款的，税务机关必须立即解除扣押，并归还所扣押的商品、货物；扣押后仍不缴纳应纳税款的，经县以上税务局（分局）局长批准，依法拍卖或者变卖所扣押的商品、货物，以拍卖或者变卖所得抵缴税款。

（3）税务机关有根据认为从事生产、经营的纳税人有逃避纳税义务行为，可在规定的纳税期之前责令其限期缴纳应纳税款。逾期仍未缴纳的，税务机关有权采取其他税款征收措施。

（4）纳税担保人未按照规定的期限缴纳所担保的税款，税务机关可责令其限期缴纳应纳税款。逾期仍未缴纳的，税务机关有权采取其他税款征收措施。

2. 责令提供纳税担保

（1）适用纳税担保的情形

① 税务机关有根据认为从事生产、经营的纳税人有逃避纳税义务行为的，可以在规定的纳税期前责令纳税人限期缴纳应纳税额，在限期内发现纳税人有明显的转移、隐匿其应纳税的商品、货物以及其他财产或者应纳税的收入的迹象的，税务机关可责成纳税人提供纳税担保。

② 欠缴税款、滞纳金的纳税人或者其法定代表人需要出境的。

③ 纳税人同税务机关在纳税上发生争议而未缴清税款，需要申请行政复议的。

④ 税收法律、行政法规规定可以提供纳税担保的其他情形。

（2）纳税担保的范围：税款、滞纳金和实现税款、滞纳金的费用。

（3）纳税担保方式：保证、抵押、质押。

（4）纳税保证为连带责任保证：纳税人和纳税保证人对所担保的税款及滞纳金承担连带责任。

3. 税收保全措施

税务机关责令纳税人提供纳税担保而纳税人拒绝提供纳税担保或无力提供纳税担保的，经县以上税务局（分局）局长批准，税务机关可以采取下列税收保全措施：①书面通知纳税人开户银行或者其他金融机构冻结纳税人的金额相当于应纳税款的存款；②扣押、查封纳税人的价值相当于应纳税款的商品、货物或其他财产。

需要说明的是，不适用税收保全的财产包括：个人及其所扶养家属维持生活必需的住房和用品，不在税收保全措施范围之内。个人及其所扶养家属维持生活必需的住房和用品不包括机动车辆、金银饰品、古玩字画、豪华住宅或者一处以外的住房。税务机关对单价 5000 元以下的其他生活用品，不采取税收保全措施和强制执行措施。

税务机关采取税收保全措施的期限一般不得超过 6 个月；重大案件需要延长的，应当报国家税务总局批准。

4. 采取强制执行措施

（1）从事生产、经营的纳税人、扣缴义务人未按照规定的期限缴纳或者解缴税款，纳税担保人未按照规定的期限缴纳所担保的税款，由税务机关责令限期缴纳，逾期仍未缴纳的，经县以上税务局（分局）局长批准，税务机关可以采取下列强制执行措施：

① 书面通知其开户银行或者其他金融机构从其存款中扣缴税款。

② 扣押、查封、依法拍卖或者变卖其价值相当于应纳税款的商品、货物或者其他财产，以拍卖或者变卖所得抵缴税款。

（2）税务机关采取强制执行措施时，对纳税人、扣缴义务人、纳税担保人未缴纳的滞纳金同时强制执行。

（3）适用拍卖、变卖的情形包括：

① 采取税收保全措施后，限期期满仍未缴纳税款的。

② 设置纳税担保后，限期期满仍未缴纳所担保的税款的。

③ 逾期不按规定履行税务处理决定的。

④ 逾期不按规定履行复议决定的。

⑤ 逾期不按规定履行税务行政处罚决定的。

⑥ 其他经责令限期缴纳，逾期仍未缴纳税款的。

对上述第③项至第⑥项情形进行强制执行时，在拍卖、变卖之前（或同时）进行扣押、查封，办理扣押、查封手续。

【比较学习】税收保全和强制执行（表 1-5）

表1-5　税收保全与强制执行的区别

比较项	税收保全	强制执行
对象	从事生产经营的纳税人（不含扣缴义务人和纳税担保人）	从事生产经营的纳税人、扣缴义务人、纳税担保人
前提	纳税人拒绝提供纳税担保或无力提供纳税担保的	税务机关责令限期缴纳，逾期仍未缴纳的
审批	县以上税务局（分局）局长	
具体措施	冻结相当于应纳税款的存款； 扣押、查封相当于应纳税款的商品、货物或其他财产	从其存款中扣缴税款； 以拍卖或者变卖所得抵缴税款

5. 阻止出境

欠缴税款的纳税人或其法定代表人在出境前未按照规定结清应纳税款、滞纳金或者提供纳税担保的，税务机关可以通知出入境管理机关阻止其出境。

（四）税款退还、补缴与追征

1. 纳税退还

（1）税务机关主动退还。纳税人超过应纳税额缴纳的税款，税务机关发现后，应当自发现之日起 10 日内办理退还手续。

（2）纳税人要求退还。纳税人自结算缴纳税款之日起 3 年内发现多缴税款的，可以向税务机关要求退还多缴的税款并加算银行同期存款利息。税务机关应当自接到纳税人退还申请之日起 30 日内查实并办理退还手续。加算银行同期存款利息的多缴税款退税，不包括依法预缴税款形成的结算退税、出口退税和各种减免退税。退税利息按照税务机关办理退税手续当天中国人民银行规定的活期存款利率计算。纳税人既有应退税款又有欠缴税款的，税务机关可以将应退税款和利息先抵扣欠缴税款。

2. 税款的补缴与追征

（1）因税务机关的责任致使纳税人、扣缴义务人未缴、少缴税款的，税务机关在 3 年内可以要求纳税人、扣缴义务人补缴税款，但是不得加收滞纳金。

（2）因纳税人、扣缴义务人计算错误等失误，未缴或者少缴税款的，税务机关在 3 年内可以追征税款、滞纳金；有特殊情况的（例如：累计数额在 10 万元以上），追征期可以延长到 5 年。

（3）对偷税、抗税、骗税的，税务机关追征其未缴或者少缴的税款、滞纳金或者所骗取的税款，无限期追征。

四、税务检查与法律责任

（一）税务检查

税务检查又称纳税检查，是指税务机关根据税收法律、行政法规的规定，对纳税人和扣缴义务人履行纳税义务、扣缴义务及其他有关税务事项进行审查、核实、监督活动的总称。它是税收征收管理工作的一项重要内容，是确保国家财政收入和税收法律法规贯彻落实的重要手段。

（1）税务机关有权进行的税务检查

① 检查纳税人的账簿、记账凭证、报表和有关资料；检查扣缴义务人代扣代缴、代收代缴税款账簿、记账凭证和有关资料。

② 到纳税人的生产、经营场所和货物存放地检查纳税人应纳税的商品、货物或者其他财产；检查扣缴义务人与代扣代缴、代收代缴税款有关的经营情况。

③ 责成纳税人、扣缴义务人提供与纳税或者代扣代缴、代收代缴税款有关的文件、证明材料和有关资料。

④ 询问纳税人、扣缴义务人与纳税或者代扣代缴、代收代缴税款有关的问题和情况。

⑤ 到车站、码头、机场、邮政企业及其分支机构检查纳税人托运、邮寄应纳税商品、货物或者其他财产的有关单据、凭证和有关资料。

⑥ 经县以上税务局（分局）局长批准，凭全国统一格式的检查存款账户许可证

明，查询从事生产、经营的纳税人、扣缴义务人在银行或者其他金融机构的存款账户。税务机关在调查税收违法案件时，经设区的市、自治州以上税务局（分局）局长批准，可以查询案件涉嫌人员的储蓄存款。税务机关查询所获得的资料，不得用于税收以外的用途。

（2）税务机关调查税务违法案件时，对与案件有关的情况和资料，可以记录、录音、录像、照相和复制。

（3）税务机关派出的人员进行税务检查时，应当出示税务检查证和税务检查通知书，并有责任为被检查人保守秘密；未出示税务检查证和税务检查通知书的，被检查人有权拒绝检查。

（4）被检查人的义务：①纳税人、扣缴义务人必须接受税务机关依法进行的税务检查，如实反映情况，提供有关资料，不得拒绝、隐瞒。②税务机关依法进行税务检查，向有关单位和个人调查纳税人、扣缴义务人和其他当事人与纳税或者代扣代缴、代收代缴税款有关的情况时，有关单位和个人有义务向税务机关如实提供有关资料及证明材料。

（二）法律责任

纳税人有下列行为之一的，由税务机关责令限期改正，可以处2000元以下的罚款；情节严重的，处2000元以上10000元以下的罚款：

（1）未按照规定的期限申报办理税务登记、变更或者注销登记的。

（2）未按照规定设置、保管账簿或者保管记账凭证和有关资料的。

（3）未按照规定将财务、会计制度或者财务、会计处理办法和会计核算软件报送税务机关备查的。

（4）未按照规定将其全部银行账号向税务机关报告的。

（5）未按照规定安装、使用税控装置，损毁或者擅自改动税控装置的。

扣缴义务人未按照规定设置、保管代扣代缴、代收代缴税款账簿或者保管代扣代缴、代收代缴税款记账凭证及有关资料的，由税务机关责令限期改正，可以处2000元以下的罚款；情节严重的，处2000元以上5000元以下的罚款。

纳税人未按照规定的期限办理纳税申报和报送纳税资料的，或者扣缴义务人未按照规定的期限向税务机关报送代扣代缴、代收代缴税款报告表和有关资料的，由税务机关责令限期改正，可以处2000元以下的罚款；情节严重的，可以处2000元以上10000元以下的罚款。

纳税人伪造、变造、隐匿、擅自销毁账簿、记账凭证，或者在账簿上多列支出或者不列、少列收入，或者经税务机关通知申报而拒不申报或者进行虚假的纳税申报，不缴或者少缴应纳税款的，是偷税。对纳税人偷税的，由税务机关追缴其不缴或者少缴的税款、滞纳金，并处不缴或者少缴的税款50%以上5倍以下的罚款；构成犯罪的，依法追究刑事责任。

扣缴义务人采取前款所列手段，不缴或者少缴已扣、已收税款，由税务机关追缴其不缴或者少缴的税款、滞纳金，并处不缴或者少缴的税款50%以上5倍以下的罚款；构成犯罪的，依法追究刑事责任。

纳税人、扣缴义务人编造虚假计税依据的，由税务机关责令限期改正，并处50000元以下的罚款。纳税人不进行纳税申报，不缴或者少缴应纳税款的，由税务机关追缴其不缴或者少缴的税款、滞纳金，并处不缴或者少缴的税款50%以上5倍以下的罚款。

纳税人欠缴应纳税款，采取转移或者隐匿财产的手段，妨碍税务机关追缴欠缴的税款的，由税务机关追缴欠缴的税款、滞纳金，并处欠缴税款50%以上5倍以下的罚款；构成犯罪的，依法追究刑事责任。

以假报出口或者其他欺骗手段，骗取国家出口退税款的，由税务机关追缴其骗取的退税款，并处骗取税款1倍以上5倍以下的罚款；构成犯罪的，依法追究刑事责任。对骗取国家出口退税款的，税务机关可以在规定期间内停止为其办理出口退税。

以暴力、威胁方法拒不缴纳税款的，是抗税，除由税务机关追缴其拒缴的税款、滞纳金外，依法追究刑事责任。情节轻微，未构成犯罪的，由税务机关追缴其拒缴的税款、滞纳金，并处拒缴税款1倍以上5倍以下的罚款。

纳税人、扣缴义务人在规定期限内不缴或者少缴应纳或者应解缴的税款，经税务机关责令限期缴纳，逾期仍未缴纳的，税务机关除采取强制执行措施追缴其不缴或者少缴的税款外，可以处不缴或者少缴的税款50%以上5倍以下的罚款。

扣缴义务人应扣未扣、应收而不收税款的，由税务机关向纳税人追缴税款，对扣缴义务人处应扣未扣、应收未收税款50%以上3倍以下的罚款。

纳税人、扣缴义务人逃避、拒绝或者以其他方式阻挠税务机关检查的，由税务机关责令改正，可以处10000元以下的罚款；情节严重的，处10000元以上50000元以下的罚款。

违反本法规定，非法印制发票的，由税务机关销毁非法印制的发票，没收违法所得和作案工具，并处10000元以上50000元以下的罚款；构成犯罪的，依法追究刑事责任。

从事生产、经营的纳税人、扣缴义务人有本法规定的税收违法行为，拒不接受税务机关处理的，税务机关可以收缴其发票或者停止向其发售发票。

纳税人、扣缴义务人的开户银行或者其他金融机构拒绝接受税务机关依法检查纳税人、扣缴义务人存款账户，或者拒绝执行税务机关作出的冻结存款或者扣缴税款的决定，或者在接到税务机关的书面通知后帮助纳税人、扣缴义务人转移存款，造成税款流失的，由税务机关处100000万元以上500000万元以下的罚款，对直接负责的主管人员和其他直接责任人员处1000元以上10000元以下的罚款。

本法规定的行政处罚，罚款额在2000元以下的，可以由税务所决定。

税务机关和司法机关的涉税罚没收入，应当按照税款入库预算级次上缴国库。

税务机关违反规定擅自改变税收征收管理范围和税款入库预算级次的，责令限期改正，对直接负责的主管人员和其他直接责任人员依法给予降级或者撤职的行政处分。

纳税人、扣缴义务人、纳税担保人同税务机关在纳税上发生争议时，必须先依照税务机关的纳税决定缴纳或者解缴税款及滞纳金或者提供相应的担保，然后可以依法申请行政复议；对行政复议决定不服的，可以依法向人民法院起诉。当事人对税务机关的处罚决定、强制执行措施或者税收保全措施不服的，可以依法申请行政复议，也可以依法向人民法院起诉。当事人对税务机关的处罚决定逾期不申请行政复议也不向人民法院起诉、又不履行的，作出处罚决定的税务机关可以采取强制执行措施，或者申请人民法院强制执行。

五、税务行政复议

（一）税务行政复议范围

税务行政复议自测题

微课－税务行政复议

税务行政复议，是指纳税人和其他税务当事人对税务机关的税务行政行为不服，依法向上级税务机关提出申诉，请求上一级税务机关对原具体行政行为的合理性、合法性作出审议；复议机关依法对原行政行为的合理性、合法性作出裁决的行政司法活动。申请人对税务机关下列具体行政行为不服的，可以提出行政复议申请：

税务机关作出的征税行为，包括确认纳税主体、征税对象、征税范围、减税、免税、退税、抵扣税款、适用税率、计税依据、纳税环节、纳税期限、纳税地点和税款征收方式等具体行政行为，以及征收税款、加收滞纳金，扣缴义务人、受税务机关委托的单位和个人作出的代扣代缴、代收代缴、代征行为等。

行政许可、行政审批行为。

发票管理行为，包括发售、收缴、代开发票等。

税收保全措施、强制执行措施。

行政处罚行为：①罚款；②没收财物和违法所得；③停止出口退税权。

不依法履行下列职责的行为：①开具、出具完税凭证；②行政赔偿；③行政奖励；④其他不依法履行职责的行为。

资格认定行为。

不依法确认纳税担保行为。

政府公开信息工作中的具体行政行为。

纳税信用等级评定行为。

通知出入境管理机关阻止出境行为。

其他具体行政行为。

申请人认为税务机关的具体行政行为所依据的下列规定不合法，对具体行政行为申请行政复议时，可以一并向复议机关提出对该规定（不含规章）的审查申请：①国家税务总局和国务院其他部门的规定；②其他各级税务机关的规定；③地方各级人民政府的规定；④地方人民政府工作部门的规定。

申请人对具体行政行为提出行政复议申请时不知道该具体行政行为所依据的规定的，可以在行政复议机关作出行政复议决定以前提出对该规定的审查申请。

（二）税务行政复议管辖

对各级税务局的具体行政行为不服的，向其上一级税务局申请行政复议。

对计划单列市税务局的具体行政行为不服的，向国家税务总局申请行政复议。

对税务所（分局）、各级税务局的稽查局的具体行政行为不服的，向其所属税务局申请行政复议。

对国家税务总局的具体行政行为不服的，向国家税务总局申请行政复议。对行政复议决定不服的，申请人可以向人民法院提起行政诉讼，也可以向国务院申请裁决。国务院的裁决为最终裁决。

对下列税务机关的具体行政行为不服的，按照下列规定申请行政复议：

（1）对两个以上税务机关以共同的名义作出的具体行政行为不服的，向共同上一级税务机关申请行政复议；对税务机关与其他行政机关以共同的名义作出的具体行政行为不服的，向其共同上一级行政机关申请行政复议。

（2）对被撤销的税务机关在撤销以前所作出的具体行政行为不服的，向继续行使其职权的税务机关的上一级税务机关申请行政复议。

（3）对税务机关作出逾期不缴纳罚款加处罚款的决定不服的，向作出行政处罚决定的税务机关申请行政复议。但是对已处罚款和加处罚款都不服的，一并向作出行政处罚决定的税务机关的上一级税务机关申请行政复议。

申请人向具体行政行为发生地的县级地方人民政府提交行政复议申请的，由接受申请的县级地方人民政府依照上述第（1）（2）（3）项的规定予以转送。

（三）税务行政复议申请与受理

申请人在知道税务机关作出具体行政行为之日起60日内提出行政复议申请。因不可抗力或被申请人设置障碍等其他正当理由耽误法定申请期限的，申请期限自障碍消除之日起继续计算。

申请人对税务机关作出的征税行为不服的，应当先向行政复议机关申请行政复议；对行政复议决定不服的，可以向人民法院提起行政诉讼。征税行为包括：确认纳税主体、征税对象、征税范围、减税、免税、退税、抵扣税款、适用税率、计税依据、纳税环节、纳税期限、纳税地点以及税款征收方式等具体行政行为和征收税款、加收滞纳金及扣缴义务人、受税务机关委托的单位和个人作出的代扣代缴、代收代缴、代征行为等。

申请人按照前款规定申请行政复议的，必须依照税务机关根据法律、法规确定的税额、期限，先行缴纳或解缴税款和滞纳金，或提供相应的担保，才可以在缴清税款和滞纳金以后或所提供的担保得到作出具体行政行为的税务机关确认之日起60日内提出行政复议申请。

申请人对征税行为以外的其他具体行政行为不服，可以申请行政复议，也可以直接向人民法院提起行政诉讼。

申请人对税务机关作出逾期不缴纳罚款加处罚款的决定不服的，应当先缴纳罚款和加处罚款，再申请行政复议。需要说明的是，如果仅对罚款不服，无须先缴纳罚款，也无须提供纳税担保，可以直接申请行政复议。

申请人申请行政复议，可以书面申请，也可以口头申请。

行政复议机关收到行政复议申请后，应当在 5 日内进行审查，决定是否受理。对不符合规定的行政复议申请，决定不予受理，并书面告知申请人。

对不属于本机关受理的行政复议申请，应当告知申请人向有关行政复议机关提出。

未按照规定期限审查并作出不予受理决定的，视为受理。

行政复议机关决定不予受理或者受理后超过复议期限不作答复的，申请人可以自收到不予受理决定书之日起或行政复议期满之日起 15 日内，依法向人民法院提起行政诉讼。

申请人向复议机关申请行政复议，复议机关已经受理的，在法定行政复议期限内申请人不得向人民法院提起行政诉讼；申请人向人民法院提起行政诉讼，人民法院已经依法受理的，不得申请行政复议。

行政复议期间具体行政行为不停止执行，但有下列情形之一的，可以停止执行：①被申请人认为需要停止执行的；②复议机关认为需要停止执行的；③申请人申请停止执行，复议机关认为其要求合理，决定停止执行的；④法律规定停止执行的。

（四）税务行政复议审查和决定

对重大、复杂的案件，申请人提出要求或者行政复议机构认为必要时，可以采取听证的方式审理。听证应当公开举行，但是涉及国家秘密、商业秘密或者个人隐私的除外。行政复议听证人员不得少于 2 人，听证主持人由行政复议机构指定。第三人不参加听证的，不影响听证的举行。

申请人在行政复议决定作出以前撤回行政复议申请的，经行政复议机构同意，可以撤回。申请人撤回行政复议申请的，不得再以同一事实和理由提出行政复议申请。但是，申请人能够证明撤回行政复议申请违背其真实意思表示的除外。

行政复议期间被申请人改变原具体行政行为的，不影响行政复议案件的审理。但是，申请人依法撤回行政复议申请的除外。

行政复议机关审查被申请人的具体行政行为时，认为其依据不合法：本机关有权处理的，应当在 30 日内依法处理；本机关无权处理的，应当在 7 日内按照法定程序逐级转送有权处理的国家机关依法处理。

行政复议决定的类型：

（1）具体行政行为认定事实清楚、证据确凿、适用依据正确、程序合法、内容适当的，决定维持。

（2）被申请人不履行法定职责的，决定其在一定期限内履行。

（3）具体行政行为有下列情形之一的，行政复议机关应决定予以撤销、变更或者确认其违法：①主要事实不清、证据不足的；②适用依据错误的；③违反法定程序的；④超越或者滥用职权的；⑤具体行政行为明显不当的。

复议机关责令被申请人重新作出具体行政行为的，被申请人不得作出对申请人更为不利的决定（禁止不利变更原则）；但是，复议机关以原具体行政行为主要事实不清、证据不足或适用依据错误决定撤销的，被申请人重新作出行政行为的除外。

复议机关责令被申请人重新作出具体行政行为的，被申请人应当在60日内重新作出具体行政行为；情况复杂，不能在规定期限内重新作出具体行政行为的，经复议机关批准，可以适当延期，但是延期不得超过30日。

申请人对被申请人重新作出的具体行政行为不服，可以依法申请行政复议，或者提起行政诉讼。

复议机关应当自受理申请之日起60日内作出行政复议决定。情况复杂，不能在规定期限内作出行政复议决定的，经复议机关负责人批准，可以适当延期，并告知申请人和被申请人；但延长期限最多不得超过30日。

行政复议决定书一经送达，即发生法律效力。

【任务实施】

1. 该公司多交税款是否可以退还？请简述政策规定。

解答：多缴税款可以退还。纳税人超过应纳税额缴纳的税款，纳税人自结算缴纳税款之日起3年内发现的，可以向税务机关要求退还多缴的税款并加算银行同期存款利息，税务机关将自接到纳税人退还申请之日起30日内查实并办理退还手续。该2020年的企业所得税是2021年5月22日缴纳的，截止到2023年4月18日未超过3年，因此，可以申请退还多缴税款。

2. 对税务机关不予退税决定，该公司是否可以直接向人民法院提起行政诉讼？为什么？

解答：不能直接提起行政诉讼。此项行为属于征税行为，申请人对征税行为不服的属于必经复议——应当先向行政复议机关申请行政复议；对行政复议决定不服的，才可以向人民法院提起行政诉讼。

3. 若申请税务行政复议，必须从哪一天开始多少天内提出申请？

解答：自2023年4月26日起60日内提出申请。

4. 该公司应向哪个机关申请税务行政复议？

解答：应向主管税务机关的上级税务机关申请行政复议。

5. 复议机关受理后，应在多长时间内做出复议决定？最长可以延期多少天？

解答：复议机关应自受理之日60日内作出复议决定。情况复杂需要延长的，最多不超过30日。

【任务总结】

本任务主要学习了征纳双方的权利与义务、税务登记、账簿和凭证管理、发票管理、纳税申报、税款征收、税务检查和法律责任等税收征收管理内容；学习了税务行政复议范围、管辖、申请与受理、审查和决定等税务行政复议内容。重点掌握税款征收、法律责任和税务行政复议范围与管辖。

【职业素养提升】

中央宣传部、文化和旅游部、国家税务总局、国家广播电视总局、国家电影局等联合印发《通知》，要求加强对影视行业天价片酬、“阴阳合同”、偷逃税等问题的治理，控制不合理片酬，推进依法纳税，促进影视业健康发展。

纳税人伪造、变造、隐匿、擅自销毁账簿、记账凭证，或者在账簿上多列支出或者不列、少列收入，或者经税务机关通知申报而拒不申报或者进行虚假的纳税申报，不缴或者少缴应纳税款的，是偷税。对纳税人偷税的，由税务机关追缴其不缴或者少缴的税款、滞纳金，并处不缴或者少缴的税款50%以上5倍以下的罚款；构成犯罪的，依法追究刑事责任。

查一查你在网上了解到的税收违法行为，谈谈诚信依法纳税的意义。

【岗课赛证融通测评】

任务二岗课赛证融通测评

【知识技能评价】

知识技能评价表

业务能力	评价内容	评价结果	改进措施
征管法概述	1.税收征收管理法概念 2.税收征收管理法的适用范围 3.征纳双方的权利和义务	□A　□B　□C □A　□B　□C □A　□B　□C	1. 2. 3.
税务管理	1.税务登记 2.账簿和凭证管理 3.发票管理 4.纳税申报	□A　□B　□C □A　□B　□C □A　□B　□C □A　□B　□C	1. 2. 3.
税款征收	1.税款征收方式 2.应纳税额的核定 3.税款征收措施 4.税款退还、补缴与追征	□A　□B　□C □A　□B　□C □A　□B　□C □A　□B　□C	1. 2. 3.
税务检查与法律责任	1.税务检查 2.法律责任	□A　□B　□C □A　□B　□C	1. 2. 3.
税务行政复议	1.税务行政复议范围 2.税务行政复议管辖 3.税务行政复议申请与受理 4.税务行政复议审查和决定	□A　□B　□C □A　□B　□C □A　□B　□C □A　□B　□C	1. 2. 3.
说明：在□中打√，A掌握，B基本掌握，C未掌握			
任课教师评语：			
成绩：		任课教师签字：	

任务三　企业涉税会计核算

【任务情景】

企业涉税会计核算自测题

诚信公司为增值税一般纳税企业，适用的增值税税率为13%，2023年发生如下经济业务：

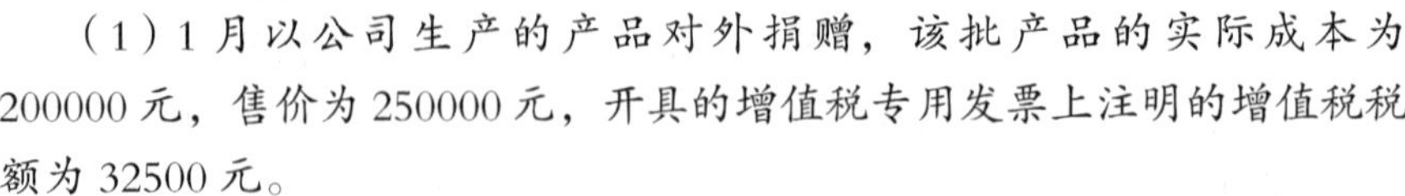

（1）1月以公司生产的产品对外捐赠，该批产品的实际成本为200000元，售价为250000元，开具的增值税专用发票上注明的增值税税额为32500元。

微课－企业涉税会计核算

（2）2月购入原材料一批，增值税专用发票上注明价款为120000元，增值税税额15600元，材料尚未到达，全部款项已用银行存款支付。

（3）3月公司库存材料因管理不善发生火灾毁损，材料实际成本为20000元，相关增值税专用发票注明的增值税税额为2600元。

（4）6月30日，甲公司将尚未缴纳的其余增值税税款50000元进行转账。

（5）12月公司出售了所持有的全部A上市公司股票，处置价款为35500000元，购入价款为26000000元，计算该项业务转让金融商品应交增值税并做出相应的账务处理。

任务要求：根据经济业务描述，完成业务会计和税务核算工作。

【思维导图】

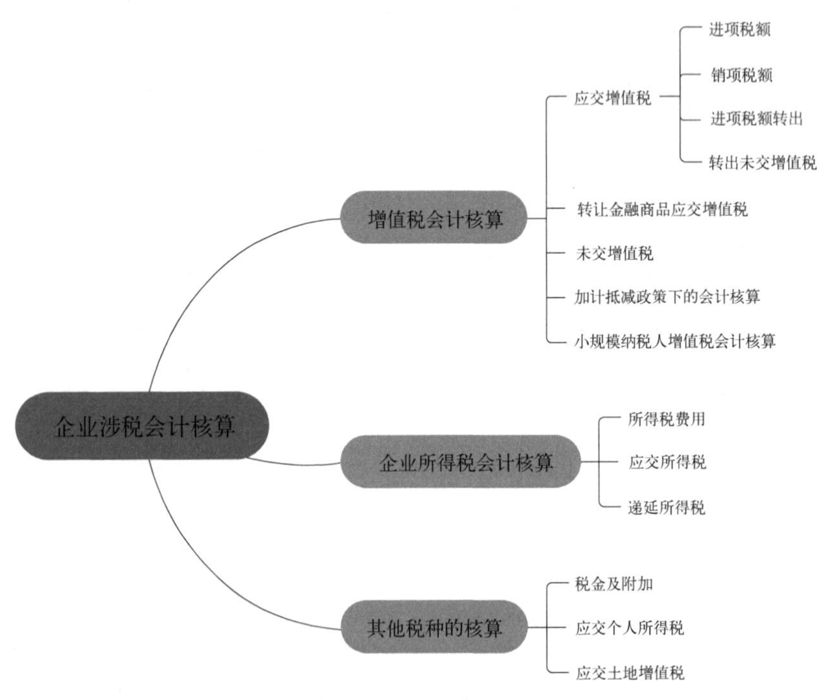

【知识准备】

“应交税费”科目核算企业按税法规定计算应缴纳的各种税费，按规定应缴纳的教育费附加、矿产资源补偿费、代扣代缴的个人所得税也在本科目核算。不需要预计缴纳的税金，如耕地占用税、车辆购置税、契税、印花税等，不在本科目核算。需要说明的是，印花税，如需要预计，则通过“应交税费”核算；如不需要预计，则不通过“应交税费”核算，通过“银行存款”核算。“应交税费”的明细科目如表1-6所示。

表1-6 应交税费明细科目

序号	明细科目	序号	明细科目
1	应交增值税	8	应交车船税
2	应交消费税	9	应交印花税
3	应交所得税	10	应交城建税
4	应交城镇土地使用税	11	应交房产税
5	应交个人所得税	12	应交教育费附加
6	应交资源税	13	应交地方教育附加
7	应交土地增值税	14	应交矿产资源补偿费

一、增值税会计核算

“应交税费”中与增值税核算有关的明细科目如表1-7所示。

表1-7 “应交税费”中与增值税核算有关的明细科目

序号	明细科目	序号	明细科目
1	应交增值税	7	简易计税
2	待抵扣进项税额	8	增值税检查调整
3	增值税留抵税额	9	预缴增值税
4	代扣代缴增值税	10	待转销项税额
5	未交增值税	11	转让金融商品应交增值税
6	待认证进项税额		

“应交税费——简易计税”核算一般纳税人采用简易计税方法发生的增值税计提、扣减、预缴、缴纳等业务。“应交税费——应交增值税”明细科目包括进项税额、销项税额抵减、已交税金、减免税款、出口抵减内销产品应纳税额、转出未交增值税、销项税额、出口退税、进项税额转出、转出多交增值税。“应交税费——应交增值税”明细科目方向归属如表1-8所示。

表1-8 “应交税费——应交增值税”明细科目

序号	借方明细科目	序号	贷方明细科目
1	进项税额	1	销项税额
2	销项税额抵减	2	出口退税

续表

序号	借方明细科目	序号	贷方明细科目
3	已交税金	3	进项税额转出
4	减免税款	4	转出多交增值税
5	出口抵减内销产品应纳税额		
6	转出未交增值税		

下面重点讲解“应交税费”中与增值税核算有关的明细科目“应交增值税”“转让金融商品应交增值税”“未交增值税”。“应交税费——应交增值税”明细科目重点讲解企业常用的借方明细科目“进项税额”“转出未交增值税”和贷方明细科目“销项税额”“进项税额转出”。其余明细科目请查阅相关书籍学习。

（一）应交税费——应交增值税

1. 进项税额

进项税额记录企业购入货物、劳务、服务、无形资产或不动产而支付或负担的准予从销项税额中抵扣的增值税额；企业购入时支付或负担的进项税额，用蓝字登记；退回所购货物应冲销的进项税额，用红字登记。需要说明的是，记录一般纳税人差额纳税而减少的销项税额，即采用一般计税方法适用差额纳税的情形，才使用“应交税费——应交增值税（销项税额抵减）”科目核算。

【学中做 · 简答题】甲企业为增值税一般纳税企业，适用的增值税税率为13%，2023年2月该公司购进一幢简易办公楼作为固定资产核算，并投入使用。已取得增值税专用发票并经税务机关认证，增值税专用发票上注明的价款为1500000元，增值税税额为135000元，全部款项以银行存款支付。不考虑其他相关因素。应如何进行账务处理？

【正确答案】

借：固定资产　　1500000

　　应交税费——应交增值税（进项税额）　135000

　贷：银行存款　　1635000

【学中做 · 简答题】甲企业为增值税一般纳税企业，适用的增值税税率为13%，2023年2月购入免税农产品一批，农产品收购发票上注明的买价为200000元，规定的扣除率为9%，货物尚未到达，价款已用银行存款支付。假设尚未生产领用，那么进项税额 = 购买价款 × 扣除率 = 200000×9% = 18000（元）。应如何进行账务处理？

【正确答案】

借：原材料　　182000

　　应交税费——应交增值税（进项税额）　18000

　贷：银行存款　　200000

2. 销项税额

记录一般纳税人销售货物、劳务、服务、无形资产或不动产应收取的增值税额。

发生增值税视同销售的，也通过本科目核算。退回销售货物应冲减的销项税额，只能在贷方用红字登记。需要说明的是，“应交税费——待转销项税额”科目核算一般纳税人销售货物、劳务、服务、无形资产或不动产，已确认相关收入（或利得）但尚未发生增值税纳税义务而需于以后期间确认为销项税额的增值税额。会计与税法确认收入的时间差异如下：①增值税纳税义务发生时间早于会计上收入确认时间，例如出租房屋收到预收款，增值税纳税义务已经发生，但不满足会计确认收入要求；②会计上收入确认时间早于增值税纳税义务发生时间，例如，以分期收款方式销售商品，在货物发出时未一次性开具全额发票，满足了会计收入确认要求，但增值税纳税义务尚未发生；再如，建筑服务完成后被扣留的质押金、保证金。

【学中做·简答题】2023 年 2 月甲公司销售一批产品，开具增值税专用发票上注明的价款为 3000000 元，增值税税额 390000 元，提货单和增值税专用发票已交给买方，款项尚未收到。应如何进行账务处理？

【正确答案】

借：应收账款　　3390000

　贷：主营业务收入　　3000000

　　应交税费——应交增值税（销项税额）　　390000

3. 进项税额转出

记录企业购进货物、劳务、服务、无形资产或不动产等发生非正常损失以及因其他原因而不应从销项税额中抵扣，按规定转出的进项税额。例如，已经抵扣进项税额的外购货物等改变用途，用于不得抵扣进项税额的用途，做进项税额转出。又如，在产品、产成品、不动产等发生非正常损失，其所用外购货物、劳务、服务等进项税额做转出处理。

【学中做·简答题】某商场 2023 年 12 月将 2023 年 11 月外购服装 100000 元用于职工福利，应如何进行账务处理？

【正确答案】

借：应付职工薪酬——非货币性福利　　113000

　贷：库存商品　　100000

　　应交税费——应交增值税（进项税额转出）　13000

4. 转出未交增值税

“转出未交增值税”明细科目核算企业月终转出应缴未缴的增值税。月末企业“应交税费——应交增值税”明细账出现贷方余额时，根据余额借记本科目，贷记“应交税费——未交增值税”科目。

【学中做·单选题】甲企业为增值税一般纳税人，本月发生进项税额 1600 万元，销项税额 4800 万元，进项税额转出 48 万元，本月尚未缴纳的增值税为（　　）万元。

A.3200　　B.3248　　C.−3152　　D.3248

【正确答案】D**【答案解析】**本月尚未缴纳的增值税 = 4800+48−1600 = 3248（万元）。账务处理如下：

借：应交税费——应交增值税（转出未交增值税） 3248

贷：应交税费——未交增值税 3248

（二）应交税费——转让金融商品应交增值税

“转让金融商品应交增值税”明细科目核算增值税纳税人转让金融商品发生的增值税额。金融商品转让按规定以盈亏相抵后的余额为销售额。如果转让时产生收益，则会计处理如下。

借：投资收益

贷：应交税费——转让金融商品应交增值税

如果为转让损失，则会计处理如下。

借：应交税费——转让金融商品应交增值税

贷：投资收益

两个科目按余额计税，如果是借方余额，不交税，并可结转到以后月份抵扣，但不能跨年抵扣。

【学中做 · 简答题】某公司销售作为交易性金融资产管理的债券，获得收入700万元，2012年购入时的价格为600万元，请做出相应的账务处理。

【正确答案】转让金融商品应交增值税 =（700−600）÷（1+6%）×6%=5.66（万元）。账务处理如下。

借：银行存款 700

贷：交易性金融资产 600

投资收益 94.34

应交税费——转让金融商品应交增值税 5.66

【学中做·简答题】某企业2023年3月转让金融商品，取得买卖负差价159万元，不考虑其他情况，请做出转让金融商品涉及的账务处理。

【正确答案】

（1）2023年3月产生转让损失159万元，则按可结转下月抵扣税额。

借：应交税费——转让金融商品应交增值税 9

贷：投资收益 9

（2）如果截止到2023年末，企业没有其他转让金融商品业务，“应交税费——转让金融商品应交增值税”出现借方余额，则2023年年末账务处理如下。

借：投资收益 9

贷：应交税费——转让金融商品应交增值税 9

（三）应交税费——未交增值税

核算一般纳税人月度终了从“应交增值税”明细科目转入当月的应缴未缴的增值税额，以及当月缴纳以前期间未缴的增值税额。月份终了，企业应将当月发生的应缴增值税额自“应交税费——应交增值税”科目转入“未交增值税”科目。会计分录如下。

借：应交税费——应交增值税（转出未交增值税）

贷：应交税费——未交增值税

企业当月缴纳以前期间未缴的增值税，会计分录如下。

借：应交税费——未交增值税

　　贷：银行存款

需要说明的是，期末留抵税额反映在“应交税费——应交增值税”的借方，而非“应交税费——未交增值税”处。

【学中做·单选题】企业缴纳上月应交未交的增值税时，应借记（　　）。

A. 应交税费——应交增值税（转出未交增值税）

B. 应交税费——未交增值税

C. 应交税费——应交增值税（转出多交增值税）

D. 应交税费——应交增值税（已交税金）

【正确答案】B**【答案解析】**企业交纳以前期间未交的增值税，借记“应交税费——未交增值税”科目，贷记“银行存款”科目。

（四）加计抵减政策下的会计核算

自2023年1月1日至2023年12月31日，允许生产、生活性服务业（邮政、电信、现代服务、生活服务）纳税人分别按照当期可抵扣进项税额加计5%和10%抵减应纳税额。实际缴纳增值税时，按应纳税额借记“应交税费——未交增值税”等科目，按实际纳税金额贷记“银行存款”科目，按加计抵减的金额贷记“其他收益”科目。

【学中做·简答题】某公司2023年4月销项税额40万元，进项税额30万元，本期加计抵减额为3万元，请做出缴纳税款的分录。

【正确答案】

借：应交税费——未交增值税　　100000

　　贷：银行存款　　70000

　　　　其他收益　　30000

（五）小规模纳税人增值税会计核算

小规模纳税人只需在“应交税费”科目下设置“应交增值税”“转让金融商品应交增值税”“代扣代交增值税”明细科目，不需要设置其他明细科目。“应交增值税”不需要设置专栏：借方发生额反映已缴的增值税额；贷方发生额反映应缴的增值税额；期末借方余额反映多缴的增值税额；期末贷方余额反映尚未缴纳的增值税额。

【学中做·简答题】2023年5月份，某小规模纳税人销售货物，实现含增值税销售额41200元，适用增值税征收率为3%。应如何进行账务处理？

【正确答案】

借：银行存款　　41200

　　贷：主营业务收入　　40000

应交税费——应交增值税　　1200

借：应交税费——应交增值税　　1200

贷：银行存款　　1200

【学中做 · 单选题】小规模纳税人应交纳的增值税应计入（　　）的贷方。

A. 应交税费——应交增值税　　B. 应交税费——应交增值税（已交税金）

C. 应交税费——预交增值税　　D. 应交税费——未交增值税

【正确答案】A**【答案解析】**小规模纳税人进行账务处理时，只需在“应交税费”科目下设置“应交增值税”明细科目，“应交税费——应交增值税”科目贷方登记应交纳的增值税，借方登记已交纳的增值税。

二、企业所得税会计核算

“所得税费用”科目核算企业根据会计准则确认的应从当期利润总额中扣除的所得税费用，应当按照“当期所得税费用”“递延所得税费用”进行明细核算。所得税费用计算公式如下：所得税费用 = 当期所得税 + 递延所得税。“所得税费用”不同于“应交税费——应交所得税”。“应交税费——应交所得税”按企业所得税法的规定计算确定；所得税费用是根据会计准则确认的应从当期利润总额中扣除的；“应交税费——应交所得税”与“所得税费用”的差额通过递延所得税资产、递延所得税负债两个科目核算。

【学中做 · 简答题】2023 年，甲公司当年应交所得税税额为 500 万元；递延所得税负债年初数为 40 万元，年末数为 50 万元，递延所得税资产年初数为 25 万元，年末数为 20 万元。计算递延所得税和所得税费用，并编制会计分录。

【正确答案】递延所得税 =（50−40）−（20−25）= 15（万元），所得税费用 = 当期所得税 + 递延所得税 = 500+15 = 515（万元）。会计分录如下。

借：所得税费用　　515

贷：应交税费——应交所得税　　500

递延所得税负债　　10

递延所得税资产　　5

三、其他税种的核算

（一）税金及附加

税金及附加核算范围包括消费税、资源税、城建税和教育费附加、房产税、城镇土地使用税、车船税、印花税、房地产企业转让其开发的房地产应交土地增值税。计提时的会计分录如下。

借：税金及附加

贷：应交税费——应交消费税［资源税、城建税、教育费附加、房产税、城镇土地使用税、车船税、印花税（需要预计）］

缴纳时的会计分录如下。

借：应交税费——应交消费税［资源税、城建税、教育费附加、房产税、城镇土地使用税、车船税、印花税（需要预计）］

　　贷：银行存款

委托加工应税消费品，收回后将直接用于销售的，消费税应计入委托加工物资的成本；委托加工应税消费品，收回后用于继续加工应税消费品的，消费税要计入到“应交税费——应交消费税”科目借方，不计入到委托加工物资成本。

【学中做·简答题】甲企业系增值税一般纳税人，销售所生产的高档化妆品，价款100万元（不含增值税），开具的增值税专用发票上注明的增值税税额为13万元，适用的消费税税率为30%，款项已存入银行。应如何进行账务处理？

【正确答案】

借：银行存款　113

　　贷：主营业务收入　100

　　　　应交税费——应交增值税（销项税额）　13

借：税金及附加　30

　　贷：应交税费——应交消费税　30

【学中做·简答题】2023年5月甲企业本期实际缴纳增值税51万元、消费税24万元，适用的城市维护建设税税率为7%。应如何进行账务处理？

【正确答案】

（1）计算应交城市维护建设税。

借：税金及附加　5.25

　　贷：应交税费——应交城市维护建设税　5.25

（2）用银行存款上交城市维护建设税。

借：应交税费——应交城市维护建设税　5.25

　　贷：银行存款　5.25

【学中做·简答题】某企业按税法规定本期应缴纳房产税16万元、车船税3.8万元、城镇土地使用税4.5万元。应如何进行账务处理？

【正确答案】

（1）计算应缴纳上述税金。

借：税金及附加　24.3

　　贷：应交税费——应交房产税　16

　　　　　　　　——应交城镇土地使用税　4.5

　　　　　　　　——应交车船税　3.8

（2）用银行存款缴纳上述税金。

借：应交税费——应交房产税　16

　　　　　　——应交城镇土地使用税　4.5

　　　　　　——应交车船税　3.8

　　贷：银行存款　24.3

（二）应交个人所得税

1. 计提时的会计分录

借：应付职工薪酬

　　贷：应交税费——应交个人所得税

2. 缴纳时的会计分录

借：应交税费——应交个人所得税

　　贷：银行存款

【学中做·简答题】某企业结算本月应付职工工资总额300000元，按税法规定应代扣代缴的职工个人所得税共计3000元，实发工资297000元。应如何进行账务处理？

【正确答案】

（1）代扣个人所得税。

借：应付职工薪酬　　3000

　　贷：应交税费——应交个人所得税　　3000

（2）缴纳个人所得税。

借：应交税费——应交个人所得税　　3000

　　贷：银行存款　　3000

（三）应交土地增值税

一般企业对外销售不动产，应交土地增值税通过"固定资产清理"科目核算。房地产开发企业销售不动产，则通过"税金及附加"科目核算。

【学中做·简答题】甲企业（非房地产开发企业）对外转让一栋厂房，根据税法规定计算的应交土地增值税为25000元。应如何进行账务处理？

【正确答案】

（1）计算应交土地增值税。

借：固定资产清理　　25000

　　贷：应交税费——应交土地增值税　　25000

（2）用银行存款交纳土地增值税。

借：应交税费——应交土地增值税　　25000

　　贷：银行存款　　25000

【任务实施】

解答：业务（1）会计分录如下。

借：营业外支出　　232500

　　贷：库存商品　　200000

　　　　应交税费——应交增值税（销项税额）　　32500

业务（2）会计分录如下。

借：在途物资　　120000

　　应交税费——应交增值税（进项税额）　　15600
　贷：银行存款　　135600

业务（3）会计分录如下。

借：待处理财产损溢　　22600
　　贷：原材料　　20000
　　　　应交税费——应交增值税（进项税额转出）　　2600

业务（4）会计分录如下。

借：应交税费——应交增值税（转出未交增值税）　　50000
　贷：应交税费——未交增值税　　50000

7 月份，甲公司交纳 6 月份未交增值税 50000 元。

借：应交税费——未交增值税　　50000
　　贷：银行存款　　50000

业务（5）转让金融商品应交增值税 =（35500000−26000000）/（1+6%）×6% = 537735.85（元）。会计分录如下。

借：投资收益　　537735.85
　　贷：应交税费——转让金融商品应交增值税　　537735.85

【任务总结】

本任务主要学习了增值税会计核算、企业所得税会计核算、其他税种的核算，需要重点掌握增值税会计核算。

【职业素养提升】

信息披露违法违规案例

本案是一起上市公司重组标的财务造假的典型案例。2016 年至 2018 年，ABC 科技股份有限公司收购标的 XYZ 科技有限公司通过虚开主营产品销售发票、虚假销售原材料、未及时入账原材料等方式实施造假，导致 ABC 公司累计虚增利润总额 6.54 亿元。本案表明，监管部门强化并购重组事中事后监管，严厉打击操控业绩、虚假披露等违法行为，为发挥资本市场并购重组“主渠道”作用提供法治保障。(来源：中国证监会)

议一议：会计上收入确认的条件。谈谈你对“诚信为本，操守为重，坚持原则，不做假账”这句话的理解。

【岗课赛证融通测评】

任务三岗课赛证融通测评

【知识技能评价】

知识技能评价表

业务能力	评价内容	评价结果	改进措施
增值税会计核算	1. 进项税额 2. 销项税额 3. 进项税额转出 4. 转出未交增值税 5. 转让金融商品应交增值税 6. 未交增值税 7. 加计抵减政策下的会计核算 8. 小规模纳税人增值税会计核算	□A □B □C □A □B □C □A □B □C □A □B □C □A □B □C □A □B □C □A □B □C □A □B □C	1. 2. 3.
企业所得税会计核算	1. 所得税费用 2. 应交所得税 3. 递延所得税	□A □B □C □A □B □C □A □B □C	1. 2. 3.
其他税种的核算	1. 税金及附加 2. 应交个人所得税 3. 应交土地增值税	□A □B □C □A □B □C □A □B □C	1. 2. 3.
说明：在□中打√，A. 掌握，B. 基本掌握，C. 未掌握			
任课教师评语：			
成绩：		任课教师签字：	

【项目检测】

项目一 税务工作认知测验

工作领域二

智慧化税费计算与纳税申报岗

项目二

增值税办税业务

【学习目标】

一、素质目标

1. 培养坚定“四个自信”。
2. 培养诚信依法纳税精神。
3. 培养纳税申报的工匠精神。

二、知识目标

1. 了解增值税发展历程。
2. 了解税率和征收率。
3. 了解税收优惠。
4. 了解发票使用与管理。
5. 熟悉纳税人与扣缴义务人。
6. 熟悉征收管理。
7. 掌握征税范围。
8. 掌握应纳税额计算。
9. 掌握增值税纳税申报方法。

三、技能目标

1. 能够进行视同销售的税务处理。
2. 会计算增值税应纳税额。
3. 会填报增值税纳税申报表。

任务一 计算增值税应纳税额

【任务情景】

计算增值税应纳税额自测题

诚信家电有限公司（以下简称诚信公司）为增值税一般纳税人，2023年9月有关经营情况如下：

（1）销售M型彩电，取得含增值税价款6780000元，另收取包装物租金56500元。

（2）采取以旧换新方式销售N型彩电500台，N型彩电同期含增值税销售单价4520元/台，旧彩电每台折价316.4元（换入的旧彩电未取得专票）。

（3）购进生产用液晶面板，取得增值税专用发票注明税额480000元。

（4）购进劳保用品，取得增值税普通发票注明税额300元。

（5）购进一辆销售部门和职工食堂混用的货车，取得税控机动车销售统一发票注明税额96000元。

（6）组织职工夏季旅游，支付住宿费，取得增值税专用发票注明税额1200元。

（7）将自产N型彩电无偿赠送给“救死扶伤”医院150台，委托“至诚服务”商场代销800台（已收到代销清单），作为投资提供给“大国工匠”培训机构400台；购进50台电脑奖励给业绩突出的职工。

已知：增值税税率为13%；取得的扣税凭证已通过税务机关认证。

任务要求：根据上述资料，不考虑其他因素，完成以下工作任务。

1. 计算诚信公司业务（1）当月销售M型彩电增值税销项税额。

2. 计算诚信公司业务（2）当月采取以旧换新方式销售N型彩电增值税销项税额。

3. 计算诚信公司业务（3）至业务（7）当月准予从销项税额中抵扣进项税额。

4. 计算诚信公司业务（7）增值税销项税额。

5. 计算诚信公司当月增值税应纳税额。

【知识准备】

一、增值税基本要素

（一）纳税人与扣缴义务人

纳税人与扣缴义务人自测题

1. 增值税发展历程

增值税是我国现阶段税收收入规模最大的税种。《中华人民共和国增值税暂行条例》（以下简称《增值税暂行条例》）最新版为国务院2017年11月19日修订版。1994年1月1日至2008年12月31日，我国增值税实行生产型增值税，2009年1月1日起，实行消费型增值税。2012年1月1日起，在上海市开展营业税改征增值税（以下简称“营改增”）试点。2016年5月1日起，我国“营改增”全面推进。为了巩固营改增试点成果，2017年10月30日，国务院

【思维导图】

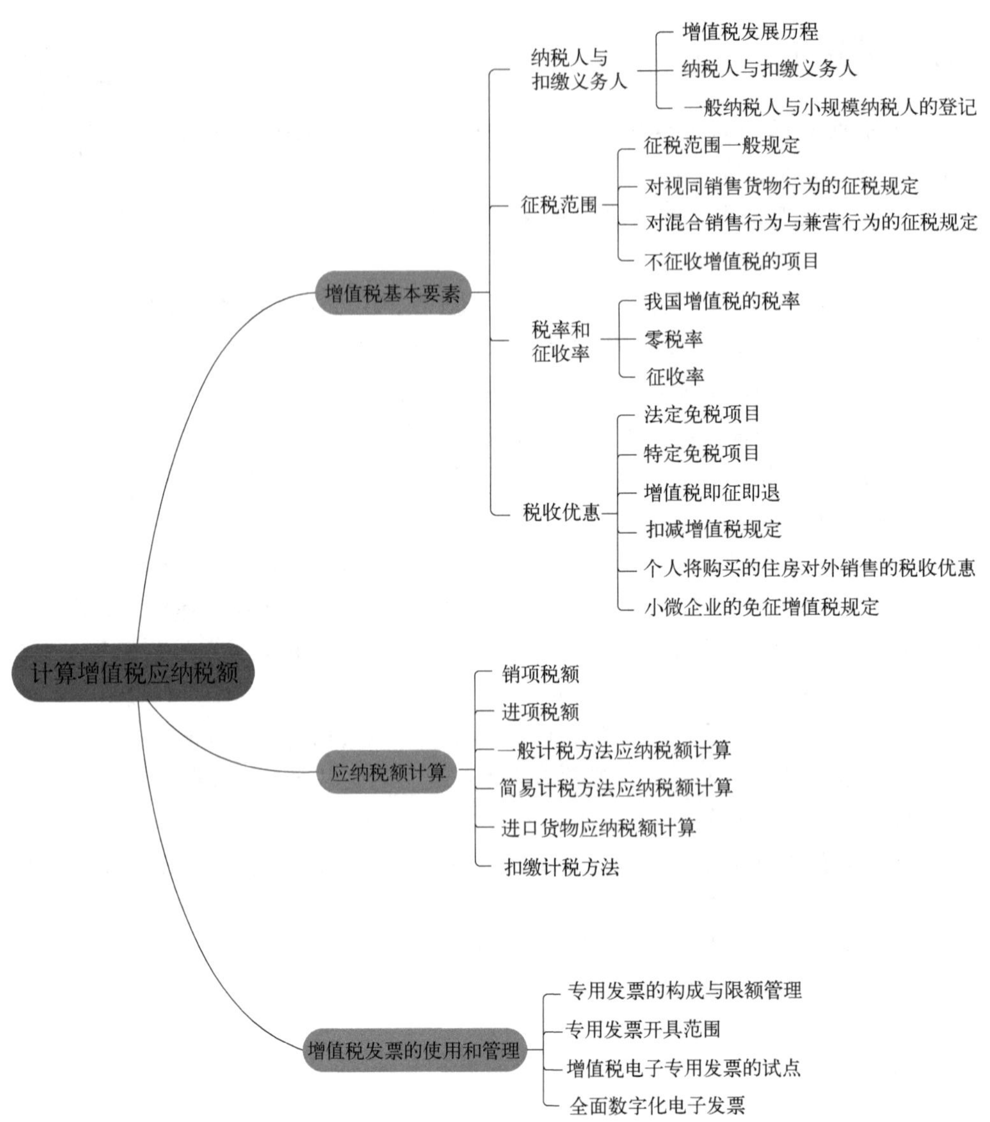
计算增值税应纳税额
增值税基本要素
纳税人与扣缴义务人
增值税发展历程
纳税人与扣缴义务人
一般纳税人与小规模纳税人的登记
征税范围
征税范围一般规定
对视同销售货物行为的征税规定
对混合销售行为与兼营行为的征税规定
不征收增值税的项目
税率和征收率
我国增值税的税率
零税率
征收率
税收优惠
法定免税项目
特定免税项目
增值税即征即退
扣减增值税规定
个人将购买的住房对外销售的税收优惠
小微企业的免征增值税规定
应纳税额计算
销项税额
进项税额
一般计税方法应纳税额计算
简易计税方法应纳税额计算
进口货物应纳税额计算
扣缴计税方法
增值税发票的使用和管理
专用发票的构成与限额管理
专用发票开具范围
增值税电子专用发票的试点
全面数字化电子发票

常务会议通过了《国务院关于废止〈中华人民共和国营业税暂行条例〉和修改〈中华人民共和国增值税暂行条例〉的决定（草案）》，全面取消营业税，调整完善《增值税暂行条例》相关规定。2019 年 11 月 27 日财政部、国家税务总局发布《中华人民共和国增值税法（征求意见稿）》，向社会公开征求意见。2020 年 5 月，财政部、国家税务总局向国务院报送了增值税法草案送审稿。2022 年 1 月，增值税法已列入十三届全国人大常委会立法规划，12 月 27 日，增值税法草案提请十三届全国人大常委会第三十八次会议首次审议。增值税税率发展历程如下：从 2018 年 5 月 1 日起，国务院将制造业等行业增值税税率从 17% 降至 16%，将交通运输、建筑、基础电信服务等行业及农产品等货物的增值税税率从 11% 降至 10%。自 2019 年 4 月 1 日起执行的《关于深化增值税改革有关政策的公告》中，增值税一般纳税人发生增值税应税销售行为或者进口货物，原适用 16% 税率的，税率调整为 13%；原适用 10% 税率的，税率调整为 9%。

2. 纳税人与扣缴义务人

（1）纳税人

在中华人民共和国境内发生应税交易且销售额达到增值税起征点的单位和个人，以及进口货物的收货人，为增值税的纳税人。应税交易，是指销售货物、服务、无形资产、不动产和金融商品。单位，是指企业、行政单位、事业单位、军事单位、社会团体和其他单位。个人，是指个体工商户和自然人。

单位以承包、承租、挂靠方式经营的，承包人、承租人、挂靠人（以下统称承包人）以发包人、出租人、被挂靠人（以下统称发包人）名义对外经营并由发包人承担相关法律责任的，以该发包人为纳税人。否则，以承包人为纳税人。

建筑企业与发包方签订建筑合同后，以内部授权或者三方协议等方式，授权集团内其他纳税人（第三方）为发包方提供建筑服务，并由第三方直接与发包方结算工程款，则第三方缴纳增值税，签订建筑合同的建筑企业不缴纳增值税。

对报关进口的货物，以进口货物的收货人或办理报关手续的单位和个人为进口货物的纳税人。对代理进口货物以海关开具的完税凭证上的纳税人为增值税纳税人。

资管产品运营过程中发生增值税应税行为的，以资管产品管理人为增值税纳税人。

（2）扣缴义务人

境外的单位和个人，在境内销售应税劳务而在境内未设有经营机构的，其应纳税款以代理人为扣缴义务人；没有代理人的，以购买人为扣缴义务人。

中华人民共和国境外单位或者个人在境内发生应税行为，在境内未设有经营机构的，以购买方为增值税扣缴义务人。财政部和国家税务总局另有规定的除外。

3. 一般纳税人与小规模纳税人的登记

根据纳税人的经营规模以及会计核算健全程度的不同，增值税的纳税人可以分为一般纳税人和小规模纳税人。

（1）小规模纳税人

2018 年 5 月 1 日起，年应征增值税销售额（不含销项税额）在规定标准以下（年应征增值税销售额 500 万元及以下），并且会计核算不健全、不能按规定报送有关税务资料的增值税纳税人为增值税小规模纳税人。年应征销售额是指纳税人在连续不超过 12 个月或四个季度的经营期内累计应征增值税销售额。包括：①纳税申报销售额（含免税和税务机关代开发票）；②稽查查补销售额；③纳税评估调整销售额，不包括预售销售额。

需要说明的是：①纳税人偶然发生的销售无形资产、转让不动产的销售额，不计入应税行为年应税销售额。②销售服务、无形资产或者不动产有扣除项目的纳税人，其应税行为年应税销售额按未扣除之前的销售额计算。③稽查查补销售额和纳税评估调整销售额计入查补税款申报当月（如 2023 年 8 月查补月份）的销售额，不计入税款所属期（如 2022 年 8 月税款所属期）销售额。

如果小规模纳税人会计核算健全，能够提供准确税务资料，可以向税务机关申请登记成为一般纳税人。小规模纳税人实行简易征税办法。2020 年 2 月 1 日起，税务总局进一步扩大小规模纳税人自行开具增值税专用发票范围，小规模纳税人（其他个人除外）发生增值税应税行为、需要开具增值税专用发票的，可以自愿使用增值税发票管理系统自行开具。选择自行开具增值税专用发票的小规模纳税人（包括销售其取得的不动产，需要开具专票），税务机关不再为其代开增值税专用发票。

【拓展阅读】

党的二十大报告指出，构建高水平社会主义市场经济体制。坚持和完善社会主义基本经济制度，毫不动摇巩固和发展公有制经济，毫不动摇鼓励、支持、引导非公有制经济发展，充分发挥市场在资源配置中的决定性作用，更好发挥政府作用。深化简政放权、放管结合、优化服务改革。

（2）一般纳税人

增值税纳税人年应税销售额超过小规模纳税人标准的，除另有规定外，应当向主管税务机关办理一般纳税人资格登记。纳税人自一般纳税人生效之日起（生效之日是指办理登记的当月 1 日或者次月 1 日），按照增值税一般计税方法计算应纳税额，并可按规定领用增值税专用发票。一般纳税人实行登记制，除另有规定外，应当向税务机关办理登记手续。一般纳税人资格登记管理机关为机构所在地县（市、区）国税局或同级别的税务分局。

纳税人申请一般纳税人资格认定应当在申报期结束后 15 个工作日内办理相关手续；纳税人未按规定时限申请一般纳税人资格认定的，主管税务机关应当在规定期限结束后 5 个工作日内制作《税务事项通知书》，告知纳税人应当在 5 个工作日内向主管税务机关办理相关手续。逾期仍未申请办理一般纳税人手续的，应按销售额依照增值税税率计算应纳税额，不得抵扣进项税额，也不得使用增值税专用发票。

对税收遵从度低的一般纳税人，主管税务机关可以实行纳税辅导期管理。纳税人登记为一般纳税人后，不得转为小规模纳税人，国家税务总局另有规定的除外。

需要说明的是，下列纳税人不办理一般纳税人登记：①按照政策规定，可选择按照小规模纳税人纳税的；②年应税销售额超过规定标准的其他个人。年应税销售额超过规定标准但不经常发生应税行为的单位和个体工商户，非企业性单位、不经常发生应税行为的企业，可选择按照小规模纳税人纳税。

【学中做 · 多选题】根据增值税纳税人登记管理的规定，下列说法正确的有（　　）。

A. 个体工商户年应税销售额超过小规模纳税人标准的，不能申请登记为一般纳税人

B. 增值税纳税人应税销售额超过小规模纳税人标准的，除另有规定外，应当向主管税务机关办理一般纳税人登记

C. 非企业性单位、不经常发生应税行为的企业，可以选择按照小规模纳税人纳税

D. 纳税人登记时所依据的年应税销售额，不包括税务机关代开发票的销售额

E. 纳税人偶然发生的销售无形资产、转让不动产的销售额，不计入应税行为年应税销售额

【正确答案】BCE**【答案解析】**选项A，个体工商户年应税销售额超过小规模纳税人标准的，可以申请登记为一般纳税人；选项D，年应税销售额包括纳税申报销售额、稽查查补销售额、纳税评估调整销售额，其中，纳税申报销售额中包括免税销售额和税务机关代开发票销售额。

（二）征税范围

征税范围自测题

增值税的征税范围为在境内销售货物、服务、无形资产、不动产和金融商品，以及进口货物。以下将增值税征税范围与税率结合讲解。

1. 征税范围一般规定

（1）销售货物（税率13%或9%）

销售是指有偿转让货物的所有权。货物是指有形动产，包括电力、热力和气体。在中国境内销售货物是指销售货物的起运地或者所在地在境内。

微课－增值税基本要素——征税范围

（2）销售服务（税率13%或9%或6%）

销售服务，是指提供交通运输服务、邮政服务、电信服务、建筑服务、加工和修理修配劳务、现代服务、生活服务。具体征税范围见表2-1～表2-6。

① 交通运输服务（税率9%）

交通运输业指利用运输工具将货物或者旅客送达目的地，使其空间位置得到转移的业务活动。包括陆路运输服务、水路运输服务、航空运输服务和管道运输服务，如表2-1所示。

表2-1 交通运输服务征税范围

应税服务	具体内容
（1）陆路运输服务	包括铁路、公路、缆车、索道、地铁、城市轻轨等运输。出租车公司向使用本公司自有出租车的出租车司机收取的管理费用，按照陆路运输服务缴纳增值税
（2）水路运输服务	远洋运输的程租、期租业务，属于水路运输服务。光租业务属于“现代服务——租赁服务”
（3）航空运输服务	航空运输的湿租业务、航天运输，属于航空运输服务。干租业务属于“现代服务——租赁服务”
（4）管道运输服务	通过管道输送气体、液体、固体物质的运输服务

① 无运输工具承运业务，按照交通运输服务缴纳增值税。无运输工具承运业务，是指经营者以承运人身份与托运人签订运输服务合同，收取运费并承担承运人责任，然后委托实际承运人完成运输服务的经营活动。

② 自2018年1月1日起，纳税人已售票但客户逾期未消费取得的运输逾期票证收入，按照“交通运输服务”缴纳增值税。

② 邮政服务（税率9%）（表2-2）

表2-2 邮政服务征税范围

应税服务/税率	具体内容
（1）邮政普遍服务	是指函件、包裹等邮件寄递，以及邮票发行、报刊发行和邮政汇兑等业务活动
（2）邮政特殊服务	是指义务兵平常信函、机要通信、盲人读物和革命烈士遗物的寄递等业务活动
（3）其他邮政服务	是指邮册等邮品销售、邮政代理等业务活动

③ 电信服务（税率9%或6%）（表2-3）

表2-3 电信服务征税范围

（1）基础电信服务（税率9%）	利用固网、移动网、互联网提供语音通话服务的业务活动，及出租出售宽带、波长等网络元素的业务活动
（2）增值电信服务（税率6%）	有线电视网络，提供短信、彩信服务、电子数据和信息的传输及应用服务、互联网接入服务等业务活动 卫星电视信号落地转接服务，按照增值电信服务缴纳增值税

④ 建筑服务（税率9%）（表2-4）

表2-4 建筑服务征税范围

应税服务	具体内容
（1）工程服务	新建、改建各种建筑物、构筑物的工程作业
（2）安装服务	各类设备安装，包括固话、有线电视、宽带、水、电、燃气、暖气等收取的安装费、初装费、扩容费等
（3）修缮服务	对建筑物进行修补、加固、养护、改善
（4）装饰服务	修饰装修，使之美观或特定用途的工程
（5）其他	如钻井（打井）、拆除建筑物、平整土地、园林绿化、爆破等。物业服务企业为业主提供的装修服务；纳税人将建筑施工设备出租给他人使用并配备操作人员，以上均按“建筑服务”缴纳增值税

⑤ 加工和修理修配劳务（税率 13%）

在中国境内提供加工和修理修配劳务是指劳务发生地在境内。委托加工业务是指由委托方提供原料及主要材料，受托方按照委托方的要求制造货物并收取加工费的业务。但单位或个体工商户聘用的员工为本单位或雇主提供加工、修理修配劳务则不包括在内。

需要说明的是，加工、修理的对象需为货物，即有形动产。供电企业利用自身输变电设备对并入电网的企业自备电厂生产的电力产品进行电压调节（属于加工劳务），向电厂收取的并网服务费，应当征收增值税。电力公司利用自身电网为发电企业输送电力过程中，需要利用输变电设备进行调压，属于提供加工劳务，电力公司向发电企业收取的过网费，应当征收增值税。

⑥ 现代服务（税率 13% 或 9% 或 6%）（表 2-5）

表2-5　现代服务征税范围

应税服务/税率	具体内容
（1）研发和技术服务	包括研发服务、合同能源管理服务、工程勘察勘探服务、专业技术服务（如气象服务、地震服务、海洋服务、测绘服务、城市规划、环境与生态监测服务等专项技术服务）
（2）信息技术服务	包括软件服务、电路设计及测试服务、信息系统服务、业务流程管理服务、信息系统增值服务
（3）文化创意服务	包括设计服务（如广告设计）、知识产权服务、广告服务和会议展览服务，广告服务包括广告代理和广告的发布、播映、宣传、展示等 【注】宾馆、旅馆、旅社、度假村和其他经营性住宿场所提供会议场地及配套服务的活动，按“会议展览服务”缴纳增值税
（4）物流辅助服务	包括航空服务、港口码头服务、货运客运场站服务、打捞救助服务、装卸搬运服务、仓储服务、收派服务 【注1】最后三项纳税人可以选择简易计税 【注2】货运客运场站服务差额计税：以取得的全部价款和价外费用扣除支付给承运方运费后的余额为销售额 【注3】航空运输服务差额计税：销售额不包括代收的机场建设费和代售其他航空运输企业客票而代收转付的价款
（5）租赁服务 不动产租赁税率：9% 动产租赁税率：13%	形式包括：融资租赁和经营性租赁；范围包括：不动产、动产
	经营性租赁： ① 远洋运输的光租业务、航空运输的干租业务； ② 将不动产或飞机、车辆等动产的广告位出租给其他单位或个人用于发布广告； ③ 车辆停放服务、道路通行服务（包括过路费、过桥费、过闸费等）
（6）鉴证咨询服务	包括认证服务、鉴证服务和咨询服务。如：会计税收法律鉴证、工程监理（注意：不属于建筑服务）、资产评估、环境评估、房地产土地评估、建筑图纸审核、医疗事故鉴定等 【注】翻译服务、市场调查服务按照咨询服务征税
（7）广播影视服务	包括广播影视节目（作品）的制作服务、发行服务、播映（含放映）服务 【注】电影放映服务纳税人可以选择简易计税
（8）商务辅助服务	包括企业管理服务（如物业管理）、经纪代理服务（如房地产中介、代理记账）、人力资源服务（如劳务派遣）、安全保护服务（如保安服务）

续表

应税服务/税率	具体内容
（8）商务辅助服务	经纪代理服务包括：金融代理、知识产权代理、货物运输代理、代理报关、法律代理、房地产中介、婚姻中介、代理记账、拍卖等 【注1】纳税人提供武装守护押运服务，按照“安全保护服务”缴纳增值税 【注2】拍卖行受托拍卖取得的手续费或佣金收入，按照“经纪代理服务”缴纳增值税 【注3】经纪代理服务差额计税：以取得的全部价款和价外费用，扣除向委托方收取并代为支付的政府性基金或者行政事业性收费后的余额为销售额
（9）其他现代服务	纳税人对安装运行后的电梯提供的维修保养服务属于其他服务。纳税人为客户办理退票而向客户收取的退票费、手续费等收入，按照“其他现代服务”缴纳增值税

⑦ 生活服务（税率6%）（表2-6）

表2-6　生活服务征税范围

应税服务	具体内容
（1）文化体育服务	文化服务：包括文艺表演、文化比赛，图书馆的图书和资料借阅、档案馆的档案管理，文物及非物质遗产保护，组织举办宗教、科技、文化活动，提供游览场所等 体育服务：组织举办体育比赛、表演、活动、训练、指导、管理等业务活动 【注1】纳税人在游览场所经营索道、摆渡车、电瓶车、游船等取得的收入，按照“文化体育服务”缴纳增值税 【注2】文化体育服务纳税人可以选择简易计税
（2）教育医疗服务	教育服务，是指提供学历教育服务、非学历教育服务、教育辅助服务的业务活动 【注】非学历教育服务、教育辅助服务可以选择简易计税
（3）旅游娱乐服务	包括旅游服务和娱乐服务 【注】旅游服务差额计税：可以选择以取得的全部价款和价外费用，扣除向旅游服务购买方收取并支付给其他单位或者个人的住宿费、餐饮费、交通费、签证费、门票费和支付给其他接团旅游企业的旅游费用后的余额为销售额
（4）餐饮住宿服务	纳税人以长（短）租形式出租酒店式公寓并提供配套服务的，按照住宿服务缴纳增值税 【注】提供餐饮服务的纳税人销售的外卖食品，按照“餐饮服务”缴纳增值税
（5）居民日常服务	包括市容市政管理、家政、婚庆、养老、殡葬、护理、美容美发、按摩、桑拿、沐浴、洗染、摄影扩印等服务
（6）其他生活服务	纳税人提供植物养护服务，按照“其他生活服务”缴纳增值税

（3）销售金融商品（税率6%）

销售金融商品具体征税范围见表2-7。

表2-7　销售金融商品征税范围

应税服务	具体内容
（1）贷款服务	各种利息性质的收入：各种占用、拆借资金取得的收入、融资性售后回租、罚息、票据贴现等业务取得的利息。融资性售后回租是指承租方以融资为目的，将资产出售给经批准从事融资租赁业务的企业后，又将该项资产从该融资租赁企业租回的业务活动 ① 以货币资金投资收取的固定利润或者保底利润，按贷款服务征收增值税 ② 金融商品持有期间（含到期）取得的非保本收益，不征收增值税
（2）直接收费金融服务	包括提供货币兑换、账户管理、电子银行、信用卡、信用证、财务担保、资产管理、信托管理、基金管理、金融交易场所管理、资金结算、资金清算等
（3）保险服务	包括人身保险服务和财产保险服务

续表

应税服务	具体内容
（4）金融商品转让	包括转让外汇、有价证券、非货物期货和其他金融商品所有权的业务活动 ① 纳税人购入基金、信托、理财产品等各类资产管理产品持有至到期，不属于金融商品转让 ② 纳税人转让限售股，以及上市首日至解禁日期间由上述股份孳生的送、转股，按照“金融商品转让”缴纳增值税 【注】差额计税：金融商品转让，卖出价扣除买入价后的余额为销售额

（4）销售无形资产（税率6%）

销售无形资产是指转让无形资产所有权或者使用权的业务活动。无形资产包括技术、商标、著作权、商誉、自然资源使用权（包括土地使用权、海域使用权、探矿权、采矿权、取水权和其他）和其他权益性无形资产。其他权益性无形资产，包括基础设施资产经营权、公共事业特许权、配额、经营权（包括特许经营权、连锁经营权、其他经营权）、经销权、分销权、代理权、会员权、席位权、网络游戏虚拟道具、域名、姓名权、肖像权、冠名权、转会费等。纳税人通过省级土地行政主管部门设立的交易平台转让补充耕地指标，按照销售无形资产缴纳增值税，税率为6%。需要说明的是，转让土地使用权的税率为9%。

（5）销售不动产（税率9%）

销售不动产是指转让不动产所有权的业务活动，包括建筑物、构筑物等。

需要说明的是，转让建筑物有限产权或者永久使用权的，转让在建的建筑物或者构筑物所有权的，以及在转让建筑物或者构筑物时一并转让其所占土地的使用权的，按照销售不动产缴纳增值税（适用税率9%）。

（6）进口货物

进口货物是指申报进入我国海关境内的货物。进口货物判定标准：是否办理了报关进口手续。

（7）非经营活动的确认

纳税人提供下列非经营活动不缴增值税。

① 行政单位收取的同时满足以下条件的政府性基金或者行政事业性收费：由国务院或者财政部批准设立的政府性基金，由国务院或者省级人民政府及其财政、价格主管部门批准设立的行政事业性收费；收取时开具省级以上财政部门印制的财政票据；所收款项全额上缴财政。

② 员工为受雇单位或者雇主提供取得工资薪金的服务。

③ 单位或者个体工商户为聘用的员工提供应税服务。

④ 财政部和国家税务总局规定的其他情形。

2. 对视同销售货物行为的征税规定

《中华人民共和国增值税暂行条例实施细则》及相关规定中，单位或者个体工商户的下列行为，视同销售货物，征收增值税。

（1）将货物交付其他单位或者个人代销

注意此项纳税义务发生时间（即计算销项税额的月份）的规定：委托其他纳税人

代销货物，为收到代销单位销售的代销清单或者收到全部或者部分货款的当天；未收到代销清单及货款的，其纳税义务发生时间为发出代销货物满180天的当天。

（2）销售代销货物

注意此项受托方收取的手续费按照经纪代理服务6%税率缴纳增值税，如取得专票，则委托方相应有进项税额可以抵扣。

视同销售行为（1）和（2）委托方与受托方的税务处理如图2-1所示。

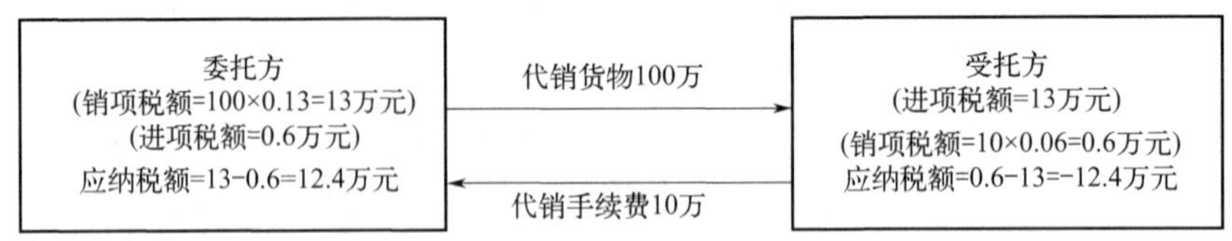

图2-1 代销货物增值税税务处理

（3）设有两个以上机构并实行统一核算的纳税人，将货物从一个机构移送至其他机构用于销售，但相关机构设在同一县（市）的除外。

（4）将自产或者委托加工的货物用于非增值税应税项目。

（5）将自产、委托加工的货物用于集体福利或者个人消费。

需要说明的是，视同销售行为（4）和（5）不包括购进的货物，如购进的货物用于集体福利或者个人消费，进项税额不得抵扣。

（6）将自产、委托加工或者购进的货物作为投资，提供给其他单位或者个体工商户。

（7）将自产、委托加工或者购进的货物分配给股东或者投资者。

（8）将自产、委托加工或者购进的货物无偿赠送其他单位或者个人。

需要说明的是，视同销售行为（6）（7）和（8）包括购进的货物，也就是说不论货物的来源如何，只要用于“投资”“分配”或“无偿赠送”均视同销售。

自2019年1月1日至2025年12月31日，对单位或者个体工商户将自产、委托加工或购买的货物通过公益性社会组织、县级及以上人民政府及其组成部门和直属机构，或直接无偿捐赠给目标脱贫地区的单位和个人，免征增值税。“目标脱贫地区”包括832个国家扶贫开发工作重点县、集中连片特困地区县（新疆阿克苏地区6县1市享受片区政策）和建档立卡贫困村。

营改增后，单位或者个人的下列情形视同销售服务、无形资产或者不动产，征收增值税：

（1）单位或者个体工商户向其他单位或者个人无偿提供服务，但用于公益事业或者以社会公众为对象的除外；

（2）单位或者个人向其他单位或者个人无偿转让无形资产或者不动产，但用于公益事业或者以社会公众为对象的除外；

（3）财政部和国家税务总局规定的其他情形。

【比较学习】视同销售货物和视同销售服务

① 单位或者个体工商户为员工提供应税服务（例如，为本单位员工无偿提供搬家运输服务）属于非营业活动，不纳增值税；将自产货物用于职工福利，应视同销售

缴纳增值税。②无偿提供公益事业的服务，不纳增值税；将自产货物无偿赠送公益事业，应视同销售缴纳增值税。需要注意的是，一般的公益捐赠货物，视同销售缴纳增值税；向目标脱贫地区的单位和个人捐赠，不纳增值税。

【学中做·计算题】2023 年 7 月 20 日某食品厂为一般纳税人，将自产产品的 80% 对外销售，取得含税价款 1000 万元；另外 20% 的产品作为春节福利发给企业员工。

【正确答案】上述业务的销项税额 = 1000÷1.13×13%+1000÷80%÷1.13×20%×13% = 143.81（万元）。

3. 对混合销售行为与兼营行为的征税规定

（1）对混合销售行为的征税规定

混合销售行为是指一项销售行为既涉及货物又涉及服务。混合销售行为的税务处理：①从事货物的生产、批发或者零售的单位和个体工商户的混合销售行为，按照销售货物缴纳增值税；②其他单位和个体工商户的混合销售行为，按照销售服务缴纳增值税。

需要说明的是，自 2017 年 5 月 1 日起，纳税人销售活动板房、机器设备、钢结构件等自产货物的同时，提供建筑、安装服务，不属于混合销售，应分别核算销售货物（税率 13%）和建筑服务（税率 9%）的销售额。

一般纳税人销售自产机器设备的同时提供安装服务，应分别核算机器设备和安装服务的销售额。安装服务可以按照甲供工程选择适用简易计税方法计税；一般纳税人销售外购机器设备的同时提供安装服务，如果已经按照兼营的有关规定分别核算机器设备和安装服务的销售额，安装服务可以按照甲供工程选择适用简易计税方法计税。

甲供工程，是指全部或部分设备、材料、动力由工程发包方自行采购的建筑工程。清包工程，是指施工方不采购建筑工程所需的材料或只采购辅助材料，并收取人工费、管理费或者其他费用的建筑服务。只要发包方购买了部分材料，即可认定为甲供工程，而清包工则是全部或主要材料由发包方购买。甲供工程未必属于清包工，但清包工一定属于甲供工程。一般纳税人以清包工方式提供的建筑服务，可以选择适用简易计税方法计税。一般纳税人为甲供工程提供的建筑服务，可以选择适用简易计税方法计税。

（2）对兼营行为的征税规定

兼营行为是指纳税人的经营范围既包括销售货物和加工修理修配劳务，又包括销售服务、无形资产或者不动产，但是，销售货物、加工修理修配劳务、服务、无形资产或者不动产不同时发生在同一项销售行为中。例如：①某购物中心，既销售商品又提供餐饮服务；②某房地产中介公司，既做二手房买卖又提供经纪代理服务。以上两个举例均属于兼营行为。

兼营行为的税务处理：①分别核算适用不同税率或者征收率的销售额；②未分别核算销售额：从高适用税率或征收率征税。

【比较学习】混合销售行为和兼营行为（表 2-8）

表2-8 混合销售行为和兼营行为

业务类型	界定	税务处理
混合销售行为	一项销售行为既涉及服务又涉及货物	以从事货物生产、批零为主的纳税人：按销售货物处理，否则，按照销售服务处理
兼营行为	多项行为涉及不同税率或征收率的应税行为	分别核算适用不同税率或者征收率的销售额；未分别核算销售额的，从高适用税率或者征收率
关键：行为之间是否具有关联性和从属性		

4. 不征收增值税的项目

（1）基本建设单位和从事建筑安装业务的企业附设工厂、车间在建筑现场制造的预制构件，凡直接用于本单位或本企业建筑工程的（即增值税自产自用，不征税）。

（2）供应或开采未经加工的天然水。

（3）对国家管理部门行使其管理职能，发放的执照、牌照和有关证书等取得的工本费收入。

（4）计算机软件产品征收增值税问题。纳税人销售软件产品并随同销售一并收取的软件安装费、维护费、培训费等收入，应按照增值税混合销售的有关规定征收增值税，并可享受软件产品增值税即征即退政策（超3%税率实行即征即退政策）。

（5）纳税人取得财政补贴有关增值税问题。

① 纳税人取得的财政补贴收入，与其销售货物、劳务、服务、无形资产、不动产的收入或者数量直接挂钩的，应按规定计算缴纳增值税。

② 纳税人取得的其他情形的财政补贴收入，不属于增值税应税收入，不征收增值税。

③ 燃油电厂从政府财政专户取得的发电补贴不属于增值税规定的价外费用，不计入应税销售额。

（6）试点纳税人根据国家指令无偿提供的铁路运输服务、航空运输服务，属于以公益活动为目的的服务，不征收增值税。

（7）存款利息收入。

（8）被保险人获得的保险赔付。

（9）房地产主管部门或者其指定机构、公积金管理中心、开发企业以及物业管理单位代收的住宅专项维修资金。

（10）因征收征用而取得补偿。

（11）员工为受雇单位或者雇主提供取得工资薪金的服务。

（12）行政单位收缴的行政事业性收费、政府性基金。

（13）纳税人在资产重组过程中，通过合并、分立、出售、置换等方式，将全部或者部分实物资产以及与其相关联的债权、负债和劳动力一并转让给其他单位和个人的行为（如不动产、土地使用权转让、货物转让等），不征收增值税。

（14）国务院财政、税务主管部门规定的其他情形。

（三）税率和征收率

1. 我国增值税的税率

（1）确定增值税税率的基本原则

由于增值税实行税款抵扣的计税方法及其中性税收的特征，确定增值税税率的基本原则应是尽可能减少税率档次。增值税税率的演变如表 2-9 所示。

表2-9 增值税税率的演变

2017年6月30日前	四档税率	17%、13%、11%、6%
2017年7月1日—2018年4月30日	三档税率	17%、11%、6%
2018年5月1日—2019年3月31日	税率下调	16%、10%、6%
2019年4月1日至今	税率下调	13%、9%、6%

（2）增值税税率的类型

基本税率（标准税率）、低税率（基本生活必需品和劳务）、高税率（奢侈品、非生活必需品和劳务）、零税率（出口货物）。我国增值税的税率如表 2-10 所示。

表2-10 增值税税率表

税率类型	税率	适用范围
（1）基本税率	13%	销售或进口货物；销售加工修理修配、有形动产租赁服务（包括经营租赁和融资租赁）
（2）低税率	9%	销售或进口税法列举的货物（基本生活必需品） 税法列举的货物如下：①农产品、食用植物油、食用盐；②自来水、暖气、冷气、热水、煤气、石油液化气、天然气、二甲醚、沼气、居民用煤炭制品；③图书、报纸、杂志、音像制品、电子出版物；④饲料、化肥、农药、农机、农膜
	9%	销售交通运输、邮政、基础电信、建筑、不动产租赁服务（包括经营租赁和融资租赁），销售不动产，转让土地使用权
	6%	销售现代服务（租赁除外）、增值电信服务、生活服务、无形资产（转让土地使用权除外）、金融商品
（3）零税率	0%	出口货物，国务院另有规定的除外；境内单位和个人跨境销售国务院规定范围内的服务、无形资产

需要说明的是，纳税人提供适用不同税率或者征收率的货物、应税劳务和应税行为，应分别核算；未分别核算的，从高适用税率。

需要注意的是，蔬菜免征流通环节增值税，各类罐头制品税率为 13%，如蔬菜罐头税率为 13%。灭菌乳属于鲜奶，税率为 9%，但调制乳、用鲜奶加工的各种奶制品，如酸奶、奶酪、奶油不属于鲜奶，税率为 13%。皂脚、肉桂油、桉油、香茅油、环氧大豆油、氢化植物油不属于食用植物油范围，税率为 13%。农业灌溉用水、引水工程输送的水不属于自来水范围，不征收增值税。宠物饲料属于饲料范围，税率为 9%。用于人类日常生活的各种类型包装的日用卫生用药（如卫生杀虫剂、驱虫剂、驱蚊剂、蚊香等）不属于农药范围，税率为 13%；以农副产品为原料加工工业产品的机械、农用汽车、机动渔船、森林砍伐机械、集材机械、农机零部件不属于农机范围，税率为 13%。

【学中做·单选题】 甲企业为增值税一般纳税人，2023 年 3 月销售自产饮料灌装设备取得收入 600 万元，同时取得安装费收入 30 万元。当月另对安装运行后的设备提供维护保养取得收入 10 万元，提供设备维修服务取得收入 20 万元，上述收入均为不含税收入，会计上均分别核算。采用一般计税方法。甲企业当月增值税销项税额（　　）万元。

A.83.90　　B.83.40　　C.85.10　　D.84.60

【正确答案】 A **【答案解析】** 一般计税方法下，甲企业当月增值税销项税额 = 600×13%（销售货物）+30×9%（建筑服务，分别核算，非混合销售行为）+10×6%（现代服务——其他服务）+20×13%（加工修理修配劳务）= 83.90（万元）。

2. 零税率

（1）纳税人出口货物适用零税率（国务院另有规定的除外）。

（2）境内的单位和个人跨境销售国务院规定范围内的服务、无形资产，税率为零，包括：

① 国际运输服务（包括：在境内载运旅客或者货物出境、在境外载运旅客或者货物入境、在境外载运旅客或者货物）。

② 航天运输服务。

③ 向境外单位提供的完全在境外消费的下列服务：研发服务；合同能源管理服务；设计服务；广播影视节目（作品）的制作和发行服务；软件服务；电路设计及测试服务；信息系统服务；业务流程管理服务；离岸服务外包业务；转让技术。

④ 财政部和国家税务总局规定的其他服务。

（3）放弃零税率的规定

境内的单位和个人销售适用增值税零税率的服务或无形资产的，可以放弃适用增值税零税率，选择免税（后果：不得抵扣进项税额）或按规定缴纳增值税。放弃适用增值税零税率后，36 个月内不得再申请适用增值税零税率。

3. 征收率

小规模纳税人在境内销售货物、服务、无形资产或不动产，适用简易方法计税，部分行业和类别征收率为 3% 或 5%。一般纳税人生产销售的特定货物和应税服务，可以选择适用简易计税方法计税，增值税征收率为 3% 或 5%。另有规定的除外。

需要说明的是，自 2023 年 1 月 1 日至 2023 年 12 月 31 日，增值税小规模纳税人适用 3% 征收率的应税销售收入，减按 1% 征收率征收增值税；适用 3% 预征率的预缴增值税项目，减按 1% 预征率预缴增值税。计算销售额的公式为：销售额 = 含税销售额 ÷（1+1%）。自 2023 年 1 月 1 日至 2023 年 12 月 31 日，对月销售额 10 万元以下（含本数）的增值税小规模纳税人免征增值税。

（1）适用征收率 5% 的情形

① 销售不动产；②不动产租赁服务；③以经营租赁方式将土地出租给他人使用；④收取试点前开工的桥、闸通行费；⑤转让营改增前取得的土地使用权选择适用差额征税的；⑥提供劳务派遣服务、安全保护服务选择差额纳税的；⑦个人出租住房，按照 5% 的征收率减按 1.5% 计算应纳税额，应纳税额 = 含税销售额 /（1+5%）×1.5%。

（2）按照 3% 征收率减按 2% 征收增值税的情形

按照 3% 征收率减按 2% 征收增值税的计算公式：应纳税额 = 含税售价 ÷（1+3%）×2%。具体情形包括：

① 小规模纳税人销售自己使用过的固定资产。需要说明的是，小规模纳税人销售自己使用过的除固定资产以外的物品，应按 3% 的征收率征收增值税。

【学中做 · 单选题】某汽修厂为小规模纳税人，处置使用过的举升机一台，取得收入 5000 元。汽修厂当月应缴纳增值税（　　）。

A.145.63 元　　B.97.09 元　　C.238.10 元　　D.142.86 元

【正确答案】B**【答案解析】**应缴纳的增值税 = 5000÷（1+3%）×2% = 97.09（元）。

② 小规模纳税人或一般纳税人销售旧货（指专营旧货的单位，不包括自己使用的货物）。

旧货，是指进入二次流通的具有部分使用价值的货物（含旧汽车、旧摩托车和旧游艇），但不包括自己使用过的物品。

为促进汽车消费，自 2020 年 5 月 1 日至 2023 年 12 月 31 日，从事二手车经销的纳税人销售其收购的二手车，由原按照简易办法依 3% 征收率减按 2% 征收增值税，改为减按 0.5% 征收增值税。纳税人减按 0.5% 征收率征收增值税，并按下列公式计算销售额：销售额 = 含税销售额 ÷（1+0.5%）。纳税人应当开具二手车销售统一发票。购买方索取增值税专用发票的，应当再开具征收率为 0.5% 的增值税专用发票。

一般纳税人在办理增值税纳税申报时，减按 0.5% 征收率征收增值税的销售额，应当填写在《增值税纳税申报表附列资料（一）》（本期销售情况明细）“二、简易计税方法计税”中“3% 征收率的货物及加工修理修配劳务”相应栏次；对应减征的增值税应纳税额，按销售额的 2.5% 计算填写在《增值税纳税申报表（一般纳税人适用）》“应纳税额减征额”及《增值税减免税申报明细表》减税项目相应栏次。

小规模纳税人在办理增值税纳税申报时，减按 0.5% 征收率征收增值税的销售额，应当填写在《增值税纳税申报表（小规模纳税人适用）》“应征增值税不含税销售额（3% 征收率）”相应栏次；对应减征的增值税应纳税额，按销售额的 2.5% 计算填写在《增值税纳税申报表（小规模纳税人适用）》“本期应纳税额减征额”及《增值税减免税申报明细表》减税项目相应栏次。

【学中做 · 单选题】某旧机动车交易公司 2023 年 3 月收购旧机动车 50 辆，支付收购款 350 万元，销售旧机动车 60 辆，取得销售收入 480 万元，同时协助客户办理车辆过户手续，取得收入 3 万元。当月该旧机动车交易公司应纳增值税（　　）万元。

A.2.40　　B.9.89　　C.14.07　　D.70.18

【正确答案】A**【答案解释】**应纳增值税税额 =（480+3）÷（1+0.5%）×0.5% = 2.40（万元）。

③ 一般纳税人销售自己使用过且未抵扣进项税额的固定资产。如果销售使用过的且已抵扣进项税额的固定资产，按适用税率征收增值税。

需要说明的是，纳税人也可以放弃减税，按照简易办法依照 3% 征收率缴纳增值税，并可以开具增值税专用发票。

【学中做·计算题】某生产企业为增值税一般纳税人：（1）2019 年 3 月销售购于 2008 年 10 月份的设备一台，取得收入 59000 元。如果购入时未抵扣，销售时应纳增值税为多少？

【正确答案】购入时未抵扣，销售时应纳增值税 = 59000÷（1+3%）×2%= 1145.63（元），此时只能开具增值税普通发票。如果纳税人放弃减税，按照简易办法依照 3% 征收率缴纳增值税，59000÷（1+3%）×3%=1718.45（元），可以开具增值税专用发票。

（2）2020 年 5 月销售购于 2016 年 12 月份的设备一台，取得收入 49000 元。如果购入时已抵扣，销售时应纳增值税为多少？

【正确答案】购入时已抵扣，销售时应纳增值税 = 49000÷（1+13%）×13%= 5637.17（元），开具增值税专用发票。

（3）一般纳税人销售自产货物的征收率规定

一般纳税人销售自产的下列货物，可选择按照简易办法依照 3% 征收率计算缴纳增值税，选择简易办法计算缴纳增值税后，36 个月内不得变更，具体适用范围如下：

① 县级及县级以下小型水力发电单位生产的电力。

② 建筑用和生产建筑材料所用的砂、土、石料。

③ 以自己采掘的砂、土、石料或其他矿物连续生产的砖、瓦、石灰（不含黏土实心砖、瓦）。

④ 用微生物、微生物代谢产物、动物毒素、人或动物的血液或组织制成的生物制品。

⑤ 自来水（对属于一般纳税人的自来水公司销售自来水按简易办法依照 3% 的征收率征收增值税，不得抵扣其购进自来水取得增值税扣税凭证上注明的增值税税款）。

⑥ 商品混凝土（仅限于以水泥为原料生产的水泥混凝土）。

（4）一般纳税人销售货物的征收率规定

属于下列情形之一的，暂按简易办法依照 3% 的征收率计算缴纳增值税：

① 寄售商店代销寄售物品（包括居民个人寄售的物品在内）。

② 典当业销售死当物品。

（5）建筑企业一般纳税人提供建筑服务属于老项目的征收率规定

可以选择简易办法依照 3% 的征收率征收增值税。

（四）税收优惠

税收优惠自测题

1. 法定免税项目

按照《中华人民共和国增值税法（征求意见稿）》，下列项目免征增值税：

（1）农业生产者销售的自产农产品；

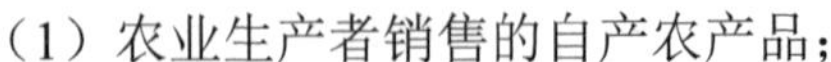

（2）避孕药品和用具；

（3）古旧图书；

（4）直接用于科学研究、科学试验和教学的进口仪器、设备；

（5）外国政府、国际组织无偿援助的进口物资和设备；

（6）由残疾人的组织直接进口供残疾人专用的物品；

（7）自然人销售的自己使用过的物品（不含不动产）；

（8）托儿所、幼儿园、养老院、残疾人福利机构提供的育养服务、婚姻介绍、殡葬服务；

（9）残疾人员个人提供的服务；

（10）医院、诊所和其他医疗机构提供的医疗服务；

（11）学校和其他教育机构提供的教育服务，学生勤工俭学提供的服务；

（12）农业机耕、排灌、病虫害防治、植物保护、农牧保险以及相关技术培训业务，家禽、牲畜、水生动物的配种和疾病防治；

（13）纪念馆、博物馆、文化馆、文物保护单位管理机构、美术馆、展览馆、书画院、图书馆举办文化活动的门票收入，宗教场所举办文化、宗教活动的门票收入；

（14）境内保险机构为出口货物提供的保险产品。

纳税人兼营增值税减税、免税项目的，应当单独核算增值税减税、免税项目的销售额；未单独核算的项目，不得减税、免税。纳税人发生应税交易适用减税、免税规定的，可以选择放弃减税、免税，依照规定缴纳增值税。纳税人同时适用两个以上减税、免税项目的，可以分不同减税、免税项目选择放弃。放弃的减税、免税项目 36 个月内不得再减税、免税。

2. 特定免税项目

（1）个人转让著作权。

（2）个人销售自建自用住房。

（3）金融商品转让收入：个人从事金融商品转让业务。

转让非上市公司股权，不论单位还是个人均不征收增值税。单位从事金融商品转让业务（如转让上市公司股票），不免税，个人则免税。

（4）纳税人提供技术转让、技术开发和与之相关的技术咨询、技术服务。

（5）符合条件的合同能源管理服务。

（6）科普单位的门票收入，以及县级及以上党政部门和科协开展科普活动的门票收入。

（7）政府举办的从事学历教育的高等、中等和初等学校（不含下属单位），举办进修班、培训班取得的全部归该学校所有的收入。

（8）政府举办的职业学校设立的主要为在校学生提供实习场所、并由学校出资自办、由学校负责经营管理、经营收入归学校所有的企业，从事现代服务（不含融资租赁服务、广告服务和其他现代服务）、生活服务（不含文化体育服务、其他生活服务和桑拿、氧吧）业务活动取得的收入。

（9）家政服务企业由员工制家政服务员提供家政服务取得的收入。

（10）福利彩票、体育彩票的发行收入。

（11）军队空余房产租赁收入。

（12）为了配合国家住房制度改革，企业、行政事业单位按房改成本价、标准价出售住房取得的收入。

（13）将土地使用权转让给农业生产者用于农业生产。

（14）涉及家庭财产分割的个人无偿转让不动产、土地使用权。家庭财产分割，包括下列情形：离婚财产分割；无偿赠与配偶、父母、子女、祖父母、外祖父母、孙子女、外孙子女、兄弟姐妹；无偿赠与对其承担直接抚养或者赡养义务的抚养人或者赡养人；房屋产权所有人死亡，法定继承人、遗嘱继承人或者受遗赠人依法取得房屋产权。

（15）土地所有者出让土地使用权和土地使用者将土地使用权归还给土地所有者。

（16）县级以上地方人民政府或自然资源行政主管部门出让、转让或收回自然资源使用权（不含土地使用权）。

（17）随军家属就业。

（18）军队转业干部就业。

（19）供热企业的增值税优惠政策。对供热企业向居民个人供热而取得的采暖费收入继续免征增值税。通过热力产品经营企业向居民供热的热力产品生产企业，应当根据热力产品经营企业实际从居民处取得的采暖费收入占该经营企业采暖费总收入的比例确定免税收入比例。

（20）蔬菜流通环节增值税免税政策

① 对从事蔬菜批发、零售的纳税人销售的蔬菜免征增值税。但各种蔬菜罐头不属于免税范围。

② 纳税人既销售蔬菜又销售其他增值税应税货物的，应分别核算蔬菜和其他增值税应税货物的销售额；未分别核算的，不得享受蔬菜增值税免税政策。

3. 增值税即征即退

（1）经批准从事融资租赁业务的一般纳税人，提供有形动产融资租赁服务和有形动产融资性售后回租服务，实际税负超过 3% 的部分实行增值税即征即退政策。

（2）一般纳税人提供管道运输服务，对其增值税实际税负超过 3% 的部分实行增值税即征即退政策。

（3）安置残疾人的单位和个体工商户，按纳税人安置残疾人的人数，限额即征即退增值税（按当地月最低工资标准的 4 倍确定）。

增值税实际税负，是指纳税人当期提供应税服务实际缴纳的增值税额占纳税人当期提供应税服务取得的全部价款和价外费用的比例。

（4）2018 年 5 月 1 日至 2023 年 12 月 31 日，对动漫企业增值税一般纳税人销售其自主开发生产的动漫软件，按照基本税率征收增值税后，对其增值税实际税负超过 3% 的部分，实行即征即退政策。动漫软件出口免征增值税。

（5）飞机维修劳务增值税实际税负超过 6% 的部分即征即退。

（6）2015 年 7 月 1 日起，对纳税人销售自产的利用风力生产的电力产品，实行增值税即征即退 50% 的政策。

（7）资源综合利用产品和劳务增值税优惠政策。纳税人销售自产的资源综合利用产品和提供资源综合利用劳务，可享受增值税即征即退政策。即征即退比例种类包括：30%、50%、70%、100%。

（8）软件产品的增值税优惠。增值税一般纳税人销售其自行开发生产的软件产品（含对进口软件产品进行本地化改造后对外销售，仅“汉字化”除外），按13%税率征收增值税后，对其增值税实际税负超过3%的部分实行即征即退政策。计算公式为：

即征即退税额 = 当期软件产品增值税应纳税额 − 当期软件产品销售额 ×3%。

当期软件产品增值税应纳税额 = 当期软件产品销项税额 − 当期软件产品可抵扣进项税额

当期软件产品销项税额 = 当期软件产品销售额 × 适用税率

当期嵌入式软件产品销售额的计算公式：

当期嵌入式软件产品销售额 = 当期嵌入式软件产品与计算机硬件、机器设备销售额合计 − 当期计算机硬件、机器设备销售额

计算过程如下：第一步计算当期软件产品增值税应纳税额；第二步计算税负率 = 当期软件产品增值税应纳税额 ÷ 当期软件产品销售额，并判断是否超过3%；如果超过3%，那么第三步计算即征即退税额 = 当期软件产品增值税应纳税额 − 当期软件产品销售额 ×3%。

即征即退的会计分录为：①企业即征即退缴纳增值税时，借：应交税费——应交增值税（已交增值税），贷：银行存款；②企业结转即征即退补助时，借：银行存款，贷：营业外收入——政府补助。

【学中做 · 多选题】某软件开发企业为增值税一般纳税人，4月销售自行开发生产的软件产品，取得不含税销售额68000元，从国外进口软件进行本地化改造后对外销售，取得不含税销售额200000元。本月购进一批电脑用于软件设计，取得的增值税专用发票注明金额100000元。该企业上述业务应退增值税（　　）元。

A.6920　　B.8040　　C.13800　　D.21840

【正确答案】C**【答案解析】**第一步计算当期软件产品增值税应纳税额 =68000×13%+200000×13%−100000×13%=21840（元）；

第二步计算税负率 =21840÷（68000+200000）×100%=8.15%；

第三步计算即征即退税额 =21840−（68000+200000）×3% = 13800（元）。

4. 扣减增值税规定

（1）税控系统专用设备和技术维护费扣税政策规定

增值税纳税人2011年12月1日（含，下同）以后初次购买增值税税控系统专用设备（包括分开票机）支付的费用，可凭购买增值税税控系统专用设备取得的增值税专用发票，在增值税应纳税额中全额抵减（抵减额为价税合计额），不足抵减的可结转下期继续抵减。增值税纳税人非初次购买增值税税控系统专用设备支付的费用，由其自行负担，不得在增值税应纳税额中抵减。

增值税税控系统包括增值税防伪税控系统、货物运输业增值税专用发票税控系统、机动车销售统一发票税控系统和公路、内河货物运输业发票税控系统。

增值税纳税人2011年12月1日以后缴纳的技术维护费（不含补缴的2011年11月30日以前的技术维护费），可凭技术维护服务单位开具的技术维护费发票，在增

值税应纳税额中全额抵减，不足抵减的可结转下期继续抵减。技术维护费按照价格主管部门核定的标准执行。增值税一般纳税人支付的两项费用在增值税应纳税额中全额抵减的，其增值税专用发票不作为增值税抵扣凭证，其进项税额不得从销项税额中抵扣。

增值税税控系统专用设备和技术维护费用抵减增值税额的会计分录如下：①购入时，借：管理费用，贷：银行存款（或应付账款）；②按规定抵减增值税应纳税额时，借：应交税费——应交增值税（减免税款）（一般纳税人）或应交税费——应交增值税（小规模纳税人），贷：管理费用。

（2）退役士兵、重点群体创业就业扣税政策规定

重点群体包括：建档立卡贫困人口、失业半年以上人员；零就业家庭、享受低保劳动年龄内的登记失业人员；毕业年度内高校毕业生。

① 从事个体经营的，自办理个体户登记当月起，在 3 年（ 6 个月）内按每户每年 12000 元为限额依次扣减其当年实际应缴纳的增值税、城建税、教育费附加、地方教育附加和个税。限额标准最高可上浮 20%。

② 企业安置其就业的，在 3 年内按每实际招用人数每人每年 6000 元为限额，依次扣减增值税、城建税、教育费附加、地方教育附加和企业所得税。重点群体定额标准最高可上浮 30% ；退役士兵定额标准最高可上浮 50%。

5. 个人将购买的住房对外销售的税收优惠

（1）非北京市、上海市、广州市和深圳市地区。税务政策：按购置时间划分确定税务政策。①个人将购买不足 2 年的住房对外销售的，按照规定的征收率全额缴纳增值税；②个人将购买 2 年以上（含 2 年）的住房对外销售的，免征增值税。

（2）北京市、上海市、广州市和深圳市地区。税务政策：按住宅性质、购置时间确定税务政策。①个人将购买不足 2 年的住房对外销售的，按照规定的征收率全额缴纳增值税；②个人将购买 2 年以上（含 2 年）的非普通住房对外销售的，以销售收入减去购买住房价款后的差额按照规定的征收率缴纳增值税；③个人将购买 2 年以上（含 2 年）的普通住房对外销售的，免征增值税。

【小结】个人销售房屋的增值税政策如表 2-11 所示。

表2-11　个人销售房屋的增值税政策

<table>
<tr><th rowspan="2">类型</th><th rowspan="2">购买不足2年</th><th colspan="2">购买超过2年（含2年）</th></tr>
<tr><th>其他地区</th><th>北上广深</th></tr>
<tr><td>普通住房</td><td rowspan="2">全额按5%征收增值税</td><td rowspan="2">免征增值税</td><td>免征增值税</td></tr>
<tr><td>非普通住房</td><td>（卖出价－买入价）÷（1+征收率）×征收率</td></tr>
<tr><td rowspan="2">商铺</td><td>自建</td><td colspan="2">全额计税，全额÷（1+征收率）×征收率</td></tr>
<tr><td>非自建</td><td colspan="2">差额计税，差额÷（1+征收率）×征收率</td></tr>
<tr><td colspan="4">纳税地点：向不动产所在地主管地税机关申报纳税</td></tr>
</table>

需要说明的是，深圳市自 2020 年 7 月 15 日起、上海市自 2021 年 1 月 22 日起、广州市 9 个区自 2021 年 4 月 21 日起，将个人住房转让增值税征免年限由 2 年调整到 5 年。

【拓展阅读】

党的二十大报告指出，群众在就业、教育、医疗、托育、养老、住房等方面面临不少难题。坚持房子是用来住的、不是用来炒的定位，加快建立多主体供给、多渠道保障、租购并举的住房制度。

思考：如何树立正确的房产投资观念？

6. 小微企业的免征增值税规定

（1）2023 年 1 月 1 日至 2023 年 12 月 31 日，增值税小规模纳税人合计月销售额不超过 10 万元的，免征增值税。其中，以 1 个季度为 1 个纳税期的，季度销售额未超过 30 万元的，免征增值税。小规模纳税人发生增值税应税销售行为，合计月销售额超过 10 万元，但扣除本期发生的销售不动产的销售额后未超过 10 万元的，其销售货物、劳务、服务、无形资产取得的销售额免征增值税。适应增值税差额征收政策的小规模纳税人，以差额后的销售额确定是否可以享受月 10 万元（季度 30 万元）以下免征增值税政策。

（2）其他个人采取一次性收取租金形式出租不动产，取得的租金收入，可在租金对应的租赁期内平均分摊，分摊后的月租金收入不超过 10 万元的，可享受小微企业免征增值税的优惠政策。

（3）按照现行规定应当预缴增值税税款的小规模纳税人，凡在预缴地实现的月销售额未超过 10 万元的，当期无须预缴税款。

（4）《财政部、税务总局关于进一步支持小微企业和个体工商户发展有关税费政策的公告》（财政部、税务总局公告 2023 年第 12 号）具体内容。

为进一步支持小微企业和个体工商户发展，现将有关税费政策公告如下：

① 自 2023 年 1 月 1 日至 2027 年 12 月 31 日，对个体工商户年应纳税所得额不超过 200 万元的部分，减半征收个人所得税。个体工商户在享受现行其他个人所得税优惠政策的基础上，可叠加享受本条优惠政策。

② 自 2023 年 1 月 1 日至 2027 年 12 月 31 日，对增值税小规模纳税人、小型微利企业和个体工商户减半征收资源税（不含水资源税）、城市维护建设税、房产税、城镇土地使用税、印花税（不含证券交易印花税）、耕地占用税和教育费附加、地方教育附加。

③ 对小型微利企业减按 25% 计算应纳税所得额，按 20% 的税率缴纳企业所得税政策，延续执行至 2027 年 12 月 31 日。

④ 增值税小规模纳税人、小型微利企业和个体工商户已依法享受资源税、城市维护建设税、房产税、城镇土地使用税、印花税、耕地占用税、教育费附加、地方教育附加等其他优惠政策的，可叠加享受本公告第二条规定的优惠政策。

《财政部 税务总局关于进一步实施小微企业“六税两费”减免政策的公告》（财政部 税务总局公告 2022 年第 10 号）及《财政部 税务总局关于小微企业和个体工商户所得税优惠政策的公告》（财政部 税务总局公告 2023 年第 6 号）中个体工商户所

得税优惠政策自2023年1月1日起相应停止执行。

【拓展阅读】

党的二十大报告指出，坚持以人民为中心的发展思想。维护人民根本利益，增进民生福祉，不断实现发展为了人民、发展依靠人民、发展成果由人民共享，让现代化建设成果更多更公平惠及全体人民。

思考：增值税税收优惠政策如何体现“坚持以人民为中心的发展思想”？

二、应纳税额计算

一般纳税人采用一般计税方法计算增值税应纳税额。一般计税方法的应纳税额，是指当期销项税额抵扣当期进项税额后的余额，计算公式如下：

应纳增值税税额 = 当期销项税额 − 当期进项税额

当期销项税额小于当期进项税额不足抵扣时，其不足部分可以结转下期继续抵扣或满足条件的，可以选择期末留抵税额退税。

（一）销项税额

销项税额是指纳税人发生应税交易，按照销售额乘以规定的税率计算的增值税额，其计算公式：销项税额 = 销售额 × 税率。税率前面已经讲述过，因此，销项税额的计算正确与否取决于销售额，按税法规定正确无误地确定销售额是非常关键的一步，下面详细进行讲解。

1. 销售额的一般规定

微课－销售额的一般规定

销售额，是指纳税人发生应税交易取得的与之相关的对价（即向购买方收取的全部价款和价外费用），包括全部货币或者非货币形式的经济利益，不包括按照一般计税方法计算的销项税额和按照简易计税方法计算的应纳税额。

（1）应税销售额包括以下三项内容：①向购买方收取的全部价款；②向购买方收取的各种价外费用（即价外收入）；③消费税税金（价内税）。价外费用具体包括购买方收取的手续费、补贴、基金、集资费、返还利润、奖励费、违约金、滞纳金、延期付款利息、赔偿金、代收款项、代垫款项、包装费、包装物租金、储备费、优质费、运输装卸费以及其他各种性质的价外收费。需要说明的是，价外费用视为含税，在并入销售额征税时应价税分离。

【学中做·单选题】2023年2月，某企业（增值税一般纳税人）销售货物取得不含税销售额10万元，当月另收取含税包装费1万元。该企业上述业务销项税额（　　）万元。

A.1.60　　B.1.72　　C.1.42　　D.1.85

【正确答案】C **【答案解释】**企业上述业务销项税额 =（10+1÷1.13）×13%=1.42（万元）。

【学中做·单选题】某汽车生产企业为增值税一般纳税人，2022年3月销售一批小汽车，开具增值税专用发票注明金额 1200 万元，另收取汽车内部装饰和设备费用价税合计金额为 50 万元，该笔业务应计算销项税额（　　）万元。

A.161.75　　B.143.81　　C.5.75　　D.156

【正确答案】A**【答案解析】**该笔业务应计算销项税额 =［1200+50÷（1+13%）］×13% = 161.75（万元）。

（2）应税销售额不包括的内容

如果收取费用不是销售方的收入，那么在满足具体税务条件时，此项收取的费用不计入应税销售额。应税销售额不包括以下内容：

① 向购买方收取的销项税额（因增值税为价外税）。而消费税、资源税等属于价内税，故应税销售额包括消费税、资源税的税金。

② 受托加工应征消费税的货物，而由受托方代收代缴的消费税。即受托方计算应税加工费的销项税额时不包括代收代缴的消费税额。

③ 同时符合以下两个条件的代垫运费：承运部门的运费发票开具给购买方；并且由纳税人将该项发票转交给购买方。具体税务处理如图 2-2 所示。

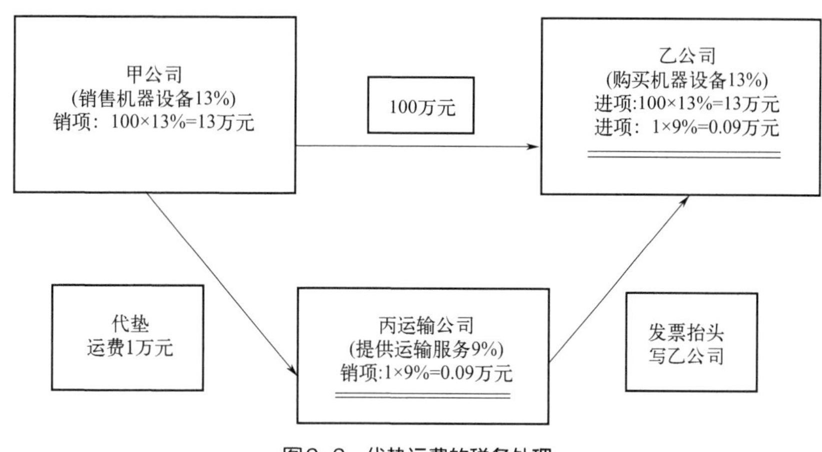

图2-2　代垫运费的税务处理

④ 符合条件的代为收取的政府性基金或者行政事业性收费（3 个条件：由国务院或者财政部批准设立的政府性基金，由国务院或者省级人民政府及其财政、价格主管部门批准设立的行政事业性收费；收取时开具省级以上财政部门印制的财政票据；所收款项全额上缴财政）。

⑤ 销售货物的同时代办保险等而向购买方收取的保险费，以及向购买方收取的代购买方缴纳的车辆购置税、车辆牌照费。

⑥ 以委托方名义开具发票代委托方收取的款项。

【学中做 · 计算题】2023 年 2 月某企业销售给乙公司货物 15000 件，每件不含税售价为 20.5 元，交给 A 运输公司运输，代垫运输费用 6800 元，运费发票已转交给乙公司。

要求：计算某企业的销项税额。

【正确答案】销项税额 = 15000×20.50×13% = 39975（元）。

【拓展阅读】

党的二十大报告指出，深入实施人才强国战略。培养造就大批德才兼备的高素质人才，是国家和民族长远发展大计。功以才成，业由才广。坚持党管人才原则，坚持尊重劳动、尊重知识、尊重人才、尊重创造，实施更加积极、更加开放、更加有效的人才政策，引导广大人才爱党报国、敬业奉献、服务人民。完善人才战略布局，坚持各方面人才一起抓，建设规模宏大、结构合理、素质优良的人才队伍。加快建设世界重要人才中心和创新高地，促进人才区域合理布局和协调发展，着力形成人才国际竞争的比较优势。加快建设国家战略人才力量，努力培养造就更多大师、战略科学家、一流科技领军人才和创新团队、青年科技人才、卓越工程师、大国工匠、高技能人才。加强人才国际交流，用好用活各类人才。深化人才发展体制机制改革，真心爱才、悉心育才、倾心引才、精心用才，求贤若渴，不拘一格，把各方面优秀人才集聚到党和人民事业中来。

思考：增值税应纳税额计算综合性强，谈谈自己如何做才能成为“大国工匠、高技能人才”。

2. 特殊销售方式的销售额

（1）以折扣方式销售货物

① 折扣销售（先折扣后销售，即会计上的商业折扣）：因购买方需求量大等原因，而给予的价格方面的优惠。税务处理为：在同一张发票上“金额”栏分别注明的（图2-3），可以按折扣后的销售额征收增值税；仅在发票“备注”栏注明折扣额，折扣额不得扣除。如果将折扣额另开发票，不论其财务上如何处理，均不得从销售额中减除折扣额。

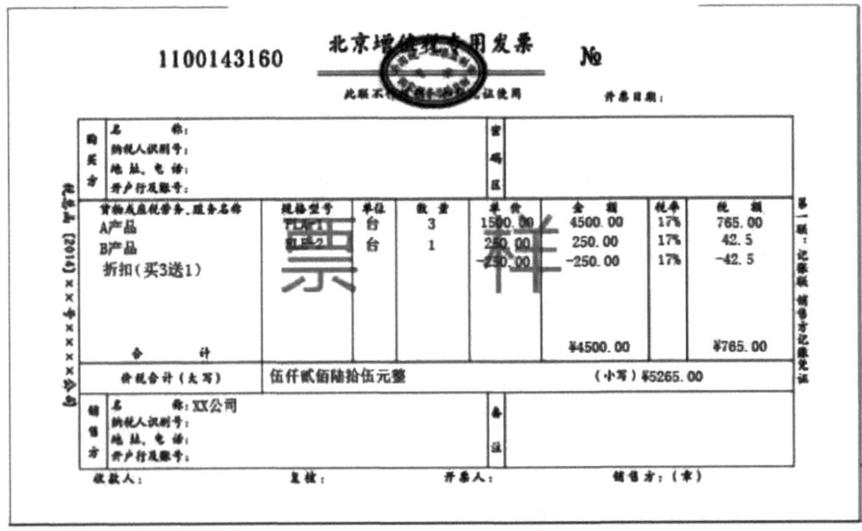

1100143160　北京增[illegible]用发票　№

此联不[illegible]证使用　开票日期：

购买方　名称：　纳税人识别号：　地址、电话：　开户行及账号：　密码区

货物或应税劳务、服务名称	规格型号	单位	数量	单价	金额	税率	税额
A产品	[illegible]	台	3	1500.00	4500.00	17%	765.00
B产品	[illegible]	台	1	250.00	250.00	17%	42.5
折扣（买3送1）				-250.00	-250.00	17%	-42.5
合计					¥4500.00		¥765.00
价税合计（大写）	伍仟贰佰陆拾伍元整				（小写）¥5265.00		

销售方　名称：XX公司　纳税人识别号：　地址、电话：　开户行及账号：　备注

收款人：　复核：　开票人：　销售方：（章）

票样

第一联：记账联　销售方记账凭证

图2-3　折扣销售发票开具要求

【学中做 · 单选题】甲公司为增值税一般纳税人，2023 年 2 月采取折扣方式销售货物一批，该批货物不含税销售额 90000 元，折扣额 9000 元，销售额和折扣额在同一张发票的金额栏分别注明。已知增值税税率为 13%。甲公司当月该笔业务增值税销项税额的下列计算列式中，正确的是（　　）。

A.（90000−9000）÷（1+13%）×13% = 9318.58（元）

B. 90000×13% = 11700（元）

C. 90000÷（1+13%）×13% = 10353.98（元）

D.（90000−9000）×13% = 10530（元）

【正确答案】D**【答案解析】**折扣额与销售额在同一张发票上，可以按照扣除后金额确认收入。本题为不含税收入，因此直接乘以税率即可。

② 销售折扣（先销售后折扣，即会计上的现金折扣）：鼓励购货方及时偿还货款。现金折扣发生在销货行为之后，故销售折扣不能从销售额中扣除。销售折扣因具有融资目的，销售额全额计税。此处注意与新收入准则关于可变对价（现金折扣）进行对比学习（冲减收入，不再计入财务费用科目）。

【学中做 · 计算题】甲企业本月销售给某专卖商店 A 牌商品一批，由于货款回笼及时，根据合同规定，给予专卖商店 2% 折扣，甲企业实际取得不含税销售额 245 万元。

要求：计算计税销售额和销项税额。

【正确答案】（1）计税销售额 = 245÷（1−2%）= 250（万元）；（2）销项税额 = 250×13% = 32.50（万元）。

【学中做 · 单选题】某工业企业为增值税一般纳税人，2023 年 6 月销售货物，开具增值税专用发票注明金额 300 万元，在同一张发票金额栏注明的折扣金额共计 50 万元，为鼓励买方及早付款，给予现金折扣 N/90，1/45，2/30，买方于第 45 天付款。该企业上述业务销项税额为（　　）万元。

A.32.50　　B.32.11　　C.39.00　　D.38.61

【正确答案】A**【答案解析】**上述业务销项税额 =（300−50）×13% = 32.50（万元）。

③ 销售折让：销售折让可以通过开具红字专用发票从销售额中扣除。未按规定开具红字专票，不得扣除。

【学中做 · 单选题】某商场为增值税一般纳税人，2023 年 9 月举办促销活动，全部商品八折销售，实际取得含税收入 38000 元，销售额和折扣额在同一张发票的金额栏分别注明。上月销售商品本月发生退货，向消费者退款 680 元，并按折让金额开具红字发票，该商场当月销项税额是（　　）元。

A.43638.58　　B.55213.68　　C.64600.00　　D.80750.00

【参考答案】A**【答案解析】**当月销项税额 =380000÷（1+13%）×13%−680÷（1+13%）×13%=43638.58（元）。

（2）以旧换新销售货物

纳税人采取以旧换新方式销售货物的（金银首饰除外），应按新货物的同期销售价格确定销售额。但金银首饰以旧换新，以实际收取的不含增值税销售额计税。

【学中做·单选题】甲公司为一般纳税人，2023 年 12 月销售新型冰箱 50 台，每台含税价格 5800 元；采取以旧换新方式销售同型号冰箱 20 台，收回的旧冰箱每台作价 232 元，实际每台收取款项 5568 元。计算甲公司当月增值税销项税额的下列算式中，正确的是（　　）。

A.［50×5800+20×（5568−232）］×13%=51573.6（元）

B.（50×5800+20×5568）÷（1+13%）×13%=46174.16（元）

C.（50+20）×5800÷（1+13%）×13%=46707.96（元）

D.（50×5800+20×5568）×13%=52176.8（元）

【正确答案】C**【答案解析】**纳税人采取以旧换新方式销售货物的，应按新货物的同期销售价格确定销售额，不得扣减旧货物的收购价格。

（3）还本销售

不得从销售额中减除还本支出，即销售额就是货物的销售价格，不能扣除还本支出。

（4）以物易物

双方都应作购销处理。以各自发出的货物核算销售额并计算销项税额，以各自收到的货物核算购货额并计算进项税额。

需要说明的是，如果是双方均未开具增值税专用发票（能否取得对方专用发票），此业务只有销项税额。

【学中做·单选题】甲贸易公司为增值税一般纳税人，2023 年 12 月以不含税价格为 15 万元的玉米与乙公司不含税价格为 8 万元的罐头进行交换，差价款由乙公司以银行存款支付，双方均向对方开具增值税专用发票，假定当月取得的相关票据均符合税法规定，并在当月抵扣进项税，甲贸易公司当月应缴纳增值税（　　）万元。

A.0.31　　B.1.95　　C.2.50　　D.1.19

【正确答案】A**【答案解析】**甲贸易公司应纳的增值税 =15×9%（销项税额——玉米税率 9%）−8×13%（进项税额——罐头税率 13%）=0.31（万元）。

（5）直销方式销售

① 直销企业通过直销员向消费者销售货物（直销企业—消费者），直接向消费者收取货款，直销企业的销售额为其向消费者收取的全部价款和价外费用。

② 直销企业先将货物销售给直销员（直销企业—直销员），直销员再将货物销售给消费者的（直销员—消费者），直销企业的销售额为其向直销员收取的全部价款和价外费用。直销员将货物销售给消费者时，应按照现行规定缴纳增值税。

（6）包装物押金计税问题

① 一般规定：纳税人为销售货物而出租出借包装物收取的押金，单独记账核算的，时间在 1 年内又未逾期的，不并入销售额征税。对收取的包装物押金，逾期（超过 12 个月）并入销售额征税。逾期包装物押金应纳增值税 = 逾期押金 ÷（1+ 税率）× 税率，税率按照所包装货物适用税率确定。

【学中做·单选题】甲公司为增值税一般纳税人，2023 年 1 月销售啤酒取得含税价款 226 万元，另收取包装物租金 1.13 万元，包装物押金 3.39 万元，已知增值税适用税率为13%，计算甲公司当月上述业务增值税销项税额的下列算式中，正确的是（　　）。

A.（226+1.13）÷（1+13%）×13%＝26.13（万元）

B. 226÷（1+13%）×13%＝26（万元）

C. 226×13%＝29.38（万元）

D.（226+1.13+3.39）÷（1+13%）×13%＝26.52（万元）

【正确答案】A**【答案解析】**包装物租金属于价外费用，需要计入销售额计算增值税；啤酒、黄酒的包装物押金在收取时不征收增值税，逾期时计算缴纳增值税。

② 特殊规定：对销售除啤酒、黄酒外的其他酒类产品收取的包装物押金，无论是否返还以及会计上如何核算，均应并入当期销售额征税。啤酒、黄酒包装物押金按一般规定进行税务处理（是否逾期）。

【学中做·计算题】某白酒厂为一般纳税人，4月10日向某小卖部销售白酒，开具的普通发票上注明金额16500元；同时收取单独核算的包装物押金1000元。

要求：计算此业务酒厂4月份应确认的销项税额。

【正确答案】销项税额＝（16500+1000）÷（1+13%）×13%=2013.27（元）。

如果当月没收包装物押金2000元，计算此业务酒厂4月份应确认的销项税额。

【正确答案】销项税额＝（16500+1000）÷（1+13%）×13%=2013.27（元）。

如果是啤酒厂，销售的是啤酒，那当月收取的包装物押金不并入销售额，当月没收包装物押金2000元应并入销售额，所以销项税额＝（16500+2000）÷（1+13%）×13%=2128.32（元）。

【比较学习】包装物押金一般规定和特殊规定（表2-12）

表2-12　包装物押金税务处理比较

情形	一般规定	特殊规定	适用范围
收取时	不并入销售额计税	并入销售额计税	一般规定：一般货物（含黄酒、啤酒）
逾期时	并入销售额计税	不并入销售额计税	特殊规定：除黄酒、啤酒以外的其他酒类产品

注：包装物押金为含税金额，按所包装货物适用的税率进行价税分离。

3. 视同销售行为销售额的确定

纳税人视同销售中无价款结算的，或销售价格明显偏低或偏高且不具有合理商业目的的，税务机关有权按照合理的方法，依据以下顺序核定其销售额：

① 按纳税人最近时期同类货物、同类服务、无形资产或者不动产的平均价格确定。

② 按其他纳税人最近时期销售同类货物、同类服务、无形资产或者不动产的平均价格确定。

③ 组成计税价格确定销售额。组成计税价格公式为：组成计税价格＝成本×（1+成本利润率），公式中成本利润率为10%，公式中的成本，如果属于自产货物，则为实际生产成本；如果属于外购货物，则为实际采购成本。

如果属于应征消费税的货物，其组成计税价格中应加入消费税税额（消费税属于价内税），成本利润率按消费税法规定确定，此时，计算公式为：组成计税价格 = 成本 ×（1+ 成本利润率）+ 消费税税额 = 成本 ×（1+ 成本利润率）÷（1− 消费税税率）。

【学中做 · 计算题】某糕点厂为增值税一般纳税人，9 月份将自产的月饼 400 盒分发给本企业职工。每盒月饼成本价 90 元。

要求：

（1）如果产品不含税售价 158 元，如何确定销售额，并计算销项税额？

（2）如果为新产品，无产品售价，如何确定销售额，并计算销项税额？

【正确答案】自产月饼发给本企业职工属于“自产货物用于集体福利”，应视同销售，计算销项税额。

（1）产品不含税售价 158 元，故纳税人有同类价，视同销售的月饼销售额 = 400×158=63200（元），销项税额 =63200×13%=8216（元）。

（2）无产品售价，故纳税人和其他纳税人均无同类价，应计算组成计税价格，视同销售的月饼销售额 = 400×90×（1+10%）=39600（元），销项税额 =39600×13%=5148（元）。

4. 含税销售额的换算

增值税属于价外税，销售额不应包含销项税额。含税销售额的换算公式为：不含税销售额 = 含税销售额 ÷（1+ 税率）。常见含税的销售额情形包括：

（1）业务描述为价税合计金额；

（2）最终消费环节价格（如商业零售价、生活服务价等）；

（3）普通发票上注明的销售额；

（4）价外收入视为含税收入；

（5）逾期包装物押金。

【学中做 · 计算题】某增值税一般纳税人销售普通货物（适用税率为 13%），收取价税合计 565 万元，同时收取违约金 1.13 万元。计算不含税销售额和销项税额。

【正确答案】违约金属于价外费用应并入销售额计税，同时价外费用是含税收入。因此，不含税销售额 =（565+1.13）÷（1+13%）= 501（万元），销项税额 = 501×13% = 65.13（万元）。

5. 销售额的特殊规定

纳税人销售服务、无形资产或者不动产的销售额，是指纳税人发生应税行为取得的全部价款和价外费用。

（1）贷款服务以取得的全部利息及利息性质的收入为销售额。

（2）直接收费金融服务以提供直接收费金融服务收取的手续费、佣金、酬金、管理费、服务费、经手费、开户费、过户费、结算费、转托管费等各类费用为销售额。

【学中做 · 单选题】某商业银行（增值税一般纳税人）2023 年第一季度提供贷款服务取得含税利息收入 5300 万元，提供直接收费服务取得含税收入 106 万元，开展贴现业务取得含税利息收入 500 万元。该银行上述业务的销项税额（　　）万元。

A.157.46　　B.172.02　　C.306.00　　D.334.30

【正确答案】D**【答案解析】**该银行上述业务的销项税额 =（5300+106+500）÷ 1.06×6% = 334.30（万元）。

（3）金融商品转让以卖出价扣除买入价后的余额为销售额。买入价不包括买入或销售过程中的税费。转让金融商品出现的正负差，按盈亏相抵后的余额为销售额。若相抵后出现负差，可结转下一纳税期与下期转让金融商品销售额相抵，但年末时仍出现负差的，不得转入下一个会计年度。金融商品的买入价，可以选择按照加权平均法或者移动加权平均法进行核算，选择后 36 个月内不得变更。金融商品转让，不得开具增值税专用发票。

【学中做 · 单选题】某企业为增值税一般纳税人，2023 年 5 月买入 A 上市公司股票，买入价 280 万元，支付手续费 0.084 万元。当月卖出其中的 50%，发生买卖负差 10 万元。2023 年 6 月，卖出剩余的 50%，卖出价 200 万元，支付手续费 0.06 万元，印花税 0.2 万元。该企业 2023 年 6 月应缴纳增值税（　　）万元。（以上价格均为含税价格）

A.3.00　　B.3.38　　C.2.81　　D.2.83

【正确答案】D。**【答案解析】**金融商品转让，以卖出价扣除买入价后的余额为销售额，转让金融商品出现的正负差，以盈亏相抵后的余额为销售额，买卖过程中税费不要考虑。该企业 2023 年 6 月应缴纳增值税 =（200−280×50%−10）÷（1+6%）× 6% = 2.83（万元）。

（4）经纪代理服务以取得的全部价款和价外费用，扣除向委托方收取并代为支付的政府性基金或者行政事业性收费后的余额为销售额。向委托方收取的政府性基金或者行政事业性收费，不得开具增值税专用发票。

（5）融资租赁和融资性售后回租。经中国人民银行、商务部、银监会批准从事融资租赁业务的纳税人：①提供融资租赁服务，以取得的全部价款和价外费用，扣除支付的借款利息、发行债券利息和车辆购置税后的余额为销售额。有形动产租赁税率 13%，不动产租赁税率 9%。②提供融资性售后回租服务，以取得的全部价款和价外费用（不含本金），扣除对外支付的借款利息、发行债券利息后的余额作为销售额。按金融服务税率 6% 计算缴纳增值税。需要说明的是，经营租赁无差额计税规定。

（6）航空运输服务的销售额不包括代收的机场建设费和代售其他航空运输企业客票而代收转付的价款。

（7）客运场站服务以取得的全部价款和价外费用扣除支付给承运方运费后的余额为销售额，从承运方取得的增值税专用发票注明的增值税，不得抵扣。

（8）纳税人提供旅游服务可以选择以取得的全部价款和价外费用，扣除向旅游服务购买方收取并支付给其他单位或者个人的住宿费、餐饮费、交通费、签证费、门票费和支付给其他接团旅游企业的旅游费用（不包括支付导游的费用）后的余额为销售额。纳税人提供旅游服务，将火车票、飞机票等交通费发票原件交付给旅游服务购买方而无法收回的，以交通费发票复印件作为差额扣除凭证；向旅游服务购买方收取并支付的上述费用，不得开具增值税专用发票。

【学中做·多选题】关于增值税一般纳税人计税销售额，下列说法正确的有（　　）。

A. 金融商品转让按照卖出价扣除买入价后的余额为销售额

B. 提供物业管理服务的纳税人向服务接受方收取的自来水水费，以扣除其对外支付的自来水水费后的余额为销售额

C. 经纪代理服务以取得的全部价款和价外费用，扣除佣金和手续费后的余额为销售额

D. 提供客运场站服务以其取得的全部价款和价外费用，扣除支付给承运方运费的余额为销售额

E. 航空运输企业以其取得的收入扣除航空燃油费的余额为销售额

【正确答案】ABD**【答案解析】**选项C，经纪代理服务以取得的全部价款和价外费用，扣除向委托方收取并代为支付的政府性基金或者行政事业性收费后的余额为销售额；选项E，航空运输企业的销售额，不包括代收的机场建设费和代售其他航空运输企业客票而代收转付的价款。

（9）纳税人提供建筑服务适用简易计税方法的，以取得的全部价款和价外费用扣除支付的分包款后的余额为销售额，征收率为3%，为甲供工程提供的建筑服务、以清包工方式提供的建筑服务、老项目的纳税人可以选择适用简易计税方法。如选择适用一般计税方法，以取得的全部价款和价外费用为销售额，不得扣除支付的分包款。

以清包工方式提供的建筑服务是指施工方不采购建筑工程所需的材料或只采购辅助材料，并收取人工费、管理费或者其他费用的建筑服务。甲供工程是指全部或部分设备、材料、动力由工程发包方自行采购的建筑工程。老项目是指建筑工程承包合同注明的开工日期在2016年4月30日前的建筑工程项目。限于篇幅和知识难度，纳税人跨县（市、区）提供建筑服务增值税计算请查阅相关书籍进行学习掌握。

（10）房地产开发企业中的一般纳税人销售其开发的房地产项目（选择简易计税方法的房地产老项目除外），以取得的全部价款和价外费用，扣除受让土地时向政府部门支付的土地价款（包括征地和拆迁补偿费用、土地前期开发费用和土地出让收益，向其他单位或个人支付的拆迁补偿费）后的余额为销售额。取得土地使用权支付的契税等不得作为地价款扣除。销售开发产品时（向业主交房时）才能扣地价款。当期允许扣除的土地价款 =（当期销售房地产项目建筑面积 ÷ 房地产项目可供销售建筑面积）× 支付的土地价款。销售其开发的房地产老项目（开工日期在2016年4月30日前），以取得的全部价款和价外费用为销售额。限于篇幅和知识难度，房地产开发企业（一般纳税人）销售自行开发的房地产项目增值税计算请查阅相关书籍进行学习掌握。

纳税人从全部价款和价外费用中扣除价款，应当取得符合法律、行政法规和国家税务总局规定的有效凭证。否则，不得扣除。有效凭证包括：①支付给境内单位或个人的款项，以发票为合法有效凭证；②支付给境外单位或者个人的款项，以该单位或者个人的签收单据为合法有效凭证，税务机关对签收单据有疑议的，可以要求其提供境外公证机构的确认证明；③缴纳的税款，以完税凭证为合法有效凭证；④扣除的政府性基金、行政事业性收费或者向政府支付的土地价款，以省级以上（含省级）

财政部门监（印）制的财政票据为合法有效凭证；⑤国家税务总局规定的其他凭证。

需要说明的是，纳税人取得的上述凭证属于增值税扣税凭证的，其进项税额不得从销项税额中抵扣，即差额扣税凭证不能再计算进项税额抵扣。

（11）纳税人代理进口按规定免征进口增值税的货物，其销售额不包括向委托方收取并代为支付的货款。

（12）劳务派遣服务税收政策如表 2-13 所示。

表2-13　劳务派遣服务税收政策

纳税人类型	计税方法	税率/征收率	发票开具
一般纳税人	全额计税	6%	可以开专用发票
	差额计税：扣除代用工单位支付给劳务派遣员工的工资、福利和为其办理社会保险及住房公积金后的余额	规定的征收率	差额部分只能开普通发票
小规模纳税人	全额计税	3%	可以开专用发票
	差额计税：扣除代用工单位支付给劳务派遣员工的工资、福利和为其办理社会保险及住房公积金后的余额	规定的征收率	差额部分只能开普通发票

（13）收费公路通行费收入税收政策。一般纳税人收取试点前开工的一级公路、二级公路、桥、闸通行费，可以选择适用简易计税方法依 5% 计算缴纳增值税。试点前开工是指施工许可证注明的合同开工日期在 2016 年 4 月 30 日前。

（14）人力资源外包业务收入税收政策。纳税人提供人力资源外包服务，按照“经纪代理服务”缴纳增值税（税率 6%），其销售额不包括受客户单位委托代为向客户单位员工发放的工资和代理缴纳的社会保险、住房公积金。向委托方收取并代为发放的工资和代理缴纳的社会保险、住房公积金，不得开具增值税专用发票，可以开具普通发票。一般纳税人提供人力资源外包服务，可以选择适用简易计税方法，按照 5% 的征收率计算缴纳增值税。

6. 其他规定

（1）纳税人兼营免税、减税项目的，应当分别核算免税、减税项目的销售额；未分别核算的，不得免税、减税。

（2）纳税人发生应税销售行为，开具增值税专用发票后，发生开票有误或者销售折让、中止、退回等情形的，应当按照国家税务总局的规定开具红字增值税专用发票；未按照规定开具红字增值税专用发票的，不得扣减销项税额或者销售额。

（3）纳税人按人民币以外的货币结算销售额的，其销售额的人民币折合率可以选择销售额发生的当天或者当月 1 日的人民币外汇中间价。纳税人应在事先确定采用何种折合率，确定后在 1 年内不得变更。

视频－准予从销项税额中抵扣的进项税额

（二）进项税额

1. 准予从销项税额中抵扣的进项税额

进项税额，是指纳税人购进的与应税交易相关的货物、服务、无形资产、不动产和金融商品支付或者负担的增值税额。准予抵扣的进项税额如表2-14所示。

表2-14 准予抵扣的进项税额

抵扣方法	具体要求
以票抵扣	法定扣税凭证上的增值税税额： （1）增值税专用发票（含税控机动车销售统一发票）； （2）海关进口增值税专用缴款书； （3）税收缴款凭证； （4）通行费电子发票（征税发票）
计算抵扣	从小规模纳税人取得农产品增值税专用发票、农产品销售发票、农产品收购发票
特殊发票	桥、闸通行费发票、国内旅客运输服务增值税电子普通发票、取得注明旅客身份信息的航空运输电子客票行程单、注明旅客身份信息的铁路车票、注明旅客身份信息的公路、水路等其他客票

（1）以票抵扣

增值税扣税凭证，是指增值税专用发票（包括税务局代开专用发票、机动车销售统一发票）、海关进口增值税专用缴款书、农产品收购发票、农产品销售发票、完税凭证和符合规定的国内旅客运输发票。增值税普通发票不得抵扣。企业取得高速公路通行费（图2-4）和一级公路、二级公路通行费的电子发票（征税发票）按通行费发票上注明的增值税额进行抵扣。

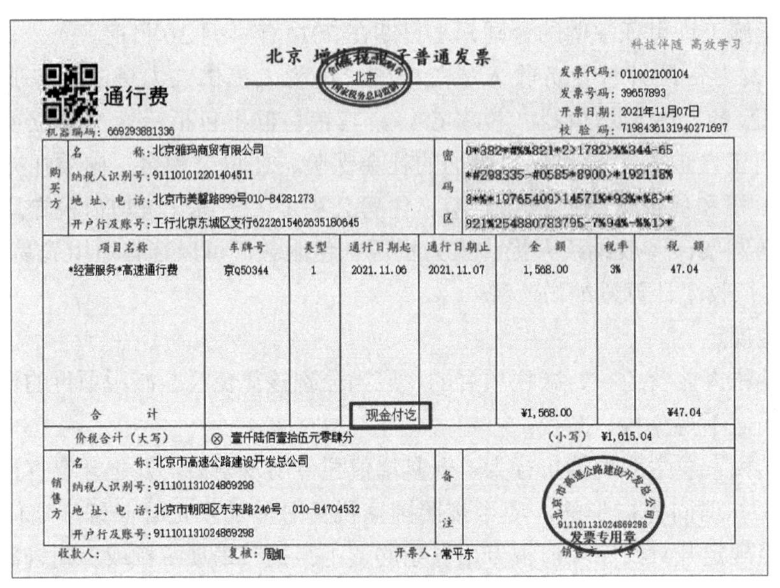
科技伴随 高效学习

北京 增值税电子普通发票

通行费

机器编码：669293881336

发票代码：011002100104
发票号码：39657893
开票日期：2021年11月07日
校验码：71984361319402716 97

购买方	名称：北京雅玛商贸有限公司 纳税人识别号：911101012201404511 地址、电话：北京市美馨路899号010-84281273 开户行及账号：工行北京东城区支行6222615462635180645	密码区	0*382*#%%821*2>1782>%%344-65 *#298335-#0585*8900>*192118% 3*%*19765409>14571%*93%*%6>* 921%254880783795-7%94%-%%1>*

项目名称	车牌号	类型	通行日期起	通行日期止	金额	税率	税额
*经营服务*高速通行费	京Q50344	1	2021.11.06	2021.11.07	1,568.00	3%	47.04
合计			现金付讫		¥1,568.00		¥47.04
价税合计（大写）	⊗ 壹仟陆佰壹拾伍元零肆分				（小写） ¥1,615.04		

销售方	名称：北京市高速公路建设开发总公司 纳税人识别号：911101131024869298 地址、电话：北京市朝阳区东来路246号 010-84704532 开户行及账号：911101131024869298	备注	北京市高速公路建设开发总公司 911101131024869298 发票专用章

收款人： 复核：周凯 开票人：常平东 销售方：（章）

图2-4 高速公路通行费发票

原增值税一般纳税人从境外单位或者个人购进服务、无形资产或者不动产，按照规定应当扣缴增值税的，准予从销项税额中抵扣的进项税额为自税务机关或者扣缴义务人取得的解缴税款的完税凭证上注明的增值税额。需要说明的是，纳税人凭完税凭证抵扣进项税额的，应当具备书面合同、付款证明和境外单位的对账单或者发票。资料不全的，其进项税额不得从销项税额中抵扣。

【学中做 · 计算题】某食品加工企业为增值税一般纳税人，2023 年 6 月支付某广告公司广告设计费，取得该广告公司开具的增值税专用发票，发票上注明金额为 5 万元，求进项税额。

【正确答案】进项税额 = 5×6% = 0.3（万元）。

（2）计算抵扣

购进免税农产品，除取得增值税专用发票或者海关进口增值税专用缴款书外，按照农产品收购发票或者销售发票上注明的农产品买价和规定的扣除率计算进项税额。餐饮行业增值税一般纳税人购进农业生产者自产农产品，可使用国税监制的农产品收购发票，按照现行规定计算抵扣进项税额。2019 年 4 月 1 日后农产品进项税额抵扣计算如表 2-15 所示。

表2-15　农产品进项税额抵扣计算

取得的扣税凭证	用途	可抵进项
农产品销售发票或收购发票、增值税专用发票（税率3%）	生产或加工 13% 税率货物	买价（或发票金额）×9% 另外 1% 是按生产领用数量在当期加计抵扣进项税额。
	用于生产或提供 9%、6% 等税率货物、服务	买价（或发票金额）×9%

需要注意的是，从按照简易计税方法依照 3% 征收率计算缴纳增值税的小规模纳税人处取得增值税专用发票的，以增值税专用发票上注明的金额和 9% 的扣除率计算进项税额。

【学中做 · 计算题】A 企业为一水果罐头加工厂，2023 年 7 月从某家庭农场购入苹果 10 吨，每吨 6000 元，开具的农产品收购发票上收购款总计 60000 元，假设当月全部领用。应如何进行会计处理？

【正确答案】会计处理为：

借：原材料　54000

　　应交税费——应交增值税（进项税额）　6000（60000×10%）

　　贷：银行存款　60000

如果是某餐厅购入农产品，会计处理为：

借：原材料　54600

　　应交税费——应交增值税（进项税额）　5400（60000×9%）

　　贷：银行存款　60000

【学中做 · 计算题】2023 年 2 月 3 日，一般纳税人 A 公司从农民手中购进免税农产品用于生产饼干，收购发票上注明买价 80000 元，为运输该批货物支付运费，取得了增值税专用发票，上面注明运费 1000 元，假设当月全部领用。

要求：计算允许抵扣的进项税额和采购成本。

【正确答案】进项税额 = 80000×10%+1000×9% = 8090（元），采购成本 = 80000×（1−10%）+1000 = 73000（元）。

自 2012 年 7 月 1 日起，以购进农产品为原料生产销售液体乳及乳制品、酒及酒精、植物油的增值税一般纳税人，纳入农产品增值税进项税额核定扣除试点范围，其购进农产品无论是否用于生产上述产品，均采用农产品增值税进项税额核定扣除；

2013 年 9 月 1 日起，各省、自治区、直辖市、计划单列市税务部门可商同级财政部门，结合地区实际，选择部分行业开展核定扣除试点工作。

（3）特殊发票

桥、闸通行费进项税额的计算公式为：桥、闸通行费进项税额 = 通行费发票上注明的金额 ÷（1+5%）×5%。

纳税人购进国内旅客运输服务未取得增值税专用发票的，暂按照以下规定确定进项税额：

① 取得增值税电子普通发票（图 2-5）的，为发票上注明的税额；增值税电子普通发票上注明的购买方“名称”“纳税人识别号”等信息，应当与实际抵扣税款的纳税人一致，否则不予抵扣。

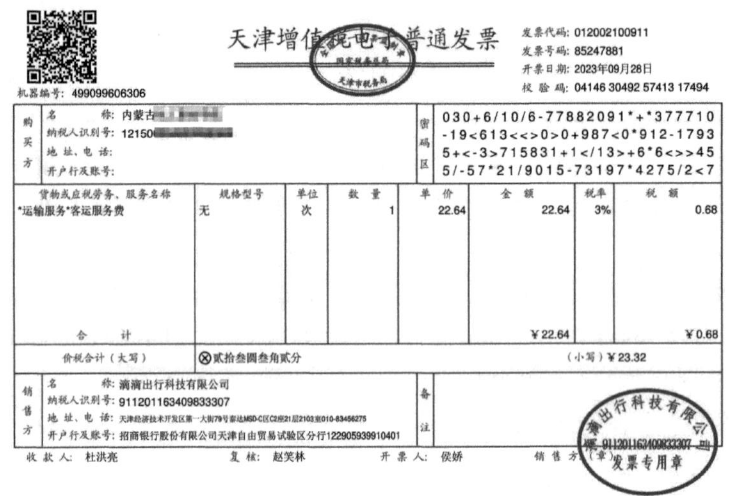

天津增值税电子普通发票

机器编号：499099606306

发票代码：012002100911
发票号码：85247881
开票日期：2023年09月28日
校 验 码：04146 30492 57413 17494

购买方
名　　称：内蒙古
纳税人识别号：12150
地 址、电 话：
开户行及账号：

密码区
030+6/10/6-77882091*+*377710
-19<613<<>0>0+987<0*912-1793
5+<-3>715831+1</13>+6*6<>>45
5/-57*21/9015-73197*4275/2<7

货物或应税劳务、服务名称	规格型号	单位	数 量	单 价	金 额	税率	税 额
*运输服务*客运服务费	无	次	1	22.64	22.64	3%	0.68
合　　计					¥22.64		¥0.68
价税合计（大写）	⊗贰拾叁圆叁角贰分				（小写）¥23.32		

销售方
名　　称：滴滴出行科技有限公司
纳税人识别号：911201163409833307
地 址、电 话：天津经济技术开发区第一大街79号泰达MSD-C区C2座21层2103室010-83456275
开户行及账号：招商银行股份有限公司天津自由贸易试验区分行122905939910401

备注

收款人：杜洪亮　复核：赵笑林　开票人：侯娇　销售方（章）

图2-5　增值税电子普通发票

② 取得注明旅客身份信息的航空运输电子客票行程单的，按照下列公式计算进项税额：航空旅客运输进项税额 =（票价 + 燃油附加费）÷（1+9%）×9%；注意不含机场建设费。航空运输电子客票行程单如图 2-6 所示，可抵扣的进项税额 =（510+70）÷（1+9%）×9%=47.89（元）。

③ 取得注明旅客身份信息的铁路车票的，按照下列公式计算进项税额：铁路旅客运输进项税额 = 票面金额 ÷（1+9%）×9%；铁路车票如图 2-7 所示，可抵扣的进项税额 =769.5÷（1+9%）×9%=63.54（元）。

取得注明旅客身份信息的公路、水路等其他客票的，按照下列公式计算进项税额：公路、水路等其他旅客运输进项税额 = 票面金额 ÷（1+3%）×3%。

需要注意的是，“国内旅客运输服务”限于与本单位签订了劳动合同的员工，以及本单位作为用工单位接受的劳务派遣员工发生的国内旅客运输服务。

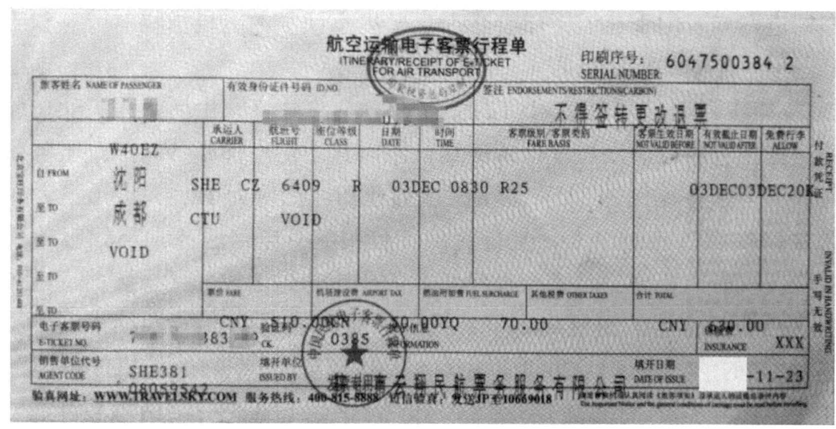

图2-6　航空运输电子客票行程单

图2-7　铁路车票

【学中做·单选题】某生产企业为增值税一般纳税人，2022年4月其员工因公出差取得如下票据：注明本单位员工身份信息的铁路车票，票价共计10万元；注明本单位员工身份信息的公路客票，票价共计3万元；道路通行费增值税电子普通发票，税额共计2万元。该企业当月可以抵扣增值税进项税额（　　）万元。

A.0.83　　B.2.91　　C.0.91　　D.3.07

【正确答案】B**【答案解析】**该企业当月可以抵扣增值税进项税=10÷（1+9%）×9%+3÷（1+3%）×3%+2=2.91（万元）。

（4）保险服务进项税额的抵扣

提供保险服务的纳税人以实物赔付方式承担机动车辆保险责任的，自行向车辆修理劳务提供方购进的车辆修理劳务，其进项税额可以按规定从保险公司销项税额中抵扣。提供保险服务的纳税人以现金赔付方式承担机动车辆保险责任的，将应付给被保险人的赔偿金直接支付给车辆修理劳务提供方，不属于保险公司购进车辆修理劳务，其进项税额不得从保险公司销项税额中抵扣。纳税人提供的其他财产保险服务，比照上述规定执行。

（5）煤炭采掘业购进下列项目，进项税额准予抵扣

巷道附属设备及其相关的应税货物、劳务和服务；用于除开拓巷道以外的其他巷

道建设和掘进，或者用于巷道回填、露天煤矿生态恢复的应税货物、劳务和服务。

（6）进项税额的加计扣减政策

自2023年1月1日至2023年12月31日，允许生产、生活性服务业一般纳税人按照当期可抵扣进项税额，加计抵减应纳税额，其中生产性服务（邮政服务、电信服务、现代服务）加计比例为5%，生活性服务业加计比例为10%。进项税额加计扣减的条件为生产性服务业纳税人，是指提供邮政服务、电信服务、现代服务、生活服务这四项服务取得的销售额，占全部销售额的比重超过50%；生活性服务业纳税人，是指提供生活服务取得的销售额占全部销售额的比重超过50%的纳税人。2019年3月31日前设立的纳税人，自2018年4月至2019年3月期间的销售额符合上述规定条件；2019年4月1日后设立的纳税人，自设立之日起3个月的销售额符合上述规定条件的，自登记为一般纳税人之日起适用加计抵减政策。纳税人出口货物劳务、发生跨境应税行为不适用加计抵减政策，其对应的进项税额不得计提加计抵减额。加计抵减额只能用于抵减一般计税方法计算的应纳税额，不能抵减简易计税项目税额。加计抵减计提时不做会计处理，实际缴纳增值税时，按应纳税额借记“应交税费——未交增值税”等科目，按实际纳税金额贷记“银行存款”科目，按加计抵减的金额贷记“其他收益”科目。加计抵减的计算公式为：

① 当期计提加计抵减额 = 当期可抵扣进项税额 × 加计比例；

② 当期可抵减加计抵减额 = 上期末加计抵减额余额 + 当期计提加计抵减额 − 当期调减加计抵减。

按照现行规定不得从销项税额中抵扣的进项税额，不得计提加计抵减额；已计提加计抵减额的进项税额，按规定作进项税额转出的，应在进项税额转出当期，相应调减加计抵减额。

需要注意的是，纳税人确定适用加计抵减政策后，当年内不再调整，以后年度是否适用，根据上年度销售额计算确定。加计抵减政策执行到期后，纳税人不再计提加计抵减额，结余的加计抵减额停止抵减。

【学中做·多选题】下列服务中，属于适用增值税进项税额加计抵减政策的有（　　）。

A. 餐饮服务　　B. 湿租业务

C. 贷款服务　　D. 旅游服务

E. 不动产经营租赁服务

【正确答案】ADE**【答案解析】**选项B属于航空运输服务，选项C属于金融服务，这两项不适用进项税额加计抵减的政策。

【学中做·单选题】某生活性服务企业为增值税一般纳税人，符合进项税额加计抵减政策条件。2023年2月销售服务，开具增值税专用发票注明税额25万元；购进服务取得增值税专票发票上注明税额13万元，其中10%的服务用于提供适用简易计税的服务；进项税额上期末加计抵减余额为3万元。假设当月取得增值税专用发票当月勾选抵扣。该企业当月应缴纳增值税（　　）万元。

A.7.70　　B.8.55　　C.9.13　　D.10.30

【正确答案】C【答案解析】本期可加计抵减额 = 3+13×（1−10%）×10% = 4.17（万元），抵减前的应纳增值税 = 25−13×（1−10%）= 13.3 ＞ 4.17，可抵减的加计抵减额为 4.17 万元。该企业当月应缴纳增值税 = 13.3−4.17=9.13（万元）。

2. 不得从销项税额中抵扣的进项税额

下列进项税额不得从销项税额中抵扣。

微课 – 不得从销项税额中抵扣的进项税额

① 用于简易计税方法计税项目、免征增值税项目、集体福利或者个人消费的购进货物、服务、无形资产、不动产和金融商品对应的进项税额，其中涉及的固定资产、无形资产和不动产，仅指专用于上述项目的固定资产、无形资产和不动产，发生兼用于上述项目的可以全额抵扣；

② 非正常损失项目对应的进项税额；

③ 购进并直接用于消费的餐饮服务、居民日常服务和娱乐服务对应的进项税额；

④ 购进贷款服务对应的进项税额；

⑤ 国务院规定的其他进项税额。

需要说明的是：①个人消费包括纳税人的交际应酬消费；②自 2018 年 1 月 1 日起，纳税人租入固定资产、不动产，既用于一般计税方法计税项目，又用于简易计税方法计税项目、免征增值税项目、集体福利或者个人消费的，其进项税额准予从销项税额中全额抵扣；③非正常损失，指因管理不善（不包括自然灾害和合理损耗）造成货物被盗、丢失、霉烂变质，以及因违反法律法规造成货物被依法没收、销毁的情形；④非正常损失已抵扣的进项税额在增值税中不得扣除（需做进项税额转出处理），在企业所得税中，经批准准予作为财产损失税前扣除。

需要注意的是：①住宿服务、旅游服务未列入不得抵扣范围；②支付的贷款利息进项税额不得抵扣，与该笔贷款直接相关的投融资顾问费、手续费、咨询费等费用，进项税额也不得抵扣；③销售贷款服务、餐饮服务、居民日常服务、娱乐服务不得开具增值税专用发票。

【学中做 · 单选题】纳税人外购货物用于下列项目，进项税额可以抵扣的是（　）。

A. 免税项目　　　　B. 集体福利

C. 简易计税方法计税项目　　　　D. 无偿赠送其他单位

【正确答案】D【答案解析】用于简易计税方法计税项目、免征增值项目、集体福利或者个人消费的购进货物、劳务、服务、无形资产和不动产，其对应的进项税额不得从销项税额中抵扣。纳税人将购进的货物无偿赠送给其他单位和个人，做视同销售处理，其对应的进项税额可以抵扣。

3. 进项税额其他规定

（1）外购货物（不含固定资产、无形资产和不动产）既用于一般计税方法计税项目，又用于简易计税方法计税项目、免征增值税项目、集体福利或者个人消费的，其进项税额按比例抵扣。分解计算不得抵扣增值税进项税额公式如下：

不得抵扣的进项税额 = 当期无法划分的全部进项税额 ×（当期简易计税方法计税项目销售额 + 免征增值税项目销售额）÷ 当期全部销售额。

【学中做·计算题】某制药厂（增值税一般纳税人）3月份销售抗生素药品取得含税收入113万元，销售免税药品50万元，当月购入生产用原材料一批，取得增值税专用发票上注明税款6.8万元，抗生素药品与免税药品无法划分耗料情况，计算该制药厂当月应纳增值税。

【正确答案】不得抵扣的进项税额 = 6.8×50÷（100+50）=2.27（万元），应纳税额 =113÷1.13×13%−（6.8−2.27）=8（万元）。

（2）一般纳税人当期购进的货物或劳务用于生产经营，其进项税额在当期销项税额中予以抵扣。但已抵扣进项税额的购进货物或劳务如果事后改变用途，用于集体福利或者个人消费、购进货物发生非正常损失、在产品或产成品发生非正常损失等，应当将该项购进货物或者劳务的进项税额从当期的进项税额中扣减。

【学中做·单选题】某生产企业为增值税一般纳税人，3月末盘点库存材料时发现，上月购进均已计算抵扣进项税额的免税农产品（未纳入核定扣除范围）因管理不善发生非正常损失，已知损失的农产品成本为80万元（含一般纳税人运输企业提供的运输服务成本1.5万元）。本月应转出的进项税额为（　　）万元。

A.7.9　　B.7.2　　C.8　　D.8.86

【正确答案】A**【答案解析】**应转出的进项税额 =（80−1.5）÷（1−9%）×9%+1.5×9%=7.9（万元）。

（3）已抵扣进项税额的固定资产、无形资产，发生规定的不得从销项税额中抵扣的情形的：不得抵扣的进项税额 = 固定资产净值 × 适用税率；不得抵扣的进项税额 = 无形资产净值 × 适用税率。

（4）已抵扣进项税额的不动产，发生非正常损失，或者改变用途，专用于简易计税方法计税项目、免征增值税项目、集体福利或者个人消费的：不得抵扣的进项税额 = 已抵扣进项税额 × 不动产净值率，不动产净值率 =（不动产净值 ÷ 不动产原值）×100%。例如，纳税人买了一座楼办公用，使用一段时间后将其改造成员工食堂。

【学中做·单选题】2020年1月，某公司（增值税一般纳税人）购入不动产用于办公，取得增值税专用发票上注明金额2000万元，税额100万元，进项税额已按规定申报抵扣。2023年2月，该办公楼改用于职工宿舍，当期净值1800万元。该办公楼应转出进项税额（　　）万元。

A.85.71　　B.100.00　　C.198.00　　D.90.00

【正确答案】D**【答案解析】**不动产净值率 =1800÷2000×100%=90%，该办公楼应转出进项税额 = 90%×100=90（万元）。

（5）按照规定不得抵扣且未抵扣进项税额的固定资产、无形资产发生用途改变，用于允许抵扣进项税额的应税项目，可在用途改变的次月按照下列公式，计算可以抵扣的进项税额：可以抵扣的进项税额 = 固定资产、无形资产净值 ÷（1+ 适用税率）× 适用税率。

（6）按照规定不得抵扣且未抵扣进项税额的不动产发生用途改变，用于允许抵扣进项税额的应税项目，可在用途改变的次月按照下列公式，计算可以抵扣的进项税额：可以抵扣的进项税额 = 增值税扣税凭证注明或计算的进项税额 × 不动产净值率。

（7）纳税人适用一般计税方法计税的，因销售折让、中止或者退回而收回的增值税额，应当从当期的进项税额中扣减。

（三）一般计税方法应纳税额计算

增值税应纳税额的计算公式为：增值税应纳税额 = 当期销项税额 − 当期进项税额。

1. 销项税额时间界定

销项税额的“当期”规定（即纳税义务发生时间），总的要求是：销项税计算当期不得滞后。增值税纳税义务发生时间具体规定参阅后面相关内容。

2. 进项税额抵扣时限

依据 2019 年 12 月 31 日国家税务总局《关于取消增值税扣税凭证认证确认期限等增值税征管问题的公告》（国家税务总局公告 2019 年第 45 号）的相关规定，增值税一般纳税人取得 2017 年 1 月 1 日及以后开具的增值税专用发票、海关进口增值税专用缴款书、机动车销售统一发票、收费公路通行费增值税电子普通发票，取消认证确认、稽核比对、申报抵扣的期限。纳税人在进行增值税纳税申报时，应当通过本省（自治区、直辖市和计划单列市）增值税发票综合服务平台对上述扣税凭证信息进行用途确认。

3. 商业企业向供货方收取的返还收入税务处理

对商业企业向供货方收取的与商品销售量、销售额挂钩（如以一定比例、金额、数量计算）的各种返还收入，均应按照平销返利行为的有关规定冲减当期增值税进项税金。按平销返利行为的规定冲减当期增值税进项税额，计算公式为：

当期应冲减的进项税额 = 当期取得的返还资金 ÷（1+ 购进货物增值税税率）× 购进货物增值税税率

（1）商业企业收到现金返利时，可以调整销售方的成本，即冲减主营业务成本，同时要做进项税额转出处理。借：银行存款，贷：主营业务成本、应交税费——应交增值税（进项税额转出）。商业企业向供货方收取的各种收入，一律不得开具增值税专用发票。

（2）商业企业收到实物返利时，销售方一方面需确认存货的增加，作为返利的存货确认进项税额，另一方面其作为主营业务成本的抵减，对于冲抵的主营业务成本确认进项税额转出。借：库存商品、应交税费——应交增值税（进项税额），贷：主营业务成本、应交税费——应交增值税（进项税额转出）。

4. 期末留抵税额退税

当增值税应纳税额＜ 0，余额可留抵下期继续抵扣增值税。依据国家税务总局《关于办理增值税期末留抵税额退税有关事项的公告》（国家税务总局公告 2019 年第 20 号）规定，自 2019 年 4 月 1 日起，试行增值税期末留抵税额退税（以下称留抵退税）

制度。同时符合以下条件（以下称符合留抵退税条件）的纳税人，可以向主管税务机关申请退还增量留抵税额。

（1）自 2019 年 4 月税款所属期起，连续六个月（按季纳税的，连续两个季度）增量留抵税额均大于零，且第六个月增量留抵税额不低于 50 万元；需要说明的是，小微企业、制造业 6 个行业、批发和零售业 7 个行业不须满足此条件（只需满足其余 4 个条件即可），以下简称“特殊行业”。

（2）纳税信用等级为 A 级或者 B 级。

（3）申请退税前 36 个月未发生骗取留抵退税、出口退税或虚开增值税专用发票情形的。

（4）申请退税前 36 个月未因偷税被税务机关处罚两次及以上的。

（5）自 2019 年 4 月 1 日起未享受即征即退、先征后返（退）政策的。

增量留抵税额，是指与 2019 年 3 月底相比新增加的期末留抵税额。纳税人不符合留抵退税条件的，不予留抵退税。税务机关应自受理留抵退税申请之日起 10 个工作日内完成审核，并向纳税人出具不予留抵退税的《税务事项通知书》。纳税人申请办理留抵退税，应于符合留抵退税条件的次月起，在增值税纳税申报期（以下称申报期）内，完成本期增值税纳税申报后，通过电子税务局或办税服务厅提交《退（抵）税申请表》。留抵退税计算公式如下：

① 一般企业允许退还的增量留抵税额 = 增量留抵税额 × 进项构成比例 ×60%；

② 特殊行业允许退还的增量留抵税额 = 增量留抵税额 × 进项构成比例 ×100%；

③ 特殊行业允许退还的存量留抵税额 = 存量留抵税额 × 进项构成比例 ×100%。

进项构成比例为 2019 年 4 月至申请退税前一税款所属期已抵扣的增值税专用发票（含带有“增值税专用发票”字样全面数字化的电子发票、税控机动车销售统一发票）、收费公路通行费增值税电子普通发票、海关进口增值税专用缴款书、解缴税款完税凭证注明的增值税额占同期全部已抵扣进项税额的比重（同非指定的一般纳税人）。在计算进项构成比例时，纳税人在上述计算期间内发生的进项税额转出部分无须扣减。

举例说明：某制造业纳税人 2019 年 4 月至 2022 年 3 月取得的进项税额中，增值税专用发票 1000 万元，道路通行费电子普通发票 200 万元，海关进口增值税专用缴款书 400 万元，农产品收购发票抵扣进项税额 400 万元。2022 年 12 月该纳税人因发生非正常损失，此前已抵扣的增值税专用发票中，有 50 万元进项税额按规定作进项税转出。该纳税人 2022 年 4 月按照规定申请留抵退税时：进项构成比例 =（1000+200+400）/（1000+200+400+400）×100%=80%。

【拓展阅读】

增值税期末留抵税额退税政策实施以来，实施虚开增值税专用发票骗取留抵退税案件时有发生，税务局稽查局根据精准分析线索，联合公安经侦部门依法查处，公安机关将案件移交检察机关审查起诉。

（四）简易计税方法应纳税额计算

1. 应纳税额的计算公式

小规模纳税人销售货物、提供劳务、销售服务、无形资产、不动产，按简易方法计算，依照销售额和规定的征收率计算应纳税额，不得抵扣进项税额。计算公式为：应纳税额 = 不含税销售额 × 征收率 = 含税销售额 ÷（1+ 征收率）× 征收率。一般纳税人选择适用简易计税方法计算税额同上。纳税人适用简易计税方法计税的，因销售折让、中止或者退回而退还给购买方的销售额，应当从当期销售额中扣减。扣减当期销售额后仍有余额造成多缴的税款，可以从以后的应纳税额中扣减。需要说明的是，2023 年 1 月 1 日至 2023 年 12 月 31 日，增值税小规模纳税人适用 3% 征收率的应税销售收入，减按 1% 征收率缴纳增值税。

2. 含税销售额的换算

小规模纳税人销售货物自行开具的发票为普通发票，发票上列示的是含税销售额。不含税销售额 = 含税销售额 ÷（1+ 征收率）。

【学中做 · 单选题】甲便利店为增值税小规模纳税人，第四季度零售商品取得收入 103000 元，将一批外购商品无偿赠送给物业公司用于社区活动，该批商品的含税价格为 721 元。已知增值税征收率为 3%。计算甲便利店第四季度应缴纳增值税税额的下列算式中，正确的是（　　）。（征收率 3%）

A. [103000+721÷（1+3%）] ×3% = 3111（元）

B.（103000+721）×3% = 3111.63（元）

C. [103000÷（1+3%）+721] ×3% = 3021.63（元）

D.（103000+721）÷（1+3%）×3% = 3021（元）

【正确答案】D**【答案解析】**捐赠应视同销售，小规模纳税人零售收入与捐赠收入均为含税价格，因此一并换算为不含税金额再乘以征收率。

3. 一般纳税人可以选择适用简易计税方法计税的情形

一般纳税人发生下列应税行为可以选择适用简易计税方法计税，不允许抵扣进项税额。

（1）公共交通运输服务，包括轮客渡、公交客运、地铁、城市轻轨、出租车、长途客运、班车。

（2）经认定的动漫企业为开发动漫产品提供的动漫脚本编撰、形象设计、背景设计、动画设计、分镜、动画制作、摄制、描线、上色、画面合成、配音、配乐、音效合成、剪辑、字幕制作、压缩转码（面向网络动漫、手机动漫格式适配）服务，以及在境内转让动漫版权（包括动漫品牌、形象或者内容的授权及再授权）。

（3）电影放映服务、仓储服务、装卸搬运服务、收派服务和文化体育服务。

（4）以纳入营改增试点之日前取得的有形动产为标的物提供的经营租赁服。

（5）在纳入营改增试点之日前签订的尚未执行完毕的有形动产租赁合同。

（6）以清包工方式提供的建筑服务。

（7）以甲供工程方式提供的建筑服务。

（8）房地产开发企业销售咨询开发的房地产老项目。

（9）销售 2016 年 4 月 30 日前取得的不动产。

（10）出租 2016 年 4 月 30 日前取得的不动产。

（11）收取试点前开工的一级公路、二级公路、桥、闸通行费。

（12）收取试点前开工的高速公路的车辆通行费。

（13）提供物业管理服务的纳税人，向服务接受方收取的自来水水费，以扣除其对外支付的自来水水费后的余额为销售额，依 3% 的征收率计算缴纳增值税。

（五）进口货物应纳税额计算

对报关进口的货物，以进口货物的收货人或办理报关手续的单位和个人为进口货物的纳税人。对代理进口货物以海关开具的完税凭证上的纳税人为增值税纳税人。只要是报关进境的应税货物均属于进口货物征税范围。进口货物的适用税率与国内销售同类货物的税率相同。一般贸易项下进口的货物以海关审定的成交价格为基础的到岸价格（CIF）作为完税价格。进口货物以境外口岸离岸价格（FOB）成交的，应加上该项货物从境外发货口岸运到中国境内口岸以前所实际支付的各段的运费和保险费。实际支付数无法确定时，可按有关主管机关规定的运费率（额）、保险费率计算。到岸价格（CIF）是指包括货价以及货物运抵我国关境内输入地点起卸前的包装费、运费、保险费和其他劳务费等费用构成的一种价格。

（1）如果进口货物不征收消费税，则组成计税价格的计算公式为：组成计税价格 = 关税完税价格 + 关税；

（2）如果进口货物征收消费税，则组成计税价格的计算公式为：组成计税价格 = 关税完税价格 + 关税 + 消费税或者组成计税价格 =（关税完税价格 + 关税）/（1− 消费税）。

进口货物应纳税额的计算公式：应纳税额 = 组成计税价格 × 税率。

进口环节已纳增值税，符合抵扣范围的，可以凭海关进口增值税专用缴款书，作为进项税额抵扣。

【学中做 · 计算题】某服装生产企业为增值税一般纳税人，2023 年 6 月进口一批面料，买价 85 万元，境外运费及保险费共计 5 万元（假设关税率为 10%）。计算进口环节应缴纳增值税。

【正确答案】关税完税价格 = 85+5 = 90（万元），组成计税价格 = 90×（1+10%）= 99（万元），进口环节缴纳增值税 = 99×13% = 12.87（万元）。

（六）扣缴计税方法

境外单位或者个人在境内发生应税销售行为，在境内未设有经营机构的，扣缴义务人按照下列公式计算应扣缴税额：应扣缴税额 = 购买方支付的价款 ÷（1+ 税率）× 税率。

【学中做·单选题】2023 年 12 月，境外某公司为境内天华公司提供技术咨询服务，合同约定含税价款 200 万元人民币，该境外公司在境内未设立经营机构，也没有其他境内代理人，则天华公司应当扣缴的增值税税额为（　　）万元。

A.0　　B.11.32　　C.13.59　　D.8.74

【正确答案】B**【答案解析】**扣缴义务人应当按照下列公式计算应扣缴税额：应扣缴税额 = 购买方支付的价款 ÷（1+ 税率）× 税率。天华公司应扣缴增值税 = 200÷（1+6%）×6% = 11.32（万元）。

三、增值税发票使用和管理

（一）专用发票的构成与限额管理

专用发票基本联次包括发票联、抵扣联、记账联。发票联作为购买方核算采购成本和增值税进项税额的记账凭证；抵扣联作为购买方报送主管税务机关认证和留存备查的扣税凭证；记账联作为销售方核算销售收入和增值税销项税额的记账凭证。增值税专用发票最高开票限额由一般纳税人申请，区县税务机关审批。自 2014 年 5 月 1 日起，申请最高开票限额不超过 10 万元的，主管税务机关不需要事前进行实地查验。

（二）专用发票开具范围

一般纳税人有下列销售情形之一，不得开具专用发票：

（1）商业企业一般纳税人零售的烟、酒、食品、服装、鞋帽（不包括劳保专用部分）、化妆品等消费品。

（2）销售免税货物、提供免征增值税的应税劳务和服务不得开具专用发票（法律、法规及国家税务总局另有规定的除外）。

（3）销售报关出口的货物、在境外销售应税劳务。

（4）将货物用于集体福利或个人消费。

（5）将货物无偿赠送他人（如果受赠者为一般纳税人，可根据受赠人的要求开具增值税专用发票）。

（6）向小规模纳税人销售应税项目，可以不开具增值税专用发票。

（7）向消费者个人销售服务、无形资产或者不动产。

（8）金融商品转让。

（三）增值税电子专用发票的试点

根据《国家税务总局关于在新办纳税人中实行增值税专用发票电子化有关事项的公告》（国家税务总局公告 2020 年第 22 号）规定，自 2020 年 9 月开始在试点地区的新办纳税人中试行增值税电子增值税专用发票。电子增值税专用发票由各省税务局监制，采用电子签名代替发票专用章，属于增值税专用发票，其法律效力、基本用途、基本使用规定等与增值税纸质增值税专用发票相同。电子专票票样如图 2-8 所示。

数电发票样式汇总

（四）全面数字化电子发票

全面数字化的电子发票（以下称数电票）是与纸质发票具有同等法

律效力的全新发票，不以纸质形式存在、不用介质支撑、无须申请领用、发票验旧及申请增版增量。纸质发票的票面信息全面数字化，多个票种集成归并为电子发票单一票种，全国统一赋码、开具金额总额度管理、自动流转交付。数电票 2021 年 12 月 1 日开始试点，2023 年在全国大范围推广使用。

增值税电子专用发票（票样）

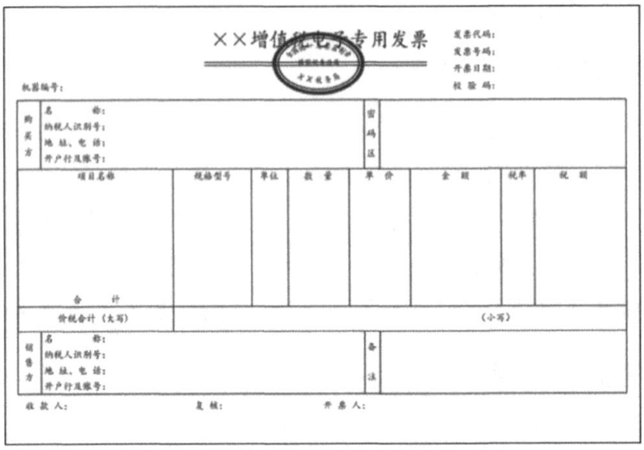

图2-8　电子专票票样

依托云计算、大数据、人工智能技术，电子发票服务平台为市场主体交易双方提供 7×24 小时全国统一、规范可靠、安全便捷的数电票服务，全程留痕、不可抵赖、不可篡改，让制贩假发票、假票入账等扰乱市场秩序者无处藏身；通过实时采集发票数据、验证开票行为，可有效防范和打击虚开骗税、偷逃税款等违法行为，维护社会公平。

数电票的票面信息包括基本内容和特定内容。为了符合纳税人开具发票的习惯，数电票的基本内容在现行增值税发票基础上进行了优化，主要包括：动态二维码、发票号码、开票日期、购买方信息、销售方信息、项目名称、规格型号、单位、数量、单价、金额、税率 / 征收率、税额、合计、价税合计（大写、小写）、备注、开票人。

为了满足从事特定行业、经营特殊商品服务及特定应用场景业务（以下简称“特定业务”）的纳税人开具发票的个性化需求，数电票根据特定业务的开票场景设计了相应的特定内容。特定业务包括稀土、卷烟、建筑服务、旅客运输服务、货物运输服务、不动产销售、不动产经营租赁服务、农产品收购、光伏收购、代收车船税、自产农产品销售、差额征税等。试点纳税人在开具数电票时，可以按照实际业务开展情况，选择特定业务，填写特定内容。特定业务的数电票票面按照特定内容展示相应信息，同时票面左上角展示该业务类型的字样。

数电票样式与现有发票样式区别在于：一是数电票票样将原有“发票代码 + 发票号码”变为 20 位发票号码，取消了校验码、收款人、复核人、销售方（章），取消了发票密码区。二是数电票特定业务会影响发票展示内容，不同的特定业务展示的发票票面内容不同。三是数电票将原备注栏中手工填列、无法采集的内容，设置为固定可采集、可使用的数据项，并展示于票面上。

增值税专用发票数电票的样式如图 2-9 所示。

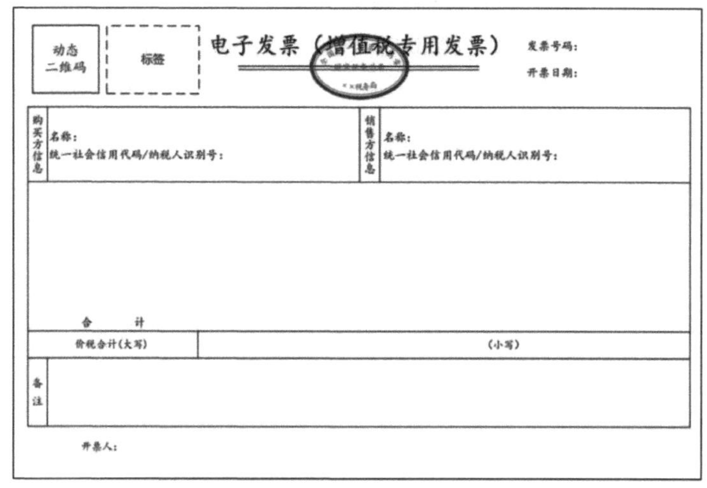

动态二维码　标签　电子发票（增值税专用发票）　发票号码：

开票日期：

购买方信息	名称： 统一社会信用代码/纳税人识别号：	销售方信息	名称： 统一社会信用代码/纳税人识别号：

合　计

价税合计（大写）	（小写）

备注	

开票人：

图2-9　增值税专用发票数电票样式

【任务实施】

1. 计算诚信公司业务（1）当月销售 M 型彩电增值税销项税额。

解答：包装物租金属于价外费用，需要计入销售额计算增值税；价外费用和价款含增值税，需要换算为不含税金额。所以，当月销售 M 型彩电增值税销项税额 =（6780000+56500）÷（1+13%）×13% = 786500（元）。

2. 计算诚信公司业务（2）当月采取以旧换新方式销售 N 型彩电增值税销项税额。

解答：纳税人采取以旧换新方式销售货物的，应按新货物的同期销售价格确定销售额，不得扣减旧货物的收购价格。含税金额需要换算为不含税金额。因此，以旧换新方式销售 N 型彩电增值税销项税额 =500×4520÷（1+13%）×13% = 260000（元）。

3. 计算诚信公司业务（3）至业务（7）当月准予从销项税额中抵扣进项税额。

解答：业务（3）取得增值税专用发票进项税额可以抵扣，金额 480000 元；业务（4）增值税普通发票不允许抵扣进项税额；业务（5）固定资产、不动产如果是既用于不允许抵扣项目的，又用于抵扣项目的，该进项税额准予全部抵扣，金额 96000 元；业务（6）组织职工夏季旅游，支付住宿费属于职工福利，进项税额不允许扣除；业务（7）购进电脑奖励给业绩突出的职工属于外购货物用于职工福利，进项税额不允许扣除。所以，当月准予从销项税额中抵扣进项税额 =480000+96000= 576000（元）。

4. 计算诚信公司业务（7）增值税销项税额。

解答：将自产 N 型彩电无偿赠送给“救死扶伤”医院、委托“至诚服务”商场代销、作为投资提供给“大国工匠”培训机构均属于增值税视同销售情形，按 N 型彩电同期含增值税销售单价4520元计算增值税销项税额=（150+800+400）×4520÷（1+13%）×13%=702000（元）。

5. 计算诚信公司当月增值税应纳税额。

解答：销项税额=业务（1）786500+业务（2）260000+业务（7）702000=1748500（元）；进项税额=业务（3）480000+业务（5）96000=576000（元）；当月增值税应纳税额=1748500−576000=1172500（元）。

【任务总结】

本任务学习了增值税纳税人、扣缴义务人、征税范围、税率、征收率、税收优惠、应纳税额计算、征收管理和增值税发票管理等知识内容，要求掌握征收范围，能够计算企业的增值税应纳税额。

【职业素养提升】

广东省税务部门依法查处一起骗取留抵退税案件

为护航大规模增值税留抵退税政策落准落好，广东省税务部门严厉打击骗取留抵退税违法行为，近期根据税收大数据分析线索，指导茂名市税务局稽查局依法查处了某贸易有限公司骗取留抵退税案件。

经查，该公司通过隐匿销售收入、减少销项税额、进行虚假申报等手段，骗取留抵退税84.61万元。茂名市税务局稽查局依法追缴该公司骗取的留抵退税款，并依据《中华人民共和国行政处罚法》《中华人民共和国税收征收管理法》相关规定，拟处1倍罚款。

广东省税务局稽查局有关负责人表示，将充分发挥税收大数据作用，精准分析、快速锁定案源线索，严厉打击骗取留抵退税违法行为。对非主观故意违规取得留抵退税的企业，约谈提醒，促其整改；对恶意造假骗取留抵退税的企业，依法从严查办，按规定将其纳税信用直接降为D级，采取限制发票领用、提高检查频次等措施，同时依法对其近3年各项税收缴纳情况进行全面检查，并延伸检查其上下游企业。涉嫌犯罪的，移交司法机关追究刑事责任。（来源：国家税务总局）

议一议：向主管税务机关申请退还增量留抵税额的条件。谈谈骗取留抵退税对国家的影响。

【岗课赛证融通测评】

任务一岗课赛证融通测评

【知识技能评价】

知识技能评价表

业务能力	评价内容	评价结果	改进措施
纳税人与扣缴义务人	1. 增值税发展历程 2. 纳税人与扣缴义务人 3. 一般纳税人与小规模纳税人的登记	□A　□B　□C □A　□B　□C □A　□B　□C	1. 2. 3.
征税范围	1. 征税范围一般规定 2. 对视同销售货物行为的征税规定 3. 对混合销售行为与兼营行为的征税规定 4. 不征收增值税的项目	□A　□B　□C □A　□B　□C □A　□B　□C □A　□B　□C	1. 2. 3.
税率和征收率	1. 我国增值税的税率 2. 零税率 3. 征收率	□A　□B　□C □A　□B　□C □A　□B　□C	1. 2. 3.
税收优惠	1. 法定免税项目 2. 特定免税项目 3. 增值税即征即退 4. 扣减增值税规定 5. 个人将购买的住房对外销售的税收优惠 6. 小微企业的免征增值税规定	□A　□B　□C □A　□B　□C □A　□B　□C □A　□B　□C □A　□B　□C □A　□B　□C	1. 2. 3.
应纳税额计算	1. 销项税额 2. 进项税额 3. 一般计税方法应纳税额计算 4. 简易计税方法应纳税额计算 5. 进口货物应纳税额计算 6. 扣缴计税方法	□A　□B　□C □A　□B　□C □A　□B　□C □A　□B　□C □A　□B　□C □A　□B　□C □A　□B　□C □A　□B　□C	1. 2. 3.
增值税发票使用和管理	1. 专用发票的构成与限额管理 2. 专用发票开具范围 3. 增值税电子专用发票的试点 4. 全面数字化电子发票	□A　□B　□C □A　□B　□C □A　□B　□C □A　□B　□C	1. 2. 3.
说明：在□中打√，A 掌握，B 基本掌握，C 未掌握			
任课教师评语：			
成绩：		任课教师签字：	

任务二　填写增值税纳税申报表

【任务情景】

［任务 1］诚信公司主营销售货物，为增值税小规模纳税人，按季度申报，2023 年第二季度销售货物，价税合计销售额为 20.2 万元。其中，自行开具增值税专用发票价税合计 10.1 万元，开具增值税普通发票 10.1 万元，无其他收入，且无其他免税项目。

任务要求：填写《增值税及附加税费申报表（小规模纳税人适用）》。

［任务 2］工匠公司于 2020 年 11 月成立，2022 年 6 月登记为增值税一般纳税人，2022 年 12 月底期末留抵税额 3 万元。2023 年 1 月发生下列业务：

（1）采购货物一批，取得供货方开具的 3 张 13% 税率的增值税专用发票，发票注明的金额合计 100 万元，进项税额合计 13 万元，1 月已经全部认证通过；

（2）销售货物取得价税合计销售额 226 万元，但本月未开具增值税发票。

任务要求：填写《增值税及附加税费申报表（一般纳税人适用）》及相关附列资料。

【思维导图】

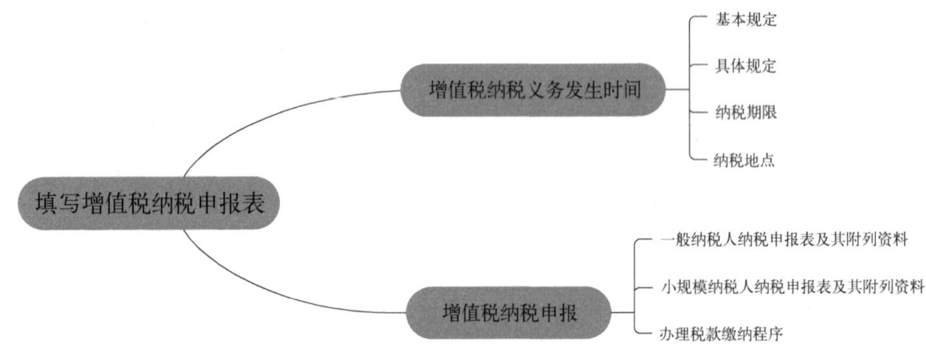

【知识准备】

一、增值税纳税义务发生时间

（一）基本规定

增值税纳税义务发生时间，是指增值税纳税义务人、扣缴义务人发生应税、扣缴税款行为应承担纳税义务、扣缴义务的时间。纳税义务发生时间一经确定，必须按此时间计算应缴税款。增值税纳税义务发生时间按下列规定确定。

（1）发生应税交易，纳税义务发生时间为收讫销售款项或者取得索取销售款项凭据的当天；先开具发票的，为开具发票的当天。

（2）视同发生应税交易，纳税义务发生时间为视同发生应税交易完成的当天。

（3）进口货物，纳税义务发生时间为进入关境的当天。

（二）具体规定

（1）采取直接收款方式销售货物，不论货物是否发出，均为收到销售额或取得索取销售额的凭据的当天。

（2）采取托收承付和委托银行收款方式销售货物，为发出货物并办妥托收手续的当天。

（3）采取赊销和分期收款方式销售货物，为书面合同约定的收款日期的当天。无书面合同的或者书面合同没有约定收款日期的，为货物发出的当天。

（4）采取预收货款方式销售货物，为货物发出的当天。但生产销售、生产工期超过 12 个月的大型机械设备、船舶、飞机等货物，为收到预收款或者书面合同约定的收款日期的当天。

（5）委托其他纳税人代销货物，为收到代销单位销售的代销清单或者收到全部或者部分货款的当天；未收到代销清单及货款的，其纳税义务发生时间为发出代销货物满 180 天的当天。

（6）提供应税劳务、应税服务，为提供劳务同时收讫销售款或取得索取销售款的凭据的当天。收讫销售款项是指纳税人销售服务、无形资产、不动产过程中或者完成后收到款项。取得索取销售款项凭据的当天是指书面合同确定的付款日期；未签订书面合同或者书面合同未确定付款日期的，为服务、无形资产转让完成的当天或者不动产权属变更的当天。

（7）纳税人提供租赁服务采取预收款方式的，其纳税义务发生时间为收到预收款的当天。从 2017 年 7 月 1 日起，纳税人提供建筑服务收到预收款时，增值税纳税义务尚未发生，但需要预缴增值税。

（8）纳税人从事金融商品转让的，为金融商品所有权转移的当天。

（9）纳税人发生相关视同销售货物行为，为货物移送的当天。

（10）纳税人发生视同销售劳务、服务、无形资产、不动产情形的，其纳税义务发生时间为劳务、服务、无形资产转让完成的当天或者不动产权属变更的当天。

【学中做·单选题】根据增值税法律制度的规定，下列关于增值税纳税义务发生时间的表述中，正确的是（　　）。

A. 委托他人代销货物的，为货物发出的当天

B. 从事金融商品转让的，为金融商品所有权转移的当天

C. 采用预收货款方式销售货物，货物生产工期不超过 12 个月的，为收到预收款的当天

D. 采取直接收款方式销售货物的，为货物发出的当天

【正确答案】B

二、纳税期限

增值税的纳税期限分别为1日、3日、5日、10日、15日、1个月、1个季度。纳税人的具体纳税期限，由主管税务机关根据纳税人应纳税额的大小分别核定。以1个季度为纳税期限的规定适用于小规模纳税人、银行、财务公司、信托投资公司、信用社，以及财政部和国家税务总局规定的其他纳税人。自然人不能按照固定计税期间纳税的，可以按次纳税。纳税人以1个月、1个季度为纳税期限的，自期满之日起15日内申报纳税；以1日、3日、5日、10日、15日为一个纳税期限的，自期满之日起5日内预缴税款，于次月1日起15日内申报纳税并结清上月应纳税款。扣缴义务人解缴税款的计税期间和申报纳税期限，依照上述规定执行。纳税人进口货物，应当自海关填发海关进口增值税专用缴款书之日起15日内缴纳税款。

三、纳税地点

（1）固定业户的纳税地点

① 固定业户应当向其机构所在地主管税务机关申报纳税。总、分机构不在同一县（市）的，应当分别向各自所在地主管税务机关申报纳税；经批准可由总机构汇总纳税的，向总机构所在地主管税务机关申报纳税。

② 固定业户到外县（市）销售货物或者劳务，应当向其机构所在地的税务机关报告外出经营事项，并向其机构所在地的税务机关申报纳税；未报告的，应当向销售地或者劳务发生地的税务机关申报纳税；未向销售地或者劳务发生地的税务机关申报纳税的，由其机构所在地的税务机关补征税款。

（2）非固定业户增值税纳税地点。非固定业户增值税纳税地点为在销售地、劳务发生地和应税行为发生地主管税务机关申报纳税。未申报纳税的，由其机构所在地或居住地的主管税务机关补征税款。

（3）纳税人跨地级市提供建筑服务，在建筑服务发生地预缴税款后，向机构所在地主管税务机关进行纳税申报。

（4）纳税人销售不动产，在不动产所在地预缴税款后，向机构所在地主管税务机关进行纳税申报。

（5）纳税人租赁不动产，在不动产所在地预缴税款后，向机构所在地主管税务机关进行纳税申报。

（6）其他个人提供建筑服务、销售或者租赁不动产、转让自然资源使用权，应向建筑服务发生地、不动产所在地、自然资源所在地主管税务机关申报纳税。

（7）进口货物，向报关地海关申报纳税。

（8）扣缴义务人应当向其机构所在地或者居住地的主管税务机关申报缴纳其扣缴的税款。

微课－填写增值税纳税申报表——一般纳税人

四、增值税纳税申报

增值税纳税申报资料包括纳税申报表及其附列资料和纳税申报其他

资料两类。其中，增值税纳税申报表及其附列资料为必报资料。纳税申报其他资料的报备要求由各省、自治区、直辖市和计划单列市税务局确定。我国增值税将纳税人分为一般纳税人和小规模纳税人，由于两类纳税人增值税的计税方法等不同，故适用的纳税申报表及其附列资料也有所差别。

（一）一般纳税人纳税申报表及其附列资料

（1）增值税及附加税费申报表（一般纳税人适用）。自2021年8月1日起，增值税与城建税、教育费附加、地方教育附加申报表整合。

（2）增值税及附加税费申报表附列资料（一）（本期销售情况明细）。

（3）增值税及附加税费申报表附列资料（二）（本期进项税额明细）。

（4）增值税及附加税费申报表附列资料（三）（服务、不动产和无形资产扣除项目明细）。需要说明的是，一般纳税人销售服务、不动产和无形资产，在确定服务、不动产和无下限资产销售额时，按照有关规定可以从取得的全部价款和价外费用中扣除价款的，需要填报增值税纳税申报表附列资料（三）（服务、不动产和无形资产扣除项目明细），其他情况不填写该附列资料。

（5）增值税及附加税费申报表附列资料（四）（税额抵减情况表）。

（6）增值税及附加税费申报表附列资料（五）（附加税费情况表）。

（7）增值税减免税申报明细表。

【案例 2-2-1】上月未开票收入本月开具增值税发票。

案例资料：工匠公司2023年上月销售货物226万元，在2月份开具13%税率的增值税专用发票，发票注明金额200万元，税额26万元；假设本月未销售货物，未购入货物；本月缴纳上月增值税10万元。

案例分析：上述业务在填列《增值税及附加税费申报表（一般纳税人适用）》时，应先填写《增值税及附加税费申报表附列资料（一）》第1栏次“13%税率的货物及加工修理修配”,“开具增值税专用发票”中“销售额”填写“2000000”，销项（应纳）税额”填写“260000”；在“未开具发票”中“销售额 ”填写“−2000000”,“销项（应纳）税额”填写“−260000”，具体如图2-10所示。

增值税及附加税费申报表附列资料（一）
（本期销售情况明细）

税款所属时间：

纳税人名称：

项目及栏次				开具增值税专用发票		开具其他发票		未开具发票		纳税检查调整	
				销售额	销项(应纳)税额	销售额	销项(应纳)税额	销售额	销项(应纳)税额	销售额	销项(应纳)税额
				1	2	3	4	5	6	7	8
一、一般计税方法计税	全部征税项目	13%税率的货物及加工修理修配劳务	1	2000000.00	260000.00	0.0	0.0	-2000000.00	-260000.00		0.0
		13%税率的服务、不动产和无形资产	2	0.0	0.0	0.0	0.0	0.0	0.0	0.0	0.0
		9%税率的货物及加工修理修配劳务	3	0.0	0.0	0.0	0.0	0.0	0.0	0.0	0.0
		9%税率的服务、不动产和无形资产	4	0.0	0.0	0.0	0.0	0.0	0.0	0.0	0.0
		6%税率	5	0.0	0.0	0.0	0.0	0.0	0.0	0.0	0.0
	即征即退	即征即退货物及加工修理修配劳务	6	—	—	—	—	—	—	—	—
		即征即退服务、不动产和无形资产	7	—	—	—	—	—	—	—	—

图2-10 增值税及附加税费申报表附列资料（一）

本月缴纳增值税自动带入《增值税及附加税费申报表（一般纳税人适用）》第30栏次，本期缴纳上期应纳税额，具体如图2-11所示。

	期初未缴税额（多缴为负数）	25	100000.00	100000.00
	实收出口开具专用缴款书退税额	26	0	0
	本期已缴税额	27=28+29+30+31	100000.00	100000.00
	①分次预缴税额	28	0	—
	②出口开具专用缴款书预缴税额	29	0	—
税款缴纳	③本期缴纳上期应纳税额	30	100000.00	100000.00
	④本期缴纳欠缴税额	31	0	0
	期末未缴税额（多缴为负数）	32=24+25+26-27	0	0
	其中：欠缴税额（≥0）	33=25+26-27	0	—

图2-11 增值税及附加税费申报表（一般纳税人适用）

【案例2-2-2】计算抵扣进项税。

案例资料：工匠公司2023年2月底期末留抵税额0元。2023年3月发生下列业务：

（1）8名员工2023年3月10号出差沈阳，当月15号返回济南，发生的往返飞机票票价与燃油费合计10900元，员工报销时提供了注明旅客身份信息的航空运输电子客票行程单。

（2）4名员工2023年3月12号在当地出差，发生交通费1030元，取得滴滴出行科技有限公司开具的增值税普通发票注明的价款1000元，税额30元。

案例分析：根据《财政部 税务总局 海关总署关于深化增值税改革有关政策的公告》（财政部 税务总局 海关总署公告2019年第39号）第六条第一项规定："纳税人未取得增值税专用发票的，暂按照以下规定确定进项税额。①取得增值税电子普通发票的，为发票上注明的税额；②取得注明旅客身份信息的航空运输电子客票行程单的，为按照下列公式计算的进项税额：航空旅客运输进项税额＝（票价＋燃油附加费）÷（1+9%）×9%；③取得注明旅客身份信息的铁路车票的，为按照下列公式计算的进项税额：铁路旅客运输进项税额＝票面金额÷（1+9%）×9%；④取得注明旅客身份信息的公路、水路等其他客票的，按照下列公式计算进项税额：公路、水路等其他旅客运输进项税额＝票面金额÷（1+3%）×3%。"

上述业务A公司3月份可以计算抵扣的进项税额=10900/(1+9%)×9%=900(元)；取得交通运输服务的电子普通发票可以抵扣的进项税额为30元，合计可以抵扣的进项税额为930元。

在填列《增值税及附加税费申报表（一般纳税人适用）》时，应先填写《增值税及附加税费申报表附列资料（二）》第10栏"本期用于抵扣的旅客运输服务扣税凭证"，"份数"填列"17"，"金额"填列"11000"，"税额"填列"930"。填列完成后将自动带入《增值税及附加税费申报表（一般纳税人适用）》第12栏次"当期申报抵扣进项税额合计"的本月数，具体如图2-12所示。

【案例2-2-3】进项税额转出。

案例资料：工匠公司2023年1月份购入货物，在本月将价值10万元的货物用于集体福利。

案例分析：根据规定将外购货物用于集体福利，其进项税额需要做进项税转出处

增值税及附加税费申报表附列资料（二）
（本期进项税额明细）

纳税人名称：　　税款所属时间：　　金额单位：元至角分

一、申报抵扣的进项税额				
项目	栏次	份数	金额	税额
（一）认证相符的增值税专用发票	1=2+3	0	0.0	0.0
其中：本期认证相符且本期申报抵扣	2	0	0.0	0.0
前期认证相符且本期申报抵扣	3	0	0.0	0.0
（二）其他扣税凭证	4=5+6+7+8a+8b	0	0.0	0.0
其中：海关进口增值税专用缴款书	5	0	0.0	0.0
农产品收购发票或者销售发票	6	0	0.0	0.0
代扣代缴税收缴款凭证	7	0	—	0.0
加计扣除农产品进项税额	8a	—	—	0.0
其他	8b	0	0.0	0.0
（三）本期用于购建不动产的扣税凭证	9	0	0.0	0.0
（四）本期用于抵扣的旅客运输服务扣税凭证	10	17	11000.00	930.00
（五）外贸企业进项税额抵扣证明	11	—	—	0.0
当期申报抵扣进项税额合计	12=1+4+11	17	11000.00	930.00

图2-12　增值税及附加税费申报表附列资料（二）

理。上述业务应做进项税额转出的金额 =10×13%=1.3（万元）。

在填列《增值税及附加税费申报表（一般纳税人适用）》时，应先填写《增值税及附加税费申报表附列资料（二）》第 15 栏“集体福利、个人消费”，“税额”填列“13000”。填写完成后将自动带入《增值税及附加税费申报表（一般纳税人适用）》第 13 栏次“本期进项税转出额”的本月数，具体如图 2-13 所示。

二、进项税额转出额		
项目	栏次	税额
本期进项税转出额	13=14至23之和	13000.00
其中：免税项目用	14	0.0
集体福利、个人消费	15	13000.00
非正常损失	16	0.0
简易计税方法征税项目用	17	0.0
免抵退税办法不得抵扣的进项税额	18	0.0
纳税检查调减进项税额	19	0.0
红字专用发票信息表注明的进项税额	20	0.0
上期留抵税额抵减欠税	21	0.0
上期留抵税额退税	22	0.0
异常凭证转出进项税额	23a	0.0
其他应作进项税额转出的情形	23b	0.0

图2-13　增值税及附加税费申报表附列资料（三）

（二）小规模纳税人纳税申报表及其附列资料

微课 - 填写增值税纳税申报表——小规模纳税人

（1）增值税及附加税费申报表（小规模纳税人适用）

（2）增值税及附加税费申报表（小规模纳税人适用）附列资料（一）（服务、不动产和无形资产扣除项目明细）

（3）增值税及附加税费申报表（小规模纳税人适用）附列资料（二）（附加税费情况表）

需要说明的是，小规模纳税人发生应税行为，在确定服务销售额时，按照有关规定可以从取得的全部价款和价外费用中扣除价款的，需填报“增值税纳税申报表（小规模纳税人适用）附列资料”，其他情形不填写该附列资料。

（4）增值税减免税申报明细表

按照 2023 年财税部门进一步优化增值税小规模纳税人优惠政策，明确 2023 年内，月度销售额不超过 10 万元，季度销售额不超过 30 万元的，免征增值税。

同时，适用 3% 征收率的应税销售收入，减按 1% 征收率征收增值税；适用 3% 预征率的预缴增值税项目，减按 1% 预征率预缴增值税。

下面以现行政策，举例说明增值税申报表应如何填写。

【案例 2-2-4】季度销售额未超过 30 万元，且未开具增值税专用发票。

案例资料：诚信公司主营销售货物，为增值税小规模纳税人，按季度申报，2023 年第二季度自行开具增值税普通发票，未开具增值税专用发票，价税合计 20.2 万元，无其他收入。

案例分析：根据上述资料，诚信公司第二季度不含税销售额为202000÷（1+1%）=200000（元），免税额为 200000×3%=6000（元）。

在填写《增值税及附加税费申报表（小规模纳税人适用）》时：

（1）在第 10 栏“其中：小微企业免税销售额”的“货物及劳务”列，填写“200000”；

（2）在第 18 栏“其中：小微企业免税额”的“货物及劳务”列，填写“6000”。

纳税申报表填写结果如图 2-14 所示（图片为按照案例数据填写申报表并截图，本年累计数未填写）。

增值税及附加税费申报表

（小规模纳税人适用）

纳税人识别号：
纳税人名称（公章）：　　　　　　　　　　　　金额单位：元至角分
税款所属期：　　　　　　　　　　　　　　　　填表日期：

项目	栏次	本期数		本年累计	
		货物及劳务	服务、不动产和无形资产	货物及劳务	服务、不动产和无形资产
（一）应征增值税不含税销售额（3%征收率）	1	0.0	0.0	0.0	0.0
增值税专用发票不含税销售额	2	0.0	0.0	0.0	0.0
其他增值税发票不含税销售额	3	0.0	0.0	0.0	0.0
（二）应征增值税不含税销售额（5%征收率）	4	—	0.0	—	0.0
增值税专用发票不含税销售额	5	—	0.0	—	0.0
其他增值税发票不含税销售额	6	—	0.0	—	0.0
（三）销售使用过的应税固定资产不含税销售额	7（7≥8）	0.0	—	0.0	—
其中：其他增值税发票不含税销售额	8	0.0	—	0.0	—
（四）免税销售额	9=10+11+12	0.0	0.0	0.0	0.0
其中：小微企业免税销售额	10	200000.00	0.0	200000.00	0.0
未达起征点销售额	11	0.0	0.0	0.0	0.0
其他免税销售额	12	0.0	0.0	0.0	0.0
（五）出口免税销售额	13（13≥14）	0.0	0.0	0.0	0.0
其中：其他增值税发票不含税销售额	14	0.0	0.0	0.0	0.0
本期应纳税额	15	0.0	0.0	0.0	0.0
本期应纳税额减征额	16	0.0	0.0	0.0	0.0
本期免税额	17	0.0	0.0	0.0	0.0
其中：小微企业免税额	18	6000.00	0.0	6000.00	0.0
未达起征点免税额	19	0.0	0.0	0.0	0.0
应纳税额合计	20=15-16	0.0	0.0	0.0	0.0
本期预缴税额	21	0.0	0.0	—	—
本期应补（退）税额	22=20-21	0.0	0.0	—	—

图2-14　小规模纳税人增值税及附加税费申报表（一）

【案例 2-2-5】差额扣除后，季度销售额未超过 30 万元。

案例资料：诚信公司主营旅游服务，为增值税小规模纳税人，按季度申报，选择差额征收，2023 年第二季度提供旅游服务取得含税收入 20.1 万元，其中按政策规定可扣除金额 10 万元（含税），开具增值税普通发票，无其他收入。

案例分析：《国家税务总局关于增值税小规模纳税人减免增值税等政策有关征管事项的公告》（国家税务总局公告 2023 年第 1 号，以下简称 1 号公告）第二条明确，适用增值税差额征税政策的小规模纳税人，以差额后的销售额确定能否享受免征增值税政策。

诚信公司第二季度不含税销售额为（201000−100000）÷（1+1%）=100000（元），未超过 30 万元，可以享受免税优惠，免税额为 100000×3%=3000（元）。

（1）在填写《增值税及附加税费申报表（小规模纳税人适用）》时：

①应在第 10 栏“其中：小微企业免税销售额”的“服务、不动产和无形资产”列，填写“100000”；

②在第 18 栏“其中：小微企业免税额”的“服务、不动产和无形资产”列，填写“3000”。

填写结果如图 2-15 所示。

增值税及附加税费申报表

（小规模纳税人适用）

纳税人识别号：
纳税人名称（公章）：　　金额单位：元至角分
税款所属期：　　至　　填表日期：

项目	栏次	本期数		本年累计	
		货物及劳务	服务、不动产和无形资产	货物及劳务	服务、不动产和无形资产
（一）应征增值税不含税销售额（3%征收率）	1	0.0	100000.00	0.0	100000.00
增值税专用发票不含税销售额	2	0.0	0.0	0.0	0.0
其他增值税发票不含税销售额	3	0.0	100000.00	0.0	100000.00
（二）应征增值税不含税销售额（5%征收率）	4	—	0.0	—	0.0
增值税专用发票不含税销售额	5	—	0.0	—	0.0
其他增值税发票不含税销售额	6	—	0.0	—	0.0
（三）销售使用过的应税固定资产不含税销售额	7（7≥8）	0.0	—	0.0	—
其中：其他增值税发票不含税销售额	8	0.0	—	0.0	—
（四）免税销售额	9=10+11+12	0.0	100000.00	0.0	100000.00
其中：小微企业免税销售额	10	0.0	100000.00	0.0	100000.00
未达起征点销售额	11	0.0	0.0	0.0	0.0
其他免税销售额	12	0.0	0.0	0.0	0.0
（五）出口免税销售额	13（13≥14）	0.0	0.0	0.0	0.0
其中：其他增值税发票不含税销售额	14	0.0	0.0	0.0	0.0
本期应纳税额	15	0.0	0.0	0.0	0.0
本期应纳税额减征额	16	0.0	0.0	0.0	0.0
本期免税额	17	0.0	3000.00	0.0	0.0
其中：小微企业免税额	18	0.00	3000.00	0.0	0.0
未达起征点免税额	19	0.0	0.0	0.0	0.0
应纳税额合计	20=15-16	0.0	0.0	0.0	0.0
本期预缴税额	21	0.0	0.0	—	—
本期应补（退）税额	22=20-21	0.0	0.0	—	—

图2-15　小规模纳税人增值税及附加税费申报表（二）

（2）在填写《增值税及附加税费申报表（小规模纳税人适用）附列资料（一)》时：

①应在“应税行为（3% 征收率）扣除额计算”的第 2 栏“本期发生额”内，填写“100000”；第 3 栏“本期扣除额”内填写“100000”；

②在“应税行为（3% 征收率）计税销售额计算”第 6 栏“本期扣除额”内填写“100000”；

③在第 7 栏“含税销售额”内填写“101000”。

填写结果如表 2-16 所示。

表2-16 增值税及附加税费申报表（适用于增值税小规模纳税人）附列资料

税款所属期： 至 填表日期：

纳税人名称（公章）： 金额单位：元至角分

应税行为（3%征收率）扣除额计算			
期初余额	本期发生额	本期扣除额	期末余额
1	2	3（3≤1+2之和，且3≤5）	4=1+2−3
0.0	100000.00	100000.00	0.0
应税行为（3%征收率）计税销售额计算			
全部含税收入（适用3%征收率）	本期扣除额	含税销售额	不含税销售额
5	6=3	7=5−6	8=7÷（1+征收率）
201000.00	100000.00	101000.00	100000.00
应税行为（5%征收率）扣除额计算			
期初余额	本期发生额	本期扣除额	期末余额
9	10	11	12=9+10−11
0.0	0.0	0.0	0.0
应税行为（5%征收率）计税销售额计算			
全部含税收入（适用5%征收率）	本期扣除额	含税销售额	不含税销售额
13	14=11	15=13−14	16=15÷1.05
0.0	0.0	0.0	0.0

注：11 ≤ 9+10 之和，且 11 ≤ 13。

【案例 2-2-6】扣除销售不动产部分后，销售额不超过 30 万元。

案例资料：诚信公司主营安装服务，为增值税小规模纳税人，按季度申报，2023 年第二季度提供安装服务取得价税合计收入 10.1 万元，开具增值税普通发票；销售不动产，取得价税合计收入 52.5 万元，开具增值税专用发票，此外无其他收入。

案例分析：1 号公告第一条明确，小规模纳税人发生增值税应税销售行为，合计月销售额超过 10 万元，但扣除本期发生的销售不动产的销售额后未超过 10 万元的，其销售货物、劳务、服务、无形资产取得的销售额免征增值税。因此，D 公司仅需要就不动产销售额申报纳税，提供安装服务的销售额可以享受免征优惠。

（1）诚信公司提供安装服务不含税销售额为 101000÷（1+1%）=100000（元），免税额为 100000×3%=3000（元）。

在填写《增值税及附加税费申报表（小规模纳税人适用)》时：

① 应在第10栏“其中：小微企业免税销售额”的“服务、不动产和无形资产”列，填写“100000”;

② 在第18栏“其中：小微企业免税额”的“服务、不动产和无形资产”列，填写“3000”。

（2）诚信公司销售不动产不含税销售额为525000÷（1+5%）=500000（元）；不动产收入部分应纳税额为500000×5%=25000（元）。

在填写《增值税及附加税费申报表（小规模纳税人适用)》时：

① 应在第4栏“(二）应征增值税不含税销售额（5%征收率)”和第5栏“增值税专用发票不含税销售额”的“服务、不动产和无形资产”列，分别填写“500000”;

② 在第15栏“本期应纳税额”的“服务、不动产和无形资产”列，填写“25000”;

③ 在第20栏“应纳税额合计”的“服务、不动产和无形资产”列填写“25000”;

④ 在第22栏“本期应补（退）税额”的“服务、不动产和无形资产”列填写“25000”。

纳税申报表填写结果如图2-16所示。

增值税及附加税费申报表

（小规模纳税人适用）

纳税人识别号：
纳税人名称（公章）：　　　　金额单位：元至角分
税款所属期：　　　　填表日期：

项目	栏次	本期数		本年累计	
		货物及劳务	服务、不动产和无形资产	货物及劳务	服务、不动产和无形资产
（一）应征增值税不含税销售额（3%征收率）	1	0.0	0.0	0.0	0.0
增值税专用发票不含税销售额	2	0.0	0.0	0.0	0.0
其他增值税发票不含税销售额	3	0.0	0.0	0.0	0.0
（二）应征增值税不含税销售额（5%征收率）	4	—	500000.00	—	500000.00
增值税专用发票不含税销售额	5	—	500000.00	—	500000.00
其他增值税发票不含税销售额	6	—	0.0	—	0.0
（三）销售使用过的应税固定资产不含税销售额	7（7≥8）	0.0	—	0.0	—
其中：其他增值税发票不含税销售额	8	0.0	—	0.0	—
（四）免税销售额	9=10+11+12	0.0	100000.00	0.0	100000.00
其中：小微企业免税销售额	10	0.0	100000.00	0.0	100000.00
未达起征点销售额	11	0.0	0.0	0.0	0.0
其他免税销售额	12	0.0	0.0	0.0	0.0
（五）出口免税销售额	13（13≥14）	0.0	0.0	0.0	0.0
其中：其他增值税发票不含税销售额	14	0.0	0.0	0.0	0.0
本期应纳税额	15	0.0	25000.00	0.0	25000.00
本期应纳税额减征额	16	0.0	0.0	0.0	0.0
本期免税额	17	0.0	3000.00	0.0	3000.00
其中：小微企业免税额	18	0.0	3000.00	0.0	3000.00
未达起征点免税额	19	0.0	0.0	0.0	0.0
应纳税额合计	20=15-16	0.0	25000.00	0.0	25000.00
本期预缴税额	21	0.0	0.0	—	—
本期应补（退）税额	22=20-21	0.0	25000.00	—	—

图2-16　小规模纳税人增值税及附加税费申报表（三）

【案例 2-2-7】未销售不动产，季度销售额超过 30 万元。

案例资料： 诚信公司主营现代服务，为增值税小规模纳税人，按季度申报，2023 年第二季度提供现代服务，取得的 10.1 万元收入开具增值税普通发票，取得的 20.2 万元开具增值税专用发票，取得未开具发票部分收入 30.3 万元。

案例分析： 根据现行政策，纳税人季度销售额合计超过 30 万元，需要就收入全额申报缴纳增值税。

全部收入应填写在《增值税及附加税费申报表（小规模纳税人适用）》"应征增值税不含税销售额（3% 征收率）"相应栏次。

对应减征的增值税应纳税额按销售额的 2% 计算，填写在《增值税及附加税费申报表（小规模纳税人适用）》"本期应纳税额减征额"及《增值税减免税申报明细表》减税项目相应栏次。

诚信公司第二季度合计不含税销售额为（10.1+20.2+30.3）÷（1+1%）=60（万元），减征额 =600000×2%=12000（元），应纳税额为 600000×3%−12000=6000（元）。

在填写《增值税及附加税费申报表（小规模纳税人适用）》时：

（1）应在第 1 栏"（一）应征增值税不含税销售额（3% 征收率）"的"服务、不动产和无形资产"列，填写"600000"；

（2）在第 2 栏"增值税专用发票不含税销售额"的"服务、不动产和无形资产"列，填写"200000"；

（3）在第 3 栏"其他增值税发票不含税销售额"的"服务、不动产和无形资产"列，填写"400000"；

（4）在第 15 栏"本期应纳税额"的"服务、不动产和无形资产"列，填写"18000"；

（5）在第 16 栏"本期应纳税额减征额"的"服务、不动产和无形资产"列，填写"12000"；

（6）在第 20 栏"应纳税额合计"的"服务、不动产和无形资产"列，填写"6000"；

（7）在第 22 栏"本期应补（退）税额"的"服务、不动产和无形资产"列，填写"6000"。

纳税申报表填写结果如图 2-17 所示。

【案例 2-2-8】购置增值税税控系统专用设备抵减增值税。

案例资料： 诚信公司本月购入税控系统专用设备一套，价款 460 元，支付税控系统技术服务费 280 元。

案例分析： 根据现行政策规定，增值税纳税人初次购买增值税税控专用设备支付的费用以及缴纳的技术服务费，可在增值税应纳税额中全额抵减。

诚信公司购入的专用设备款 460 元及支付技术服务费 280 元，可以在当月抵扣增值税 740 元。

在填写《增值税及附加税费申报表（小规模纳税人适用）》时：应在第 16 栏"本期应纳税额减征额"的"服务、不动产和无形资产"列，填写"740"，如图 2-18 所示。

在填写《增值税减免税申报明细表》第一项"减税项目"中选择"0001129914

增值税及附加税费申报表

（小规模纳税人适用）

纳税人识别号：
纳税人名称（公章）：
税款所属期：

金额单位：元至角分
填表日期：

项目	栏次	本期数		本年累计	
		货物及劳务	服务、不动产和无形资产	货物及劳务	服务、不动产和无形资产
（一）应征增值税不含税销售额（3%征收率）	1	0.0	600000.00	0.0	600000.00
增值税专用发票不含税销售额	2	0.0	200000.00	0.0	200000.00
其他增值税发票不含税销售额	3	0.0	400000.00	0.0	400000.00
（二）应征增值税不含税销售额（5%征收率）	4	—	0.0	—	0.0
增值税专用发票不含税销售额	5	—	0.0	—	0.0
其他增值税发票不含税销售额	6	—	0.0	—	0.0
（三）销售使用过的应税固定资产不含税销售额	7（7≥8）	0.0	—	0.0	—
其中：其他增值税发票不含税销售额	8	0.0	—	0.0	—
（四）免税销售额	9=10+11+12	0.0	0.0	0.0	0.0
其中：小微企业免税销售额	10	0.0	0.0	0.0	0.0
未达起征点销售额	11	0.0	0.0	0.0	0.0
其他免税销售额	12	0.0	0.0	0.0	0.0
（五）出口免税销售额	13（13≥14）	0.0	0.0	0.0	0.0
其中：其他增值税发票不含税销售额	14	0.0	0.0	0.0	0.0
本期应纳税额	15	0.0	18000.00	0.0	18000.00
本期应纳税额减征额	16	0.0	12000.00	0.0	12000.00
本期免税额	17	0.0	0.0	0.0	0.0
其中：小微企业免税额	18	0.0	0.0	0.0	0.0
未达起征点免税额	19	0.0	0.0	0.0	0.0
应纳税额合计	20=15-16	0.0	6000.00	0.0	6000.00
本期预缴税额	21	0.0	0.0	—	—
本期应补（退）税额	22=20-21	0.0	6000.00	—	—

图2-17 小规模纳税人增值税及附加税费申报表（四）

购置增值税税控系统专用设备抵减增值税”本期发生额中填写“740”，实际抵扣时在本期应抵减税额中填写对应金额，如图 2-19 所示。

（三）办理税款缴纳程序

1. 办理专用发票认证（或增值税发票查询平台勾选确认）

增值税专用发票的认证方式可选择手工认证和网上认证。自 2019 年 3 月 1 日起，所有一般纳税人对取得的增值税专用发票可以不再进行认证，直接通过增值税发票税控开票软件登录本省增值税发票查询平台，查询、选择用于申报抵扣或者出口退税的增值税发票信息（即勾选认证）。

2. 抄税

抄税是指在当月的最后一天，通常是在次月 1 日早上开票前，利用防伪税控开票系统，将本月开具增值税专用发票的信息读入 IC 卡的过程。抄税完成后本月不允许再开具发票。

3. 报税

报税是指在报税期内 (一般为次月 15 日前) 持 IC 卡到税务机关将 IC 卡的信息

增值税及附加税费申报表

（小规模纳税人适用）

纳税人识别号：
纳税人名称（公章）：　　　　　　　　　　　　　　　　　　　　金额单位：元至角分
税款所属期：　　　　　　　　　　　　　　　　　　　　　　　　填表日期：

项目	栏次	本期数		本年累计	
		货物及劳务	服务、不动产和无形资产	货物及劳务	服务、不动产和无形资产
（一）应征增值税不含税销售额（3%征收率）	1	0.0	0.0	0.0	0.0
增值税专用发票不含税销售额	2	0.0	0.0	0.0	0.0
其他增值税发票不含税销售额	3	0.0	0.0	0.0	0.0
（二）应征增值税不含税销售额（5%征收率）	4	—	0.0	—	0.0
增值税专用发票不含税销售额	5	—	0.0	—	0.0
其他增值税发票不含税销售额	6	—	0.0	—	0.0
（三）销售使用过的应税固定资产不含税销售额	7（7≥8）	0.0	—	0.0	—
其中：其他增值税发票不含税销售额	8	0.0	—	0.0	—
（四）免税销售额	9=10+11+12	0.0	0.0	0.0	0.0
其中：小微企业免税销售额	10	0.0	0.0	0.0	0.0
未达起征点销售额	11	0.0	0.0	0.0	0.0
其他免税销售额	12	0.0	0.0	0.0	0.0
（五）出口免税销售额	13（13≥14）	0.0	0.0	0.0	0.0
其中：其他增值税发票不含税销售额	14	0.0	0.0	0.0	0.0
本期应纳税额	15	0.0	0.0	0.0	0.0
本期应纳税额减征额	16	0.0	740.00	0.0	740.00
本期免税额	17	0.0	0.0	0.0	0.0
其中：小微企业免税额	18	0.0	0.0	0.0	0.0
未达起征点免税额	19	0.0	0.0	0.0	0.0
应纳税额合计	20=15-16	0.0	0.0	0.0	0.0
本期预缴税额	21	0.0	0.0	—	—
本期应补（退）税额	22=20-21	0.0	0.0	—	—

图2-18　小规模纳税人增值税及附加税费申报表（五）

增值税减免税申报明细表

税款所属时间：
纳税人名称（公章）：　　　　　　　　　　　　　　　　　　金额单位：元（列至角分）

一、减税项目

减税性质代码及名称	栏次	期初余额	本期发生额	本期应抵减税额	本期实际抵减税额	期末余额
		1	2	3=1+2	4≤3	5=3-4
0001129914 购置增值税税控系统专用设备抵减增值税			740	0	0	0
合计		0.0	0.0	0.0	0.0	0.0

二、免税项目

免税性质代码及名称	栏次	免征增值税项目销售额	免税销售额扣除项目本期实际扣除金额	扣除后免税销售额	免税销售额对应的进项税额	免税额
		1	2	3=1-2	4	5
合计		0.0	0.0	0.0	0.0	0.0
出口免税		0.0	—	—	—	—
其中：跨境服务		0.0	—	—	—	—

图2-19　增值税减免税申报明细表

读入税务机关的金税系统的过程。经过抄税，税务机关确保所有开具的销项发票进入金税系统；经过报税，税务机关则确保所有抵扣的进项发票都进入金税系统，可以在系统内由系统进行自动比对，确保任何一种抵扣的进项发票都有销项发票与其对应。

4. 办理申报

申报工作可分为上门申报和网上申报。上门申报是指在申报期内携带填写的申报表、资产负债表、利润表及其他相关材料到主管税务机关办理纳税申报，税务机关审核后，申报表退还一联给纳税人。网上申报是指纳税人在申报期内通过互联网将增值税纳税申报表主表、附表及其他必报资料的电子信息传送至电子申报系统。

5. 税款缴纳

税务机关将申报表单据送到开户银行，由银行进行自动转账处理。对于未实行税库银联网的纳税人还需自己到税务机关指定的银行进行现金缴纳。

【任务实施】

[任务1] 诚信公司季度销售额虽未超过30万元，但开具增值税专用发票的收入需要计算缴纳增值税，专票部分不能适用免税政策，普票部分可以适用免税政策，这两部分要分开填写。

（1）开具普通发票部分不含税销售额为101000÷（1+1%）=100000（元），免税额为100000×3%=3000（元）。

在填写《增值税及附加税费申报表（小规模纳税人适用）》时：

①应在第10栏“其中：小微企业免税销售额”的“货物及劳务”列，填写“100000”；

②在第18栏“其中：小微企业免税额”的“货物及劳务”列，填写“3000”。

（2）开具专用发票部分不含税销售额为101000÷（1+1%）=100000（元），减征额为100000×2%=2000（元），应纳税额为100000×1%=1000（元）。

在填写《增值税及附加税费申报表（小规模纳税人适用）》时：

①应在第1栏“（一）应征增值税不含税销售额（3%征收率）”和第2栏“增值税专用发票不含税销售额”的“货物及劳务”列，分别填写“100000”；

②在第15栏“本期应纳税额”的“货物及劳务”列，填写“3000”；

③在第16栏“本期应纳税额减征额”的“货物及劳务”列填写“2000”；

④在22栏“本期应补（退）税额”的“货物及劳务”列填写“1000”。

《增值税及附加税费申报表（小规模纳税人适用）》填写结果如图2-20所示。

[任务2]

（1）工匠公司1月取得的3张13%税率的增值税专用发票，价款100万元，进项税为13万元。在填写《增值税及附加税费申报表（一般纳税人适用）》时，应先填写《增值税及附加税费申报表附列资料（二）》第2栏，“份数”填写“3”，“金额”填写“1000000”，“税额”填写“130000”，填列完成后自动带入《增值税及附加税费申报表（一般纳税人适用）》第12栏次“本月数”，如图2-21所示。

增值税及附加税费申报表

（小规模纳税人适用）

纳税人识别号：
纳税人名称（公章）：　　　　　　　　　　　　　　金额单位：元至角分
税款所属期：　　　　　　　　　　　　　　　　　　填表日期：

项目	栏次	本期数		本年累计	
		货物及劳务	服务、不动产和无形资产	货物及劳务	服务、不动产和无形资产
（一）应征增值税不含税销售额（3%征收率）	1	100000.00	0.0	100000.00	0.0
增值税专用发票不含税销售额	2	100000.00	0.0	100000.00	0.0
其他增值税发票不含税销售额	3	0.0	0.0	0.0	0.0
（二）应征增值税不含税销售额（5%征收率）	4	—	0.0	—	0.0
增值税专用发票不含税销售额	5	—	0.0	—	0.0
其他增值税发票不含税销售额	6	—	0.0	—	0.0
（三）销售使用过的应税固定资产不含税销售额	7（7≥8）	0.0	—	0.0	—
其中：其他增值税发票不含税销售额	8	0.0	—	0.0	—
（四）免税销售额	9=10+11+12	100000.00	0.0	100000.00	0.0
其中：小微企业免税销售额	10	100000.00	0.0	100000.00	0.0
未达起征点销售额	11	0.0	0.0	0.0	0.0
其他免税销售额	12	0.0	0.0	0.0	0.0
（五）出口免税销售额	13（13≥14）	0.0	0.0	0.0	0.0
其中：其他增值税发票不含税销售额	14	0.0	0.0	0.0	0.0
本期应纳税额	15	3000.00	0.0	3000.00	0.0
本期应纳税额减征额	16	2000.00	0.0	2000.00	0.0
本期免税额	17	3000.00	0.0	3000.00	0.0
其中：小微企业免税额	18	3000.00	0.0	3000.00	0.0
未达起征点免税额	19	0.0	0.0	0.0	0.0
应纳税额合计	20=15-16	1000.00	0.0	1000.00	0.0
本期预缴税额	21	0.0	0.0	—	—
本期应补（退）税额	22=20-21	0.0	0.0	—	—

图2-20　小规模纳税人增值税及附加税费申报表（六）

增值税及附加税费申报表附列资料（二）

（本期进项税额明细）

税款所属时间：

纳税人名称：　　　　　　　　　　　　　　　　　　金额单位：元至角分

一、申报抵扣的进项税额				
项目	栏次	份数	金额	税额
（一）认证相符的增值税专用发票	1=2+3	3	1000000.00	130000.00
其中：本期认证相符且本期申报抵扣	2	3	1000000.00	130000.00
前期认证相符且本期申报抵扣	3	0	0.0	0.0
（二）其他扣税凭证	4=5+6+7+8a+8b	0	0.0	0.0
其中：海关进口增值税专用缴款书	5	0	0.0	0.0
农产品收购发票或者销售发票	6	0	0.0	0.0
代扣代缴税收缴款凭证	7	0	—	0.0
加计扣除农产品进项税额	8a	—	—	0.0
其他	8b	0	0.0	0.0
（三）本期用于购建不动产的扣税凭证	9	0	0.0	0.0
（四）本期用于抵扣的旅客运输服务扣税凭证	10	0	0.0	0.0
（五）外贸企业进项税额抵扣证明	11	—	—	0.0
当期申报抵扣进项税额合计	12=1+4+11	3	1000000.00	130000.00

图2-21　增值税及附加税费申报表附列资料（四）

（2）匠公司 1 月销售货物应确认不含税销售额 =226÷（1+13%）=200（万元），应缴纳销项税额 =200×13%=26（万元）。在填写《增值税及附加税费申报表（一般纳税人适用）》时，应先填写《增值税及附加税费申报表附列资料（一）》第 1 栏次“13% 税率的货物及加工修理修配”，“未开具发票”第 5 列“销售额”中填写“2000000”，第 6 列“销项 (应纳) 税额”填写“260000”，填写完成后自动带入《增值税及附加税费申报表（一般纳税人适用）》第 11 栏次“销项税额”中的“本月数”，如图 2-22 所示。

增值税及附加税费申报表附列资料（一）
（本期销售情况明细）

税款所属时间：

纳税人名称：　　　　　　　　　　　　　　　　　　金额单位：元至角分

项目及栏次				开具增值税专用发票		开具其他发票		未开具发票		纳税检查调整		合计			服务、不动产和无形资产扣除项目本期实际扣除金额	扣除后	
				销售额	销项(应纳)税额	销售额	销项(应纳)税额	销售额	销项(应纳)税额	销售额	销项(应纳)税额	销售额	销项(应纳)税额	价税合计		含税(免税)销售额	销项(应纳)税额
				1	2	3	4	5	6	7	8	9=1+3+5+7	10=2+4+6+8	11=9+10	12	13=11-12	14=13÷(100%+税率或征收率)×税率或征收率
一、一般计税方法计税	全部征税项目	13%税率的货物及加工修理修配劳务	1	0.0	0.0	0.0	0.0	2000000.00	260000.00		0.0	2000000.00	260000.00	2260000.00	—	—	—
		13%税率的服务、不动产和无形资产	2	0.0	0.0	0.0	0.0	0.0	0.0	0.0	0.0	0.0	0.0	0.0	0.0	0.0	0.0
		9%税率的货物及加工修理修配 劳务	3	0.0	0.0	0.0	0.0	0.0	0.0	0.0	0.0	0.0	0.0	–	–	–	–
		9%税率的服务、不动产和无形资产	4	0.0	0.0	0.0	0.0	0.0	0.0	0.0	0.0	0.0	0.0	0.0	0.0	0.0	0.0
		6%税率	5	0.0	0.0	0.0	0.0	0.0	0.0	0.0	0.0	0.0	0.0	0.0	0.0	0.0	0.0
	即征即退	即征即退货物及加工修理修配劳务	6	—	—	—	—	—	—	—	—	0.0	0.0	—	—	—	—
		即征即退服务、不动产和无形资产	7	—	—	—	—	—	—	—	—	0.0	0.0	0.0	0.0	0.0	0.0

图2-22　增值税及附加税费申报表附列资料（五）

（3）工匠公司 2022 年 12 月底期末留抵税额 3 万元。在填列 2023 年 1 月增值税申报表时自动带入《增值税及附加税费申报表（一般纳税人适用）》第 13 栏“上期留抵税额”中本月数“30000”。1 月销项税额 =260000（元），工匠公司 1 月可抵扣的进项税额 =130000（元）；工匠公司上期留抵税额 =30000（元）；所以，工匠公司 1 月应纳增值税额 =260000−130000−30000=100000（元），如表 2-17 所示。

表2-17　增值税及附加税费申报表

（一般纳税人适用）

税款所属时间：　　　　　　　　　填表日期：　　　　　　　　　　　　　金额单位：元至角分

纳税人识别号（统一社会信用代码）：　　　　　　　　　　　　　　　　　所属行业

纳税人名称：		法定代表人姓名	注册地址		生产经营地址	
开户银行及账号			登记注册类型		电话号码	
项目		栏次	一般项目		即征即退项目	
			本月数	本年累计	本月数	本年累计
销售额	（一）按适用税率计税销售额	1	2000000.00	2000000.00	0	0
	其中：应税货物销售额	2	2000000.00	2000000.00	0	0
	应税劳务销售额	3	0	0	0	0
	纳税检查调整的销售额	4	0	0	0	0
	（二）按简易办法计税销售额	5	0	0	0	0

续表

纳税人名称：		法定代表人姓名		注册地址		生产经营地址	
开户银行及账号			登记注册类型			电话号码	
项目		栏次	一般项目		即征即退项目		
			本月数	本年累计	本月数	本年累计	
销售额	其中：纳税检查调整的销售额	6	0	0	0	0	
	（三）免、抵、退办法出口销售额	7	0	0	—	—	
	（四）免税销售额	8	0	0	—	—	
	其中：免税货物销售额	9	0	0	—	—	
	免税劳务销售额	10	0	0	—	—	
税款计算	销项税额	11	260000.00	260000.00	0	0	
	进项税额	12	130000.00	130000.00	0	0	
	上期留抵税额	13	30000.00	30000.00	0	—	
	进项税额转出	14	0	0	0	0	
	免、抵、退应退税额	15	0	0	—	—	
	按适用税率计算的纳税检查应补缴税额	16	0	0	—	—	
	应抵扣税额合计	17=12+13−14−15+16	160000.00	—	0	—	
	实际抵扣税额	18（如17<11，则为17，否则为11）	160000.00	160000.00	0	0	
	应纳税额	19=11−18	100000.00	100000.00	0	0	
	期末留抵税额	20=17−18	0	0	0	—	
	简易计税办法计算的应纳税额	21	0	0	0	0	
	按简易计税办法计算的纳税检查应补缴税额	22	0	0	—	—	
	应纳税额减征额	23	0	0	0	0	
	应纳税额合计	24=19+21−23	0	0	0	0	
税款缴纳	期初未缴税额（多缴为负数）	25	0	0	0	0	
	实收出口开具专用缴款书退税额	26	0	0	—	—	
	本期已缴税额	27=28+29+30+31	0	0	0	0	
	①分次预缴税额	28	0	—	0	—	
	②出口开具专用缴款书预缴税额	29	0	—	—	—	
	③本期缴纳上期应纳税额	30	0	0	0	0	
	④本期缴纳欠缴税额	31	0	0	0	0	
	期末未缴税额（多缴为负数）	32=24+25+26−27	0	0	0	0	

续表

纳税人名称:		法定代表人姓名		注册地址		生产经营地址	
开户银行及账号			登记注册类型			电话号码	
项 目		栏次	一般项目			即征即退项目	
			本月数		本年累计	本月数	本年累计
税款缴纳	其中：欠缴税额（≥0）	33=25+26−27	0		—	0	—
	本期应补（退）税额	34=24−28−29	0		—	0	—
	即征即退实际退税额	35	—		—	0	0
	期初未缴查补税额	36	0		0	—	—
	本期入库查补税额	37	0		0	—	—
	期末未缴查补税额	38=16+22+36−37	0		0	—	—
附加税费	城市维护建设税本期应补（退）税额	39	7000.00		7000.00	—	—
	教育费附加本期应补（退）费额	40	3000.00		3000.00	—	—
	地方教育附加本期应补（退）费额	41	2000.00		2000.00	—	—

上述数据在填列完《增值税及附加税费申报表附列资料（一）》与《增值税及附加税费申报表附列资料（二）》时自动生成。

【任务总结】

本任务学习了增值税纳税义务发生时间的基本规定、具体规定，学习了纳税期限、纳税地点，学习了一般纳税人纳税申报表填报、小规模纳税人纳税申报表填报等内容，要求掌握增值税纳税义务发生时间，能够填报一般纳税人纳税申报表和小规模纳税人纳税申报表。

【职业素养提升】

案例 1　青岛市税务局第一稽查局依法查处一起加油站偷税案件

近期，青岛市税务局第一稽查局根据精准分析线索，依法查处了某加油站偷税案件。经查，该加油站通过第三方收款平台和个人账户收款不入账等手段隐匿销售收入，进行虚假申报，少缴增值税等税费 653.71 万元。税务稽查部门依据《中华人民共和国行政处罚法》《中华人民共和国税收征收管理法》等相关规定，对该加油站依法追缴少缴税费、加收滞纳金并处罚款共计 1038.97 万元。青岛市税务局第一稽查局有关负责人表示，下一步将坚决依法严查严处各种偷逃税行为，坚决维护国家税法权威，促进社会公平正义，持续营造良好税收营商环境，促进相关企业和行业长期规范健康发展。(来源：国家税务总局)

案例 2　河北省税务部门依法查处一起虚开增值税专用发票案件

河北省税务局稽查局根据精准分析线索，指导石家庄市税务局第三稽查局依法查处了河北某国有物流投资有限公司虚开增值税专用发票案件。经查，该公司在未发生真实交易的情况下，让他人为自己虚开增值税专用发票 221 份，价税合计金额 2556.38 万元，少缴增值税等税费 1604.11 万元。税务稽查部门依据《中华人民共和国税收征收管理法》等相关规定，对该公司依法追缴少缴税费、加收滞纳金共计 3069.57 万元。目前，该案已由公安机关移送检察机关审查起诉。河北省税务局稽查局有关负责人表示，将进一步发挥税务、公安、检察、法院、海关、人民银行、外汇管理等七部门联合打击机制作用，聚焦团伙式、跨区域虚开发票违法犯罪行为，始终保持高压态势，积极营造更加规范公平的税收环境。(来源：国家税务总局)

议一议：上述案例分别采用什么方式少缴增值税？谈谈作为财税从业人员应当如何做好增值税纳税申报工作。

【岗课赛证融通测评】

任务二岗课赛证融通测评

【知识技能评价】

知识技能评价表

业务能力	评价内容	评价结果	改进措施
增值税纳税义务发生时间	1.基本规定 2.具体规定 3.纳税期限 4.纳税地点	□A　□B　□C □A　□B　□C □A　□B　□C □A　□B　□C	1. 2. 3.
增值税纳税申报	1.一般纳税人纳税申报表及其附列资料 2.小规模纳税人纳税申报表及其附列资料 3.办理税款缴纳程序	□A　□B　□C □A　□B　□C □A　□B　□C	1. 2. 3.
说明：在□中打√，A掌握，B基本掌握，C未掌握			
任课教师评语：			
成绩：		任课教师签字：	

【项目检测】

项目检测－客观题

项目检测－实训题

项目三

消费税办税业务

【学习目标】

一、素质目标

1. 树立正确的消费观念、养成健康生活习惯。
2. 养成保护生态环境的习惯，人与自然和谐共生。
3. 培养诚信依法纳税意识。

二、知识目标

1. 了解消费税税率。
2. 了解消费税纳税期限、纳税地点。
3. 熟悉消费税纳税人。
4. 熟悉消费税纳税义务发生时间。
5. 熟悉消费税税目。
6. 掌握消费税计税依据。
7. 掌握消费税应纳税额计算。
8. 掌握消费税纳税申报。

三、技能目标

1. 能够进行视同销售的税务处理。
2. 能够进行已纳消费税的扣除。
3. 会计算企业的消费税应纳税额。
4. 会填报消费税纳税申报表。

任务一　计算消费税应纳税额

【任务情景】

应纳税额计算自测题

诚信汽车制造企业为增值税一般纳税人，主要生产乘用车。2023 年 3 月，生产经营情况如下：

（1）采取预收款方式销售自产 A 型乘用车 500 辆，其中 480 辆已于本月发货。每辆 A 型乘用车不含税售价为 12 万元 / 辆。

（2）将自产 B 型乘用车其中 15 辆发放给企业优秀员工，5 辆留作企业管理部门自用。于当月办理完毕车辆登记手续。B 型乘用车当期无同类产品市场对外售价，生产成本为 8 万元 / 辆。

（3）进口两辆 C 型乘用车自用。关税完税价格合计 150 万元，关税税率 10%，取得海关签发的增值税专用缴款书和消费税专用缴款书。

已知，A 型乘用车消费税税率 5%，B 型乘用车消费税税率为 9%、成本利润率为 8%，C 型乘用车消费税税率 40%。

任务要求：根据以上资料完成以下工作任务。

1. 计算业务（3）进口环节应纳消费税。

2. 计算诚信汽车制造企业业务（1）、业务（2）应纳消费税。

【知识准备】

一、消费税基本要素

（一）纳税人、税目与税率

1. 消费税发展历程

消费税基本要素自测题

微课－纳税人、税目与税率

消费税是对特定的消费品征收的一种间接税。我国消费税 1994 年 1 月 1 日开征。《中华人民共和国消费税暂行条例》（以下简称《消费税暂行条例》）于 1993 年 12 月 13 日由中华人民共和国国务院令第 135 号发布，2008 年 11 月 5 日国务院第 34 次常务会议修订通过。2008 年 12 月 1 日财政部、国家税务总局第 51 号发布《中华人民共和国消费税暂行条例实施细则》(以下简称《消费税暂行条例实施细则》)。1994 年至 2018 年，累计征收国内消费税 105176 亿元，其中 2018 年征收 10632 亿元。近年来，消费税主要在征收范围、税率和征税环节进行了有效改革。2019 年 12 月 3 日财政部、国家税务总局起草了《中华人民共和国消费税法（征求意见稿)》，向社会公开征求意见。

2. 消费税概述

消费税是对我国境内从事销售、委托加工和进口应税消费品的单位和个人，就其销售额或销售数量，在特定环节征收的一种税。与其他税种相比，消费税具有以下特点：

【思维导图】

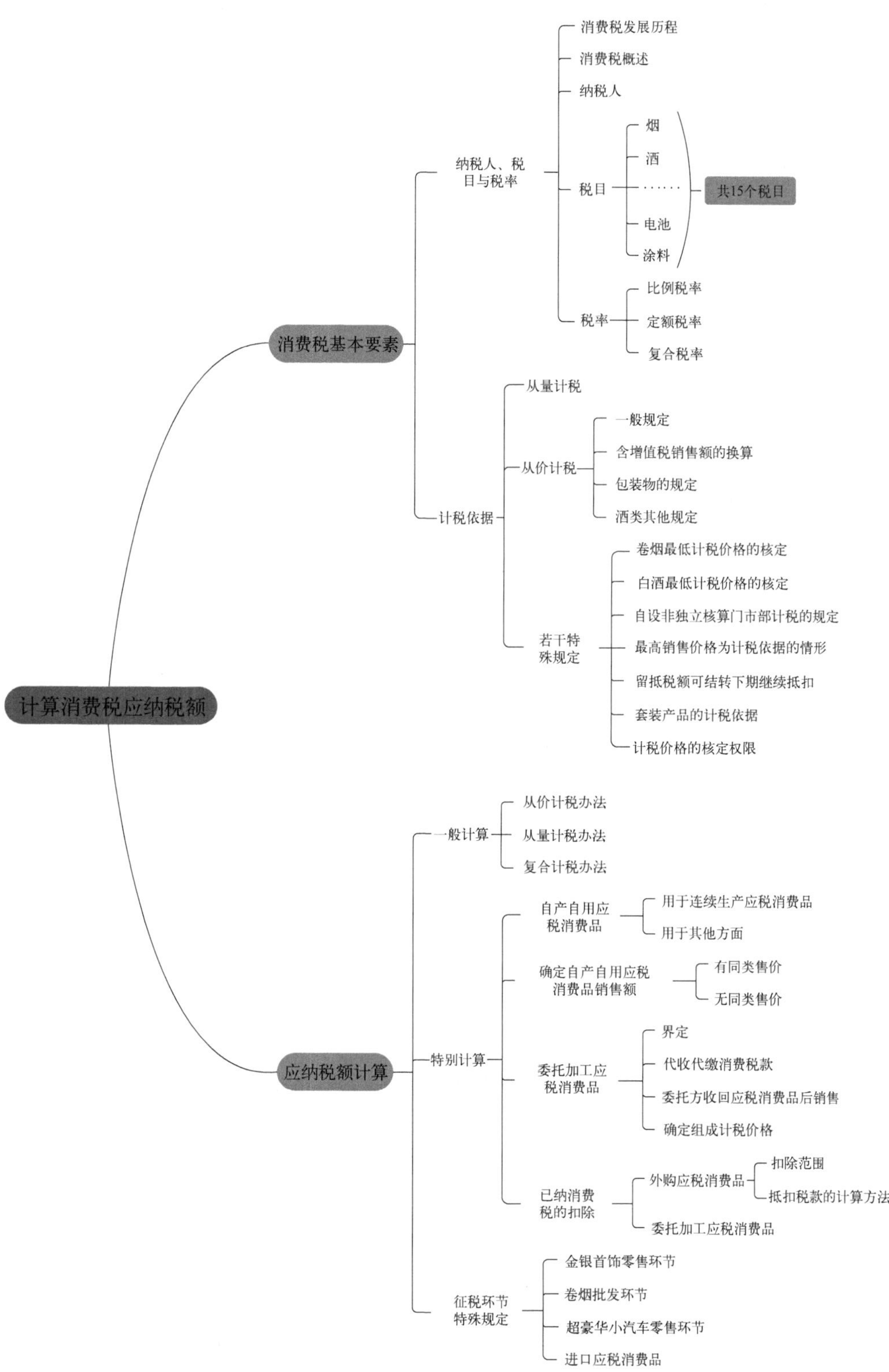
计算消费税应纳税额
消费税基本要素
纳税人、税目与税率
消费税发展历程
消费税概述
纳税人
税目
烟
酒
……
电池
涂料
共15个税目
税率
比例税率
定额税率
复合税率
计税依据
从量计税
从价计税
一般规定
含增值税销售额的换算
包装物的规定
酒类其他规定
若干特殊规定
卷烟最低计税价格的核定
白酒最低计税价格的核定
自设非独立核算门市部计税的规定
最高销售价格为计税依据的情形
留抵税额可结转下期继续抵扣
套装产品的计税依据
计税价格的核定权限
应纳税额计算
一般计算
从价计税办法
从量计税办法
复合计税办法
特别计算
自产自用应税消费品
用于连续生产应税消费品
用于其他方面
确定自产自用应税消费品销售额
有同类售价
无同类售价
委托加工应税消费品
界定
代收代缴消费税款
委托方收回应税消费品后销售
确定组成计税价格
已纳消费税的扣除
外购应税消费品
扣除范围
抵扣税款的计算方法
委托加工应税消费品
征税环节特殊规定
金银首饰零售环节
卷烟批发环节
超豪华小汽车零售环节
进口应税消费品

① 征税项目的选择性（15 个特定消费品）；

② 征税环节的单一性（一次课征制，卷烟、电子烟和超豪华小汽车除外）；

③ 征收方法的多样性（从价定率、从量定额、复合计税）；

④ 税收调节的特殊性（消费税是调节税种，对生产和消费行为具有重要调节职能，不同征税项目税负有差异、增值税与消费税交叉征税）；

⑤ 消费税税负具有转嫁性（属于间接税）。

【比较学习】消费税和增值税（表 3-1）

表3-1 消费税与增值税异同

不同点	相同点
（1）征税范围不同。消费税对15种列举货物征税，而增值税对所有的货物征税	（1）特定环节同时征收增值税和消费税的； （2）两个税的计税销售额一般是相同的
（2）征税环节不同。消费税在指定环节一次性征税（卷烟、电子烟、超豪华小汽车除外）；增值税在各流转环节征税	
（3）计税方法不同。消费税是根据应税消费品选择计税方法；增值税是根据纳税人选择计税的方法	

在种类繁多的消费品中，列入消费税征税范围的消费品并不很多，大体上可归为四类。

第一类：过度消费会对身心健康、社会秩序、生态环境造成危害，如烟、酒、鞭炮、焰火等。2022 年 11 月 1 日起，电子烟征收消费税。

第二类：非生活必需品，如高档化妆品、贵重首饰、珠宝玉石、高档手表、高尔夫球及球具、游艇、超豪华小汽车等。

第三类：高能源及高档消费品，如摩托车、小汽车等。

第四类：不可再生和替代的稀缺资源消费品，如汽油、柴油等油品。

为了促进节能环保，经国务院批准，2015 年 2 月 1 日起对电池、涂料征收消费税。

【拓展阅读】

查阅资料，了解国家持续调整消费税税制、征税范围、征税环节和税率，对公民树立正确的消费观念、培养环保意识、发扬艰苦奋斗的精神起到的重要作用。

3. 纳税人

在中华人民共和国境内销售、委托加工和进口应税消费品的单位和个人，为消费税的纳税人，应当依照规定缴纳消费税。委托加工应税消费品的消费税纳税人为委托方，受托方（非个体经营者）于委托方提货时代收代缴消费税。各类应税消费品纳税环节如表 3-2 所示。

表3-2　各类应税消费品纳税环节

应税消费品	销售/委托加工/进口	批发	零售
一般应税消费品	交消费税 交增值税	不交消费税 交增值税	不交消费税 交增值税
金银首饰	不交消费税 交增值税	不交消费税 交增值税	交消费税 交增值税
卷烟、电子烟	交消费税 交增值税	交消费税 交增值税	不交消费税 交增值税
超豪华小汽车	交消费税 交增值税	不交消费税 交增值税	交消费税 交增值税

一般应税消费品在销售/委托加工/进口环节征税。金银首饰在零售环节征税。卷烟、电子烟在销售/委托加工/进口环节和批发环节征税。超豪华小汽车在销售/委托加工/进口环节和零售环节征税。

电子烟征收环节具体规定如下：①生产环节，取得烟草专卖生产企业许可证，并取得或经许可使用他人电子烟产品注册商标（持有商标）的企业缴纳消费税。通过代加工方式生产电子烟的，由持有商标的企业缴纳消费税，即只从事代加工电子烟产品业务的企业不属于电子烟消费税纳税人。②批发环节，取得烟草专卖批发企业许可证并经营电子烟批发业务的企业缴纳消费税。③进口环节，进口电子烟的单位和个人缴纳消费税。

【学中做·单选题】根据消费税法律制度的规定，下列各项中，属于消费税纳税人的是（　　）。

A. 白酒批发商　　B. 卷烟生产商

C. 钻石进口商　　D. 高档化妆品零售商

【正确答案】B**【答案解析】**选项A，白酒在生产销售、委托加工和进口环节征收消费税，批发环节不征；选项C，钻石在零售环节征收消费税，进口环节不征；选项D，高档化妆品在生产销售、委托加工和进口环节征收消费税，零售环节不征。

应税消费品名称、税率和计量单位对照表

4. 税目

消费税税目税率如表3-3所示。

表3-3　消费税税目税率（税额）表

税目	子目（税率）	注释
烟	（1）卷烟 ①甲类卷烟（56%+150元/箱） ②乙类卷烟（36%+150元/箱） ③商业批发（11%+250元/箱） （2）雪茄烟（36%） （3）烟丝（30%） （4）电子烟（生产/进口+批发环节）	烟叶不交消费税。加工工艺为：烟叶→烟丝→卷烟。生产环节每箱250条，150元/箱则0.6元/条；批发环节每箱250条，250元/箱（批发环节）则1元/条。 电子烟消费税征税对象为电子烟产品，包括烟弹、烟具以及烟弹与烟具组合销售的电子烟产品。电子烟生产（进口）环节的消费税税率为36%，电子烟批发环节的消费税税率为11%

续表

税目	子目（税率）	注释
酒	（1）白酒（20%+0.5元/斤） （2）黄酒（定额税率240元/吨） （3）啤酒（定额税率） ①甲类啤酒（250元/吨） ②乙类啤酒（220元/吨） （4）其他酒（10%）	（1）调味料酒、酒精不征消费税。 （2）娱乐业、饮食业自制啤酒征消费税。 （3）对以黄酒为酒基生产的配制或泡制酒，按其他酒征收消费税。 单位换算：1公斤=2斤；1吨=2000斤；出厂价（含包装物押金）≥3000元，则属于甲类啤酒
高档化妆品	包括高档美容、修饰类化妆品、高档护肤类化妆品和成套化妆品（15%）	（1）不包括：护肤护发品，舞台戏剧影视演员化妆用的上妆油、卸妆油、油彩。 （2）指生产（进口）环节销售（完税）价格（不含增值税）在10元/毫升（克）或15元/片及以上的美容、修饰类化妆品和护肤类化妆品
贵重首饰及珠宝玉石	（1）金银首饰、铂金首饰和钻石饰品（零售环节5%） （2）其他贵重首饰和珠宝玉石（生产环节10%）	（1）国税函〔1996〕727号在零售环节征收消费税的金银首饰的范围不包括镀金（银）、包金（银）首饰，以及镀金（银）、包金（银）的镶嵌首饰，凡采用包金、镀金工艺以外的其他工艺制成的含金、银首饰及镶嵌首饰，如锻压金、铸金、复合金首饰等，都应在零售环节征收消费税。 （2）财税〔2003〕86号铂金首饰消费税的征收环节由现在生产环节和进口环节征收改为零售环节征收。 （3）财税〔2001〕176号对钻石及钻石饰品消费税的纳税环节由现在的生产环节、进口环节后移至零售环节
鞭炮、焰火	15%	体育上用的发令纸、鞭炮引线不属于应税消费品
成品油 （定额税率）	（1）汽油 无铅汽油（1.52元/升） （2）柴油（1.20元/升） （3）航空煤油（1.20元/升） （4）石脑油（1.52元/升） （5）溶剂油（1.52元/升） （6）润滑油（1.52元/升） （7）燃料油（1.20元/升）	（1）纯生物柴油免税。航空煤油的消费税暂缓征收。 （2）对成品油生产过程中，作燃料、动力及原料消耗掉的自产成品油，免征消费税。 （3）以汽油、汽油组分调和生产的甲醇汽油、乙醇汽油也属于本税目征收范围。 （4）以柴油、柴油组分调和生产的生物柴油也属于本税目征收范围。 （5）催化料、焦化料属于燃料油的征收范围，应当征收消费税
摩托车	（1）气缸容量250毫升（3%） （2）气缸容量在250毫升（不含）以上的（10%）	（1）本税目征税范围包括气缸容量为250毫升的摩托车和气缸容量在250毫升（不含）以上的摩托车两种。 （2）对最大设计车速不超过50千米/时，发动机气缸总工作容量不超过50毫升的三轮摩托车不征收消费税
小汽车	（1）乘用车（按气缸容量设计税率1%至40%） （2）中轻型商用客车（5%） （3）高档小汽车（超豪华小汽车，零售环节10%）	（1）购进乘用车或中轻型商用客车整车改装生产的汽车，征收消费税。 （2）电动汽车、沙滩车、雪地车、卡丁车、高尔夫车不征消费税。 （3）购进货车或厢式货车改装生产的商务车、卫星通信车等专用汽车不征消费税。 （4）超豪华小汽车：每辆不含增值税零售价格130万元及以上的乘用车和中轻型商用客车

续表

税目	子目（税率）	注释
高尔夫球及球具	税率10%	包括球包、球杆（包括杆头、杆身和握把）、球袋
高档手表	税率20%	不含增值税售价每只10000元及以上
游艇（机动艇）	税率10%	大于8米、小于90米，用于水上运动和休闲娱乐等非营利活动的机动艇
木制一次性筷子	税率5%	包括未经打磨、倒角的
实木地板	税率5%	包括实木复合地板、素板
电池	税率4%	包括原电池、蓄电池、燃料电池、太阳能电池和其他电池。自2016年1月1日起，对铅蓄电池按4%的税率征收消费税。自2015年2月1日起，对无汞原电池、金属氢化物镍蓄电池、锂原电池、锂离子蓄电池、太阳能电池、燃料电池和全钒液流电池免征消费税
涂料	税率4%	对施工状态下挥发性有机物含量低于420克/升（含）的涂料免征消费税

【拓展阅读】

电池含有镉、铅、镍、锰、锌等有毒有害的重金属，据测试一节一号电池烂在地里，能使一平方米的土壤永久失去利用价值；一粒纽扣电池可使六百吨水受到污染，相当于一个人一生的饮用水量，污染的范围非常的惊人。

【学中做·多选题】根据消费税法律制度的规定，下列情形中，属于消费税征税范围的有（　　）。

A. 甲服装厂生产销售服装

B. 电子烟批发企业将电子烟销售给其他电子烟批发企业

C. 丁商场零售金银首饰

D. 乙汽车贸易公司进口小汽车

【正确答案】CD**【答案解析】**服装不属于消费税征税范围，选项A错误；电子烟批发企业将电子烟销售给其他电子烟批发企业的，不属于批发，不加征消费税，选项B错误。

5. 税率

（1）税率形式（比例税率、定额税率）

定额税率只适用于啤酒、黄酒、成品油。定额税率和比例税率相结合只适用于卷烟、白酒。比例税率适用于其他应税消费品。

【学中做·单选题】根据消费税法律制度的规定，下列消费品中，实行从价定率和从量定额相结合的复合计征办法征收消费税的是（　　）。

A. 啤酒　　B. 汽油　　C. 卷烟　　D. 高档手表

【正确答案】C**【答案解析】**选项AB，从量定额计征消费税；选项C，卷烟、白酒实行从价定率和从量定额相结合的复合计征办法征收消费税；选项D，从价定率计征消费税。

（2）最高税率运用

纳税人兼营不同税率的应税消费品未分别核算的，按最高税率征税；纳税人将应税消费品与非应税消费品以及适用税率不同的应税消费品组成成套消费品销售的，应根据成套消费品的销售金额按应税消费品中适用最高税率的消费品税率征税。

【学中做 · 计算题】某酒厂主要生产白酒和其他酒，现将白酒和药酒各 1 斤组成套装，白酒 80 元 / 斤，药酒 100 元 / 斤，组成套装每套不含税价格为 200 元。

【正确答案】应缴纳的消费税 = 200×20%+2×0.5 = 41（元）

（3）适用税率的特殊规定

① 卷烟适用税率

不同环节卷烟（复合计税）消费税税率如表 3-4 所示。

表3-4 不同环节卷烟消费税税率

应税消费品		定额税率	比例税率
卷烟	生产、进口、加工环节	150元/箱	56%（每条价格≥70元）
			36%（每条价格＜70元）
	批发环节	250元/箱	11%

② 酒的适用税率

白酒采用复合计税方法，具体税率如表 3-5 所示。

表3-5 酒的适用税率

应税消费品	定额税率	比例税率
白酒	每斤0.5元	20%

配制酒适用税率按以下规定确定：以蒸馏酒或食用酒精为酒基，同时符合以下条件的配制酒，按其他酒税率征收消费税：具有国家相关部门批准的国食健字或卫食健字文号；酒精度低于38度（含）。以发酵酒为酒基，酒精度低于20度（含）的配制酒，按其他酒税率征收消费税。不符合上述规定的其他配制酒，按白酒税率征税。

③ 啤酒的适用税率

啤酒采用从量定额计税，单位税额按出厂价（含包装物押金）划分档次，包装物押金不包括重复使用的塑料周转箱押金，如表 3-6 所示。

表3-6 啤酒的适用税率

甲类啤酒	250元/吨	出厂价≥3000元
乙类啤酒	220元/吨	出厂价＜3000元

（二）计税依据

1. 从量计税

微课－计税依据

从量计税通常以每单位应税消费品的重量、容积或数量为计税依据，并按每单位应税消费品规定固定税额。从量计税销售数量具体为：

（1）销售应税消费品的，为应税消费品的销售数量；

（2）自产自用应税消费品的，为应税消费品的移送使用数量；

（3）委托加工应税消费品的，为纳税人收回的应税消费品数量；

（4）进口的应税消费品，为海关核定的应税消费品进口征税数量。

【学中做·单选题】某石化企业为增值税一般纳税人，2023 年 11 月销售柴油 90000 升，其中包括以柴油调和而成的生物柴油 10000 升，以及符合税法规定条件的纯生物柴油 30000 升，且已分别核算，该企业 2023 年 11 月应缴纳消费税（　　）元。（消费税税率 1.2 元 / 升）

A.108000　　B.60000　　C.72000　　D.0

【正确答案】C**【答案解释】**符合条件的纯生物柴油免征消费税。应纳消费税 =（90000−30000）×1.2=72000（元）。

2. 从价计税

实行从价计税办法征税的应税消费品，计税依据为应税消费品的销售额。

（1）一般规定

销售额，是指纳税人销售应税消费品取得的与之相关的对价，包括全部货币或者非货币形式的经济利益，包括价外费用（同增值税规定），但不包括向购买方收取的增值税税额、代垫运费（同增值税规定）、政府性基金或者行政事业性收费（同增值税规定）。消费税属于价内税，增值税属于价外税，因此，销售额包含消费税，但不包含增值税销项税额。一般情形下，计算消费税的销售额与计算增值税的销售额是一致的。

纳税人从事生产、批发电子烟业务的，按生产、批发电子烟的销售额作为计税价格。其中，电子烟生产环节纳税人采用代销方式销售电子烟的，以经销商（代理商）销售给电子烟批发企业的销售额（含收取的全部价款和价外费用）为电子烟生产环节纳税人的计税价格。

例如，某电子烟消费税纳税人 2022 年 12 月生产持有商标的电子烟产品并销售给电子烟批发企业，不含增值税销售额为 100 万元，该纳税人 2023 年 1 月应申报缴纳电子烟消费税为 36 万元（100 万元 ×36%）。如果该纳税人委托经销商（代理商）销售同一电子烟产品，经销商（代理商）销售给电子烟批发企业不含增值税销售额为 110 万元，则该纳税人 2023 年 1 月应申报缴纳电子烟消费税为 39.6 万元（110 万元 ×36%）。

电子烟生产环节纳税人从事电子烟代加工业务的，应当分开核算持有商标电子烟的销售额和代加工电子烟的销售额；未分开核算的，一并缴纳消费税。

例如，某电子烟生产企业持有电子烟商标 A 生产电子烟产品。2022 年 12 月，该纳税人生产销售 A 电子烟给电子烟批发企业，不含增值税销售额为 100 万元。同时，当月该纳税人（不持有电子烟商标 B）从事电子烟代加工业务，生产销售 B 电子烟给 B 电子烟生产企业（持有电子烟商标 B），不含增值税销售额为 50 万元。该纳税人分开核算 A 电子烟和 B 电子烟销售额，则该纳税人 2023 年 1 月应申报缴纳电子烟消费税为 36 万元（100 万元 ×36%）。B 电子烟生产企业将 B 电子烟销售给电子烟批发企业时，自行申报缴纳消费税（即持有电子烟商标 A 的某电子烟生产企业不用就 50 万元缴纳消费税）。

需要注意的是，如果该纳税人没有分开核算 A 电子烟和 B 电子烟销售额，则该纳税人 2023 年 1 月应申报缴纳电子烟消费税为 54 万元〔(100 万元 +50 万元）×36%）。

（2）含增值税销售额的换算

如果销售额含税，需剔税，剔税公式为：销售额 = 含增值税的销售额 ÷（1+13% 或 3%）。

（3）包装物的规定

① 应税消费品连同包装物销售的，无论包装物是否单独计价，也不论在财务上如何核算，均应并入应税消费品的销售额中征收消费税。

② 包装物押金不并入销售额中征税，但对逾期未收回的包装物不再退还的和已收取一年以上的押金，应并入应税消费品的销售额，按照应税消费品的适用税率征收消费税。

③ 既作价随同应税消费品销售的，又另外收取的包装物押金，凡纳税人在规定的期限内不予退还的，均应并入应税消费品的销售额，按照应税消费品的适用税率征收消费税。

④ 酒类产品生产企业销售酒类产品（不包括啤酒、黄酒）而收取的包装物押金，无论押金是否返还及会计上如何核算，均应并入酒类产品销售额中征收消费税。销售啤酒、黄酒收取的押金，按一般押金规定处理。

总之，消费税包装物押金的规定与增值税关于包装物押金的规定一致。

（4）酒类其他规定

① 白酒生产企业向商业销售单位收取的“品牌使用费”，按价外费用处理。

② 啤酒生产企业销售的啤酒，不得以向其关联企业的啤酒销售公司销售的价格作为确定消费税税额的标准，而应当以其关联企业的啤酒销售公司对外的销售价格（含包装物及包装物押金）作为确定消费税税额的标准，并依此确定该啤酒消费税单位税额。

【学中做 · 多选题】甲酒厂主要从事白酒生产销售业务，该酒厂销售白酒取得的下列款项中，应并入销售额缴纳消费税的有（　　）。

A. 向 W 公司收取的产品优质费　　B. 向 X 公司收取的包装物租金

C. 向 Y 公司收取的品牌使用费　　D. 向 Z 公司收取的储备费

【正确答案】ABCD**【答案解析】**上述选项均属于价外费用，应并入销售额计征消费税。

3. 若干特殊规定

（1）卷烟最低计税价格的核定

① 核定范围：卷烟生产企业在生产环节销售的所有牌号、规格的卷烟。

② 计税价格由国家税务总局按照卷烟批发环节销售价格扣除卷烟批发环节批发毛利核定并发布。计税价格的核定公式为：

某牌号、规格卷烟计税价格＝批发环节销售价格 ×（1－适用批发毛利率）

③ 计税销售额的确定（孰高原则）：实际销售价格高于核定计税价格的卷烟，按实际销售价格征收消费税；反之，按计税价格征税。

（2）白酒最低计税价格的核定

① 核定范围：白酒生产企业销售给销售单位的白酒，生产企业消费税计税价格低于销售单位对外销售价格（不含增值税）70% 以下的，税务机关应核定消费税最低计税价格。

② 白酒消费税最低计税价格由白酒生产企业自行申报，税务机关核定。

【学中做·计算题】某白酒生产企业本月白酒销售业务如表 3-7 所示。

表3-7　某白酒生产企业本月白酒销售业务表

销售方	购货方	数量/斤	单价/元/斤	去向
甲企业	白酒销售公司	12000	140	继续销售（售价210元/斤）
	酒店	9600	200	最终消费
合计	—	21600	—	—

以上价格均为不含税价。甲企业与白酒销售公司为关联企业，税务机关核定的消费税最低计税价格 160 元 / 斤。

要求：甲企业应缴消费税。

【正确答案】因 140÷210×100%=66.67%，所以，甲企业消费税计税价格低于白酒销售公司对外销售价格（不含增值税）70% 以下，12000 斤白酒应按税务机关应核定消费税最低计税价格 160 元 / 斤计税。甲企业应缴消费税＝（12000×160＋9600×200）×20% ÷10000＋（12000+9600）×0.5÷10000 =77.88（万元）。

【想一想】为什么要核定卷烟和白酒最低计税价格？消费税的单一纳税环节给纳税人带来税收筹划的空间，但是税收筹划应以合法为前提。

（3）自设非独立核算门市部计税的规定

纳税人通过自设非独立核算门市部销售的自产应税消费品，应当按照门市部对外销售额或者销售数量计算征收消费税。

【学中做·单选题】某厂为增值税一般纳税人，下设一家非独立核算的门市部，2023 年 1 月该厂将生产的一批实木地板交门市部，计价 60 万元。门市部将其对外销售，取得含税销售额 77.22 万元。已知实木地板的消费税税率为 5%，该项业务应缴纳的消费税额为（　　）万元。

A.1.54　　B.1.8　　C.3.42　　D.5.32

【正确答案】C**【答案解析】**纳税人通过自设非独立核算门市部销售的自产应税消费品，应按照门市部对外销售额或者销售数量征收消费税。该项业务应缴纳的消费税额＝77.22÷（1+13%）×5%＝3.42（万元）。

（4）最高销售价格为计税依据的情形

纳税人用于以物易物（换取生产资料或消费资料）、投资入股、抵偿债务等方面的应税消费品，应当以纳税人同类应税消费品的最高销售价格为依据计算消费税。同时，缴纳的增值税按同类应税消费品的平均价格计算。

【学中做·单选题】2023年12月，甲酒厂将自产的1吨药酒用于抵偿债务，该批药酒生产成本35000元/吨，甲酒厂同类药酒不含增值税最高销售价格62000元/吨，不含增值税平均销售价格60000元/吨，不含增值税最低销售价格59000元/吨。已知消费税税率10%，计算甲酒厂当月该笔业务应缴纳消费税税额的下列算式中，正确的是（　　）。

A.1×59000×10%＝5900（元）　　B.1×60000×10%＝6000（元）

C.1×62000×10%＝6200（元）　　D.1×35000×10%＝3500（元）

【正确答案】C**【答案解析】**药酒从价计征，纳税人用于换取生产资料和消费资料、投资入股和抵偿债务等方面的应税消费品，应当以纳税人同类应税消费品的最高销售价格作为计税依据计算消费税。

（5）留抵税额可结转下期继续抵扣

当期投入生产的原材料可抵扣的已纳消费税大于当期应纳消费税不足抵扣的部分，可以在下期继续抵扣。

（6）套装产品的计税依据

纳税人将自产的应税消费品与外购或自产的非应税消费品组成套装销售的，以套装产品的销售额为计税依据计算消费税。不同税率的应税消费品组成成套消费品销售的，按应税消费品中适用最高税率的消费品税率征税。

（7）计税价格的核定权限

纳税人应税消费品的计税价格明显偏低并无正当理由的，由税务机关核定计税价格。其核定权限规定如下：

① 卷烟、小汽车的计税价格由国家税务总局核定，送财政部备案。

② 其他应税消费品的计税价格由省级税务局核定。

③ 进口应税消费品的计税价格由海关核定。

二、应纳税额计算

（一）一般计算

消费税有如下三种计税方法，具体如表3-8所示。

表3-8　消费税应纳税额计算方法

计税方法	税额计算公式
1.从价计税办法 （其他应税消费品）	应纳税额＝销售额×比例税率
2.从量计税办法 （啤酒、黄酒、成品油）	应纳税额＝销售数量×定额税率
3.复合计税办法 （白酒、卷烟、电子烟）	应纳税额＝销售额×比例税率+销售数量×定额税率

1. 从价计税办法

从价计税办法适用于除白酒、卷烟、电子烟、啤酒、黄酒、成品油以外的其他应税消费品。下面举例说明。

【学中做 · 计算题】某木地板厂为增值税一般纳税人。2023 年 9 月 15 日向某建材商场销售实木地板一批，取得含增值税销售额 113 万元。已知实木地板适用的增值税税率为 13%，消费税税率为 5%。

要求：计算该厂当月应纳消费税税额。

【正确答案】根据消费税法律制度的规定，从价计征消费税的销售额中不包括向购货方收取的增值税款。所以，在计算消费税时，应将增值税款从计税依据中剔除。

（1）不含增值税销售额 = 113÷（1+13%）= 100（万元）

（2）应纳消费税税额 = 100×5% = 5（万元）

2. 从量计税办法

从量计税办法适用于啤酒、黄酒、成品油，下面举例说明。

【学中做 · 计算题】某石化公司 2023 年 6 月销售汽油 1000 吨，柴油 500 吨，另向本公司在建工程车辆提供汽油 5 吨。已知汽油 1 吨 = 1388 升，柴油 1 吨 = 1176 升；汽油的定额税率为 1.52 元 / 升，柴油的定额税率为 1.2 元 / 升。

要求：计算该公司当月应纳消费税税额（单位为万元）。

【正确答案】根据消费税法律制度的规定，应税消费品用于在建工程应当征收消费税。所以，该公司将汽油用于在建工程车辆使用也应计算缴纳消费税。

（1）销售汽油应纳税额 = 1000×1388×1.52÷10000 = 210.976（万元）

（2）销售柴油应纳税额 = 500×1176×1.2÷10000 = 70.56（万元）

（3）在建工程车辆使用汽油应纳税额 = 5×1388×1.52÷10000 = 1.05488（万元）

（4）应纳消费税税额合计 = 210.976 +70.56+1.05488 = 282.59088（万元）

3. 复合计税办法

复合计税办法适用于白酒、卷烟、电子烟，下面举例说明。

【学中做 · 计算题】某卷烟生产企业为增值税一般纳税人，2023 年 10 月销售乙类卷烟 1500 标准条，取得含增值税销售额 84750 元。已知乙类卷烟消费税比例税率为 36%，定额税率为 0.003 元 / 支，每标准条有 200 支；增值税税率为 13%。

要求：计算该企业当月应纳消费税税额和应纳增值税税额。

【正确答案】根据消费税法律制度的规定，卷烟从价定率和从量定额复合方法计征消费税。计算过程如下：

（1）不含增值税销售额 = 84750÷（1+13%）= 75000（元）

（2）从价定率应纳税额 = 75000×36% = 27000（元）

（3）从量定额应纳税额 = 1500×200×0.003 = 900（元）

（4）应纳消费税税额合计 = 27000+900 = 27900（元）

（5）应纳增值税税额 = 75000×13% = 9750（元）

（6）应纳税额占含税销售额的比例 =（27900+9750）÷84750=44.42%

【学中做 · 计算题】某白酒生产企业为增值税一般纳税人，2023年10月销售粮食白酒30吨，取得不含增值税销售额180万元；薯类白酒50吨，取得不含增值税销售额150万元。已知白酒消费税比例税率为20%；定额税率为0.5元/500克。

要求：计算该企业当月应纳消费税税额和应纳增值税税额。

【正确答案】根据消费税法律制度的规定，白酒实行从价定率和从量定额复合方法计征消费税。计算过程如下：

（1）从价定率应纳税额 =（180+150）×20% = 66（万元）

（2）从量定额应纳税额 =（30+50）×2000×0.5÷10000 = 8（万元）

（3）应纳消费税税额合计 = 66+8 = 74（万元）

（4）应纳增值税税额 =（180+150）×13% = 42.9（万元）

（5）应纳税额占含税销售额的比例 =（74+42.9）÷［（180+150）×1.13］= 31.35%

【拓展阅读】

从以上学中做计算结果可以得出，购买卷烟应纳增值税、消费税税额占比能达到44%以上（不包括批发环节增值税、消费税和零售环节增值税），购买白酒应纳增值税、消费税税额占比能达到31%以上。也就是说消费者购买卷烟和白酒所支付的价款中有较多是税款。所以，有人感慨说："我抽的不是烟，是税。"

（二）特别计算

微课－自产自用应税消费品

1. 自产自用应税消费品

（1）用于连续生产应税消费品

纳税人自产自用的应税消费品，用于连续生产应税消费品的，不纳税。例如，卷烟厂生产的烟丝，直接对外销售应缴纳消费税；用于本厂连续生产卷烟，只对生产销售的卷烟征收消费税，用于连续生产卷烟的烟丝不缴纳消费税。

（2）用于其他方面

纳税人自产自用的应税消费品，用于其他方面的，于移送使用时纳税。用于其他方面是指：

① 连续生产非应税消费品，此时应交消费税，不交增值税；

② 在建工程、管理部门、非生产机构、提供劳务，此时应交消费税，不交增值税，企业所得税不视同销售；

③ 馈赠、赞助、集资、广告、样品、职工福利、奖励等方面，此时消费税及增值税视同销售，企业所得税属于外部移送，也视同销售确认收入。

【学中做 · 单选题】某酒厂为增值税一般纳税人，2023年12月发放1吨自制白酒作为职工福利，同类白酒不含税售价50000元/吨，成本价35000元/吨。该酒厂上述业务应纳消费税（　　）元。

A.11000　　B.10000　　C.8700　　D.7700

【正确答案】A**【答案解析】**纳税人将自产的应税消费品用于其他方面的，有同类消费品售价，按同类消费品的售价计算纳税。当月应纳消费税 =50000×1×20%+1×2000×0.5=11000（元）。

2. 确定自产自用应税消费品销售额

纳税人自产自用的应税消费品，凡用于其他方面的，应当纳税。具体分以下两种情况：

（1）有同类售价

按照纳税人生产的同类消费品销售价格（加权平均售价）计算纳税。

【学中做 · 单选题】某地板企业为增值税一般纳税人，2023 年 11 月销售自产地板两批：第一批 800 箱取得不含税收入 160 万元，第二批 500 箱取得不含税收入 113 万元；另将同型号地板 200 箱赠送福利院，300 箱发给职工作为福利。实木地板消费税税率为 5%。该企业当月应缴纳的消费税为（　　）。

A.16.8 万元　　B.18.9 万元　　C.18.98 万元　　D.19.3 万元

【正确答案】B**【答案解释】**将自产地板赠送给福利院和发给职工作福利，均属于自产应税消费品用于其他方面，要视同销售，于移送使用时按照纳税人生产的同类消费品的销售价格计算纳税。注意，这里不是“换、抵、投”业务，不用最高售价，而是用平均价。应纳消费税 =［（160+113）÷（800+500）×（200+300）+160+113］×5% = 18.9（万元）。

（2）无同类售价

纳税人自产自用的应税消费品，在计算征收时，没有同类消费品销售价格，应按组成计税价格计算纳税。电子烟全国平均成本利润率暂定为 10%。

① 从价定率征收消费税

从价定率征收消费税计算公式为：

组成计税价格 = 成本 + 利润 + 消费税

= ［成本 ×（1+ 成本利润率）］÷（1− 消费税税率）

应纳消费税 = 组成计税价格 × 消费税税率

【学中做·单选题】2023 年 11 月甲化妆品厂将一批自产高档化妆品用于馈赠客户，该批高档化妆品生产成本为 17000 元，无同类高档化妆品销售价格，已知消费税税率为 15%；成本利润率为 5%。计算甲化妆品厂当月该笔业务应缴纳消费税税额的下列算式中，正确的是（　　）。

A.17000×（1+5%）×15% = 2677.5（元）

B.17000×（1+5%）÷（1−15%）×15% = 3150（元）

C.17000÷（1−15%）×15% = 3000（元）

D.17000×15% = 2550（元）

【正确答案】B**【答案解析】**消费税税额 = 组成计税价格 × 消费税税率 = 成本 ×（1+ 成本利润率）÷（1− 消费税税率）× 消费税税率 = 17000×（1+5%）÷（1−15%）×15% = 3150（元）。

② 复合计征消费税

纳税人自产自用白酒、卷烟，没有同类价，其组成计税价格计算公式为：

组成计税价格 = 成本 + 利润 + 消费税

= [成本 ×（1+ 成本利润率）+ 从量消费税] ÷（1− 消费税税率）

应纳消费税 = 从价税 + 从量税 = 组成计税价格 × 消费税税率 + 自产自用数量 × 定额税率。

【学中做 · 计算题】为某企业特制一批白酒，用自产原浆白酒 500 斤勾浆 68° 白酒 980 斤，无同类白酒的销售价格，68° 白酒生产成本为 240 元 / 斤。白酒的成本利润率为 10%。

要求：计算应缴纳增值税和消费税。

【正确答案】

（1）应缴纳的消费税 =[240×980×（1+10%）+980×0.5] ÷（1−20%）×20%+980×0.5 = 65292.5（元）；

（2）应纳增值税 =[240×980×（1+10%）+980×0.5] ÷（1−20%）×13% = 42121.63（元）。

③ 从量征收消费税

纳税人自产自用黄酒、啤酒、成品油，没有同类价，计算应纳增值税的组成计税价格公式为：

组成计税价格 = 成本 + 利润 + 消费税

= [成本 ×（1+ 成本利润率）+ 视同销售数量 × 定额税率]

消费税 = 视同销售数量 × 定额税率（无须组价）

【学中做 · 计算题】某啤酒厂自产啤酒 20 吨，赠送某啤酒节，每吨啤酒成本 1000 元，无同类产品售价。

要求：计算消费税（税率 220 元 / 吨）及增值税。

【正确答案】

应纳消费税 = 20×220 = 4400（元）；

应纳增值税 =[20×1000×（1+10%）+4400] ×13% = 3432（元）。

3. 委托加工应税消费品

（1）界定

微课 – 委托加工应税消费品

委托加工应税消费品是指委托方提供原料和主要材料，受托方只收取加工费和代垫部分辅助材料加工的应税消费品，如图 3-1 所示。如果出现下列情形，无论纳税人在财务上如何处理，都不得作为委托加工应税消费品，而应按销售自产应税消费品缴纳消费税：①受托方提供原材料生产的应税消费品；②受托方先将原材料卖给委托方，然后再接受加工的应税消费品；③受托方以委托方名义购进原材料生产的应税消费品。

（2）代收代缴消费税款

① 基本规定。受托方加工完毕向委托方交货时代收代缴消费税。如果受托方是个体经营者，委托方须在收回加工应税消费品后向委托方所在地主管税务机关缴纳消费税。

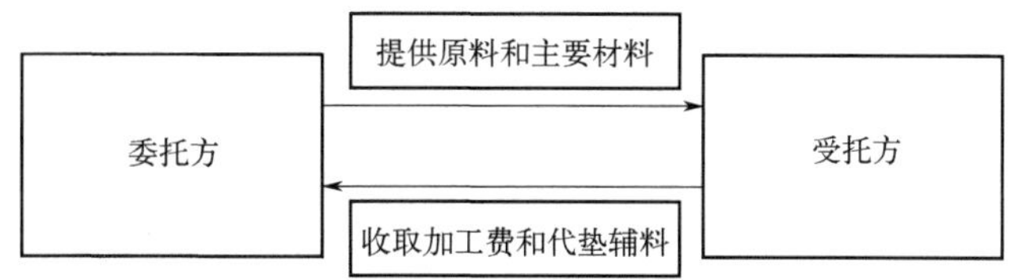

图3-1 委托加工应税消费品示意图

② 非正常情况。受托方未代收代缴消费税的，委托方需补税，并对受托方进行行政处罚。对委托方补征税款的计税依据是：如果收回的应税消费品直接销售，按销售额计税补征；如果收回的应税消费品尚未销售或用于连续生产等，按组成计税价格计税补征。

【小结】委托代销代收代缴税款的规定如表3-9所示。

表3-9 委托代销代收代缴税款

税种	委托方	受托方
增值税	增值税的负税人	受托方是纳税人
消费税	委托方是消费税纳税人	除个人（含个体工商户）外，代收代缴消费税
	（1）受托方加工完毕向委托方交货时，由受托方代收代缴消费税。 （2）如果受托方是个人（含个体工商户），委托方须在收回加工应税消费品后向所在地主管税务机关缴纳消费税。 （3）如果受托方没有代收代缴消费税，委托方应补交税款。对受托方处以应代收代缴税款50%以上3倍以下的罚款	

（3）委托方收回应税消费品后销售

如直接出售，即委托方以不高于受托方的计税价格出售的，则不再缴纳消费税；如加价出售，即委托方以高于受托方的计税价格出售的，则需按照规定申报缴纳消费税，在计税时准予扣除受托方已代收代缴的消费税。

【学中做·计算题】甲企业本月将委托加工收回的烟25%用于销售，开具增值税专用发票，注明金额30万元，剩余用于生产卷烟。（加工企业代收消费税25.21万元，烟丝消费税税率30%）。

要求：上述业务中用于销售的烟丝是否应缴纳消费税，说明理由，如果需要缴纳，计算应缴纳的消费税。

【正确答案】出售烟丝加工企业代收消费税的计税依据＝25.21÷30%×25%＝84.03×25%＝21（万元），甲企业收回后出售价格为30万元＞21万元，故不属于直接出售。出售烟丝应纳消费税＝30×30%−21×30%＝2.7（万元）。

（4）确定组成计税价格

委托加工的应税消费品，应按受托方同类消费品的售价计算纳税；没有同类价格的，按照组成计税价格计算纳税。其组价公式为：

组成计税价格（从价计征方法）＝（材料成本＋加工费）÷（1−消费税税率）；

组成计税价格（复合计征方法）＝（材料成本＋加工费＋从量消费税）÷（1−消费税税率），注意复合计税的组价中应加入从量消费税。

需要说明的是，①组价公式中“材料成本”是指委托方所提供加工材料的实际成本，含购买材料过程中支付的运输。如委托加工合同没有注明材料成本，受托方所在地主管税务机关有权核定其材料成本。②组价公式中“加工费”是指受托方加工应税消费品向委托方收取的全部费用，包括代垫辅助材料的实际成本，但不包括增值税和代收代缴的消费税。

【学中做·计算题】某化妆品企业2023年10月受托为某商场加工一批高档化妆品，收取不含增值税的加工费13万元，商场提供的原材料金额为72万元。已知该化妆品企业无同类产品销售价格，消费税税率为15%。

要求：计算该化妆品企业应代收代缴的消费税。

【正确答案】根据消费税法律制度的规定，委托加工的应税消费品，应按照受托方的同类消费品的销售价格计算缴纳消费税，没有同类消费品销售价格的，按照组成计税价格计算纳税。

（1）组成计税价格 =（72+13）÷（1−15%）= 100（万元）

（2）应代收代缴消费税 = 100×15% = 15（万元）

4. 已纳消费税的扣除

微课－已纳消费税的扣除

为了避免重复征税，现行消费税规定，将外购应税消费品和委托加工收回的应税消费品继续生产应税消费品销售的，可以扣除外购应税消费品和委托加工收回应税消费品已缴纳的消费税。

（1）外购应税消费品

① 扣除范围

扣除范围包括：a. 烟丝生产卷烟的；b. 鞭炮、焰火生产鞭炮、焰火的；c. 杆头、杆身和握把生产高尔夫球杆的；d. 木制一次性筷子生产木制一次性筷子的；e. 实木地板生产实木地板的；f. 石脑油、燃料油生产成品油的；g. 汽油、柴油、石脑油、燃料油、润滑油分别生产应税成品油的；h. 集团内部企业间用啤酒液生产啤酒的；i. 葡萄酒连续生产葡萄酒的；j. 高档化妆品生产高档化妆品的。除第f、g、h项外，上述准予抵扣的情形仅限于进口或从同税目纳税人购进的应税消费品。

需要说明的是，消费税扣除范围的15个税目中没有酒（啤酒、葡萄酒除外）、游艇、小汽车、摩托车、高档手表、涂料、电池，成品油5个子目中排除了航空煤油、溶剂油。

② 抵扣税款的计算方法

外购应税消费品已纳税款的扣除，按当期生产领用数量扣税。

外购从价征收的应税消费品当期准予扣除的外购应税消费品已纳税款 = 当期准予扣除的外购应税消费品买价 × 外购应税消费品的适用税率。其中，当期准予扣除的外购应税消费品买价 = 期初库存外购应税消费品的买价 + 当期购进应税消费品的买价 − 期末库存外购应税消费品的买价。

外购从量征收的应税消费品当期准予扣除的外购应税消费品已纳税款 = 当期准予扣除的外购应税消费品数量 × 外购应税消费品的适用税额。其中，当期准予扣除的外购应税消费品数量 = 期初库存外购应税消费品的数量 + 当期购进应税消费品的数量 − 期末库存外购应税消费品的数量。

当期投入生产的原材料可抵扣的已纳消费税大于当期应纳消费税不足抵扣的部分，可以在下期继续抵扣。

③ 扣税环节

扣税环节为生产环节。需要说明的是，外购应税消费品可以抵扣的是专用发票上注明的销售额（不包括增值税税额）；如果是取得普通发票，不可以抵扣消费税（增值税也不可以抵扣）。扣税环节为生产环节，如果纳税人用外购的已税珠宝玉石生产的改在零售环节征收消费税的金银首饰（含镶嵌首饰）、钻石首饰，在计税时一律不得扣除外购珠宝玉石的已纳税款，即生产的应税消费品应当在生产环节（或委托加工环节）纳税。

【学中做·计算题】某筷子加工厂，2023 年 8 月初库存外购已税木制一次性筷子原料金额 10 万元，当月又外购已税木制一次性筷子原料，取得的增值税专用发票注明的金额为 40 万元，月末库存已税木制一次性筷子原料金额 6 万元，其余为当月生产应税木制一次性筷子领用。已知木制一次性筷子的消费税税率为 5%。

要求：计算该厂当月准许扣除的外购木制一次性筷子原料已缴纳的消费税税额。

【正确答案】

（1）当月准许扣除的外购木制一次性筷子原料买价 = 10+40−6 = 44（万元）

（2）当月准许扣除的外购木制一次性筷子已缴纳的消费税税额 = 44×5% = 2.2（万元）

（2）委托加工应税消费品

对委托加工收回消费品已纳的消费税，可按当期生产领用数量从当期应纳消费税税额中扣除，这种扣税方法与外购已税消费品连续生产应税消费品的扣税范围、扣税方法、扣税环节相同，具体规定参阅前述相关内容。

【学中做·单选题】2023 年 9 月，某化工生产企业以委托加工收回的已税高档化妆品为原料继续加工高档化妆品。委托加工收回的已税高档化妆品已纳消费税分别是，期初库存的消费税 30 万元、当期收回的已纳消费税 10 万元、期末库存的已纳消费税 20 万元。当月销售高档化妆品取得不含税收入 280 万元。该企业当月应纳消费税（　　）万元。（高档化妆品消费税率 15%）

A.12　　B.22　　C.39　　D.42

【正确答案】B**【答案解析】**当期准予扣除的委托加工应税消费品已纳消费税的计算公式为：当期准予扣除的委托加工应税消费品已纳税款 = 期初库存的委托加工应税消费品已纳税款 + 当期收回的委托加工应税消费品已纳税款—期末库存的委托加工应税消费品已纳税款。该企业当月应纳消费税 =280×15%−（30+10−20）=42−20=22（万元）。

（三）征税环节特殊规定

1. 金银首饰零售环节

（1）纳税义务人

在中华人民共和国境内从事金银首饰零售业务的单位和个人，为金银首饰消费税纳税义务人。

（2）征收范围

零售环节征收消费税的金银首饰范围包括金、银和金基、银基合金首饰，以及金、银和金基、银基合金的镶嵌首饰；铂金首饰、钻石及钻石饰品为零售环节征税。镀金、包金首饰不属于零售环节征税范围；修理、清洗金银首饰不征收消费税征税范围。

（3）税率

金银首饰消费税税率为5%。

【学中做·多选题】某金店采取“以旧换新”方式销售24K纯金项链1条，并以同一方式销售某名牌金表1只，下列说法正确的有（　　）。

A. 纯金项链只缴纳增值税　　　　B. 纯金项链只缴纳消费税

C. 纯金项链缴纳消费税和增值税　　　　D. 金表缴纳消费税和增值税

E. 金表只缴纳增值税

【正确答案】CE**【答案解析】**选项A、B，销售纯金首饰既交消费税又交增值税；选项D，金表不属于金银首饰，只交增值税不交消费税。

（4）应税与非应税的划分

① 对既销售金银首饰，又销售非金银首饰的生产经营单位，应将两类商品划分清楚，分别核算销售额。凡划分不清或不能分别核算的，在生产环节销售的，一律从高适用税率征收消费税；在零售环节销售的，一律按金银首饰征收消费税。

② 金银首饰与其他产品组成成套消费品销售的，应按销售额全额征收消费税。

③ 经营单位兼营生产、加工、批发、零售业务，未分别核算或者划分不清的，一律视同零售征收消费税。

（5）计税依据（不得扣除已纳的消费税税款）

① 不含增值税的销售额计算

金银首饰的销售额＝含增值税的销售额÷（1+增值税税率或征收率）

② 金银首饰连同包装物销售的，无论包装物是否单独计价，也无论会计上如何核算，均应并入金银首饰的销售额，计征消费税。

③ 带料加工的金银首饰

按受托方销售同类金银首饰的销售价格确定计税依据征收消费税；无同类售价，按组价计税：组成计税价格＝(材料成本＋加工费）÷（1－金银首饰消费税税率)。

④ 以旧换新（含翻新改制）销售金银首饰

按实际收取的不含增值税的全部价款确定计税依据征收消费税（金银首饰增值税计税依据也照此计算)。

⑤ 生产、批发、零售单位用于馈赠、赞助、集资、广告、样品、职工福利、奖励等方面的金银首饰：a. 按销售同类金银首饰的售价计征消费税；b. 没有同类金银首饰售价的，按组价计税：组成计税价格＝[购进原价×（1+利润率)]÷（1－金银首饰消费税税率)。纳税人为生产企业时，公式中的“购进原价”为生产成本，公式中的“利润率”一律定为6%。

【学中做·单选题】某商场2023年11月首饰部销售业务如下：采用以旧换新方

式销售金银首饰，该批首饰市场零售价 13.56 万元，旧首饰作价的含税金额为 5.65 万元，商场实际收到 7.91 万元；修理金银首饰取得含税收入 2.26 万元；零售镀金首饰取得收入 6.78 万元。该商场当月应纳消费税（　　）万元。(已知金银首饰消费税税率 5%)

A.0.35　　　　B.0.45　　　　C.0.60　　　　D.0.75

【正确答案】A**【答案解析】**纳税人采用以旧换新方式销售的金银首饰，应按实际收取的不含增值税的全部价款确定计税依据征收消费税；修理、清洗金银首饰不征收消费税；镀金首饰不属于零售环节征收消费税的金银首饰范围，不在零售环节计征消费税。该商场当月应纳消费税 = 7.91÷（1+13%）×5% = 0.35（万元）。

（6）申报与缴纳

① 纳税环节

纳税人零售的金银首饰（含以旧换新），于销售时纳税；用于馈赠、赞助、广告、样品、职工福利、奖励等方面的金银首饰，于移送时纳税；带料加工、翻新改制的金银首饰，于受托方交货时纳税。经营单位进口金银首饰，进口环节不缴消费税；出口金银首饰不退消费税。

② 纳税义务发生时间

基本规定同增值税纳税义务发生时间。注意以下两点：a. 用于馈赠、赞助、集资、广告、样品、职工福利、奖励等方面的金银首饰，其纳税义务发生时间为移送的当天；b. 带料加工、翻新改制的金银首饰，其纳税义务发生时间为受托方交货的当天。

③ 纳税地点

纳税人核算地。

2. 卷烟批发环节

（1）纳税人

纳税义务人为在境内从事卷烟批发业务的单位和个人。①纳税人销售给纳税人以外的单位和个人的，卷烟于销售时纳税。②纳税人之间销售的卷烟不缴纳消费税。例如，卷烟批发企业把卷烟给零售企业或直接零售，于销售时缴纳消费税，但卷烟批发企业向其他卷烟批发企业批发卷烟，不缴纳消费税，只缴纳增值税。

（2）征税范围和计税依据

征税范围为纳税人批发销售的所有牌号规格的卷烟。计税依据为纳税人批发卷烟的销售额（不含增值税），消费税为复合计税，从价税率 11%、从量税率 250 元 / 箱或 1 元 / 条。

（3）税额计算和纳税地点

应纳消费税 = 销售额 ×11%+ 销售量 × 单位税额

需要说明的是，纳税人应将卷烟销售额与其他商品销售额分开核算，未分开核算的，一并征收消费税。卷烟消费税在生产和批发两个环节征收后，批发企业在计算纳税时不得扣除已含的生产环节的消费税税款。

纳税地点为卷烟批发企业的机构所在地，总机构与分支机构不在同一地区的，由总机构申报纳税。

【学中做·单选题】某卷烟批发企业 2023 年 11 月批发销售给卷烟销售企业卷烟 6 标准箱，取得含税收入 120 万元，该企业当月应缴纳消费税（ ）万元。

A.57.52　　B.37.01　　C.57.59　　D.11.83

【正确答案】D**【答案解析】**卷烟在批发环节复合计征消费税，比例税率为 11%，定额税率为 250 元 / 箱。该企业当月应缴纳消费税 =120÷（1+13%）×11%+6×250÷10000=11.83（万元）。

3. 超豪华小汽车零售环节

（1）纳税环节及纳税人

将超豪华小汽车销售给消费者的单位和个人，为超豪华小汽车零售环节纳税人。超豪华小汽车在生产（进口）环节按现行税率征收消费税基础上，零售环节加征消费税。目前双环节缴纳消费税的只有卷烟（含电子烟）和超豪华小汽车两种。

（2）税率

零售环节加征消费税税率 10%。

（3）税额计算

① 零售业纳税人销售超豪华小汽车：应纳税额 = 零售环节不含增值税销售额 ×10%。

② 国内汽车生产企业直接销售给消费者的超豪华小汽车，消费税税率按照生产环节税率和零售环节税率加总计算，计算公式为：

应纳税额 = 不含增值税销售额 ×（生产环节税率 +10%）

【想一想】为什么卷烟、电子烟、超豪华小汽车要在零售环节加征一道消费税？

4. 进口应税消费品

（1）基本规定

进口或代理进口应税消费品的单位和个人，为进口应税消费品的纳税义务人。以进口应税消费品总值为课税对象。报关时由海关代征，自海关填发缴款书之日 15 日内缴纳税款。

（2）组成计税价格的计算

① 从价定率办法计税：应纳税额 = 组成计税价格 × 消费税比率税率，组成计税价格 =（关税完税价格 + 关税）÷（1− 消费税税率）。

② 从量定额办法计税：应纳税额 = 应税消费品数量 × 消费税定额税率。

③ 复合计税办法计税：应纳税额 = 进口应税消费品组成计税价格 × 消费税比率税率 + 消费税定额税，组成计税价格 =（关税完税价格 + 关税 + 进口数量 × 消费税定额税率）÷（1− 消费税税率）。

【小结】消费税各类组价公式总结如表 3-10 所示。

表 3-10　消费税各类组价公式总结

类型	从价计征组价	复合计征组价
视同销售	成本 ×（1+ 成本利润率）÷（1− 消费税税率）	［成本 ×（1+ 成本利润率）+ 从量税］÷（1− 消费税税率）
委托加工	（材料成本 + 加工费）÷（1− 消费税税率）	（材料成本 + 加工费 + 从量税）÷（1− 消费税税率）
进口	（关税完税价格 + 关税）÷（1− 消费税税率）	（关税完税价格 + 关税 + 从量税）÷（1− 消费税税率）

【学中做·单选题】某汽酒进口公司，2023 年 10 月进口一批汽酒，已知该批汽酒的关税完税价格为 10800 元；消费税税率 10%，关税税率 14%。该批汽酒进口环节应缴纳消费税税额的下列计算中正确的是（　　）。

A.10800×10% = 1080（元）

B.10800×（1+14%）×10% = 1231.2（元）

C.10800×14%×10% = 151.2（元）

D.10800×（1+14%）÷（1−10%）×10% = 1368（元）

【正确答案】D**【答案解析】**进口环节应纳消费税税额 =（关税完税价格 + 关税）÷（1− 消费税比例税率）× 消费税比例税率。

【任务实施】

任务 1. 计算业务（3）进口环节应纳消费税。

解答：应先计算进口环节组成计税价格 =（关税完税价格 150+ 关税 150×10%）÷（1− 消费税税率 40%）=275（万元），然后计算进口环节应纳消费税 = 275×40%=110（万元）。

任务 2. 计算诚信汽车制造企业业务（1）、业务（2）应纳消费税。

解答：

业务（1）采用预收款方式销售商品的，发出货物时纳税义务才发生，因此应纳消费税 = 480（当前发货数量）×12（售价）×5%（消费税税率）=288（万元）；

业务（2），纳税人自产自用的应税消费品，用于其他方面的，于移送使用时纳税。如用于企业管理部门，交消费税但不交增值税；用于奖励企业优秀员工，则此时消费税及增值税视同销售，既交消费税又交增值税。同时由于 B 型乘用车当期无同类产品市场对外售价，需要计算组成计税价格，所以，应纳消费税 =（15+5）×8×（1+8%）÷（1−9%）×9%=17.09（万元）；合计 =288+17.09=305.09（万元）。

【任务总结】

本任务主要学习了消费税纳税人、税目、税率、计税依据、应纳税额一般计算、特别计算、征税环节特殊规定等内容，重点掌握消费税税目、计税依据和应纳税额计算。

【职业素养提升】

党的二十大报告明确指出，推动绿色发展，促进人与自然和谐共生。完善支持绿色发展的财税、金融、投资、价格政策和标准体系，发展绿色低碳产业，健全资源环境要素市场化配置体系，加快节能降碳先进技术研发和推广应用，倡导绿色消费，推动形成绿色低碳的生产方式和生活方式。

从消费税税目、税率和征收环节角度，谈谈征收消费税对“推动绿色发展，促进人与自然和谐共生”的意义。

【岗课赛证融通测评】

【知识技能评价】

知识技能评价表

业务能力	评价内容	评价结果	改进措施
纳税人、税目与税率	1.消费税概述 2.纳税人 3.税目 4.税率	□A □B □C □A □B □C □A □B □C □A □B □C	1. 2. 3.
计税依据	1.从量计税 2.从价计税 3.若干特殊规定	□A □B □C □A □B □C □A □B □C	1. 2. 3.
应纳税额计算	1.从价计税办法 2.从量计税办法 3.复合计税办法 4.自产自用应税消费品 5.确定自产自用应税消费品销售额 6.委托加工应税消费品 7.已纳消费税的扣除 8.金银首饰零售环节 9.卷烟批发环节 10.超豪华小汽车零售环节 11.进口应税消费品	□A □B □C □A □B □C □A □B □C □A □B □C □A □B □C □A □B □C □A □B □C □A □B □C □A □B □C □A □B □C □A □B □C	1. 2. 3.

说明：在□中打√，A掌握，B基本掌握，C未掌握

任课教师评语：			
成绩：		任课教师签字：	

任务二　填写消费税纳税申报表

【任务情景】

填写消费税纳税申报表自测题

"环保至上"品牌实木地板生产企业，主营业务为以白坯板为原料经过涂饰加工成自己品牌的实木地板进行销售，本月销售实木地板不含增值税销售额600万元。期初库存外购已税白坯板不含增值税金额80万元，本月购进已缴纳消费税白坯板不含增值税金额100万元，期末库存已税白坯板不含增值税金额40万元。上月应纳消费税5万元，本月缴纳上月消费税5万元。实木地板消费税税率5%，城市维护建设税适用税率7%，假定不考虑附加税费优惠政策。

任务要求：填写消费税及附加税费申报表及相关附列资料。

【思维导图】

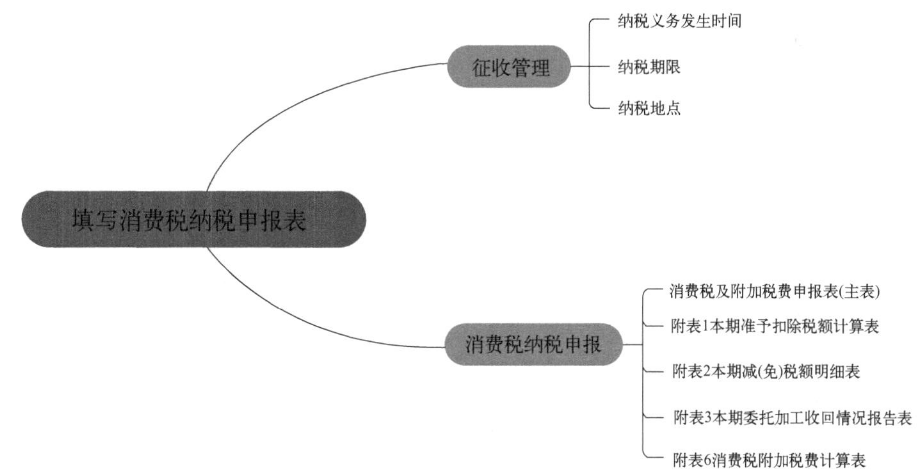

【知识准备】

一、征收管理

（一）纳税义务发生时间

消费税纳税义务发生时间分为以下几种情况。

（1）纳税人销售应税消费品的，按不同的销售结算方式分别为：

① 采取赊销和分期收款结算方式的，为书面合同约定的收款日期的当天，书面合同没有约定收款日期或者无书面合同的，为发出应税消费品的当天；

② 采取预收货款结算方式的，为发出应税消费品的当天；

③ 采取托收承付和委托银行收款方式的，为发出应税消费品并办妥托收手续的当天；

④ 采取其他结算方式的，为收讫销售款或者取得索取销售款凭据的当天。

（2）未对外销售，自用应税消费品纳税义务发生时间为移送货物的当天。

（3）委托加工应税消费品，除受托方为个人外，由受托方在向委托方交货时代收代缴税款，纳税义务发生时间为受托方向委托方交货的当天。

（4）进口应税消费品，纳税义务发生时间为进入关境的当天。

（二）纳税期限

消费税的纳税期限分别为1日、3日、5日、10日、15日、1个月或者1个季度。纳税人的具体纳税期限，由主管税务机关根据纳税人应纳税额的大小分别核定；不能按照固定期限纳税的，可以按次纳税。纳税人以1个月或者1个季度为1个纳税期的，自期满之日起15日内申报纳税；以1日、3日、5日、10日或者15日为1个纳税期的，自期满之日起5日内预缴税款，于次月1日起15日内申报纳税并结清上月应纳税款。纳税人进口应税消费品，应当自海关填发海关进口消费税专用缴款书之日起15日内缴纳税款。

（三）纳税地点

消费税纳税地点分为以下几种情况：

（1）纳税人销售的应税消费品及自产自用的应税消费品，除国家另有规定外，应当向纳税人机构所在地或居住地的主管税务机关申报纳税。

纳税人的总机构与分支机构不在同一县（市）的，应当分别向各自机构所在地的主管税务机关申报纳税；经财政部、国家税务总局或者其授权的财政、税务机关批准，可以由总机构汇总向总机构所在地的主管税务机关申报纳税。

（2）纳税人到外县（市）销售或者委托外县（市）代销自产应税消费品的，于应税消费品销售后，向机构所在地或者居住地主管税务机关申报纳税。

（3）委托个人加工的应税消费品，由委托方向其机构所在地或者居住地主管税务机关申报纳税。委托企业加工的应税消费品，由受托方向其机构所在地或者居住地主管税务机关申报纳税。

（4）进口的应税消费品，由进口人或者其代理人向报关地海关申报纳税。

【学中做 · 多选题】甲公司为增值税一般纳税人，机构所在地在S市。2020年2月，在S市销售货物一批；在W市海关报关进口货物一批；接受Y市客户委托加工应缴纳消费税的货物一批。下列关于甲公司上述业务纳税地点的表述中，正确的有（　　）。

A. 委托加工货物应向Y市主管税务机关申报缴纳增值税

B. 委托加工货物应向S市主管税务机关解缴代收的消费税

C. 进口货物应向W市海关申报缴纳增值税

D. 销售货物应向S市主管税务机关申报缴纳增值税

【正确答案】BCD【答案解析】选项A、B，委托加工应税消费品除受托方是个人外，由受托方（甲公司）向机构所在地主管税务机关解缴税款；选项C，进口货物应向报关地海关申报纳税；选项D，固定业户应当向其机构所在地或者居住地主管税务机关申报纳税。

二、消费税纳税申报

为了在全国范围内统一、规范消费税纳税申报资料，加强消费税治理的基础工作，税务总局制定了《烟类应税消费品消费税纳税申报表》《酒类应税消费品消费税纳税申报表》《成品油消费税纳税申报表》《小汽车消费税纳税申报表》《电池消费税纳税申报表》《涂料消费税纳税申报表》《其他应税消费品消费税纳税申报表》，各申报表还有各自的附表。

纳税人在办理纳税申报时，如需办理消费税税款抵扣手续，除应按有关规定提供纳税申报所需材料外，还应当提供以下材料。

（1）外购应税消费品连续生产应税消费品的，提供外购应税消费品增值税专用发票（抵扣联）原件和复印件。

如果外购应税消费品的增值税专用发票属于汇总填开的，除提供增值税专用发票（抵扣联）原件和复印件外，还应提供随同增值税专用发票取得的由销售方开具并加盖财务专用章或发票专用章的销货清单原件和复印件。

（2）委托加工收回应税消费品连续生产应税消费品的，提供“代扣代收税款凭证”原件和复印件。

（3）进口应税消费品连续生产应税消费品的，提供“海关进口消费税专用缴款书”原件和复印件。

主管税务机关在受理纳税申报后将以上原件退还纳税人，复印件留存。

纳税人缴纳税款后，以国库经收处收款签章后“收据联”作为完税凭证，证明纳税义务完成，并据此作为会计核算的依据。

【任务实施】

一、税款计算

“环保至上”品牌实木地板生产企业直接对外销售实木地板，应在销售时缴纳消费税。根据任务情景中给出的信息，实木地板属于从价计征，消费税税率为5%, 则当期准予扣除的外购白坯板已纳税款 =（80+100−40）×5%=7（万元），本月应纳税额 =600×5%−7=23（万元）。

二、填写纳税申报表

微课－填写消费税纳税申报表

根据上述任务资料填报消费税及附加税费申报表及附表，“环保至上”品牌实木地板生产企业需要填报的表格主要有消费税及附加税费申报表（表3-11、表3-13、表3-15）、本期准予扣除税额计算表（表3-12）和消费税附加税费计算表（表 3-14）。具体填写过程如下。

（1）填写消费税及附加税费申报表（表 3-11）。

表3-11　消费税及附加税费申报表（一）

税款所属期：自　　年　　月　　日至　　年　　月　　日

纳税人识别号（统一社会信用代码）：□□□□□□□□□□□□□□□□□□□□

纳税人名称：　　　　　　　　　　　　　　　　　　金额单位：人民币元（列至角分）

项目 应税消费品名称	适用税率		计量单位	本期销售数量	本期销售额	本期应纳税额
	定额税率	比例税率				
	1	2	3	4	5	6=1×4+2×5
实木地板		5%			6000000.00	300000.00
合计	—	—	—		6000000.00	300000.00

（2）填写本期准予扣除税额计算表（表 3-12）。

表3-12　本期准予扣除税额计算表

金额单位：元（列至角分）

准予扣除项目 \ 应税消费品名称				实木地板原料			合计
一、本期准予扣除的委托加工应税消费品已纳税款计算		期初库存委托加工应税消费品已纳税款	1				
		本期收回委托加工应税消费品已纳税款	2				
		期末库存委托加工应税消费品已纳税款	3				
		本期领用不准予扣除委托加工应税消费品已纳税款	4				
		本期准予扣除委托加工应税消费品已纳税款	5=1+2−3−4				
二、本期准予扣除的外购应税消费品已纳税款计算	（一）从价计税	期初库存外购应税消费品买价	6	800000			
		本期购进应税消费品买价	7	1000000			
		期末库存外购应税消费品买价	8	400000			
		本期领用不准予扣除外购应税消费品买价	9				
		适用税率	10	5%			
		本期准予扣除外购应税消费品已纳税款	11=（6+7−8−9）×10	70000			70000
	（二）从量计税	期初库存外购应税消费品数量	12				
		本期外购应税消费品数量	13				
		期末库存外购应税消费品数量	14				

续表

准予扣除项目 \ 应税消费品名称				实木地板原料			合计
二、本期准予扣除的外购应税消费品已纳税款计算	（二）从量计税	本期领用不准予扣除外购应税消费品数量	15				
		适用税率	16				
		计量单位	17				
		本期准予扣除的外购应税消费品已纳税款	18=（12+13−14−15）×16				
三、本期准予扣除税款合计			19=5+11+18	70000			70000

（3）填写消费税及附加税费申报表（表3-13）。

表3-13　消费税及附加税费申报表（二）

税款所属期：自　　年　　月　　日至　　年　　月　　日

纳税人识别号（统一社会信用代码）：□□□□□□□□□□□□□□□□□□□□

纳税人名称：　　　　金额单位：人民币元（列至角分）

应税消费品名称 \ 项目	适用税率 定额税率	适用税率 比例税率	计量单位	本期销售数量	本期销售额	本期应纳税额
	1	2	3	4	5	6=1×4+2×5
实木地板		5%			6000000.00	300000.00
合计	—	—	—	—	6000000.00	300000.00

	栏次	本期税费额
本期减(免)税额	7	
期初留抵税额	8	
本期准予扣除税额	9	70000.00
本期应扣除税额	10=8+9	70000.00
本期实际扣除税额	11[10<(6−7),则为10,否则为6−7]	70000.00
期末留抵税额	12=10−11	
本期预缴税额	13	
本期应补(退)税额	14=6−7−11−13	230000.00

（4）填写消费税附加税费计算表（表 3-14）。

表3-14 消费税附加税费计算表

金额单位：元（列至角分）

税（费）种	计税（费）依据	税（费）率（%）	本期应纳税（费）额	本期减免税（费）额		本期是否适用增值税小规模纳税人“六税两费”减征政策 □是□否		本期已缴税（费）额	本期应补（退）税（费）额
	消费税税额			减免性质代码	减免税（费）额	减征比例（%）	减征额		
	1	2	3=1×2	4	5	6	7=（3−5）×6	8	9=3−5−7−8
城市维护建设税	230000.00	7%	16100.00						16100.00
教育费附加	230000.00	3%	6900.00						6900.00
地方教育附加	230000.00	2%	4600.00						4600.00
合计	—	—		—		—			

（5）填写消费税及附加税申报（表 3-15）第 15、16、17 栏次。

表3-15 消费税及附加税费申报表（三）

税款所属期：自　　年　　月　　日至　　年　　月　　日

纳税人识别号（统一社会信用代码）：□□□□□□□□□□□□□□□□□□□□

纳税人名称：　　　　金额单位：人民币元（列至角分）

项目 / 应税消费品名称	适用税率		计量单位	本期销售数量	本期销售额	本期应纳税额
	定额税率	比例税率				
	1	2	3	4	5	6=1×4+2×5
实木地板		5%			6000000.00	300000.00
合计	—	—	—	—	6000000.00	300000.00

	栏次	本期税费额
本期减(免)税额	7	
期初留抵税额	8	
本期准予扣除税额	9	70000.00
本期应扣除税额	10=8+9	70000.00
本期实际扣除税额	11[10<(6−7),则为10,否则为6−7]	70000.00
期末留抵税额	12=10−11	
本期预缴税额	13	
本期应补(退)税额	14=6−7−11−13	230000.00

续表

项目 应税消费品名称	适用税率		计量单位	本期销售数量	本期销售额	本期应纳税额
	定额税率	比例税率				
	1	2	3	4	5	6=1×4+2×5
城市维护建设税本期应补（退）税额				15	16100.00	
教育费附加本期应补（退）费额				16	6900.00	
地方教育附加本期应补（退）费额				17	4600.00	

声明：此表是根据国家税收法律法规及相关规定填写的，本人（单位）对填报内容（及附带资料）的真实性、可靠性、完整性负责。

纳税人（签章）：　　　　年　月　日

经办人： 经办人身份证号： 代理机构签章： 代理机构统一社会信用代码：	受理人： 受理税务机关（章）： 受理日期：　年　月　日

【任务总结】

本任务主要学习了消费税纳税业务发生时间、纳税期限、纳税地点和消费税纳税申报。重点掌握消费税纳税申报填写方法和规范。

【职业素养提升】

上海市税务局第一稽查局依法查处一起机动车销售企业偷税案件

上海市税务局第一稽查局根据精准分析线索，依法查处了上海某汽车销售有限公司偷税案件。

经查，该公司购进超豪华小汽车后，通过低价开具机动车销售统一发票等手段，少缴超豪华小汽车零售环节消费税、增值税等税费 5332.79 万元，税务稽查部门依据《中华人民共和国行政处罚法》《中华人民共和国税收征收管理法》等相关规定，对该公司依法追缴少缴税费、加收滞纳金并处罚款，共计 1.06 亿元。目前，税务部门已将该案移送公安机关。

上海市税务局第一稽查局有关负责人表示，下一步将坚决依法严查严处各种偷逃税行为，坚决维护国家税法权威，促进社会公平正义，持续营造良好税收营商环境，促进相关企业和行业长期规范健康发展。（来源：国家税务总局）

议一议：根据超豪华小汽车消费税征收规定，谈谈国家为什么要对超豪华小汽车在零售环节加征一道消费税。

【岗课赛证融通测评】

任务二岗课赛证融通测评

【知识技能评价】

知识技能评价表

业务能力	评价内容	评价结果	改进措施
征收管理	1.纳税义务发生时间 2.纳税期限 3.纳税地点	□A　□B　□C □A　□B　□C □A　□B　□C	1. 2. 3.
消费税纳税申报	1.消费税及附加税费申报表 2.本期准予扣除税额计算表 3.消费税附加税费计算表	□A　□B　□C □A　□B　□C □A　□B　□C	1. 2. 3.
说明：在□中打√，A掌握，B基本掌握，C未掌握			
任课教师评语：			
成绩：		任课教师签字：	

【项目检测】

项目检测－客观题

项目检测－实训题

项目四

企业所得税办税业务

【学习目标】

一、素质目标

1. 树立科技强国梦，建设创新型国家。
2. 坚定“四个自信”，共圆中华民族伟大复兴的中国梦。
3. 一方有难八方支援，乡村振兴，践行社会责任，彰显担当作为。

二、知识目标

1. 了解企业所得税税率。
2. 熟悉企业所得税纳税人、税收优惠和征收管理。
3. 熟悉企业所得税征税对象。
4. 熟悉企业所得税中相关资产的税务处理。
5. 掌握企业所得税应纳税所得额计算。
6. 掌握企业所得税应纳税额的计算。

三、技能目标

1. 会计算企业所得税应纳税额。
2. 会填写企业所得税纳税申报表。

任务一　计算企业所得税应纳税额

【任务情景】

ABC企业为居民企业，2023年经营业务如下：

（1）取得产品销售收入4000万元。

（2）发生产品销售成本2600万元。

（3）发生销售费用770万元（其中广告费650万元）；管理费用480万元（其中业务招待费25万元）；财务费用60万元。

（4）销售税金160万元（含增值税120万元）。

（5）营业外收入80万元，营业外支出50万元（含通过公益性社会团体向贫困山区捐款30万元，支付税收滞纳金6万元）。

（6）计入成本、费用中的实发工资总额200万元、拨缴职工工会经费5万元、支出职工福利费31万元，发生职工教育经费18万元。

已知，广宣费按照当年营业收入的15%扣除。

任务要求：假如不符合小型微利企业条件，计算企业2023年度实际应纳的企业所得税。

【知识准备】

一、企业所得税基本要素

（一）纳税人、征税对象及税率

1. 纳税义务人

企业所得税的纳税人是在中华人民共和国境内的企业（法人企业）和其他取得收入的组织（法人组织）。取得收入的组织也要缴纳企业所得税，包括依法注册、登记的事业单位和社会团体。

需要说明的是，个人独资企业和合伙企业不是企业所得税的纳税人。个体工商户、个人独资企业、合伙企业不具有法人资格，按照“经营所得”缴纳个人所得税。

企业所得税的纳税人分为：①居民企业；②非居民企业。居民企业和非居民企业的判定标准包括注册地或实际管理机构。

（1）居民企业

依法在中国境内成立，或者依照外国（地区）法律成立但实际管理机构在中国境内的企业。实际管理机构是指对企业的生产经营、人员、账务、财产等实施实质性全面管理和控制的机构。

（2）非居民企业

依照外国（地区）法律成立且实际管理机构不在中国境内，但在中国境内设立机构、场所的，或者在中国境内未设立机构、场所，但有来源于中国境内所得的企业。

【思维导图】

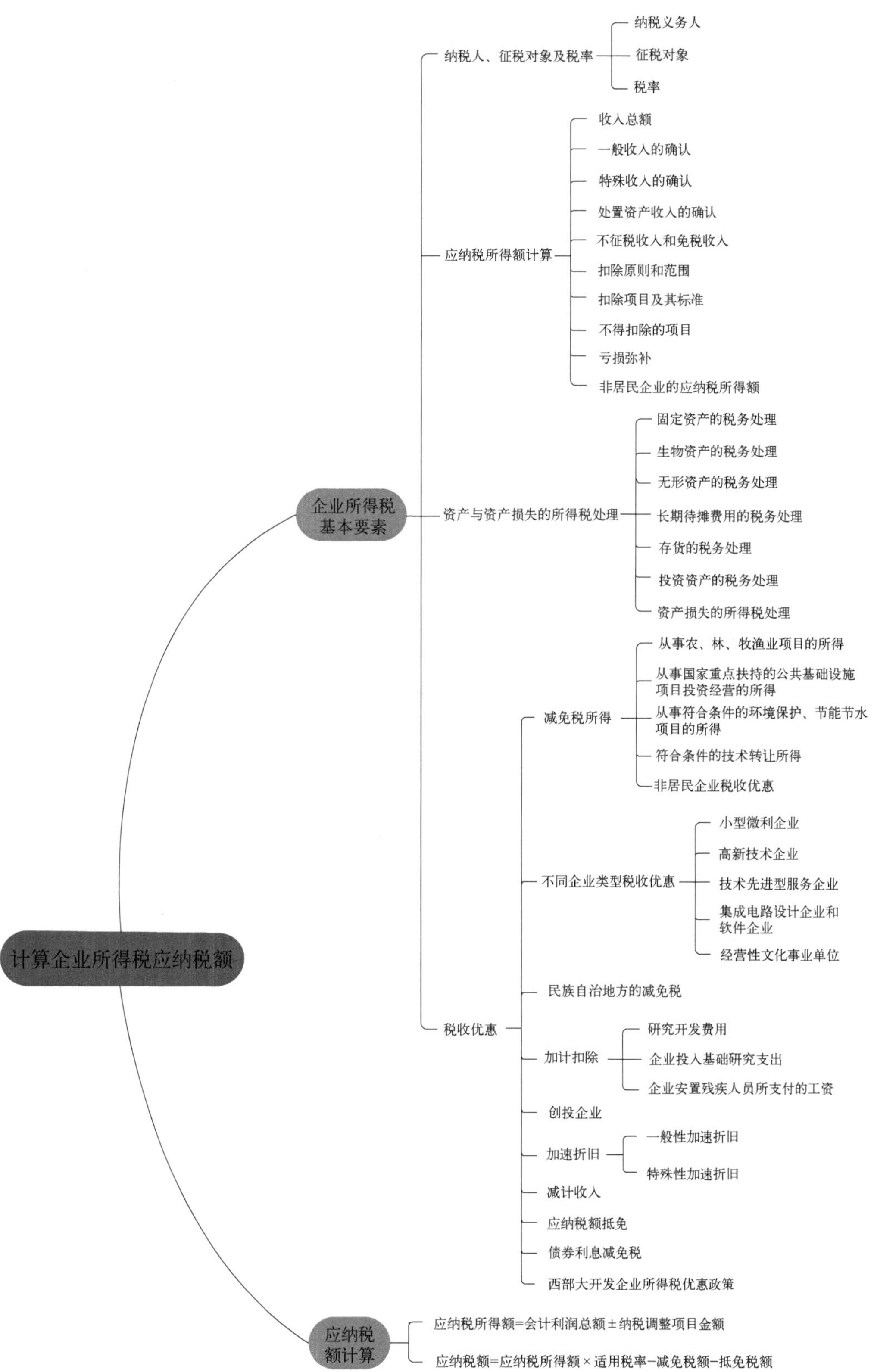
计算企业所得税应纳税额
企业所得税基本要素
纳税人、征税对象及税率
纳税义务人
征税对象
税率
应纳税所得额计算
收入总额
一般收入的确认
特殊收入的确认
处置资产收入的确认
不征税收入和免税收入
扣除原则和范围
扣除项目及其标准
不得扣除的项目
亏损弥补
非居民企业的应纳税所得额
资产与资产损失的所得税处理
固定资产的税务处理
生物资产的税务处理
无形资产的税务处理
长期待摊费用的税务处理
存货的税务处理
投资资产的税务处理
资产损失的所得税处理
税收优惠
减免税所得
从事农、林、牧渔业项目的所得
从事国家重点扶持的公共基础设施项目投资经营的所得
从事符合条件的环境保护、节能节水项目的所得
符合条件的技术转让所得
非居民企业税收优惠
不同企业类型税收优惠
小型微利企业
高新技术企业
技术先进型服务企业
集成电路设计企业和软件企业
经营性文化事业单位
民族自治地方的减免税
加计扣除
研究开发费用
企业投入基础研究支出
企业安置残疾人员所支付的工资
创投企业
加速折旧
一般性加速折旧
特殊性加速折旧
减计收入
应纳税额抵免
债券利息减免税
西部大开发企业所得税优惠政策
应纳税额计算
应纳税所得额=会计利润总额±纳税调整项目金额
应纳税额=应纳税所得额×适用税率-减免税额-抵免税额

非居民企业委托营业代理人在中国境内从事生产经营活动的，包括委托单位或者个人经常代其签订合同，或者储存、交付货物等，该营业代理人视为非居民企业在中国境内设立的机构、场所。

2. 征税对象

企业所得税的征税对象是指企业取得的生产经营所得、其他所得和清算所得。

（1）居民企业（承担无限纳税义务）

居民企业就来源于中国境内、境外的所得作为征税对象。

（2）非居民企业（承担有限纳税义务）

① 在中国境内设立机构、场所的，应当就其所设机构、场所取得的来源于中国境内的所得（境内所得不论是否与机构、场所有实际联系均承担纳税义务），以及发生在中国境外但与其所设机构、场所有实际联系的所得（境外所得必须与机构、场所有实际联系）缴纳企业所得税。

【想一想】非居民企业在中国境内设立机构、场所，取得的境外所得是否一定不用交企业所得税？

② 在中国境内未设立机构、场所的，或者虽设立机构、场所但取得的所得与其所设机构、场所没有实际联系的，应当就其来源于中国境内的所得缴纳企业所得税。

（3）所得来源地的确定

为什么要确定所得的来源地？如果不能确定所得来源地，就不能确定该所得是来自境内的所得，还是来自境外的所得，进而就不能确定纳税人的纳税义务，尤其是其中非居民企业纳税人的纳税义务。所得来源地的确定如表 4-1 所示。为方便记忆，可以理解为：第 1 ～ 2 项按照“发生地”确定，第 3 ～ 7 项按照“主体”所在地确定。

表4-1 所得来源地的确定

序号	所得形式	所得来源地
1	销售货物	交易活动发生地
2	提供劳务	劳务发生地
3	不动产转让	不动产所在地
4	动产转让	转让动产的企业或者机构、场所所在地
5	权益性投资资产转让	被投资企业所在地
6	股息、红利等权益性投资	分配所得的企业所在地
7	利息、租金和特许权使用费所得	负担、支付所得的企业或者机构、场所所在地或负担、支付所得的个人住所地

【学中做 · 单选题】根据企业所得税法律制度的规定，下列关于来源于中国境内、境外所得确定来源地的表述中，不正确的是（　　）。

A. 提供劳务所得，按照劳务发生地确定

B. 股息、红利等权益性投资收益所得，按照分配所得的企业所在地确定

C. 动产转让所得，按照转让动产活动发生地确定

D. 销售货物所得，按照交易活动发生地确定

【正确答案】C**【答案解析】**动产转让所得按照转让动产的企业或者机构、场所所在地确定。

（4）企业所得税的计税原理

企业所得税具有如下计税原理：①通常以净所得为征税对象；②通常以经过计算得出的应纳税所得额为计税依据；③纳税人和实际负税人通常是一致的（直接税）。

3. 税率

我国企业所得税适用的税率如表 4-2 所示。

表4-2　企业所得税税率表

税率	适用范围
25%	居民企业
	在中国境内设有机构、场所且所得与机构、场所有关联的非居民企业
20%（实际10%）	中国境内未设立机构、场所的，有来自中国境内的所得
	虽设立机构、场所但取得的所得与其所设机构、场所没有实际联系的非居民企业
20%	符合条件的小型微利企业
15%	（1）国家重点扶持的高新技术企业；（2）经认定的技术先进型服务企业；（3）设在西部地区的鼓励类产业企业

【学中做·判断题】在中国境内设立机构、场所且取得的所得与其所设机构、场所有实际联系的非居民企业，适用的企业所得税税率为 20%。（　　）

【正确答案】×**【答案解析】**在中国境内设立机构、场所且取得的所得与其所设机构、场所有实际联系的非居民企业，适用的企业所得税税率为 25%。

（二）应纳税所得额计算

企业所得税的计税依据是应纳税所得额，企业每一纳税年度的收入总额，减除不征税收入、免税收入、各项扣除以及允许弥补的以前年度亏损后的余额，为应纳税所得额。基本公式为：应纳税所得额 = 收入总额 − 不征税收入 − 免税收入 − 各项扣除 − 允许弥补的以前年度亏损。企业应纳税所得额的计算，除特殊规定外，以权责发生制为原则。

1. 收入总额

企业以货币形式和非货币形式从各种来源取得的收入，为收入总额。包括：①销售货物收入；②提供劳务收入；③转让财产收入；④股息、红利等权益性投资收益；⑤利息收入；⑥租金收入；⑦特许权使用费收入；⑧接受捐赠收入；⑨其他收入。非货币形式收入应当按照公允价值（即市场价格）确定收入额。

微课－收入总额、不征税收入与免税收入

企业所得税法下销售货物收入的一般确认条件：①商品销售合同已经签订，企业已将商品所有权相关的主要风险和报酬转移给购货方；②企业对已售出商品既没有保留通常与所有权相联系的继续管理权，也没实施有效控制；③收入的金额能够可靠地计量；④已发生或将发生的销售方的成本能够可靠地核算。注意此处不要求收入很可能收回，同时注意对比新收入准则收入确定的条件。新收入准则采用收入的确认和计量五步法模型：①识别与客户订立的合同；②识别合同中的单项履约义务；③确定交易价格；④将交易价格分摊至各单项履约义务；⑤履行每一单项履约义务时确认收入。

2. 一般收入的确认

（1）销售货物收入。销售商品、产品、原材料、包装物、低值易耗品以及其他存货的收入。符合收入确认条件，采取下列商品销售方式的，应按以下规定确认收入实现时间：

① 销售商品采用托收承付方式的，在办妥托收手续时确认收入。

② 销售商品采用预收款方式的，在发出商品时确认收入。

③ 销售商品需要安装和检验的，在购买方接受商品以及安装和检验完毕时确认收入。如果安装程序比较简单，可在发出商品时确认收入。

④ 销售商品采用支付手续费方式委托代销的，在收到代销清单时确认收入。

采用售后回购方式销售商品的，销售的商品按售价确认收入，回购的商品作为购进商品处理。以销售商品方式进行融资，收到的款项应确认为负债，回购价格大于原售价的，差额应在回购期间确认为利息费用。

销售商品以旧换新的，销售商品应当按照销售商品收入确认条件确认收入，回收的商品作为购进商品处理。

商品销售涉及商业折扣的，应当按照扣除商业折扣后的金额确定销售商品收入金额。如销售商品涉及现金折扣的，应当按扣除现金折扣前的金额确定销售商品收入金额，现金折扣在实际发生时作为财务费用扣除（注意与新收入准则现金折扣的会计处理作比较）。企业已经确认销售收入的售出商品发生销售折让和销售退回，应当在发生当期冲减当期销售商品收入。

（2）提供劳务收入。企业从事建筑安装、修理修配、交通运输、仓储租赁、金融保险、邮电通信、咨询经纪、文化体育、科学研究、技术服务、教育培训、餐饮住宿、中介代理、卫生保健、社区服务、旅游、娱乐、加工以及其他劳务服务活动取得的收入。

企业在各个纳税期末，提供劳务交易的结果能够可靠估计的，应采用完工进度（百分比）法确认提供劳务收入。企业应按照从接受劳务方已收或应收的合同或协议价款确定劳务收入总额，根据纳税期末提供劳务收入总额乘以完工进度扣除以前纳税年度累计已确认提供劳务收入后的金额，确认为当期劳务收入；同时，按照提供劳务估计总成本乘以完工进度扣除以前纳税期间累计已确认劳务成本后的金额，结转为当期劳务成本。相关计算公式如下：

当期劳务收入 = 合同或协议价款 × 完工进度 − 以前年度累计已确认劳务收入

当期劳务成本 = 劳务估计总成本 × 完工进度 − 以前年度累计已确认劳务成本

（3）转让财产收入。企业转让固定资产、生物资产、无形资产、股权、债权等财产取得的收入。转让财产收入应当按照从财产受让方已收或应收的合同或协议价款确认收入。企业转让股权收入应于转让协议生效且完成股权变更手续时确认收入实现。计算公式为：

股权转让所得＝转让股权收入—股权成本

需要注意的是，在计算股权转让所得时不得扣除被投资企业未分配利润等股东留存收益中按该项股权所可能分配金额。

（4）股息、红利等权益性投资收益。除另有规定外，应以被投资企业股东会或股东大会作出利润分配或转股决定的日期确认收入的实现。被投资企业将股权（票）溢价所形成的资本公积转为股本的，不作为投资方企业的股息、红利收入，投资方企业也不得增加该项长期投资的计税基础。而留存收益转增股本部分，企业股东应按照持股比例确认股息、红利（符合条件时免税），企业股东应按照持股比例增加股权计税基础。

（5）利息收入。企业将资金提供他人使用但不构成权益性投资，或者因他人占用本企业资金取得的收入，包括存款利息、贷款利息、债券利息、欠款利息等收入。利息收入按照合同约定的债务人应付利息的日期确认收入的实现。

【小结】利息收入与股息、红利收入的区别如表 4-3 所示。

表4-3　利息收入和股息、红利收入

内容	特点	确认日期
利息收入	债权性+不共担风险	应付日期
股息、红利	权益性+共担风险	决定日期

永续债企业所得税处理规定如下：永续债是指经国家发展和改革委员会、中国人民银行、中国银行保险监督管理委员会、中国证券监督管理委员会核准，或经中国银行间市场交易商协会注册、中国证券监督管理委员会授权的证券自律组织备案，依照法定程序发行、附赎回（续期）选择权或无明确到期日的债券，包括可续期企业债、可续期公司债、永续债务融资工具（含永续票据）、无固定期限资本债券等。

企业发行的永续债，可以适用股息、红利企业所得税政策，即：投资方取得的永续债利息收入属于股息、红利性质，按照现行企业所得税政策相关规定进行处理，其中，发行方和投资方均为居民企业的，永续债利息收入可以适用企业所得税法规定的居民企业之间的股息、红利等权益性投资收益免征企业所得税规定；同时发行方支付的永续债利息支出不得在企业所得税税前扣除。

企业发行符合规定条件的永续债，也可以按照债券利息适用企业所得税政策，即：发行方支付的永续债利息支出准予在其企业所得税税前扣除；投资方取得的永续债利息收入应当依法纳税。

发行永续债的企业对每一永续债产品的税收处理方法一经确定，不得变更。企业对永续债采取的税收处理办法与会计核算方式不一致的，发行方、投资方在进行税收处理时须作出相应纳税调整。

（6）租金收入。企业提供固定资产、包装物或者其他有形资产的使用权取得的收入。租金收入按照合同约定的承租人应付租金的日期确认收入的实现。如果交易合同或协议中规定租赁期限跨年度，且租金提前一次性支付的，出租人可对上述已确认的收入，在租赁期内，分期均匀计入相关年度收入。例如 2023 年 9 月出租不动产一次性取得 3 年租金为 900 万元，那么 2023 年确认的租金收入为 900÷（3×12）×4=100（万元）。

需要说明的是，注意与增值税预收租金的税务处理进行对比（纳税人提供租赁服务采取预收款方式的，其纳税义务发生时间为收到预收款的当天。）

（7）特许权使用费收入。企业提供专利权、非专利技术、商标权、著作权以及其他特许权的使用权取得的收入。特许权使用费收入按照合同约定的特许权使用人应付特许权使用费的日期确认。

（8）接受捐赠收入。是指企业接受的来自其他企业、组织或者个人无偿给予的货币性资产与非货币性资产。接受捐赠收入按照实际收到捐赠资产的日期确认收入的实现。

（9）其他收入。企业取得的除以上收入外的其他收入，包括企业资产溢余收入、逾期未退包装物押金收入、确实无法偿付的应付款项、已作坏账损失处理后又收回的应收款项、债务重组收入、补贴收入、违约金收入、汇兑收益等。

需要注意的是，按照企业会计准则相关规定，企业下列收入一般计入“营业收入”，作为业务招待费、广告费与业务宣传费的扣除基数：①销售货物收入；②提供劳务收入；③租金收入；④特许权使用费收入，其他五项收入一般不计入“营业收入”，不作为业务招待费、广告费与业务宣传费的扣除基数。

【学中做 · 单选题】根据企业所得税法律制度的规定，关于确认收入实现时间的下列表述中，正确的是（　　）。

A. 接受捐赠收入，按照合同约定的捐赠日期确认收入的实现

B. 利息收入，按照合同约定的债务人应付利息的日期确认收入的实现

C. 权益性投资收益，按照投资方实际收到利润的日期确认收入的实现

D. 租金收入，按照出租人实际收到租金的日期确认收入的实现

【正确答案】B**【答案解析】**选项 A，接受捐赠收入，按照实际收到捐赠资产的日期确认收入的实现。选项 C，股息、红利等权益性投资收益，除国务院财政、税务主管部门另有规定外，按照被投资方作出利润分配决定的日期确认收入的实现。选项 D，租金收入，按照合同约定的承租人应付租金的日期确认收入的实现。

3. 特殊收入的确认

（1）以分期收款方式销售货物的，按照合同约定的收款日期确认收入的实现。

（2）企业受托加工制造大型机械设备、船舶、飞机，以及从事建筑、安装、装配工程业务或者提供其他劳务等，持续时间超过 12 个月的，按照纳税年度内完工进度或者完成的工作量确认收入的实现。

（3）采取产品分成方式取得收入的，按照企业分得产品的日期确认收入的实现，其收入额按照产品的公允价值确定。

（4）企业发生非货币性资产交换，以及将货物、财产、劳务用于捐赠、偿债、赞助、集资、广告、样品、职工福利或者利润分配等用途的，应当视同销售货物、转让财产或者提供劳务，但国务院财政、税务主管部门另有规定的除外。

（5）买一赠一时，赠品不属于捐赠，应将总的销售金额按各项商品公允价值的

比例来分摊确认各项销售收入。例如，某企业以“买一赠一”的方式销售货物，2023年9月销售A商品10件，取得不含增值税销售额140万元，同时赠送B商品10件，B商品不含增值税的市场价格为10万元，那么企业所得税应确认的收入总额是140万元，在A、B产品之间按公允价值进行分配，即A商品确认的收入为：140×140/（140+10）=130.67（万元）；B商品确认的收入为：140×10/（140+10）=9.33（万元）。

【学中做·判断题】计算企业所得税收入总额时，以分期收款方式销售货物，以发货日期来确认收入。（　　）

【正确答案】×**【答案解析】**以分期收款方式销售货物的，按照合同约定的收款日期确认收入的实现。

4. 处置资产收入的确认

（1）企业发生下列情形的处置资产，除将资产转移至境外以外，由于资产所有权属在形式和实质上均不发生改变，可作为内部处置资产，不视同销售确认收入，相关资产的计税基础延续计算。

① 将资产用于生产、制造、加工另一产品；

② 改变资产形状、结构或性能；

③ 改变资产用途（如自建商品房转为自用或经营）；

④ 将资产在总机构及其分支机构之间转移；

⑤ 上述两种或两种以上情形的混合；

⑥ 其他不改变资产所有权属的用途。

（2）企业将资产移送他人的下列情形，因资产所有权属已发生改变而不属于内部处置资产，应按规定视同销售确定收入。

① 用于市场推广或销售；

② 用于交际应酬；

③ 用于职工奖励或福利；

④ 用于股息分配；

⑤ 用于对外捐赠；

⑥ 其他改变资产所有权属的用途。

需要说明的是，区分是否视同销售的关键看：资产所有权属在形式和实质上是否发生改变。视同销售收入金额确认为：自制资产，按同类资产同期对外销售价格确定；外购资产，不以销售为目的，具有代替职工福利等费用支出性质，且购买后在一个纳税年度内处置的，按购入时价格确定。

需要说明的是，要特别注意与增值税视同销售进行对比，增值税视同销售是根据《中华人民共和国增值税暂行条例实施细则》及相关规定的具体情形去判断的（一共8+3种情形）。例如，将外购的货物用于职工福利增值税不视同销售（应进项税额不得抵扣），但企业所得税要视同销售（因为资产权属已发生变更）。

【学中做·单选题】企业在境内发生处置资产的下列情形中，应视同销售确认企业所得税应税收入的是（　　）。

A. 将资产用于职工奖励或福利　　B. 将资产用于加工另一种产品

C. 将资产用于在总分支机构之间转移　　D. 将资产用于结构或性能改变

【正确答案】A**【答案解析】**B、C、D 项均未发生所有权转移。

5. 不征税收入和免税收入

（1）不征税收入

① 财政拨款。财政拨款，是指各级人民政府对纳入预算管理的事业单位、社会团体等组织拨付的财政资金，但国务院和国务院财政、税务主管部门另有规定的除外。

② 依法收取并纳入财政管理的行政事业性收费、政府性基金。

③ 国务院规定的其他不征税收入。企业取得的各类财政性资金，除属于国家投资和资金使用后要求归还本金的以外，均应计入企业当年收入总额。对企业取得的由国务院财政、税务主管部门规定专项用途并经国务院批准的财政性资金，准予作为不征税收入，在计算应纳税所得额时从收入总额中减除。财政性资金是指企业取得的来源于政府及其有关部门的财政补助、补贴、贷款贴息，以及其他各类财政专项资金，包括直接减免的增值税和即征即退、先征后退、先征后返的各种税收，但不包括企业按规定取得的出口退税款。

专项用途财政性资金企业所得税处理：

① 不征税收入用于支出所形成的费用，不得在计算应纳税所得额时扣除（收入费用配比原则）；用于支出所形成的资产，其计算的折旧、摊销不得在计算应纳税所得额时扣除。

② 企业将符合条件的财政性资金作不征税收入处理后，在 5 年（60 个月）内未发生支出且未缴回财政部门或其他拨付资金的政府部门的部分，应计入取得该资金第六年的应税收入总额；计入应税收入总额的财政性资金发生的支出，允许在计算应纳税所得额时扣除。

（2）免税收入

① 国债利息收入。需要说明的是，国债转让所得不免税。

【学中做 · 计算题】某生产化工产品的公司，2023 年将自发行者购进的一笔三年期国债售出，取得收入 117 万元。售出时持有该国债恰满两年，该笔国债的买入价为 100 万元，年利率 5%，利息到期一次支付。该公司已将 17 万元计入投资收益。

要求：计算业务应调整的应纳税所得额。

【正确答案】国债利息收入免税（注：转让所得不免税），因会计处理时计入“投资收益”，增加了利润总额，所以应予调减。调减所得额（即计算国债利息）=100×5%×2=10（万元），国债转让所得 =17−10=7（万元）不免税，正常计算企业所得税。

② 符合条件的居民企业之间的股息、红利等权益性投资收益。指居民企业直接投资于其他居民企业的投资收益。

【学中做 · 问答题】位于市区的某冰箱生产企业为增值税一般纳税人，2023 年从境内 A 公司分回股息 20 万元，A 公司为小型微利企业，适用 20% 的企业所得税税率且其所得减按 50% 计入应纳税所得额。

问题：从 A 公司分回的股息是否免税？

【正确答案】从 A 公司分回的股息属于“符合条件的居民企业之间的股息、红利等权益性投资收益”免税，因会计处理时计入“投资收益”，增加了利润总额，所以，应调减应纳税所得额 20 万元。

③ 在中国境内设立机构、场所的非居民企业从居民企业取得与该机构、场所有实际联系的股息、红利等权益性投资收益。

需要说明的是，免税的投资收益都不包括连续持有居民企业公开发行并上市流通的股票不足 12 个月取得的投资收益。

④ 非营利组织的下列收入为免税收入：

a. 接受其他单位或者个人捐赠的收入；

b. 财政拨款以外的其他政府补助收入，但不包括因政府购买服务取得的收入；

c. 按照省级以上民政、财政部门规定收取的会费；

d. 不征税收入和免税收入孳生的银行存款利息收入；

e. 财政部、国家税务总局规定的其他收入。

⑤ 对企业取得的 2009 年及以后年度发行的地方政府债券利息所得，免征企业所得税。

6. 扣除原则和范围

（1）扣除项目的原则

① 权责发生制原则（在发生的所属期扣除）。

② 配比原则（费用不得提前或滞后扣除）。

③ 合理性原则（属于必要和正常的支出）。

（2）扣除项目的范围

企业实际发生的与取得收入有关的、合理的支出，包括成本、费用、税金、损失和其他支出，准予在计算应纳所得额时扣除。

① 成本。包括销售成本、销货成本、业务支出以及其他耗费，即销售商品（下脚料、废料、废旧物资等）、提供劳务、转让固定资产、无形资产（包括技术转让）的成本，包括主营业务成本、其他业务成本、视同销售成本。

② 费用。是指企业在每一个纳税年度为生产、经营商品和提供劳务等所发生的销售（经营）费用（如广告费和业务宣传费）、管理费用（如业务招待费）、财务费用（如利息支出）。

③ 税金。是指企业发生的除企业所得税和允许抵扣的增值税以外的企业缴纳的各项税金及其附加。在企业所得税的计算中，单位为职工代付个人所得税税款不得在税前扣除。具体如表 4-4 所示。

表 4-4　企业所得税税前扣除税金

扣除方式	具体税费
计入“税金及附加”科目，在发生当期扣除	房产税、车船税、城镇土地使用税、印花税、消费税、城建设税和教育费附加、出口关税、资源税、土地增值税
在发生当期计入相关资产的成本，在以后各期分摊扣除	车辆购置税、契税、耕地占用税、进口关税、不得抵扣的增值税

续表

扣除方式	具体税费
通过损失扣除	购进货物发生非正常损失的增值税进项税额转出
不得税前扣除的税金	企业所得税、允许抵扣的增值税

【学中做·单选题】根据企业所得税法律制度的规定，企业发生的下列税金中，在计算企业所得税应纳税所得额时不得扣除的是（　　）。

A. 印花税　　B. 车船税

C. 城镇土地使用税　　D. 允许抵扣的增值税

【正确答案】D**【答案解析】**选项 ABC，在计算应纳税所得额时允许扣除。

④ 损失。企业发生的真实的、实际的损失。企业发生的损失减除责任人赔偿和保险赔款后的余额，依照规定扣除。已作为损失处理的资产，以后年度又全部或部分收回时，应计入当期收入。

【学中做·计算题】某外商投资者开办的摩托车生产企业。发生非正常损失，损失不含增值税的原材料金额 32.79 万元（其中含运费金额 2.79 万元）。计算可以税前扣除的损失金额。

【正确答案】

进项税额转出 =（32.79−2.79）×13%+2.79×9% = 4.15（万元）

可以税前扣除的资产损失金额 = 32.79+4.15 = 37.87（万元）

⑤ 其他支出。除了成本、费用、税金、损失外，企业在生产经营活动中发生的与生产经营活动有关的、合理的支出。

7. 扣除项目及其标准

（1）工资、薪金支出

微课－扣除项目及其标准（上）

企业发生的合理的工资薪金支出准予据实扣除。工资、薪金，是指企业每一纳税年度支付给在本企业任职或者受雇的员工的所有现金或者非现金形式的劳动报酬，包括基本工资、奖金、津贴、补贴、年终加薪、加班工资，以及与任职或者受雇有关的其他支出。合理工资、薪金是指企业按照股东大会、董事会、薪酬委员会或相关管理机构制定的工资、薪金制度规定实际发放给员工的工资、薪金。属于国有性质的企业，其工资薪金不得超过政府有关部门给予的限定数额；超过部分，不得计入企业工资薪金总额，也不得在计算企业应纳税所得额时扣除。企业因雇用季节工、临时工、实习生、返聘离退休人员所实际发生的费用，应区分为工资薪金支出和职工福利费支出，并按规定在企业所得税前扣除。其中属于工资薪金支出的，准予计入企业工资薪金总额的基数，作为计算其他各项相关费用的依据。企业接受外部劳务派遣用工的费用，一般可区分为支付给劳务派遣公司和直接支付给员工个人两种情况处理。按照协议（合同）约定直接支付给劳务派遣公司的费用，企业应作为劳务费支出；对于直接支付给员工个人的费用，应作为工资薪金支出和职工福利费支出。属于工资薪金支出的费用，准予计入企业工资薪金总额的基数，作为计算其他各项相关费用扣除的依据。

（2）职工福利费、工会经费、职工教育经费（三项经费）

企业发生的职工福利费、工会经费、职工教育经费按标准扣除，未超过标准的按实际数扣除，超过标准的只能按标准扣除，超过标准的部分不得扣除，也不得在以后年度结转扣除（职工教育经费超过标准的部分可以结转以后年度扣除）。具体如表 4-5 所示。

表4-5　三项经费扣除规定

项目	准予扣除的限度	超过部分处理
职工福利费	不超过工资薪金总额14%	不得扣除
工会经费	不超过工资薪金总额2%	不得扣除
职工教育经费	不超过工资薪金总额8%	准予结转扣除

企业发生的职工福利费，应该单独设置账册，进行准确核算。没有单独设置账册准确核算的，税务机关应责令企业在规定的期限内进行改正。逾期仍未改正的，税务机关可对企业发生的职工福利费进行合理的核定。工会经费税前扣除的原始凭证为工会经费收入专用收据或税务机关出具的合法有效的工会经费代收凭据。

航空企业、软件和集成电路企业、核电企业发生的职工培训费用在企业所得税税前全额扣除（职工培训费用须与职工教育经费严格区分，单独核算）。

【学中做 · 计算题】2023 年“应付职工薪酬”账户各明细栏目反映，支付给职工的工资总额合计 200 万元；发生职工福利费合计 40 万元；发生职工教育经费 8 万元；拨缴工会经费 2.4 万元已取得工会经费收入专用收据，同时又另行列支工会活动费 4 万元。

要求：计算工资、职工福利费、工会经费、职工教育经费应纳税所得额调整金额。

【正确答案】

（1）工资总额 200 万元，可以税前扣除；

（2）职工福利费：扣除限额为 200×14%=28 万元，实际发生 40 万元，纳税调增 12 万元；

（3）职工教育经费：扣除限额 200×8%=16 万元，实际发生 8 万元，未超标，无须纳税调增；

（4）工会经费：扣除限额为 200×2%=4 万元，但是实际取得收据的是 2.4 万元，所以税前扣除为 2.4 万元，无须进行纳税调整。另行列支工会活动费 4 万元，需要纳税调增。汇总纳税调整金额如表 4-6 所示。

表4-6　三项经费纳税调整计算表　　单位：万元

项目	会计	税法	纳税调整
工资	200	200	0
职工福利费	40	28	12
职工教育经费	8	16	0
工会经费（有专用收据）	2.4	4	0
工会经费（没有专用收据）	4	0	4
合计（纳税调增金额）			16

注：“会计”栏目代表会计处理时记录的实际发生额，“税法”栏目代表企业所得税法规定扣除标准计算的允许税前扣除的金额，“纳税调整”栏目如果是正数为纳税调增，如果是负数为纳税调减。

（3）社会保险费

社会保险费税前扣除标准如表 4-7 所示。

表4-7　社会保险费税前扣除标准

<table>
<tr><td rowspan="5">人身保险</td><td rowspan="2">社会保险</td><td>依据规定范围和标准为职工缴纳的“五险一金”准予扣除</td></tr>
<tr><td>支付的补充养老保险费、补充医疗保险费，分别在不超过职工工资总额5%标准内的，准予扣除。超过部分，不得扣除。仅为个别职工缴纳的补充养老保险费不得扣除</td></tr>
<tr><td rowspan="3">商业保险</td><td>为特殊工种职工支付的人身安全保险费和符合规定商业保险费准予扣除</td></tr>
<tr><td>企业为投资者或者职工支付的商业保险费，不得扣除</td></tr>
<tr><td>职工因公出差乘坐交通工具发生的人身意外保险准予扣除</td></tr>
<tr><td>财产保险</td><td colspan="2">按照规定缴纳的保险费，准予扣除</td></tr>
</table>

【学中做 · 计算题】公司于 2023 年 12 月份为全体 30 名职工家庭财产支付商业保险费，每人 1000 元，合计 30000 元。

试判断：为职工个人支付的商业保险税前是否允许扣除？

【正确答案】企业为投资者或者职工个人支付的商业保险，税前不得扣除，应纳税调增 30000 元，并代扣代缴个人取得商业保险所得的个人所得税。

（4）利息费用

利息费用税前扣除标准如表 4-8 所示。

表4-8　利息费用税前扣除标准

<table>
<tr><td rowspan="7">资金来源</td><td colspan="2">非金融企业向金融企业借款</td><td colspan="2">非金融企业向金融企业借款的利息支出可据实扣除（包括金融企业的各项存款利息支出和同业拆借利息支出、企业批准发行债券的利息支出）</td></tr>
<tr><td rowspan="4">非金融企业向非金融企业借款</td><td>无关联性</td><td colspan="2">不超过按照金融企业同期同类贷款利率计算的数额的部分可据实扣除，超过部分不许扣除（利率制约）</td></tr>
<tr><td rowspan="3">关联借款</td><td>利率制约</td><td>处理原则同上（利率制约）</td></tr>
<tr><td>本金制约</td><td>接受关联方债权性投资与其权益性投资比例金融企业为5∶1，其他企业为2∶1。
特例：能够证明相关交易活动符合独立交易原则的，或者该企业的实际税负不高于境内关联方的（即借款方企业所得税税率高于贷款方），其实际支付给境内关联方的利息支出，在计算应纳税所得额时准予扣除</td></tr>
<tr><td>豁免条件</td><td>相关交易活动符合独立交易原则的或者该企业的实际税负不高于境内关联方的。如符合豁免条件，则只受利率制约</td></tr>
<tr><td colspan="2" rowspan="2">自然人借款</td><td colspan="2">股东或关联自然人借款：处理原则同关联企业（利率制约+本金制约）</td></tr>
<tr><td colspan="2">内部职工或其他人员借款：符合条件只受利率制约。条件：借贷是真实、合法、有效的，并且不具有非法集资目的或其他违反法律、法规的行为；签订借款合同</td></tr>
</table>

企业投资者在规定期限内未缴足其应缴资本额的，该企业对外借款所发生的利息，相当于投资者实缴资本额与在规定期限内应缴资本额的差额应计付的利息，其

不属于企业合理的支出，应由企业投资者负担，不得在计算企业应纳税所得额时扣除。

【学中做·单选题】 2023年5月非金融企业甲公司向非关联关系的非金融企业乙公司借款100万元，用于生产经营，期限为半年，双方约定年利率为10%，已知金融企业同期同类贷款年利率为7.8%，甲公司在计算当年企业所得税应纳税所得额时，准予扣除利息费用的下列计算中，正确的是（　　）。

A.100×7.8%＝7.8（万元）　　B.100×10%＝10（万元）

C.100×7.8%×50%＝3.9（万元）　　D.100×10%×50%＝5（万元）

【正确答案】 C **【答案解析】** 非金融企业向非关联关系的非金融企业借款，不超过金融企业同期同类贷款利率的可以扣除，因双方借期半年，则准予扣除的利息费用＝100×7.8%（利率制约）×50%（半年期）＝3.9（万元），纳税调增金额＝100×10%×50%−3.9=1.1（万元）。

【学中做·计算题】 某冰箱生产企业因向母公司借款2000万元按年利率9%（金融机构同期同类贷款利率为6%）支付利息180万元，该企业不能证明此笔交易符合独立交易原则。母公司适用15%的企业所得税税率且在该冰箱生产企业的权益性投资金额为800万元。

要求：计算利息支出应调整的应纳税所得额。

【正确答案】 可以税前扣除的借款利息＝800（权益性投资金额）×2（本金制约）×6%（利率制约）＝96（万元），应调增应纳税所得额＝180−96＝84（万元）。

（5）借款费用

借款费用税前扣除规定如下：

① 生产经营活动中发生的合理的不要资本化的借款费用准予扣除（当期直接扣除）。

② 为购置、建造固定资产、无形资产和经过12个月以上的建造才能达到预定可销售状态的存货发生借款的，在有关资产购置、建造期间发生的合理的借款费用，应予以资本化，作为资本性支出计入有关资产的成本（资本性支出，分期扣除）；有关资产交付使用后发生的借款利息，可在发生当期扣除（当期直接扣除）。

③ 企业通过发行债券、取得贷款、吸收保户储金等方式融资而发生的合理的费用支出，符合资本化条件的，应计入相关资产成本（资本性支出，分期扣除）；不符合资本化条件的，应作为财务费用，准予在企业所得税前据实扣除（当期直接扣除）。

【学中做·计算题】 某企业7月1日向银行借款800万元用于建造厂房，借款期限1年，当年向银行支付了2个季度的借款利息24万元，该厂房于11月30日竣工并投入使用。

要求：计算当年税前可扣除的利息费用。

【正确答案】 资本化期间为7月至11月，共5个月，这五个月的借款利息应资本化计入建造厂房的成本里（在建工程），竣工后通过计提固定资产折旧的方式分期扣除；竣工并投入使用后发生的借款利息应费用化，计入当期损益可在当期税前扣除，当期税前可扣除的利息费用＝24÷6×1＝4（万元）。

（6）汇兑损益

除已计入有关资产成本以及向所有者进行利润分配外，准予扣除。

（7）业务招待费

业务招待费税前扣除规定如下：

① 企业发生的与生产经营活动有关的业务招待费支出，按照发生额的60% 扣除，但最高不得超过当年销售（营业）收入的5‰。

微课－扣除项目及其标准（中）

业务招待费扣除限额的计算基数为当年销售（营业）收入合计，销售（营业）收入 = 主营业务收入 + 其他业务收入 + 视同销售收入（主营 + 其他业务收入）。营业外收入和投资收益不作为扣除基数。

② 企业在筹建期间，发生的与筹办活动有关的业务招待费支出，可按实际发生额的60% 计入企业筹办费，并按有关规定在税前扣除。

③ 对从事股权投资业务的企业（包括集团公司总部、创业投资企业等），其从被投资企业所分配的股息、红利以及股权转让收入，可以按规定的比例计算业务招待费扣除限额。

【学中做 · 单选题】2023 年甲公司取得销售（营业）收入 2000 万元，发生与生产经营活动有关的业务招待费支出 12 万元，已知业务招待费支出按照发生额的 60% 扣除，但最高不得超过当年销售（营业）收入的 5‰，甲公司在计算 2023 年度企业所得税应纳税所得额时，准予扣除的业务招待费金额为（　　）。

A.12 万元　　B.7.2 万元　　C.10 万元　　D.4.8 万元

【正确答案】B**【答案解析】**企业发生的与生产经营活动有关的业务招待费支出，按照发生额的60% 扣除，但最高不得超过当年销售（营业）收入的5‰。12×60% = 7.2（万元）＜ 2000×5‰ = 10（万元），因此扣除 7.2 万元。

【学中做 · 多选题】下列各项中，能作为业务招待费税前扣除限额计算依据的是（　　）。

A. 转让无形资产使用权的收入　　B. 视同销售收入

C. 转让无形资产所有权的收入　　D. 出售固定资产的收入

【正确答案】AB**【答案解析】**业务招待费税前扣除限额的依据是销售（营业）收入，它包括主营业务收入、其他业务收入和视同销售收入，但不包括营业外收入。A 项应计入其他业务收入；B 项为视同销售收入；C、D 两项应计入营业外收入。

（8）广告费和业务宣传费

① 广告费和业务宣传费的界定

广告费是指通过广告媒体制作并传播的相关费用。企业申报扣除的广告费支出必须同时符合下列条件（注意与赞助支出区别）：广告是通过工商部门批准的专门机构制作的；已实际支付费用，并已取得相应发票；通过一定的媒体传播。

② 广告费和业务宣传费的扣除标准

广告费和业务宣传费的扣除标准具体规定如下：

a. 企业发生的符合条件的广告费和业务宣传费支出，除国务院财政、税务主管部门另有规定外，不超过当年销售（营业）收入 15% 的部分，准予扣除；超过部分，准予在以后纳税年度结转扣除。

b. 企业在筹建期间，发生的广告费和业务宣传费，可按实际发生额计入企业筹办费，并按有关规定在税前扣除。

c. 自 2021 年 1 月 1 日起至 2025 年 12 月 31 日止，对化妆品制造或销售、医药制造和饮料制造（不含酒类制造）企业发生的广告费和业务宣传费支出，不超过当年销售（营业）收入 30% 的部分，准予扣除；超过部分，准予在以后纳税年度结转扣除。

d. 烟草企业的烟草广告费和业务宣传费支出，一律不得扣除。

需要说明的是，上述属于会计与税法的暂时性差异，可能出现纳税调增，也可能出现纳税调减。

【小结】广告费和业务宣传费的扣除标准如表 4-9 所示。

表4-9　广告费和业务宣传费的扣除标准

企业类型	扣除标准	筹建期间
一般企业	≤当年销售（营业）收入×15% 的部分准予扣除，超过部分在以后年度结转扣除	此期间发生的广告费和业务宣传费计入筹办费，据实扣除
化妆品制造与销售企业； 医药制造企业； 饮料制造（不含酒类制造）企业	≤当年销售（营业）收入×30% 的部分准予扣除，超过部分在以后年度结转扣除	

注：烟草企业的烟草广告费和业务宣传费支出，一律不得扣除。

【学中做 · 计算题】某生物制药企业，2023 年度取得主营业务收入 56000 万元，其他业务收入 3000 万元，营业外收入 1200 万元，投资收益 800 万元，发生广告费支出 9500 万元。

要求：计算广告费支出应调整的应纳税所得额。

【正确答案】

当期销售（营业）收入 = 56000+3000 = 59000（万元）；

广告费扣除限额 = 59000×30% = 17700（万元）。

广告费实际发生额 9500 万元，小于扣除限额，所以无须调整。

【学中做 · 单选题】2023 年度，甲企业实现销售收入 3000 万元，当年发生广告费 400 万元，上年度结转未扣除广告费 60 万元。已知广告费不超过当年销售收入 15% 的部分，准予扣除。甲企业在计算 2023 年度企业所得税纳税所得额时，准予扣除的广告费金额为（　　）万元。

A.340　　B.510　　C.450　　D.460

【正确答案】C**【答案解析】**扣除限额 =3000×15%=450（万元）；本年实际发生 400 万可以全额扣除，另外，还可以扣除上年度结转未扣除的广告费 50 万，合计 450 万元。

（9）环境保护专项资金

企业依照法律、行政法规有关规定提取的用于环境保护、生态恢复等方面的专项资金，准予扣除。上述专项资金提取后改变用途的，不得扣除。

（10）租赁费

经营租赁方式租入固定资产发生的租赁费支出，按照租赁期限均匀扣除（权责发生制）。融资租赁方式租入固定资产发生的租赁费支出，按照规定构成融资租入固定资产价值的部分应当提取折旧费的，分期扣除。

（11）劳动保护费

企业发生的合理的劳动保护支出准予扣除。企业根据其工作性质和特点，由企业统一制作并要求员工工作时统一着装所发生的工作服饰费用，可以作为企业合理的支出给予税前扣除。

（12）公益性捐赠支出

① 概念界定。公益性捐赠指企业通过公益性社会团体或者县级（含县级）以上人民政府及其部门，用于指定的公益事业的捐赠。公益性捐赠必须要通过中介机构（如公益性社会团体和县级以上政府及部门）捐赠（属于间接捐赠）。例如甲企业通过中国红十字会向地震灾区捐赠的款项属于税法认可的公益性捐赠；而甲企业直接向某大学捐赠的款项不属于税法认可的公益性捐赠。

② 扣除标准。企业当年发生以及以前年度结转的公益性捐赠支出，不超过年度利润总额 12% 的部分，准予扣除。年度利润总额，是指企业依照国家统一会计制度的规定计算的年度会计利润。超过部分，准予以后三年内在计算应纳税所得额时结转扣除。企业在对公益性捐赠支出计算扣除时，应先扣除以前年度结转的捐赠支出，再扣除当年发生的捐赠支出。

③ 公益性捐赠支出的计量。捐赠货币资产按实际收到的金额确定，捐赠非货币资产按公允价值确定。捐赠企业应提供注明捐赠非货币性资产公允价值的证明，如果不能提供证明，公益性社会团体和县级以上人民政府及其组成部门和直属机构不得向其开具公益性捐赠票据。企业在非货币性资产捐赠过程中发生的运费、保险费、人工费用等相关支出，凡纳入国家机关、公益性社会组织开具的公益捐赠票据记载的数额中的，作为公益性捐赠支出按照规定在税前扣除；上述费用未纳入公益性捐赠票据记载的数额中的，作为企业相关费用按照规定在税前扣除。

④ 自 2019 年 1 月 1 日至 2022 年 12 月 31 日，企业通过公益性社会组织或者县级（含县级）以上人民政府及其组成部门和直属机构，用于目标脱贫地区的扶贫捐赠支出，准予在计算企业所得税应纳税所得额时据实扣除。在政策执行期限内，目标脱贫地区实现脱贫的，可继续适用上述政策。企业同时发生扶贫捐赠支出和其他公益性捐赠支出，在计算公益性捐赠支出年度扣除限额时，符合条件的扶贫捐赠支出不计算在内。

【拓展阅读】

“两个一百年”奋斗目标指的是，在中国共产党成立一百年时全面建成小康社会，在新中国成立一百年时建成富强民主文明和谐的社会主义现代化国家。

⑤ 公益性捐赠具体范围包括：救助灾害、救济贫困、扶助残疾人等困难的社会群体和个人的活动；教育、科学、文化、卫生、体育事业；环境保护、社会公共设施建设；促进社会发展和进步的其他社会公共和福利事业。

【学中做·单选题】甲公司2023年年度利润总额2 000万元，通过省教育部门向教育产业捐赠200万元，通过县民政部门向残疾人扶助项目捐赠5万元，已知公益性捐赠支出在年度利润总额的12%以内可扣除，甲公司在计算企业所得税应纳税额时，下列算式正确的是（　　）。

A.（2000+200+5）×25%＝551.25（万元）

B.（2000+200）×25%＝550（万元）

C. 2000×25%＝500（万元）

D.（2000+5）×25%＝501.25（万元）

【正确答案】C**【答案解析】**企业发生的公益性捐赠支出，在年度利润总额12%以内的部分，准予在计算应纳税所得额时扣除。2000×12%＝240（万元），甲公司2023年企业所得税应纳税额＝2000×25%＝500（万元）。

【学中做·单选题】2023年甲企业实现利润总额600万元，发生公益性捐赠支出62万元。上年度未在税前扣除完的符合条件的公益性捐赠支出12万元。已知公益性捐赠支出在年度利润总额12%以内的部分，准予扣除。计算甲企业2023年度企业所得税应纳税所得额时，准予扣除的公益性捐赠支出是（　　）。

A.72万元　　B.84万元　　C.60万元　　D.74万元

【正确答案】A**【答案解析】**捐赠支出扣除限额＝利润总额×12%＝600×12%＝72万元；当年捐赠支出＋上年结转＝74万元，应先扣除以前年度结转的捐赠支出12万元，再扣除当年发生的捐赠支出60万元（剩余2万元结转以后三年内在计算应纳税所得额时结转扣除），因此允许抵扣的捐赠支出为72万元。

【想一想】“一方有难八方支援”是中华传统美德，查阅资料，想一想公益性捐赠对企业健康可持续发展有哪些意义？如维护企业良好形象、承担社会责任等。

（13）总机构分摊的费用

非居民企业在中国境内设立的机构、场所，就其中国境外总机构发生的与该机构、场所生产经营有关的费用，能够提供总机构出具的费用汇集范围、定额、分配依据和方法等证明文件，并合理分摊的，准予扣除。

微课－扣除项目及其标准（下）

（14）资产损失

向税务机关备案的资产损失允许扣除；企业因资产损失而不得从销项税金中抵扣的进项税金，应视同企业财产损失，准予与存货损失一起申报后在所得税前按规定扣除。

【学中做·单选题】某服装厂2023年8月由于管理不善毁损一批库存布料，账面成本为24.65万元（含运费4.65万元），取得保险公司赔款8万，企业所得税前允许扣除的损失是（　　）万元

A.20.56　　B.19.67　　C.20.4　　D.20.84

【正确答案】B**【答案解析】**进项税额转出＝（24.65−4.65）×13%+4.65×9%＝

3.02（万元）。企业可在税前扣除的损失 = 24.65+3.02−8 = 19.67（万元）。

（15）企业发生的会员费、合理的会议费、差旅费、违约金、诉讼费允许在税前扣除。

（16）手续费及佣金支出

① 2019 年 1 月 1 日起，保险企业发生与其经营活动有关的手续费及佣金支出，不超过当年全部保费收入扣除退保金等后余额的 18%（含本数）的部分，在计算应纳税所得额时准予扣除；超过部分，允许结转以后年度扣除。

② 其他企业：按与具有合法经营资格中介服务机构或个人（不含交易双方及其雇员、代理人和代表人等）所签订服务协议或合同确认的收入金额的 5% 计算限额。

③ 从事代理服务、主营业务收入为手续费、佣金的企业（如证券、期货、保险代理等企业），其为取得该类收入而实际发生的营业成本（包括手续费及佣金支出），准予在企业所得税前据实扣除。

④ 除委托个人代理外，企业以现金等非转账方式支付的手续费及佣金不得在税前扣除。

⑤ 企业支付的手续费及佣金不得直接冲减服务协议或者合同金额，并如实入账。企业不得将手续费及佣金支出计入回扣、业务提成、返利、进场费等费用。

⑥ 企业已计入固定资产、无形资产等相关资产的手续费及佣金支出，应当通过折旧、摊销等方式分期扣除，不得在发生当期直接扣除。

⑦ 企业为发行权益性证券支付给有关证券承销机构的手续费及佣金不得在税前扣除。

【学中做 · 多选题】 根据企业所得税法律制度的规定，下列各项费用，超过税法规定的扣除标准后，准予在以后纳税年度结转扣除的有（　　）。

A. 工会经费　　B. 职工教育经费

C. 广告费和业务宣传费　　D. 职工福利费

【正确答案】 BC **【答案解析】** 选项 ABD，三项经费中，只有职工教育经费准予结转以后纳税年度扣除；选项 C，广告费和业务宣传费准予结转以后纳税年度扣除。

（17）党组织工作经费

根据《关于国有企业党组织工作经费问题的通知》规定，纳入管理费用的党组织工作经费，实际支出不超过职工年度工资薪金总额 1% 的部分，可以据实在企业所得税前扣除。

8. 不得扣除的项目

下列各项在计算企业所得税应纳税所得额时，不得扣除：

（1）向投资者支付的股息、红利等权益性投资收益款项。

（2）企业所得税税款。

（3）税收滞纳金，是指纳税人违反税收法规，被税务机关处以的滞纳金。

（4）罚金、罚款和被没收财物的损失，是指纳税人违反国家有关法律、法规规定，被有关部门处以的罚款，以及被司法机关处以罚金和被没收财物（以上属于行政性罚款）。需要说明的是，非行政性罚款，如经营性罚款，纳税人按照经济合同规定支付的违约金、罚息等，允许在税前扣除。

（5）超过规定标准的捐赠支出。

（6）赞助支出，是指企业发生的与生产经营活动无关的各种非广告性质支出。

（7）未经核定的准备金支出，指不符合国务院财政、税务主管部门规定的各项资产减值准备、风险准备等准备金支出。

（8）企业之间支付的管理费、企业内营业机构之间支付的租金和特许权使用费，以及非银行企业内营业机构之间支付的利息，不得扣除。

（9）与取得收入无关的其他支出。

【学中做 · 多选题】根据企业所得税法律制度的规定，下列各项中，在计算企业所得税应纳税所得额时，不得扣除的有（　　）。

A. 罚金　　B. 诉讼费用　　C. 罚款　　D. 税收滞纳金

【正确答案】ACD。

9. 亏损弥补

亏损是指按照企业所得税法的规定，企业将每一纳税年度的收入总额减除不征税收入、免税收入和各项扣除后小于零的数额，即应纳税所得额小于 0。企业某一纳税年度发生的亏损可以用下一年度的所得弥补，下一年度的所得不足以弥补的，可以逐年延续弥补，但最长不得超过 5 年。企业在汇总计算缴纳企业所得税时，其境外营业机构的亏损不得抵减境内营业机构的盈利（外亏不能抵内盈）。自 2018 年 1 月 1 日起，当年具备高新技术企业或科技型中小企业资格的企业，其具备资格年度之前 5 个年度发生的尚未弥补完的亏损，准予结转以后年度弥补，最长结转年限由 5 年延长至 10 年。

需要说明的是：①亏损不是企业财务报表中的亏损额，而是按税法调整后的金额（即应纳税所得税）；② 5 年弥补期是以亏损年度的下一年度算起，连续 5 年内不论是盈利或亏损，都作为实际弥补年限计算；③连续发生年度亏损，必须从第一个亏损年度算起，先亏先补，后亏后补。

【学中做 · 单选题】甲居民企业 2019 年设立，2019—2023 年未弥补亏损前的所得情况如表 4-10 所示。

表4-10　甲居民企业2019—2023年未弥补亏损前的所得情况表

年份	2019 年	2020 年	2021 年	2022 年	2023 年
未弥补亏损前的所得（单位：万元）	−20	100	−220	180	200

假设无其他纳税调整项目，甲居民企业 2023 年度企业所得税应纳税所得额为（　　）。

A.200 万元　　B.160 万元　　C.210 万元　　D.260 万元

【正确答案】B**【答案解析】**2019 年 20 万元的亏损 2020 年弥补。2021 年的亏损，2022 年弥补 180 万元，2023 年弥补 40 万元。

企业筹办期间不计算为亏损年度，企业自开始生产经营的年度，为开始计算企业损益的年度。企业从事生产经营之前进行筹办活动期间发生筹办费用支出，不得计算为当期的亏损，企业可以在开始经营之日的当年一次性扣除，也可以按照新税法有关长期待摊费用的处理规定处理，但一经选定，不得改变。

税务机关对企业以前年度纳税情况进行检查时调增的应纳税所得额，凡企业以前年度发生亏损且该亏损属于企业所得税法规定允许弥补的，应允许调增的应纳税所得额弥补该亏损。弥补该亏损后仍有余额的，按照企业所得税法规定计算缴纳企业所得税。

【学中做·多选题】大华公司2022年首次出现亏损30万元，2023年其计算的应纳税所得额为120万元，同时税务机关在2023年稽查中发现大华公司在2022年少确认收入40万元。要求：计算大华公司2023年应纳的企业所得税。

【正确答案】

（1）税务机关检查调增的应纳税所得40万元可以用于弥补2022年的亏损30万元，弥补后，剩余的10万元需要继续交税。

（2）2023年应纳税额=（120+10）×25%=32.5（万元）。

对企业发现以前年度实际发生的、按规定应在税前扣除而未扣除或少扣除的支出，企业做出专项申报及说明后，准予追补至该项目发生年度计算扣除，但追补确认期限不得超过5年。企业由于上述原因多缴的企业所得税税款，可以在追补确认年度企业所得税应纳税款中抵扣，不足抵扣的，可以向以后年度递延抵扣或申请退税。

10. 非居民企业的应纳税所得额

在中国境内未设立机构、场所或虽设立机构、场所但所得与所设机构场所无实际联系的非居民企业所得，按下列方法计算所得额：

（1）股息、红利等权益性投资收益和利息、租金、特许权使用费所得，以收入全额为应纳税所得额。

（2）转让财产所得，以收入全额减除财产净值后的余额为应纳税所得额。

财产的净值，是指有关资产、财产的计税基础减除按照规定已经扣除的折旧、折耗、摊销、准备金等后的余额。

（3）其他所得，参照前两项规定的办法计算应纳税所得额。

扣缴义务人在每次向非居民企业支付或到期应支付时扣缴企业所得税，扣缴企业所得税应纳税额=应纳税所得额×实际征收率（10%）。

营业税改征增值税中的非居民企业取得的所得，应以不含增值税的收入全额作为应纳税所得额。

【学中做·单选题】2023年6月甲公司向境外乙公司分配股息折合人民币1000万元。已知预提所得税税率为10%，计算甲公司应代扣代缴企业所得税税款的下列算式中，正确的是（　　）。

A.1000×10%×50%=50（万元）

B.1000×10%=100（万元）

C.1000×（1−25%）×10%=75（万元）

D.1000×（1−25%）×10%×50%=37.5（万元）

【正确答案】B【答案解析】①在中国境内未设立机构、场所的非居民企业取得的股息、红利等权益性投资收益和利息、租金、特许权使用费所得，以收入全额为应纳税所得额；②甲公司应代扣代缴企业所得税税额 = 1000×10% = 100（万元）。

（三）资产与资产损失的所得税处理

企业的各项资产，包括固定资产、生产性生物资产、无形资产、长期待摊费用、投资资产、存货等，除盘盈固定资产外，以历史成本为计税基础。历史成本，是指企业取得该项资产时实际发生的支出。企业持有各项资产期间资产增值或减值，除按规定可以确认损益外，不得调整该资产的计税基础。

企业转让资产，该项资产的净值准予在计算应纳税所得额时扣除。资产的净值是指有关资产、财产的计税基础减除已经按照税法规定扣除的折旧、折耗、摊销、准备金等后的余额。

除国务院财政、税务主管部门另有规定外，企业在重组过程中应在交易发生时确认有关资产的转让所得或损失，相关资产应按照交易价格重新确定计税基础。

【案例】交易性金融资产初始计量的税会差异

一、会计核算

会计准则：企业取得的以公允价值计量且其变动计入当期损益的金融资产，应当按照取得时的公允价值作为初始确认金额。相关的交易费用在发生时计入当期损益。

例如：甲公司 2023 年 10 月购入交易性金融资产，公允价值为 10000 元，另支付相关交易费用 200 元。

会计分录处理如下。

借：交易性金融资产——成本　　10000

投资收益　　200

贷：其他货币资金——存出投资款　　10200

二、税法规定

《中华人民共和国企业所得税法实施条例》第七十一条规定，投资资产按照以下方法确定成本：

（一）通过支付现金方式取得的投资资产，以购买价款为成本；

（二）通过支付现金以外的方式取得的投资资产，以该资产的公允价值和支付的相关税费为成本。

根据以上规定，该交易性金融资产的计税基础为 10200 元（买价和交易费用之和）。

三、税会差异在纳税申报表中的体现

A105000《纳税调整项目明细表》第 6 行“（五）交易性金融资产初始投资调整”第 3 列“调增金额”填报纳税人根据税法规定确认交易性金融资产初始投资金额与会计核算的交易性金融资产初始投资账面价值的差额。

由于会计上减少了利润总额 200 元，而税法上不认可这部分费用在所得税前扣除，所以所得税纳税调整申报表上纳税调整增加金额为 200 元。详见图 4-1。

纳税调整项目明细表

行次	项　　目	账载金额	税收金额	调增金额	调减金额
		1	2	3	4
1	一、收入类调整项目（2+3+4+5+6+7+8+10+11）	*	*		
2	（一）视同销售收入（填写 A105010）	*			*
3	（二）未按权责发生制原则确认的收入（填写 A105020）				
4	（三）投资收益（填写 A105030）				
5	（四）按权益法核算长期股权投资对初始投资成本调整确认收益	*	*	*	
6	（五）交易性金融资产初始投资调整	*	*	200	*

图4-1　纳税调整项目明细表

1. 固定资产的税务处理

（1）固定资产计税基础的确定

① 外购的固定资产，以购买价款和支付的相关税费以及直接归属于使该资产达到预定用途发生的其他支出为计税基础。

② 自行建造的固定资产，以竣工结算前发生的支出为计税基础。

③ 融资租入的固定资产，以租赁合同约定的付款总额和承租人在签订租赁合同过程中发生的相关费用为计税基础，租赁合同未约定付款总额的，以该资产的公允价值和承租人在签订租赁合同过程中发生的相关费用为计税基础。

④ 盘盈的固定资产，以同类固定资产的重置完全价值为计税基础。

⑤ 通过捐赠、投资、非货币性资产交换、债务重组等方式取得的固定资产，以该资产的公允价值和支付的相关税费为计税基础。

⑥ 改建的固定资产，除已足额提取折旧的固定资产和租入的固定资产以外的其他固定资产，以改建过程中发生的改建支出增加计税基础。

【学中做 · 单选题】甲企业为增值税小规模纳税人，2023 年 11 月购入一台生产用机器设备，取得普通发票 60 万元，税额为 7.8 万元，支付安装费，取得普通发票价款 2 万元，税额 0.18 万元，计算甲企业所得税计税基础的下列算式正确的是（　　）。

A.60+2 = 62（万元）　　B.60+7.8 = 67.8（万元）

C.60+7.8+2+0.18 = 69.98（万元）　　D.60+7.8+2 = 69.8（万元）

【正确答案】C**【答案解析】**因为甲企业为小规模纳税人，不得抵扣进项税额，所以购入机器设备所负担的增值税额也应计入到固定的计税基础中。

（2）固定资产折旧的范围

下列固定资产不得计算折旧扣除：

① 房屋、建筑物以外未投入使用的固定资产。

② 以经营租赁方式租入的固定资产。

③ 以融资租赁方式租出的固定资产。

④ 已足额提取折旧仍继续使用的固定资产。

⑤ 与经营活动无关的固定资产。

⑥ 单独估价作为固定资产入账的土地。

⑦ 其他不得计算折旧扣除的固定资产。

需要说明的是，房屋、建筑物不管是否投入使用，均可以计提折旧并在税前扣除，而房屋、建筑物以外的固定资产，能否提折旧并在税前扣除，看是否投入使用。

【学中做 · 单选题】根据企业所得税法律制度的规定，下列固定资产计提的折旧允许在计算应纳税所得额前扣除的是（　　）。

A. 闲置生产设备计提的折旧　　B. 经营租入设备计提的折旧

C. 融资租入资产计提的折旧　　D. 已提足折旧但继续使用的生产设备

【正确答案】C。

（3）固定资产折旧的计提方法

固定资产按直线法计算折旧的扣除，准予扣除；固定资产应当自投入使用月份的次月起计算折旧；停止使用的固定资产应当自停止使用月份的次月起停止计算折旧。企业应当根据固定资产的性质和使用情况，合理确定固定资产的预计净残值。固定资产的预计净残值一经确定，不得变更。

（4）固定资产折旧的计提最低年限

除国务院财政、税务主管部门另有规定外，固定资产计算折旧的最低年限如下：

① 房屋、建筑物，为 20 年。

② 飞机、火车、轮船、机器、机械和其他生产设备，为 10 年。

③ 与生产经营活动有关的器具、工具、家具等，为 5 年。

④ 飞机、火车、轮船以外的运输工具，为 4 年。

⑤ 电子设备，为 3 年。

（5）固定资产折旧的企业所得税处理

① 按会计折旧年限计提的折旧高于按税法最低折旧年限计提的折旧部分，应调增当期应纳税所得额。企业固定资产会计折旧年限已期满且会计折旧已提足，但税法规定的最低折旧年限尚未到期且税收折旧尚未足额扣除，其未足额扣除的部分准予在剩余的税收折旧年限继续按规定扣除。

② 企业固定资产会计折旧年限如果长于税法规定的最低折旧年限，其折旧应按会计折旧年限计算扣除，税法另有规定除外。

③ 企业按会计规定提取的固定资产减值准备，不得税前扣除，其折旧仍按税法确定的固定资产计税基础计算扣除。

④ 企业按税法规定实行加速折旧的，其按加速折旧办法计算的折旧额可全额在税前扣除。

⑤ 石油天然气开采企业在计提油气资产折耗（折旧）时，会计与税法规定计算方法不同导致的折耗（折旧）差异，应按税法规定进行纳税调整。

【学中做 · 单选题】2023 年 6 月，企业为了提高产品性能与安全度，从国内购入 1 台安全生产设备并于当月投入使用，增值税专用发票注明价款 600 万元，进项税 96

万元，企业采用直线法按 5 年计提折旧，残值率 8%（经税务机构认可），税法规定该设备直线法折旧年限为 10 年。计算应纳税所得额时，安全设备折旧费应调整的金额是（　　）万元。

A.27.60　　B.33.25　　C.36.80　　D.43.01

【正确答案】A**【答案解析】**会计上的折旧 = 600×（1−8%）÷5÷12×6 = 55.2（万元），所得税允许的折旧 = 600×（1−8%）÷10÷12×6 = 27.6（万元），所以，安全设备折旧费影响所得额调增 27.6 万元（55.2−27.6）。

2. 生物资产的税务处理

生产性生物资产，是指企业为生产农产品、提供劳务或者出租等而持有的生物资产，包括经济林、薪炭林、产畜和役畜等。生产性生物资产按照以下方法确定计税基础：①外购的生产性生物资产，以购买价款和支付的相关税费为计税基础；②通过捐赠、投资、非货币性资产交换、债务重组等方式取得的生产性生物资产，以该资产的公允价值和支付的相关税费为计税基础。生产性生物资产按照直线法计算的折旧，准予扣除。企业应当自生产性生物资产投入使用月份的次月起计算折旧；停止使用的生产性生物资产，应当自停止使用月份的次月起停止计算折旧。企业应当根据生产性生物资产的性质和使用情况，合理确定生产性生物资产的预计净残值。生产性生物资产的预计净残值一经确定，不得变更。生产性生物资产计算折旧的最低年限如下：①林木类生产性生物资产为 10 年；②畜类生产性生物资产为 3 年。

3. 无形资产的税务处理

无形资产，是指企业为生产产品、提供劳务、出租或者经营管理而持有的、没有实物形态的非货币性长期资产，包括专利权、商标权、著作权、土地使用权、非专利技术、商誉等。无形资产按照以下方法确定计税基础：

（1）外购的无形资产，以购买价款和支付的相关税费以及直接归属于使该资产达到预定用途发生的其他支出为计税基础；

（2）自行开发的无形资产，以开发过程中该资产符合资本化条件后至达到预定用途前发生的支出为计税基础；

（3）通过捐赠、投资、非货币性资产交换、债务重组等方式取得的无形资产，以该资产的公允价值和支付的相关税费为计税基础。

无形资产按照直线法计算的摊销费用，准予扣除。无形资产的摊销年限不得低于 10 年。作为投资或者受让的无形资产，有关法律规定或者合同约定了使用年限的，可以按照规定或者约定的使用年限分期摊销。外购商誉的支出，在企业整体转让或者清算时，准予扣除。

企事业单位购进软件，凡符合固定资产或无形资产确认条件的，可以按照固定资产或无形资产进行核算，其折旧或摊销年限可以适当缩短，最短可为 2 年（含）（财税〔2012〕27 号）。

【学中做·多选题】关于无形资产的企业所得税处理，下列说法正确的有（　　）。

A. 无形资产的摊销，采用直线法摊销年限不得低于 10 年

B. 外购商誉的支出，在企业整体转让或清算时扣除

C. 作为投资的无形资产，有关合同约定了使用年限的，可按照约定的使用年限摊销

D. 自创商誉不得计算摊销使用扣除

E. 通过债务重组方式取得的无形资产，以应收债权和支付的相关税费作为计税基础

【正确答案】ABCD**【答案解析】**通过捐赠、投资、非货币性资产交换、债务重组等方式取得的无形资产，以该资产的公允价值和支付的相关税费为计税基础；无形资产按照直线法计算的摊销费用，准予扣除；无形资产的摊销年限不得低于 10 年；作为投资或者受让的无形资产，有关法律规定或者合同约定了使用年限的，可以按照规定或者约定的使用年限分期摊销；外购商誉的支出，在企业整体转让或者清算时，准予扣除。

4. 长期待摊费用的税务处理

长期待摊费用，是指企业发生的应在 1 个年度以上或几个年度进行摊销的费用。企业发生的下列支出作为长期待摊费用，按照规定摊销的（即分期扣除），准予扣除。具体规定如表 4-11 所示。

表4-11　长期待摊费用的税务处理

<table>
<tr><th colspan="2">已足额提取折旧的固定资产的改建支出</th><th>按照固定资产预计尚可使用年限分期摊销</th></tr>
<tr><td colspan="2">租入固定资产的改建支出</td><td>按照合同约定的剩余租赁期限分期摊销</td></tr>
<tr><td>固定资产的大修理支出</td><td>按照固定资产尚可使用年限分期摊销</td><td>大修理支出，是指同时符合下列条件的支出：①修理支出达到取得固定资产时的计税基础50%以上。
② 修理后使用年限延长2年以上</td></tr>
<tr><td colspan="3">企业的固定资产修理支出可在发生当期直接扣除（当期直接扣除）</td></tr>
<tr><td colspan="2">其他应当作为长期待摊费用的支出</td><td>支出发生月份的次月起分期摊销，摊销年限不得低于3年</td></tr>
</table>

【学中做 · 多选题】根据企业所得税法律制度的规定，下列选项中，属于长期待摊费用的有（　　）。

A. 购入固定资产的支出

B. 固定资产的大修理

C. 租入固定资产的改建支出

D. 已足额提取折旧的固定资产的改建支出

【正确答案】BCD。

5. 存货的税务处理

存货，是指企业持有以备出售的产品或者商品、处在生产过程中的在产品、在生产或者提供劳务过程中耗用的材料和物料等。存货按照以下方法确定成本：

（1）通过支付现金方式取得的存货，以购买价款和支付的相关税费为成本；

（2）通过支付现金以外的方式取得的存货，以该存货的公允价值和支付的相关税费为成本；

（3）生产性生物资产收获的农产品，以产出或者采收过程中发生的材料费、人工

费和分摊的间接费用等必要支出为成本。

企业使用或者销售的存货的成本计算方法，可以在先进先出法、加权平均法、个别计价法中选用一种。计价方法一经选用，不得随意变更。企业使用或者销售存货，按照规定计算的存货成本，准予在计算应纳税所得额时扣除。

6. 投资资产的税务处理

投资资产，是指企业对外进行权益性投资和债权性投资形成的资产。企业对外投资期间，投资资产的成本在计算应纳税所得额时不得扣除。企业在转让或者处置投资资产时，投资资产的成本准予扣除。投资资产按照以下方法确定成本：

（1）通过支付现金方式取得的投资资产，以购买价款为成本；

（2）通过支付现金以外的方式取得的投资资产，以该资产的公允价值和支付的相关税费为成本。

【学中做 · 判断题】企业投资期间，投资资产的成本在计算企业所得税应纳税所得额时不得扣除。（　　）

【正确答案】√**【答案解析】**企业对外投资期间，投资资产的成本在计算应纳税所得额时不得扣除。企业在转让或者处置投资资产时，投资资产的成本准予扣除。

7. 资产损失的所得税处理

资产损失，是指企业在生产经营活动中实际发生的、与取得应税收入有关的资产损失，包括现金损失，存款损失，坏账损失，贷款损失，股权投资损失，固定资产和存货的盘亏、毁损、报废、被盗损失，自然灾害等不可抗力因素造成的损失以及其他损失。企业发生上述资产损失，应在按税法规定实际确认或者实际发生的当年申报扣除。企业以前年度发生的资产损失未能在当年税前扣除的，可以按照规定，向税务机关说明并进行专项申报扣除。其中，属于实际资产损失，准予追补至该项损失发生年度扣除，其追补确认期限一般不得超过 5 年。企业因以前年度实际资产损失未在税前扣除而多缴的企业所得税税款，可在追补确认年度企业所得税应纳税款中予以抵扣，不足抵扣的，向以后年度递延抵扣。

【学中做 · 计算题】某企业 2023 年发生意外事故，损失库存外购原材料 32.79 万元（含运费 2.79 万元），相关进项税额均已抵扣，取得保险公司赔款 8 万元。

要求：计算税前扣除的损失。

【正确答案】税前扣除的损失＝32.79+（32.79−2.79）×13%+2.79×9%−8＝28.94（万元）。

（四）税收优惠

我国企业所得税的税收优惠包括免税收入、可以减免税的所得、优惠税率、民族自治地方的减免税、加计扣除、抵扣应纳税所得额、加速折旧、减计收入、抵免应纳税额和其他专项优惠政策。

微课－税收优惠（上）

1. 减免税所得

（1）从事农、林、牧渔业项目的所得

企业从事下列项目的所得，免征企业所得税：

① 蔬菜、谷物、薯类、油料、豆类、棉花、麻类、糖料、水果、坚果的种植。

② 农作物新品种的选育。

③ 中药材的种植。

④ 林木的培育和种植。

⑤ 牲畜、家禽的饲养。

⑥ 林产品的采集。

⑦ 灌溉、农产品的初加工、兽医、农技推广、农机作业和维修等农、林、牧、渔服务业项目。

⑧ 远洋捕捞。

企业从事下列项目的所得，减半征收企业所得税：

① 花卉、茶以及其他饮料作物和香料作物的种植；

② 海水养殖、内陆养殖。

【学中做 · 单选题】根据企业所得税法律制度的规定，企业从事下列项目的所得，减半征收企业所得税的是（　　）。

A. 花卉企业　　B. 谷物企业　　C. 中药材企业　　D. 蔬菜企业

【正确答案】A**【答案解析】**下列所得减半计征：花卉、茶以及其他饮料作物和香料作物的种植；海水养殖、内陆养殖。选项 BCD 取得的所得免征。

（2）从事国家重点扶持的公共基础设施项目投资经营的所得

企业从事规定的国家重点扶持的公共基础设施项目的投资经营的所得，自项目取得第一笔生产经营收入所属纳税年度起，第一年至第三年免征企业所得税，第四年至第六年减半征收企业所得税。

（3）从事符合条件的环境保护、节能节水项目的所得

企业从事规定的符合条件的环境保护、节能节水项目的所得，自项目取得第一笔生产经营收入所属纳税年度起，第一年至第三年免征企业所得税，第四年至第六年减半征收企业所得税。

（4）符合条件的技术转让所得

一个纳税年度内，居民企业转让技术所有权所得不超过 500 万元的部分，免征企业所得税；超过 500 万元的部分，减半征收企业所得税（增值税免征）。

技术转让的范围，包括居民企业转让专利技术（法律授予独占权的发明、实用新型和非简单改变产品图案的外观设计）、计算机软件著作权、集成电路布图设计权、植物新品种、生物医药新品种，5 年以上（含 5 年）非独占许可使用权，以及财政部和国家税务总局确定的其他技术。计算公式为：

技术转让所得 = 技术转让收入 − 技术转让成本 − 相关税费。

或：技术转让所得 = 技术转让收入 − 无形资产摊销费用 − 相关税费 − 应分摊期间费用（5 年以上非独占许可使用权）。

【学中做 · 单选题】甲公司为居民企业，2023 年取得符合条件的技术转让所得 600 万元，在计算甲公司 2023 年度企业所得税应纳税所得额时，技术转让所得应纳税调减的金额是（　　）。

A.550 万元　　B.100 万元　　C.350 万元　　D.300 万元

【正确答案】A**【答案解析】**符合条件的技术转让所得不超过 500 万元的部分，免征企业所得税；超过 500 万元的部分，减半征收企业所得税。因此需要调减的金额是 500+（600−500）×50% = 550（万元）。

（5）非居民企业税收优惠

在中国境内未设立机构、场所，或者虽设立机构、场所但取得的所得与其所设机构、场所没有实际联系的非居民企业减按 10% 的税率征收。上述非居民企业取得下列所得免征：①外国政府向中国政府提供贷款取得的利息所得；②国际金融组织向中国政府和居民企业提供优惠贷款取得的利息所得；③经国务院批准的其他所得。

2. 不同企业类型税收优惠

（1）小型微利企业

依据财政部、税务总局《关于进一步实施小微企业所得税优惠政策的公告》（财政部、税务总局公告 2022 年第 13 号）相关规定，自 2023 年 1 月 1 日至 2024 年 12 月 31 日，对小型微利企业年应纳税所得额不超过 300 万元的部分，减按 25% 计入应纳税所得额，按 20% 的税率缴纳企业所得税（25%×20%=5%，实际税率为 5%）。上述小型微利企业是指从事国家非限制和禁止行业，且同时符合年度应纳税所得额不超过 300 万元、从业人数不超过 300 人、资产总额不超过 5000 万元等三个条件的企业。

从业人数，包括与企业建立劳动关系的职工人数和企业接受的劳务派遣用工人数。所称从业人数和资产总额指标，应按企业全年的季度平均值确定。具体计算公式如下：

季度平均值 =（季初值 + 季末值）÷2

全年季度平均值 = 全年各季度平均值之和 ÷4

年度中间开业或者终止经营活动的，以其实际经营期作为一个纳税年度确定上述相关指标。小型微利企业无论按查账征收方式还是按核定征收方式缴纳企业所得税，均可享受优惠政策。

【学中做 · 计算题】某企业 2023 年符合企业所得税关于小型微利企业的条件，年应纳税所得额 125 万元。

要求：计算其应缴纳企业所得税应纳税额。

【正确答案】应缴纳企业所得税应纳税额 =125×25%×20% = 6.25（万元）。

【学中做·单选题】某企业 2022 年亏损 80 万，2023 年纳税调整后所得为 360 万元，从业人数 266 人，资产总额 3560 万，该企业 2023 年应纳所得税为（　　）万元。

A.14　　B.28　　C.31　　D.90

【正确答案】A**【答案解析】**以弥补亏损后的应纳税所得额判断该企业是否符合小型微利企业条件。应纳税额 =（360−80）×25%×20% = 14（万元）。

（2）高新技术企业

国家需要重点扶持的高新技术企业减按 15% 的税率征收企业所得税。

（3）技术先进型服务企业

自 2018 年 1 月 1 日起，对经认定的技术先进型服务企业（服务贸易类），减按 15% 的税率征收企业所得税。

（4）集成电路设计企业和软件企业

依法成立且符合条件的集成电路设计企业和软件企业，在 2019 年 12 月 31 日前自获利年度起计算优惠期，第一年至第二年免征企业所得税，第三年至第五年按照 25% 的法定税率减半征收企业所得税，并享受至期满为止。

（5）经营性文化事业单位

2019 年 1 月 1 日至 2023 年 12 月 31 日，经营性文化事业单位转制为企业，自转制注册之日起五年内免征企业所得税。2018 年 12 月 31 日之前已完成转制的企业，自 2019 年 1 月 1 日起可继续免征五年企业所得税。经营性文化事业单位是指从事新闻出版、广播影视和文化艺术的事业单位。

3. 民族自治地方的减免税

（1）民族自治地方的自治机关对本民族自治地方的企业应缴纳的企业所得税中属于地方分享的部分，可以决定减征或者免征。自治州、自治县决定减征或者免征的，须报省、自治区、直辖市人民政府批准。

（2）对民族自治地方内国家限制和禁止行业的企业，不得减征或者免征企业所得税。

4. 加计扣除

（1）研究开发费用

企业为开发新技术、新产品、新工艺发生的研究开发费用，未形成无形资产计入当期损益的，在按照规定据实扣除的基础上，按照研究开发费用的 50% 加计扣除；形成无形资产的，按照无形资产成本的 150% 摊销。企业开展研发活动中实际发生的研发费用，未形成无形资产计入当期损益的，在按规定据实扣除的基础上，自 2023 年 1 月 1 日起，再按照实际发生额的 100% 在税前加计扣除；形成无形资产的，自 2023 年 1 月 1 日起，按照无形资产成本的 200% 在税前摊销。

需要说明的是，制造业企业 2021 年 1 月 1 日起执行以上政策，科技型中小企业 2022 年 1 月 1 日起执行以上政策。

研发费用的具体范围包括：

① 人员人工费用

指直接从事研发活动人员的工资薪金、基本养老保险费、基本医疗保险费（不含补充养老保险和补充医疗保险）、失业保险费、工伤保险费、生育保险费和住房公积金，以及外聘研发人员的劳务费。

直接从事研发活动人员包括研究人员、技术人员、辅助人员。研究人员是指主要从事研究开发项目的专业人员；技术人员是指具有工程技术、自然科学和生命科学中一个或一个以上领域的技术知识和经验，在研究人员指导下参与研发工作的人员；辅助人员是指参与研究开发活动的技工。外聘研发人员是指与本企业或劳务派遣企业签订劳务用工协议（合同）和临时聘用的研究人员、技术人员、辅助人员。接受劳务派遣的企业按照协议（合同）约定支付给劳务派遣企业，且由劳务派遣企业实际支付给外聘研发人员的工资薪金等费用，属于外聘研发人员的劳务费用。

工资薪金包括按规定可以在税前扣除的对研发人员股权激励的支出。

直接从事研发活动的人员、外聘研发人员同时从事非研发活动的，企业应对其人员活动情况做必要记录，并将其实际发生的相关费用按实际工时占比等合理方法在研发费用和生产经营费用间分配，未分配的不得加计扣除。

② 直接投入费用

指研发活动直接消耗的材料、燃料和动力费用；用于中间试验和产品试制的模具、工艺装备开发及制造费，不构成固定资产的样品、样机及一般测试手段购置费，试制产品的检验费；用于研发活动的仪器、设备的运行维护、调整、检验、维修等费用，以及通过经营租赁方式租入的用于研发活动的仪器、设备租赁费。

以经营租赁方式租入的用于研发活动的仪器、设备，同时用于非研发活动的，企业应对其仪器设备使用情况做必要记录，并将其实际发生的租赁费按实际工时占比等合理方法在研发费用和生产经营费用间分配，未分配的不得加计扣除。

企业研发活动直接形成产品或作为组成部分形成的产品对外销售的，研发费用中对应的材料费用不得加计扣除。产品销售与对应的材料费用发生在不同纳税年度且材料费用已计入研发费用的，可在销售当年以对应的材料费用发生额直接冲减当年的研发费用，不足冲减的，结转以后年度继续冲减。

③ 折旧费用

指用于研发活动的仪器、设备的折旧费。

用于研发活动的仪器、设备，同时用于非研发活动的，企业应对其仪器设备使用情况做必要记录，并将其实际发生的折旧费按实际工时占比等合理方法在研发费用和生产经营费用间分配，未分配的不得加计扣除。

企业用于研发活动的仪器、设备，符合税法规定且选择加速折旧优惠政策的，在享受研发费用税前加计扣除政策时，就税前扣除的折旧部分计算加计扣除。

④ 无形资产摊销

指用于研发活动的软件、专利权、非专利技术（包括许可证、专有技术、设计和计算方法等）的摊销费用。

用于研发活动的无形资产，同时用于非研发活动的，企业应对其无形资产使用情况做必要记录，并将其实际发生的摊销费按实际工时占比等合理方法在研发费用和生产经营费用间分配，未分配的不得加计扣除。

用于研发活动的无形资产，符合税法规定且选择缩短摊销年限的，在享受研发费用税前加计扣除政策时，就税前扣除的摊销部分计算加计扣除。

⑤ 新产品设计费、新工艺规程制定费、新药研制的临床试验费、勘探开发技术的现场试验费。

指企业在新产品设计、新工艺规程制定、新药研制的临床试验、勘探开发技术的现场试验过程中发生的与开展该项活动有关的各类费用。

⑥ 其他相关费用

指与研发活动直接相关的其他费用，如技术图书资料费、资料翻译费、专家咨询费、高新科技研发保险费，研发成果的检索、分析、评议、论证、鉴定、评审、评估、验收费用，知识产权的申请费、注册费、代理费，差旅费、会议费，职工福利费、补充养老保险费、补充医疗保险费。

此类费用总额不得超过可加计扣除研发费用总额的 10%。企业在一个纳税年度内同时开展多项研发活动的，统一计算全部研发项目“其他相关费用”限额。

⑦ 财政部和国家税务总局规定的其他费用

企业委托境内的外部机构或个人进行研发活动发生的费用，按照费用实际发生额的 80% 计入委托方研发费用并按规定计算加计扣除；委托境外机构（不含个人）进行研发活动所发生的费用，按照费用实际发生额的 80% 计入委托方的委托境外研发费用。委托境外研发费用不超过境内符合条件的研发费用 2/3 的部分，可以按规定在企业所得税前加计扣除。例如某企业 2023 年境内符合条件的研发费用为 60 万元，其委托境外研发费用为 50 万元，按照费用实际发生额的 80% 计入委托方的委托境外研发费用为 40 万元，未超过境内符合条件的研发费用 2/3［60×2/3=40（万元)］，故 40 万可按规定在企业所得税前加计扣除。

不适用税前加计扣除政策的活动：①企业产品（服务）的常规性升级。②对某项科研成果的直接应用，如直接采用公开的新工艺、材料、装置、产品、服务或知识等。③企业在商品化后为顾客提供的技术支持活动。④对现存产品、服务、技术、材料或工艺流程进行的重复或简单改变。⑤市场调查研究、效率调查或管理研究。⑥作为工业（服务）流程环节或常规的质量控制、测试分析、维修维护。⑦社会科学、艺术或人文学方面的研究。

不适用税前加计扣除政策的行业：①烟草制造业。②住宿和餐饮业。③批发和零售业。④房地产业。⑤租赁和商务服务业。⑥娱乐业。⑦财政部和国家税务总局规定的其他行业。

企业应按照国家财务会计制度要求，对研发支出进行会计处理；同时，对享受加计扣除的研发费用按研发项目设置辅助账，准确归集核算当年可加计扣除的各项研发费用实际发生额。企业在一个纳税年度内进行多项研发活动的，应按照不同研发项目分别归集可加计扣除的研发费用。企业应对研发费用和生产经营费用分别核算，准确、合理归集各项费用支出，对划分不清的，不得实行加计扣除。

【学中做 · 计算题】某生物制药企业 2023 年度专门为研发新产品发生 600 万元的费用，该 600 万元独立核算。

要求：计算研发费用应调整的应纳税所得额。

【正确答案】研发费用纳税调减 = 600×100% = 600（万元）。

（2）企业投入基础研究支出

根据《财政部 税务总局关于企业投入基础研究税收优惠政策的公告》（财政部 税务总局公告 2022 年第 32 号）规定，对企业出资给非营利性科学技术研究开发机构、高等学校和政府性自然科学基金用于基础研究的支出，在计算应纳税所得额时可按实际发生额在税前扣除，并可按100%在税前加计扣除。对非营利性科研机构、高等学校接收企业、个人和其他组织机构基础研究资金收入，免征企业所得税。科研机构包括国家设立的科研机构和高等学校、民办非营利性科研机构和高等学校；用于基础研究，不包括在境外开展的研究，也不包括社会科学、艺术或人文学方面的研究。管理要求：①企业出资基础研究应签订相关协议或合同，协议或合同中需明确资金用于基础研究领域。②企业和非营利性科研机构、高等学校和政府性自然科学基金管理单位应将相关资料留存备查，包括企业出资协议、出资合同、相关票据等，出资协议、出资合同和出资票据应包含出资方、接收方、出资用途（注明用于基础研究）、出资金额等信息。

【想一想】查阅资料，想一想研发费用加计扣除比例由75%调整为100%对企业都有哪些意义？对建设创新型国家行列的意义？如减轻企业税负，鼓励企业科技创新……

【拓展阅读】

我国加快推进科技自立自强，全社会研发经费支出从一万亿增加到二万八千亿元，居世界第二位，研发人员总量居世界首位。

谈谈研发费用加计扣除对建设创新型国家的意义。

（3）企业安置残疾人员所支付的工资

企业安置残疾人员的，在按照支付给残疾职工工资据实扣除的基础上，按照支付给残疾职工工资的100%加计扣除。加计扣除满足下列条件：

① 依法与安置的每位残疾人签订了1年以上（含1年）的劳动合同或服务协议，并且安置的每位残疾人在企业实际上岗工作。

② 为安置的每位残疾人按月足额缴纳了符合规定的基本养老、基本医疗、失业和工伤等社会保险。（仅指“职工基本养老和基本医疗保险”，不含“城居养老和医疗保险”“农村养老保险和合作医疗”。）

③ 定期通过银行等金融机构向安置的每位残疾人实际支付了不低于企业所在区县适用的经省级人民政府批准的最低工资标准的工资。

④ 具备安置残疾人上岗工作的基本设施。

【学中做·计算题】某生物制药企业2023年度实发工资5000万元，其中残疾人工资100万元。要求：计算残疾人员工资应调整的应纳税所得额。

【正确答案】残疾人员工资纳税调减100万元。

5. 创投企业

创业投资企业采取股权投资方式直接投资于未上市的中小高新技术企业满2年的，可以按照其投资额的70%在股权持有满两年的当年抵扣该创业投资企业的应纳税所得额；当年不足抵扣的，可以在以后纳税年度结转抵扣。

6. 加速折旧

（1）一般性加速折旧

微课－税收优惠（下）

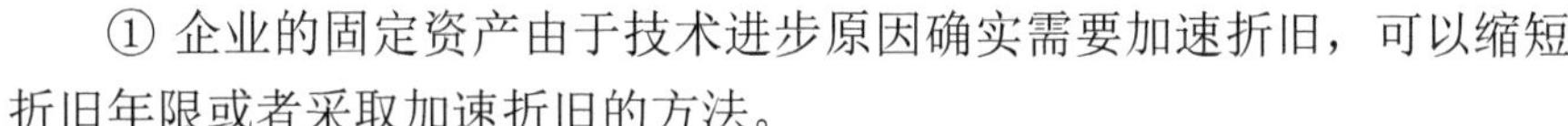

① 企业的固定资产由于技术进步原因确实需要加速折旧，可以缩短折旧年限或者采取加速折旧的方法。

② 可以加速折旧的固定资产包括：由于技术进步，产品更新换代较快的固定资产；常年处于强震动、高腐蚀状态的固定资产。

③ 采取缩短折旧年限方法的，最低折旧年限不得低于规定折旧年限的 60%；采取加速折旧方法的，可以采取双倍余额递减法或者年数总和法。

（2）特殊性加速折旧

① 所有行业企业持有的固定资产单位价值≤ 5000 元的固定资产一次性扣除。

② 所有行业企业在 2018 年 1 月 1 日至 2023 年 12 月 31 日新购进的设备、器具，单位价值不超过 500 万元的，允许一次性计入当期成本费用在计算应纳税所得额时扣除，不再分年度计算折旧。固定资产在投入使用月份的次月所属年度一次性税前扣除。设备、器具，是指除房屋、建筑物以外的固定资产；所谓购进，包括以货币形式购进或自行建造，其中以货币形式购进的固定资产包括购进的使用过的固定资产；以货币形式购进的固定资产，以购买价款和支付的相关税费以及直接归属于使该资产达到预定用途发生的其他支出确定单位价值，自行建造的固定资产，以竣工结算前发生的支出确定单位价值。

③ 中小微企业在 2022 年 1 月 1 日至 2022 年 12 月 31 日期间新购置的设备、器具，单位价值在 500 万元以上的，按照单位价值的一定比例自愿选择在企业所得税税前扣除。其中，企业所得税法实施条例规定最低折旧年限为 3 年的设备器具，单位价值的 100% 可在当年一次性税前扣除；最低折旧年限为 4 年、5 年、10 年的，单位价值的 50% 可在当年一次性税前扣除，其余 50% 按规定在剩余年度计算折旧进行税前扣除。中小微企业是指从事国家非限制和禁止行业，且符合以下条件的企业：a. 信息传输业、建筑业、租赁和商务服务业：从业人员 2000 人以下，或营业收入 10 亿元以下或资产总额 12 亿元以下；b. 房地产开发经营：营业收入 20 亿元以下或资产总额 1 亿元以下；c. 其他行业：从业人员 1000 人以下或营业收入 4 亿元以下。设备、器具，是指除房屋、建筑物以外的固定资产；所称从业人数，包括与企业建立劳动关系的职工人数和企业接受的劳务派遣用工人数。从业人数和资产总额指标，应按企业全年的季度平均值确定。具体计算公式如下：季度平均值 =（季初值 + 季末值）÷2，全年季度平均值 = 全年各季度平均值之和 ÷4。年度中间开业或者终止经营活动的，以其实际经营期作为一个纳税年度确定上述相关指标。企业选择适用上述政策当年不足扣除形成的亏损，可在以后 5 个纳税年度结转弥补，享受其他延长亏损结转年限政策的企业可按现行规定执行。

④ 高新技术企业在 2022 年 10 月 1 日至 2022 年 12 月 31 日期间新购置的设备、器具，允许当年一次性全额在计算应纳税所得额时扣除，并允许在税前实行 100% 加计扣除。

⑤ 全部制造业的小型微利企业新购进的研发和生产经营共用的仪器、设备单位

价值≤ 100 万元可在当年一次性税前扣除。

⑥ 所有行业企业新购进的专门用于研发的仪器、设备单位价值≤ 100 万元可在当年一次性税前扣除。

【想一想】查阅资料，想一想固定资产加速折旧对企业都有哪些意义？如可加速制造业固定资产的更新换代、缓解企业因税负造成的现金流压力……

7. 减计收入

（1）企业生产国家非限制和禁止并符合国家和行业相关标准的产品取得的收入，减按 90% 计入收入总额。原材料占生产产品材料的比例不得低于优惠目录规定的标准。

（2）自 2019 年 6 月 1 日起至 2025 年 12 月 31 日，社区提供养老、托育、家政等服务的机构，提供社区养老、托育、家政服务取得的收入，在计算应纳税所得额时，减按 90% 计入收入总额。社区包括城市社区和农村社区。

8. 应纳税额抵免

（1）企业购置并实际使用《优惠目录》等规定的环境保护、节能节水、安全生产等专用设备的，该专用设备的投资额的 10% 可以从企业当年的应纳税额中抵免；当年不足抵免的，可以在以后 5 个纳税年度结转抵免。

（2）企业购置上述专用设备在 5 年内转让、出租的，应当停止享受企业所得税优惠，并补缴已经抵免的企业所得税税款。

（3）购置并实际使用的环境保护、节能节水和安全生产专用设备，包括承租方企业以融资租赁方式租入的、并在融资租赁合同中约定租赁期届满时租赁设备所有权转移给承租方企业，且符合规定条件的上述专用设备。凡融资租赁期届满后租赁设备所有权未转移至承租方企业的，承租方企业应停止享受抵免企业所得税优惠，并补缴已经抵免的企业所得税税款。

增值税一般纳税人购进固定资产发生的进项税额已经从其销项税额中抵扣的，其专用设备投资额不再包括增值税进项税额；如增值税进项税额不允许抵扣，其专用设备投资额应为增值税专用发票上注明的价税合计金额。企业购买专用设备取得普通发票的，其专用设备投资额为普通发票上注明的金额。

【学中做·计算题】某生产企业为增值税一般纳税人，2023 年 10 月购进属于《安全生产专用设备企业所得税优惠目录》规定的安全生产专用设备，取得增值税专用发票，注明价款 500 万元，进项税额 80 万元。该企业 2023 年度的应纳税所得额为 1652.86 万元。

要求：计算该企业 2023 年度的应缴纳的企业所得税税额。

【正确答案】该企业 2023 年度应缴纳的企业所得税税额 = 1652.86×25%−500×10% = 363.22（万元）。

9. 债券利息减免税

（1）对企业取得的 2012 年及以后年度发行的地方政府债券利息收入，免征企业所得税。

（2）自 2018 年 11 月 7 日起至 2025 年 11 月 6 日止，对境外机构投资境内债券市场取得的债券利息收入暂免征收企业所得税。暂免征收企业所得税的范围不包括境外机构在境内设立的机构、场所取得的与该机构、场所有实际联系的债券利息。

（3）对企业投资者持有 2019—2023 年发行的铁路债券取得的利息收入，减半征收企业所得税。

10. 西部大开发企业所得税优惠政策

自 2021 年 1 月 1 日至 2030 年 12 月 31 日，对设在西部地区的鼓励类产业企业减按 15% 的税率征收企业所得税。鼓励类产业企业是指以《西部地区鼓励类产业目录》中规定的产业项目为主营业务，且其主营业务收入占企业收入总额 60% 以上的企业。

二、应纳税额计算

企业所得税应纳税额的计算公式为：

应纳税额 = 应纳税所得额 × 适用税率 − 减免税额 − 抵免税额

其中：应纳税所得额 = 会计利润总额 ± 纳税调整项目金额

企业取得的下列所得已在境外缴纳的所得税税额，可以从其当期应纳税额中抵免，抵免限额为该项所得依照规定计算的应纳税额；超过抵免限额的部分，可以在以后 5 个年度内，用每年抵免限额抵免当年应抵税额后的余额进行抵补：

（1）居民企业来源于中国境外的应税所得。

（2）非居民企业在中国境内设立机构、场所，取得发生在中国境外但与该机构、场所有实际联系的应税所得。

（3）已在境外缴纳的所得税税额，是指企业来源于中国境外的所得依照中国境外税收法律以及相关规定应当缴纳并已经实际缴纳的企业所得税性质的税款。

（4）企业可以选择按国（地区）别分别计算［即“分国（地区）不分项”］，或者不按国（地区）别汇总计算［即“不分国（地区）不分项”］其来源于境外的应纳税所得额，按照规定的税率，分别计算其可抵免境外所得税税额和抵免限额。上述方式一经选择，5 年内不得改变。

【学中做 · 单选题】甲公司 2023 年应纳税所得额为 1000 万元，减免税额为 10 万元，抵免税额为 20 万元，所得税税率为 25%，则企业所得税应纳税额的计算公式中，正确的是（　　）。

A.1000×25%−20 = 230（万元）　　B.1000×25%−10−20 = 220（万元）

C.1000×25%−10 = 240（万元）　　D.1000×25% = 250（万元）

【正确答案】B**【答案解析】**企业所得税的应纳税额 = 应纳税所得额 × 税率 − 减免税额 − 抵免税额。

【学中做 · 单选题】甲公司为居民企业，2023 年度取得境内所得 1 000 万元，境外所得 200 万元。已在境外实际缴纳企业所得税性质的税款 40 万元。已知企业所得税税率为 25%。计算甲公司 2023 年度应缴纳企业所得税税额的下列算式中，正确的是（　　）。

A.（1000+200）×25%−40 = 260（万元）　B.（1000+200）×25% = 300（万元）

C. 1000×25% = 250（万元）　D.（1000−200）×25% = 200（万元）

【正确答案】A**【答案解析】**境外所得抵免限额 = 200×25%（我国企业所得税税

率）= 50（万元）大于在境外已缴税额 40 万元，境外所得抵免额为 40 万元，超过部分（50−40=10）可结转未来 5 年内抵补；2023 年应纳税额 =（1000+200）×25%−40 = 260（万元）。

【任务实施】

1. 第一步计算会计利润

因增值税不计入“税金及附加”项目，所以税金及附加 =160−120=40（万元），会计利润总额 = 4000+80−2600−770−480−60−（160−120）−50 = 80（万元）。

2. 第二步计算纳税调整项目

纳税调整项目如表 4-12 所示。

表4-12　纳税调整项目计算过程　　单位：万元

项目	会计	税法	纳税调整
广告费和业务宣传费	650	4000×15% = 600	50
业务招待费	25	标准1：25×60% = 15 标准2：4000×5‰ = 20 孰低原则，选15作为扣除限额	10
捐赠支出	30	80×12% = 9.6	20.4
税收滞纳金	6	0	6
工会经费	5	200×2% = 4	1
职工福利费	31	200×14% = 28	3
职工教育费	18	200×8% = 16	2
合计（纳税调增金额）			92.4

注：“会计”栏目代表会计处理时记录的实际发生额，“税法”栏目代表企业所得税法规定扣除标准计算的允许税前扣除的金额，“纳税调整”栏目如果是正数为纳税调增，如果是负数为纳税调减。

3. 第三步计算应纳税所得额及税额

应纳税所得额 = 会计利润总额 + 纳税调增 − 纳税调减 =80（利润总额）+92.4（纳税调增）= 172.4（万元）；假如不符合小型微利企业条件，那么 2023 年企业所得税应纳税额 = 172.4×25% = 43.1（万元）。

【任务总结】

本任务主要学习了企业所得税的纳税人、征税对象、税率、减免税、应纳税所得额确定、资产的所得税处理、税收优惠、应纳税额计算等内容，重点掌握企业所得税应纳税所得额、应纳税额的计算。

【职业素养提升】

谈谈研发费用加计扣除政策具体规定，议一议此政策对建设创新型国家的意义。

【岗课赛证融通测评】

任务一岗课赛证融通测评

【知识技能评价】

知识技能评价表

业务能力	评价内容	评价结果	改进措施
纳税人、征税对象及税率	1. 纳税义务人 2. 征税对象 3. 税率	□A　□B　□C □A　□B　□C □A　□B　□C	1. 2. 3.
应纳税所得额计算	1. 收入总额 2. 一般收入的确认 3. 特殊收入的确认 4. 处置资产收入的确认 5. 不征税收入和免税收入 6. 扣除原则和范围 7. 扣除项目及其标准 8. 不得扣除项目 9. 亏损弥补 10. 非居民企业的应纳税所得额	□A　□B　□C □A　□B　□C □A　□B　□C □A　□B　□C □A　□B　□C □A　□B　□C □A　□B　□C □A　□B　□C □A　□B　□C □A　□B　□C	1. 2. 3.
资产与资产损失的所得税处理	1. 固定资产的税务处理 2. 生物资产的税务处理 3. 无形资产的税务处理 4. 长期待摊费用的税务处理 5. 存货的税务处理 6. 投资资产的税务处理 7. 资产损失的所得税处理	□A　□B　□C □A　□B　□C □A　□B　□C □A　□B　□C □A　□B　□C □A　□B　□C □A　□B　□C	1. 2. 3.
税收优惠	1. 减免所得税 2. 不同企业类型税收优惠 3. 民族自治区地方的减免税 4. 加计扣除 5. 创投企业 6. 加速折旧 7. 减计收入 8. 应纳税额抵免 9. 债券利息减免税 10. 西部大开发企业所得税优惠政策	□A　□B　□C □A　□B　□C □A　□B　□C □A　□B　□C □A　□B　□C □A　□B　□C □A　□B　□C □A　□B　□C □A　□B　□C □A　□B　□C	1. 2. 3.
说明：在□中打√，A掌握，B基本掌握，C未掌握			
任课教师评语：			
成绩：		任课教师签字：	

任务二　填写企业所得税纳税申报表

【任务情景】

圆梦公司为一家从事国家非限制和禁止行业的企业，2022年全年取得收入总额为29800万元，其中，销售商品取得收入2000万元，提供劳务取得收入980万元；取得政府补助收入20万元。成本支出共计2000万，其中，销售商品对应的成本为1500万元，提供劳务对应的成本为500万元；税金及附加20万元，管理费用支出344.2万元，销售费用支出190万元，财务费用支出10万元，营业外支出30.8万元（30万元为捐赠支出，0.8万元为税收滞纳金）；计提坏账准备5万元；本年利润总额为400万元。

第一季度收入800万元，成本500万元，管理费用、销售费用等其他支出合计100万元。假设之前年度不存在待弥补亏损额，使用所得税税率为25%，2022年度发生下列业务：

（1）业务招待费60万元；

（2）捐赠支出30万元，其中：通过公益性社会组织对外捐赠10万元，直接向B福利院捐赠20万元；

（3）计提和发放职工薪酬200万元；

（4）福利费支出30万元，职工教育经费支出8万元；

（5）税收滞纳金0.8万元；

（6）计提坏账准备5万元；

（7）取得免税收入20万元。

任务要求：根据上述事项计算圆梦公司2022年度应纳所得税额，并填写企业所得税纳税申报表。

【思维导图】

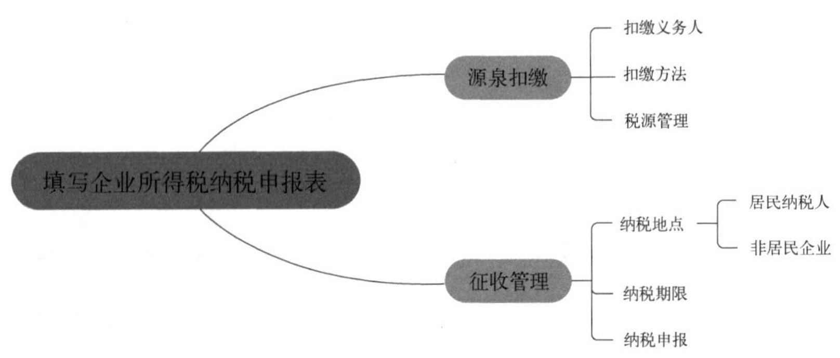

【知识准备】

一、源泉扣缴

（一）扣缴义务人

对非居民企业在中国境内未设立机构、场所的，或者虽设立机构、场所但取得的所得与其所设机构、场所没有实际联系的所得应缴纳的所得税，实行源泉扣缴，以支付人为扣缴义务人。税款由扣缴义务人在每次支付或者到期应支付时，从支付或者到期应支付的款项中扣缴。

对非居民企业在中国境内取得工程作业和劳务所得应缴纳的所得税，税务机关可以指定工程价款或者劳务费的支付人为扣缴义务人。

（二）扣缴方法

应当扣缴的所得税，扣缴义务人未依法扣缴或者无法履行扣缴义务的，由企业在所得发生地缴纳。企业未依法缴纳的，税务机关可以从该企业在中国境内其他收入项目的支付人应付的款项中，追缴该企业的应纳税款。（在中国境内存在多处所得发生地的，由企业选择其中之一申报缴纳企业所得税）

扣缴义务人每次代扣的税款，应当自代扣之日起 7 日内缴入国库，并向所在地的税务机关报送扣缴企业所得税报告表。

（三）税源管理

扣缴义务人与非居民企业首次签订与应税所得有关的业务合同或协议的，扣缴义务人应当自合同签订之日起 30 日内，向其主管税务机关申报办理扣缴税款登记。

扣缴义务人每次与非居民企业签订与应税所得有关的业务合同应当自合同签订之日起 30 日内，向其主管税务机关报送《扣缴企业所得税合同备案登记表》、合同复印件及相关资料。

二、征收管理

（一）纳税地点

纳税地点如表 4-13 所示。

表4-13　企业所得税纳税地点

纳税人		纳税地点
居民纳税人	登记注册地为境内的	登记注册地
	登记注册在境外的	实际管理机构所在地
	不具有法人资格的营业机构	汇总
非居民企业	境内设立机构场所	机构场所所在地
	境内设立两个或两个以上机构的	选择由其主要机构、场所汇总缴纳
	未设立机构场所或虽设立但有无实际联系所得的	扣缴义务人所在地

（二）纳税期限

企业所得税按年计征，分月或者分季预缴，年终汇算清缴，多退少补。

自年度终了之日起 5 个月内，向税务机关报送年度企业所得税纳税申报表，并汇算清缴，结清应缴应退税款。

企业在一个纳税年度中间开业，或者终止经营活动，使该纳税年度的实际经营期不足 12 个月的，应当以其实际经营期为 1 个纳税年度。

企业清算时，应将整个清算期作为一个独立的纳税年度计算清算所得。

企业在年度中间终止经营活动的，应当自实际经营终止之日起 60 日内，向税务机关办理当期企业所得税汇算清缴。

【学中做 · 判断题】企业应当自年度终了之日起 5 个月内，向税务机关报送年度企业所得税纳税申报表，并汇算清缴，结清应缴应退税款。（ ）

【正确答案】√。

（三）纳税申报

按月或按季预缴的，应当自月份或者季度终了之日起 15 日内，向税务机关报送预缴企业所得税纳税申报表，预缴税款。

企业在报送企业所得税纳税申报表时，应当按照规定附送财务会计报告和其他有关资料。

企业应当在办理注销登记前，就其清算所得向税务机关申报并依法缴纳企业所得税。

企业分月或者分季预缴企业所得税时，应当按照月度或者季度的实际利润额预缴；按照月度或者季度的实际利润额预缴有困难的，可以按照上一纳税年度应纳税所得额的月度或者季度平均额预缴，或者按照经税务机关认可的其他方法预缴。预缴方法一经确定，该纳税年度内不得随意变更。

【任务实施】

一、企业所得税应纳税额计算

（1）圆梦公司发生的业务招待费按照发生额的 60% 扣除，60×60%=36（万元），销售（营业）收入的 5‰ =3000×5‰ =15（万元），根据孰低原则，可以税前扣除的业务招待费为 15 万元。应纳税调增金额 =60−15=45（万元）。

（2）圆梦公司发生的公益性捐赠支出扣除限额 =400×12%=48（万元），2022 年发生公益性捐赠支出 10 万元可以全额税前扣除，但直接向 B 福利院捐赠 20 万元属于非公益性捐赠支出，不得税前扣除。应纳税调增金额 =20（万元）。

（3）圆梦公司可以税前扣除的职工福利费限额 =200×14%=28（万元），本年度发生 30 万元，超过限额 2 万元，应纳税调增 2 万元；圆梦公司可以税前扣除的职工教育经费限额 =200×8%=16（万元），本年度实际发生 8 万元，可以全额税前扣除。

（4）本年度发生的税收滞纳金支出不得税前扣除，应纳税调增 0.8 万元。

（5）本年度计提的坏账准备不得税前扣除，应纳税调增 5 万元。

（6）本年度取得的免税收入应纳税调减 20 万元。

圆梦公司 2022 年度应纳税所得额 =400+45+20+2+0.8+5−20=452.80（万元）。

圆梦公司 2022 年度应纳所得税额 =452.80×25%=113.20（万元）。

二、填写企业所得税纳税申报表

企业所得税按季度预缴，在次年 1 月 1 日—5 月 31 日进行汇算清缴，以下仅以第一季度数据列示季度预缴申报表的填列。

（一）填写季度预缴纳税申报表

圆梦公司 2022 年度第一季度预缴企业所得税时，应填报“A200000 中华人民共和国企业所得税月（季）度预缴纳税申报表（A 类）”。在第“1”行次“营业收入”填列“8000000.00”，在第“2”行次“营业成本”填列“5000000.00”，在第“3”行次“利润总额”填列“2000000.00”。如表 4-14 所示。

表4-14　A200000中华人民共和国企业所得税月（季）度预缴纳税申报表（A类）

税款所属期间：2022 年 01 月 01 日　　至　　2022 年 03 月 31 日

纳税人识别号（统一社会信用代码）：□□□□□□□□□□□□□□□□□□□□□□

纳税人名称：　　　　　　　　　　　　　　　　　金额单位：人民币元（列至角分）

预缴方式	**按照实际利润额预缴**
企业类型	一般企业

优惠及附报事项有关信息

项目	**一季度**		**二季度**		**三季度**		**四季度**		**季度平均值**
	季初	**季末**	**季初**	**季末**	**季初**	**季末**	**季初**	**季末**	
从业人数	1	1							1
资产总额（万元）	317.86	263.38							302.24
国家限制或禁止行业	否				小型微利企业				是

+	附报事项名称	金额或选项
事项1	□扶贫捐赠支出全额扣除（本年累计，元）	
事项2	□软件集成电路企业按新政策或原政策执行优惠（单选：原政策/新政策）	
	预缴税款计算	**本年累计**
1	营业收入	8000000.00
2	营业成本	5000000.00
3	利润总额	2000000.00
4	加：特定业务计算的应纳税所得额	0.0
5	减：不征税收入	0.0
6	减：固定资产加速折旧、摊销（扣除）调减额（填写 A201020）	0.0
7	减：免税收入、减计收入、加计扣除（7.1+7.2+…）	0.0
	…	
8	减：所得减免（8.1+8.2+…）	0.0
	…	
9	减：弥补以前年度亏损	0.0
10	实际利润额（3+4−5−6−7−8−9）/按照上一纳税年度应纳税所得额平均额确定的应纳税所得额	2000000.00

续表

	预缴税款计算	本年累计
11	税率（25%）	0.25
12	应纳所得税额（10×11）	500000.00
13	减：减免所得税额（13.1+13.2+…）	0.0
13.1	符合条件的小型微利企业减免企业所得税	0.0
14	减：本年实际已缴纳所得税额	0.0
15	减：特定业务预缴（征）所得税额	0.0
16	本期应补（退）所得税额（11-12-13-14）/税务机关确定的本期应纳所得税额	0.0

（二）年度纳税申报表

1. 收入明细表

公司 2022 年度取得收入总额 3000 万元，应在企业所得税申报表中“一般企业收入明细表（A101010）”填报。

在第“3”行次“1. 销售商品收入”填写“20000000.00”，第“5”行次“2. 提供劳务收入”填写“10000000.00”。

填写完成后自动带到“中华人民共和国企业所得税年度纳税申报表（A 类）（A100000）”第“1”行次“营业收入”。如表 4-15 所示。

表4-15 一般企业收入明细表（A101010） 单位：元

行次	项目	金额
1	一、营业收入（2+9）	30000000.00
2	（一）主营业务收入（3+5+6+7+8）	30000000.00
3	1.销售商品收入	20000000.00
4	其中：非货币性资产交换收入	0.0
5	2.提供劳务收入	10000000.00
6	3.建造合同收入	0.0
7	4.让渡资产使用权收入	0.0
8	5.其他	0.0
9	（二）其他业务收入（10+12+13+14+15）	0.0
10	1.销售材料收入	0.0
11	其中：非货币性资产交换收入	0.0
12	2.出租固定资产收入	0.0
13	3.出租无形资产收入	0.0
14	4.出租包装物和商品收入	0.0
15	5.其他	0.0
16	二、营业外收入（17+18+19+20+21+22+23+24+25+26）	0.0
17	（一）非流动资产处置利得	0.0
18	（二）非货币性资产交换利得	0.0

续表

行次	项目	金额
19	（三）债务重组利得	0.0
20	（四）政府补助利得	0.0
21	（五）盘盈利得	0.0
22	（六）捐赠利得	0.0
23	（七）罚没利得	0.0
24	（八）确实无法偿付的应付款项	0.0
25	（九）汇兑收益	0.0
26	（十）其他	0.0

2. 成本支出明细表

公司 2022 年度发生的成本支出 2000 万元，应在企业所得税申报表中“一般企业成本支出明细表（A102010）”填报。

在第“3”行次“1. 销售商品收入”填写“15000000.00”，第“5”行次“2. 提供劳务收入”填写“5000000.00”。如表 4-16 所示。

填写完成后自动带到“中华人民共和国企业所得税年度纳税申报表（A 类）（A100000）”第“2”行次“营业成本”。

表4-16 一般企业成本支出明细表（A102010） 单位：元

行次	项目	金额
1	一、营业成本（2+9）	20000000.00
2	（一）主营业务成本（3+5+6+7+8）	20000000.00
3	1. 销售商品成本	15000000.00
4	其中：非货币性资产交换成本	0.0
5	2. 提供劳务成本	5000000.00
6	3. 建造合同成本	0.0
7	4. 让渡资产使用权成本	0.0
8	5. 其他	0.0
9	（二）其他业务成本（10+12+13+14+15）	0.0
10	1. 销售材料成本	0.0
11	其中：非货币性资产交换成本	0.0
12	2. 出租固定资产成本	0.0
13	3. 出租无形资产成本	0.0
14	4. 包装物出租成本	0.0
15	5. 其他	0.0
16	二、营业外支出（17+18+19+20+21+22+23+24+25+26）	0.0
17	（一）非流动资产处置损失	0.0
18	（二）非货币性资产交换损失	0.0

续表

行次	项目	金额
19	（三）债务重组损失	0.0
20	（四）非常损失	0.0
21	（五）捐赠支出	0.0
22	（六）赞助支出	0.0
23	（七）罚没支出	0.0
24	（八）坏账损失	0.0
25	（九）无法收回的债券股权投资损失	0.0
26	（十）其他	0.0

3. 期间费用明细表

公司2022年度发生的管理费用支出380万元、销售费用支出190万元、财务费用支出10万元，应在企业所得税申报表中“期间费用明细表（A104000）”填报。

按照费用明细对应项目据实填列，填写完成后自动带到“中华人民共和国企业所得税年度纳税申报表（A类）(A100000)”第“4”行次“销售费用”、第“5”行次“管理费用”、第“6”行次“财务费用”。如表4-17所示。

表4-17 期间费用明细表（A104000） 单位：元

行次	项目	销售费用	其中：境外支付	管理费用	其中：境外支付	财务费用	其中：境外支付
		1	2	3	4	5	6
1	一、职工薪酬	0.0	*	0.0	*	*	*
2	二、劳务费	0.0	0.0	0.0	0.0	*	*
3	三、咨询顾问费	0.0	0.0	0.0	0.0	*	*
4	四、业务招待费	0.0	*	0.0	*	*	*
5	五、广告费和业务宣传费	0.0	*	0.0	*	*	*
6	六、佣金和手续费	0.0	0.0	0.0	0.0	0.0	0.0
7	七、资产折旧摊销费	0.0	*	0.0	*	*	*
8	八、财产损耗、盘亏及毁损损失	0.0	*	0.0	*	*	*
9	九、办公费	0.0	*	0.0	*	*	*
10	十、董事会费	0.0	*	0.0	*	*	*
11	十一、租赁费	0.0	0.0	0.0	0.0	*	*
12	十二、诉讼费	0.0	*	0.0	*	*	*
13	十三、差旅费	0.0	*	0.0	*	*	*
14	十四、保险费	0.0	*	0.0	*	*	*
15	十五、运输、仓储费	0.0	0.0	0.0	0.0	*	*
16	十六、修理费	0.0	0.0	0.0	0.0	*	*
17	十七、包装费	0.0	*	0.0	*	*	*
18	十八、技术转让费	0.0	0.0	0.0	0.0	*	*
19	十九、研究费用	0.0	0.0	0.0	0.0	*	*

续表

行次	项目	销售费用	其中：境外支付	管理费用	其中：境外支付	财务费用	其中：境外支付
		1	2	3	4	5	6
20	二十、各项税费	0.0	*	*	*	*	*
21	二十一、利息收支	*	*	*	*	0.0	0.0
22	二十二、汇兑差额	*	*	*	*	0.0	0.0
23	二十三、现金折扣	*	*	*	*	0.0	*
24	二十四、党组织工作经费	*	*	0.0	*	*	*
25	二十五、其他	0.0	0.0	0.0	0.0	0.0	0.0
26	合计（1+2+3+…+25）	1900000.00	0.0	3800000.00	0.0	100000.00	0.0

4. 专项用途财政性资金纳税调整明细表

公司取得的免税收入应纳税调减 20 万元，应在企业所得税申报表中“专项用途财政性资金纳税调整明细表（A105040）”填报。

第“6”行次第 2 列“财政性资金”与第 3 列“金额”分别填写“200000.00”，填写完成后自动带到“纳税调整项目明细表（A105000）”第“9”行次“其中：专项用途财政性资金（填写 A105040）”调减金额。如表 4-18 所示。

表4-18　专项用途财政性资金纳税调整明细表（A105040）　单位：元

行次	项目	取得年度	财政性资金	其中：符合不征税收入条件的财政性资金		以前年度支出情况					本年支出情况		本年结余情况		
				金额	其中：计入本年损益的金额	前五年度	前四年度	前三年度	前二年度	前一年度	支出金额	其中：费用化支出金额	结余金额	其中：上缴财政金额	应计入本年应税收入金额
		1	2	3	4	5	6	7	8	9	10	11	12	13	14
1	前五年度	2017	0.0	0.0	0.0	0.0	0.0	0.0	0.0	0.0	0.0	0.0	0.0	0.0	0.0
2	前四年度	2018	0.0	0.0	0.0	*	0.0	0.0	0.0	0.0	0.0	0.0	0.0	0.0	0.0
3	前三年度	2019	0.0	0.0	0.0	*	*	0.0	0.0	0.0	0.0	0.0	0.0	0.0	0.0
4	前二年度	2020	0.0	0.0	0.0	*	*	*	0.0	0.0	0.0	0.0	0.0	0.0	0.0
5	前一年度	2021	0.0	0.0	0.0	*	*	*	*	0.0	0.0	0.0	0.0	0.0	0.0
6	本年	2022	200000.00	200000.00	0.0	*	*	*	*	*	0.0	0.0	0.0	0.0	0.0
7	合计（1+2+…+6）	*	200000.00	200000.00	0.0	*	*	*	*	*	0.0	0.0	0.0	0.0	0.0

5. 职工薪酬支出及纳税调整明细表

公司计提和发放职工薪酬 200 万元、福利费支出 30 万元、职工教育经费支出 8 万元，应在企业所得税申报表“职工薪酬支出及纳税调整明细表（A105050）”第“1”行次“工资薪金支出”第 1 列“账载金额”与第 2 列“实际发生额”分别填写“2000000.00”，第 5 列“税收金额”将自动带入“2000000.00”。

在第“3”行次“职工福利费支出”第 1 列“账载金额”与第 2 列“实际发生额”分别填写“300000.00”，第 5 列“税收金额”将自动计算得出“280000.00”，第 6 列“纳税调整金额”将自动计算得出“20000.00”。

在第“4”行次“职工教育经费支出”与第“5”行次“其中：按税收规定比例扣除的职工教育经费”的第 1 列“账载金额”与第 2 列“实际发生额”分别填写“80000.00”，第 5 列“税收金额”按照孰低原值将自动计算得出“80000.00”。

填写完成后自动带到“纳税调整项目明细表（A105000）”第“14”行次“职工薪酬（填写 A105050）”第 1 列“账载金额”与第 2 列“税收金额”。如表 4-19 所示。

表4-19 职工薪酬支出及纳税调整明细表（A105050） 单位：元

行次	项目	账载金额	实际发生额	税收规定扣除率	以前年度累计结转扣除额	税收金额	纳税调整金额	累计结转以后年度扣除额
		1	2	3	4	5	6（1−5）	7（2+4−5）
1	一、工资薪金支出	2000000.00	2000000.00	*	*	2000000.00	0.0	*
2	其中：股权激励	0.0	0.0	*	*	0.0	0.0	*
3	二、职工福利费支出	300000.00	300000.00	0.14	*	280000.00	20000.00	*
4	三、职工教育经费支出	80000.00	80000.00	*	0.0	80000.00	0.0	0.0
5	其中：按税收规定比例扣除的职工教育经费	80000.00	80000.00	0.08	0.0	80000.00	0.0	0.0
6	按税收规定全额扣除的职工培训费用	0.0	0.0	1.0	*	0.0	0.0	*
7	四、工会经费支出	0.0	0.0	0.02	*	0.0	0.0	*
8	五、各类基本社会保障性缴款	0.0	0.0	*	*	0.0	0.0	*
9	六、住房公积金	0.0	0.0	*	*	0.0	0.0	*
10	七、补充养老保险	0.0	0.0	0.05	*	0.0	0.0	*
11	八、补充医疗保险	0.0	0.0	0.05	*	0.0	0.0	*
12	九、其他	0.0	0.0	*	*	0.0	0.0	*
13	合计（1+3+4+7+8+9+10+11+12）	2380000.00	2380000.00	*	0.0	2360000.00	20000.00	0.0

6. 捐赠支出及纳税调整明细表

公司发生捐赠支出 30 万元，其中：通过公益性社会组织对外捐赠 10 万元，直接向 B 福利院捐赠 20 万元。

应在企业所得税申报表中“捐赠支出及纳税调整明细表（A105070）”第“1”行次“非公益性捐赠”第 1 列“账载金额”填写“2000000.00”，第 5 列“纳税调增金额”自动计算为“200000.00”。

在企业所得税申报表“捐赠支出及纳税调整明细表（A105070）”中限额扣除的公益性捐赠第“6”行次“本年（2022 年）”第 1 列“账载金额”填写“1000000.00”，第 3 列“按税收规定计算的扣除限额”自动计算为“480000.00”。

填写完成后自动带到“纳税调整项目明细表（A105000）”第“17”行次“捐赠支出（填写 A105070）”第 1 列“账载金额”与第 2 列“税收金额”。如表 4-20 所示。

表4-20　捐赠支出及纳税调整明细表（A105070）　单位：元

行次	项目	账载金额	以前年度结转可扣除的捐赠额	按税收规定计算的扣除限额	税收金额	纳税调增金额	纳税调减金额	可结转以后年度扣除的捐赠额
		1	2	3	4	5	6	7
1	一、非公益性捐赠	200000.00	*	*	*	200000.00	*	*
2	二、限额扣除的公益性捐赠（3+4+5+6）	100000.0	0.0	480000.00	0.0	0.00	0.0	0.0
3	前三年度（2019年）	*	0.0	*	*	*	0.0	*
4	前二年度（2020年）	*	0.0	*	*	*	0.0	0.0
5	前一年度（2021年）	*	0.0	*	*	*	0.0	0.0
6	本年（2022年）	100000.00	*	480000.00	0.0	0.00	*	0.0
7	三、全额扣除的公益性捐赠	0.0	*	*	0.0	*	*	*
8			*	*		*	*	*
9			*	*		*	*	*
10			*	*		*	*	*
11	合计（1+2+7）	300000	0.0	480000.00	0.0	200000.00	0.0	0.0
附列资料	2015年度至本年发生的公益性扶贫捐赠合计金额	0.0	*	*	0.0	*	*	*

7. 资产损失税前扣除及纳税调整明细表

公司计提坏账准备 5 万元，应在企业所得税申报表中“资产损失税前扣除及纳税调整明细表（A105090）”第“2”行次“应收及预付款项坏账损失”第 1 列“资产损失直接计入 本年损益金额”填写“50000.00”，第 7 列“纳税调整金额”自动计算为“50000.00”。填写完成后自动带到“纳税调整项目明细表（A105000）”第“17”行次“捐赠支出（填写 A105070）”第 1 列“账载金额”与第 2 列“税收金额”。如表 4-21 所示。

表4-21 资产损失税前扣除及纳税调整明细表（A105090） 单位：元

行次	项目	资产损失直接计入本年损益金额	资产损失准备金核销金额	资产处置收入	赔偿收入	资产计税基础	资产损失的税收金额	纳税调整金额
		1	2	3	4	5	6（5-3-4）	7
1	一、现金及银行存款损失	0.0	0.0	0.0	0.0	0.0	0.0	0.0
2	二、应收及预付款项坏账损失	50000.00	0.0	0.0	0.0	0.0	0.0	50000.00
3	其中：逾期三年以上的应收款项损失	0.0	0.0	0.0	0.0	0.0	0.0	0.0
4	逾期一年以上的小额应收款项损失	0.0	0.0	0.0	0.0	0.0	0.0	0.0
5	三、存货损失	0.0	0.0	0.0	0.0	0.0	0.0	0.0
6	其中：存货盘亏、报废、损毁、变质或被盗损失	0.0	0.0	0.0	0.0	0.0	0.0	0.0
7	四、固定资产损失	0.0	0.0	0.0	0.0	0.0	0.0	0.0
8	其中：固定资产盘亏、丢失、报废、损毁或被盗损失	0.0	0.0	0.0	0.0	0.0	0.0	0.0
9	五、无形资产损失	0.0	0.0	0.0	0.0	0.0	0.0	0.0
10	其中：无形资产转让损失	0.0	0.0	0.0	0.0	0.0	0.0	0.0
11	无形资产被替代或超过法律保护期限形成的损失	0.0	0.0	0.0	0.0	0.0	0.0	0.0
12	六、在建工程损失	0.0	0.0	0.0	0.0	0.0	0.0	0.0
13	其中：在建工程停建、报废损失	0.0	0.0	0.0	0.0	0.0	0.0	0.0
14	七、生产性生物资产损失	0.0	0.0	0.0	0.0	0.0	0.0	0.0
15	其中：生产性生物资产盘亏、非正常死亡、被盗、丢失等产生的损失	0.0	0.0	0.0	0.0	0.0	0.0	0.0
16	八、债权性投资损失（17+22）	0.0	0.0	0.0	0.0	0.0	0.0	0.0
17	（一）金融企业债权性投资损失（18+22）	0.0	0.0	0.0	0.0	0.0	0.0	0.0
18	1.贷款损失	0.0	0.0	0.0	0.0	0.0	0.0	0.0
19	其中：符合条件的涉农和中小企业贷款损失	0.0	0.0	0.0	0.0	0.0	0.0	0.0
20	其中：单户贷款余额300万元（含）以下的贷款损失	0.0	0.0	0.0	0.0	0.0	0.0	0.0
21	单户贷款余额300万元至1000万元（含）的贷款损失	0.0	0.0	0.0	0.0	0.0	0.0	0.0
22	2.其他债权性投资损失	0.0	0.0	0.0	0.0	0.0	0.0	0.0

续表

行次	项目	资产损失直接计入本年损益金额	资产损失准备金核销金额	资产处置收入	赔偿收入	资产计税基础	资产损失的税收金额	纳税调整金额
		1	2	3	4	5	6（5−3−4）	7
23	（二）非金融企业债权性投资损失	0.0	0.0	0.0	0.0	0.0	0.0	0.0
24	九、股权（权益）性投资损失	0.0	0.0	0.0	0.0	0.0	0.0	0.0
25	其中：股权转让损失	0.0	0.0	0.0	0.0	0.0	0.0	0.0
26	十、通过各种交易场所、市场买卖债券、股票、期货、基金以及金融衍生产品等发生的损失	0.0	0.0	0.0	0.0	0.0	0.0	0.0
27	十一、打包出售资产损失	0.0	0.0	0.0	0.0	0.0	0.0	0.0
28	十二、其他资产损失	0.0	0.0	0.0	0.0	0.0	0.0	0.0
29	合计（1+2+5+7+9+12+14+16+24+26+27+28）	50000.00	0.0	0.0	0.0	0.0	0.0	50000.00

8. 纳税调整项目明细表

公司支付税收滞纳金 0.8 万元，应在企业所得税申报表中“纳税调整项目明细表（A105000）”第“20”行次“税收滞纳金、加收利息”第 1 列“账载金额”填写“8000.00”，第 9 列“纳税调整金额”自动计算为“8000.00”。如表 4-22 所示。

表4-22　纳税调整项目明细表（A105000）　单位：元

行次	项目	账载金额	税收金额	调增金额	调减金额
		1	2	3	4
1	一、收入类调整项目（2+3+…+8+10+11）	*	*	0.0	200000.00
2	（一）视同销售收入（填写 A105010）	*	0.0	0.0	*
3	（二）未按权责发生制原则确认的收入（填写 A105020）	0.0	0.0	0.0	0.0
4	（三）投资收益（填写 A105030）	0.0	0.0	0.0	0.0
5	（四）按权益法核算长期股权投资对初始投资成本调整确认收益	*	*	*	0.0
6	（五）交易性金融资产初始投资调整	*	*	0.0	*
7	（六）公允价值变动净损益	0.0	*	0.0	0.0
8	（七）不征税收入	*	*	0.0	200000.00
9	其中：专项用途财政性资金（填写 A105040）	*	*	0.0	200000.00
10	（八）销售折扣、折让和退回	0.0	0.0	0.0	0.0
11	（九）其他	0.0	0.0	0.0	0.0
12	二、扣除类调整项目（13+14+…+24+26+27+28+29+30）	*	*	678000.00	0.0

续表

行次	项目	账载金额	税收金额	调增金额	调减金额
		1	2	3	4
13	（一）视同销售成本（填写A105010）	*	0.0	*	0.0
14	（二）职工薪酬（填写A105050）	2380000.00	2360000.00	20000.00	0.0
15	（三）业务招待费支出	600000.00	150000.00	450000.00	*
16	（四）广告费和业务宣传费支出（填写A105060）	*	*	0.0	0.0
17	（五）捐赠支出（填写A105070）	300000.00	100000.00	200000.00	0.0
18	（六）利息支出	0.0	0.0	0.0	0.0
19	（七）罚金、罚款和被没收财物的损失	0.0	*	0.0	*
20	（八）税收滞纳金、加收利息	8000.00	*	8000.00	*
21	（九）赞助支出	0.0	*	0.0	*
22	（十）与未实现融资收益相关在当期确认的财务费用	0.0	0.0	0.0	0.0
23	（十一）佣金和手续费支出（保险企业填写A105060）	0.0	0.0	0.0	*
24	（十二）不征税收入用于支出所形成的费用	*	*	0.0	*
25	其中：专项用途财政性资金用于支出所形成的费用（填写A105040）	*	*	0.0	*
26	（十三）跨期扣除项目	0.0	0.0	0.0	0.0
27	（十四）与取得收入无关的支出	0.0	*	0.0	*
28	（十五）境外所得分摊的共同支出	*	*	0.0	*
29	（十六）党组织工作经费	0.0	0.0	0.0	0.0
30	（十七）其他	0.0	0.0	0.0	0.0
31	三、资产类调整项目（32+33+34+35）	*	*	50000.00	0.0
32	（一）资产折旧、摊销（填写A105080）	0.0	0.0	0.0	0.0
33	（二）资产减值准备金	0.0	*	0.0	0.0
34	（三）资产损失（填写A105090）	*	*	50000.00	0.0
35	（四）其他	0.0	0.0	0.0	0.0

完成上述操作后，所有数据将带入《中华人民共和国企业所得税年度纳税申报表（A类）》中。如表4-23所示。

表4-23 中华人民共和国企业所得税年度纳税申报表（A类）（A100000） 单位：元

行次	类别	项目	金额
1	利润总额计算	一、营业收入（填写A101010\101020\103000）	29800000.00
2		减：营业成本（填写A102010\102020\103000）	20000000.00
3		减：税金及附加	200000.00
4		减：销售费用（填写A104000）	1900000.00
5		减：管理费用（填写A104000）	3442000.00

续表

行次	类别	项目	金额
6	利润总额计算	减：财务费用（填写A104000）	100000.00
7		减：资产减值损失	50000.00
8		加：公允价值变动收益	0.0
9		加：投资收益	0.0
10		二、营业利润（1-2-3-4-5-6-7+8+9）	4108000.00
11		加：营业外收入（填写A101010\101020\103000）	200000.00
12		减：营业外支出（填写A102010\102020\103000）	308000.00
13		三、利润总额（10+11-12）	4000000.00
14	应纳税所得额计算	减：境外所得（填写A108010）	0.0
15		加：纳税调整增加额（填写A105000）	728000.00
16		减：纳税调整减少额（填写A105000）	200000.00
17		减：免税、减计收入及加计扣除（填写A107010）	308000.00
18		加：境外应税所得抵减境内亏损（填写A108000）	0.0
19		四、纳税调整后所得（13-14+15-16-17+18）	4528000.00
20		减：所得减免（填写A107020）	0.0
21		减：弥补以前年度亏损（填写A106000）	0.0
22		减：抵扣应纳税所得额（填写A107030）	0.0
23		五、应纳税所得额（19-20-21-22）	4528000.00
24	应纳税额计算	税率（25%）	0.25
25		六、应纳所得税额（23×24）	1132000.00
26		减：减免所得税额（填写A107040）	0.0
27		减：抵免所得税额（填写A107050）	0.0
28		七、应纳税额（25-26-27）	1132000.00
29		加：境外所得应纳所得税额（填写A108000）	0.0
30		减：境外所得抵免所得税额（填写A108000）	0.0
31		八、实际应纳所得税额（28+29-30）	1132000.00
32		减：本年累计实际已缴纳的所得税额	500000.00
33		九、本年应补（退）所得税额（31-32）	632000.00
34		其中：总机构分摊本年应补（退）所得税额（填写A109000）	0.0
35		财政集中分配本年应补（退）所得税额（填写A109000）	0.0
36		总机构主体生产经营部门分摊本年应补（退）所得税额（填写A109000）	0.0
37	实际应纳税额计算	减：民族自治地区企业所得税地方分享部分；（□免征□减征：减征幅度0%）	0.0
38		十、本年实际应补（退）所得税额（33-37）	632000.00

【任务总结】

本任务主要学习了企业所得税的源泉扣缴、纳税地点、纳税期限、纳税申报等征收管理内容，重点掌握企业所得税预缴和年度汇算清缴的纳税申报表填写。

【职业素养提升】

固定资产加速折旧助力企业转型升级

近日召开的国务院常务会议，对完善固定资产加速折旧政策、促进企业技术改造、支持中小企业创业创新进行了部署。此次会议提出了固定资产加速折旧政策以及具体的推动措施，业内人士认为，这将为企业的转型升级“再添一把火”。

谈谈加速折旧最新政策规定及助力企业转型升级的意义，议一议如何坚定“四个自信”，实现“两个一百年”奋斗目标，实现中华民族伟大复兴的中国梦。

【岗课赛证融通测评】

任务二岗课赛证融通测评

【知识技能评价】

知识技能评价表

业务能力	评价内容	评价结果	改进措施
源泉扣缴	1.扣缴义务人 2.扣缴方法 3.税源管理	□A □B □C □A □B □C □A □B □C	1. 2. 3.
征收管理	1.纳税地点 2.纳税期限 3.纳税申报	□A □B □C □A □B □C □A □B □C	1. 2. 3.
说明：在□中打√，A掌握，B基本掌握，C未掌握			
任课教师评语：			
成绩：		任课教师签字：	

【项目检测】

项目检测－客观题

项目检测－实训题

项目五

个人所得税办税业务

【学习目标】

一、素质目标

1. 培养诚信依法纳税意识。
2. 贯彻以人民为中心的发展思想。

二、知识目标

1. 了解个人所得税税率。
2. 熟悉个人所得税纳税人、税收优惠和征收管理。
3. 熟悉个人所得税纳税人的纳税义务。
4. 熟悉个人所得税所得来源的确定。
5. 掌握个人所得税应税所得项目。
6. 掌握个人所得税应纳税所得额的确定。
7. 掌握个人所得税应纳税额的计算。

三、技能目标

1. 会计算个人所得税应纳税额。
2. 会填写个人所得税纳税申报表。

任务一　计算个人所得税应纳税额

应纳税额计算自测题

【任务情景】

中国公民陈某为国内某大学教授。2023 年 1—4 月有关收支情况如下：

（1）1 月转让一套住房，取得含增值税销售收入 945000 元。该套住房原值 840000 元，系陈某 2022 年 8 月购入。本次转让过程中，发生合理费用 5000 元。

（2）2 月获得当地教育部门颁发的区（县）级教育方面的奖金 10000 元。

（3）3 月转让从公开发行市场购入的上市公司股票 6000 股，取得股票转让所得 120000 元。

（4）4 月在甲电信公司购话费获赠价值 390 元的手机一部；获得乙保险公司支付的保险赔款 30000 元。

假设陈某 2023 年其他收入及相关情况如下：

（1）工资、薪金所得 190000 元，专项扣除 40000 元。

（2）劳务报酬所得 8000 元，稿酬所得 5000 元。

已知：财产转让所得个人所得税税率为 20%；个人将购买不足 2 年的住房对外出售的，按照 5% 的征收率全额缴纳增值税。综合所得，每一纳税年度减除费用 60000 元；劳务报酬所得、稿酬所得以收入减除 20% 的费用后的余额为收入额；稿酬所得的收入额减按 70% 计算。

任务要求：根据上述资料，不考虑其他因素，完成以下任务。

1. 计算陈某 1 月转让住房应缴纳个人所得税税额。

2. 计算陈某 1 月转让住房应缴纳增值税税额。

3. 陈某的下列所得中，哪些不缴纳个人所得税？①区（县）级教育方面的奖金 10000 元；②获赠价值 390 元的手机；③获得的保险赔款 30000 元；④股票转让所得 120000 元。

4. 计算陈某 2023 年综合所得应缴纳个人所得税税额。

【知识准备】

个人所得税基本要素自测题

一、个人所得税基本要素

（一）纳税人与所得来源地确定

1. 个人所得税发展历程

1980 年 9 月第五届全国人民代表大会通过了《中华人民共和国个人所得税法》(以下简称《个人所得税法》)，开征个人所得税。1993 年 10 月，第八届全国人民代表大会常务委员会在对个人所得税、城乡个体工商户所得税和个人收入调节税进行修改、合并的基础上，公布了修改后的《个人所得税法》，自 1994 年 1 月 1 日起施行。之后，根据我国国民经济和社会发展的情况，全国人大常委会分别于 1998 年 8 月、2005 年 10 月、2007 年 6 月、2007 年 12 月、2011 年 6 月对《个人所得税法》进行了五次修订，国务院相应地对《个人所得税法实施条例》进行了三次修订。2018 年 8 月 31 日第十三届全国人民代表大会常务委员会第五次会议通过了《关于修改〈中华人民共和国个人所得税法〉的决定》，对个人所得税法进行第七次修正，自 2019 年 1 月 1 日施行。2018 年 12 月 18 日国务院令第 707 号第四次修订了《个人所得税法实施条例》，自 2019 年 1 月 1 日起与修订后的《个人所得税法》同步施行。

【思维导图】

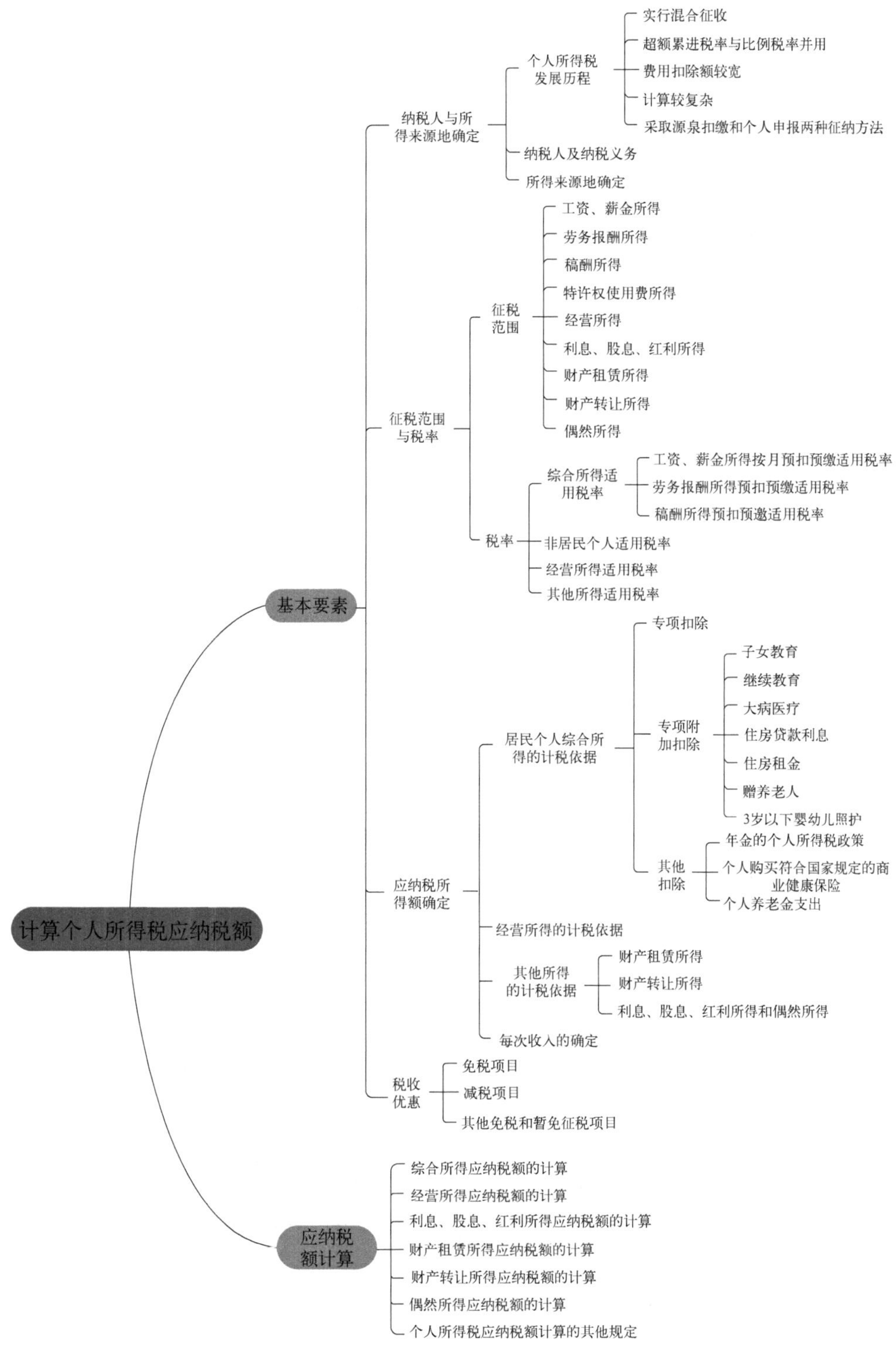
计算个人所得税应纳税额
基本要素
纳税人与所得来源地确定
个人所得税发展历程
实行混合征收
超额累进税率与比例税率并用
费用扣除额较宽
计算较复杂
采取源泉扣缴和个人申报两种征纳方法
纳税人及纳税义务
所得来源地确定
征税范围与税率
征税范围
工资、薪金所得
劳务报酬所得
稿酬所得
特许权使用费所得
经营所得
利息、股息、红利所得
财产租赁所得
财产转让所得
偶然所得
税率
综合所得适用税率
工资、薪金所得按月预扣预缴适用税率
劳务报酬所得预扣预缴适用税率
稿酬所得预扣预邀适用税率
非居民个人适用税率
经营所得适用税率
其他所得适用税率
应纳税所得额确定
居民个人综合所得的计税依据
专项扣除
专项附加扣除
子女教育
继续教育
大病医疗
住房贷款利息
住房租金
赡养老人
3岁以下婴幼儿照护
其他扣除
年金的个人所得税政策
个人购买符合国家规定的商业健康保险
个人养老金支出
经营所得的计税依据
其他所得的计税依据
财产租赁所得
财产转让所得
利息、股息、红利所得和偶然所得
每次收入的确定
税收优惠
免税项目
减税项目
其他免税和暂免征税项目
应纳税额计算
综合所得应纳税额的计算
经营所得应纳税额的计算
利息、股息、红利所得应纳税额的计算
财产租赁所得应纳税额的计算
财产转让所得应纳税额的计算
偶然所得应纳税额的计算
个人所得税应纳税额计算的其他规定

个人所得税是以个人（自然人）取得的各项应税所得为征税对象所征收的一种税。我国个人所得税具有以下特点。

（1）实行混合征收

个人所得税制大体可分为三种类型：分类所得税征收模式、综合所得税征收模式、混合所得税征收模式。实行分类征收制模式便于征收管理，但不利于平衡纳税人税负。实行综合征收制模式征收管理相对复杂，但有利于平衡纳税人税负。我国在 2018 年 12 月 31 日前采用的是分类所得税制，即将个人取得的各种所得划分为 11 类，分别适用不同的费用减除规定、税率和计税方法。自 2019 年 1 月 1 日起，我国个人所得税采用混合所得税制，即将工资、薪金所得、劳务报酬所得、稿酬所得和特许权使用费所得采用综合征收，除这些之外的其他各项所得采用分类征收。

（2）超额累进税率与比例税率并用

对工资、薪金所得，劳务报酬所得，稿酬所得，特许权使用费所得，经营所得使用超额累计税率，实现量能负担，其他各项应税所得采用比例税率。

（3）费用扣除额较宽

对工资、薪金所得，劳务报酬所得，稿酬所得，特许权使用费所得适用的减除费用标准为每月 5000 元的基本费用（生计费），在此基础上再扣除专项扣除费用和专项附加扣除费用。对其他各项应税所得采用定额和定率相结合的扣除方法。

（4）计算较复杂

我国个人所得税自 2019 年 1 月 1 日起采用混合征收模式，对综合所得和经营所得的费用扣除既采用总额扣除法，又采取分类分项的多种扣除方法，在按月或按次预缴的基础上，年终进行汇算清缴。

（5）采取源泉扣缴和个人申报两种征纳方法

我国《个人所得税法》规定，对纳税人的应纳税额分别采用由扣缴义务人源泉扣缴和纳税人自行申报两种方法。对凡是可以在应税所得的支付环节扣缴的，均由扣缴义务人履行代扣代缴义务；对没有扣缴义务人的，由纳税人自行申报纳税和年终汇算清缴。

需要说明的是，我国个人所得税目前是以个人作为纳税单位，不实行家庭（夫妻联合）申报纳税。

2. 纳税人及纳税义务

个人所得税纳税人，包括中国公民（含香港、澳门、台湾同胞）、个体工商户、个人独资企业投资者和合伙企业自然人合伙人等。个人独资企业和合伙企业不缴纳企业所得税，只对投资者个人或个人合伙人取得的生产经营所得征收个人所得税。上述纳税人依据住所和居住时间两个标准，分为：①居民个人；②非居民个人。在中国境内有住所，或者无住所而一个纳税年度内在中国境内居住累计满 183 天的个人，为居民个人。居民个人从中国境内和境外取得的所得，依照本法规定缴纳个人所得税（无限纳税义务）。在中国境内无住所又不居住，或者无住所而一个纳税年度内在中国境内居住累计不满 183 天的个人，为非居民个人。非居民个人从中国境内取得的所得，依照本法规定缴纳个人所得税（有限纳税义务）。纳税年度，自公历 1 月 1 日起至 12 月 31 日止。个人所得税法所称在中国境内有住所，是指因户籍、家庭、经济利益关系而在中国境内习惯性居住。无住所个人纳税义务如表 5-1 所示。

表5-1　无住所个人纳税义务

居住时间		境内所得		境外所得	
		境内支付	境外支付	境内支付	境外支付
不满183天	（1）连续或累计不超过90天	√	免税	×	×
	（2）90～183天	√	√	×	×
满183天	（3）累计满183天的年度连续不满6年	√	√	√	免税
	（4）累计满183天的年度连续满6年	√	√	√	√

注："√"表示征税，"×"表示不征税。在中国境内居住累计满 183 天的任一年度中有一次离境超过 30 天的，其在中国境内居住累计满 183 天的年度的连续年限重新起算。

对无住所个人居住时间规定。①判定纳税义务及计算在中国境内居住的天数（判定纳税人身份）：个人入境、离境、往返或多次往返境内外的当日，均按一天计算其在华实际逗留天数。②对个人入、离境当日及计算在中国境内实际工作期间（进行个人所得税的计算）：入境、离境、往返或多次往返境内外的当日，均按半天计算在华实际工作天数。

【学中做·单选题】在中国境内无住所的下列外籍个人中，属于 2022 年度中国个人所得税居民个人的是（　　）。

A. 亨利 2022 年 9 月 1 日入境，2022 年 12 月 10 日出境

B. 查理 2022 年 1 月 20 日入境，2022 年 7 月 10 日出境

C. 乔治 2022 年 3 月 15 日入境，2022 年 10 月 25 日出境

D. 约翰 2021 年 10 月 1 日入境，2022 年 5 月 5 日出境

【正确答案】C**【答案解析】**亨利和查理 2022 年度，约翰 2021 年和 2022 年跨越两个会计年度在中国境内居住累计均不满 183 天，属于非居民个人；乔治 2022 年度在中国境内居住累计满 183 天，属于居民个人。

3. 所得来源地确定

除国务院财政、税务主管部门另有规定外，下列所得，不论支付地点是否在中国境内，均为来源于中国境内的所得：

（1）因任职、受雇、履约等在中国境内提供劳务取得的所得；

（2）将财产出租给承租人在中国境内使用而取得的所得；

（3）许可各种特许权在中国境内使用而取得的所得；

（4）转让中国境内的不动产等财产或者在中国境内转让其他财产取得的所得；

（5）从中国境内企业、事业单位、其他组织以及居民个人取得的利息、股息、红利所得。

（二）征税范围与税率

1. 征税范围

下列各项个人所得，应当缴纳个人所得税：①工资、薪金所得；②劳务报酬所得；③稿酬所得；④特许权使用费所得；⑤经营所得；⑥利息、股息、红利所得；⑦财产租赁所得；⑧财产转让所得；⑨偶然所得。

居民个人取得前款第①项至第④项所得（以下称综合所得），按纳税年度合并计算个人所得税；非居民个人取得前款第①项至第④项所得，按月或者按次分项计算个人所得税。纳税人取得前款第⑤项至第⑨项所得，依照规定分别计算个人所得税。

（1）工资、薪金所得

工资、薪金所得，是指个人因任职或者受雇取得的工资、薪金、奖金、年终加薪、劳动分红、津贴、补贴以及与任职或者受雇有关的其他所得。

① 下列项目不属于工资、薪金性质的补贴、津贴，不予征收个人所得税。这些项目包括：独生子女补贴；执行公务员工资制度未纳入基本工资总额的补贴、津贴差额和家属成员的副食补贴；托儿补助费；差旅费津贴、误餐补助；外国来华留学生领取的生活津贴费、奖学金。误餐补助是指个人因公在城区、郊区工作，不能在工作单位或返回就餐的，根据实际误餐顿数，按规定的标准领取的误餐费。单位以误餐补助名义发给职工的补助、津贴不包括在内。

② 个人取得公务交通、通信补贴收入，扣除一定标准的公务费用后，按工资、薪金所得计征个人所得税。

③ 公司职工取得的用于购买企业国有股权的劳动分红，按工资、薪金所得项目计征个人所得税。

④ 出租汽车经营单位对出租车驾驶员采取单车承包或承租方式运营（车辆所有权属于出租汽车经营单位），出租车驾驶员从事客货营运取得的收入，按工资、薪金所得项目征税。

⑤ 退休人员再任职取得的收入，在减除按个人所得税法规定的费用扣除标准后，按工资、薪金所得项目缴纳个人所得税。

⑥ 商品营销活动中，企业和单位对营销业绩突出的雇员（非雇员按劳务报酬所得征税）以培训班、研讨会、工作考察等名义组织旅游活动，通过免收差旅费、旅游费对个人实行的营销业绩奖励（包括实物、有价证券等），应根据所发生费用的金额并入营销人员当期的工资、薪金所得，按照工资、薪金所得项目征收个人所得税。

（2）劳务报酬所得

劳务报酬所得，是指个人从事劳务取得的所得，包括从事设计、装潢、安装、制图、化验、测试、医疗、法律、会计、咨询、讲学、翻译、审稿、书画、雕刻、影视、录音、录像、演出、表演、广告、展览、技术服务、介绍服务、经纪服务、代办服务以及其他劳务取得的所得。

① 个人兼职取得的收入应按照劳务报酬所得项目缴纳个人所得税。

② 律师以个人名义再聘请其他人员为其工作而支付的报酬，应由该律师按劳务报酬所得项目负责代扣代缴个人所得税。为了便于操作，税款可由其任职的律师事务所代为缴入国库。

③ 个人由于担任董事职务所取得的董事费收入，属于劳务报酬所得性质，按照劳务报酬所得项目征收个人所得税，仅适用于个人担任公司董事、监事，且不在公司任职、受雇的情形。

④ 个人在公司（包括关联公司）任职、受雇，同时兼任董事、监事的，应将董事费、监事费与个人工资收入合并，统一按工资、薪金所得项目缴纳个人所得税。

⑤ 企业和单位对其营销业绩突出的非雇员以培训班、研讨会、工作考察等名义组织旅游活动，通过免收差旅费、旅游费对个人实行的营销业绩奖励（包括实物、有价证券等），应根据所发生费用的全额作为该营销人员当期的劳务收入，按照劳务报酬所得项目征收个人所得税，并由提供上述费用的企业和单位代扣代缴。

【学中做·多选题】根据个人所得税法律制度的规定，个人取得的下列收入中，应按照劳务报酬所得税目计缴个人所得税的有（　　）。

A. 某经济学家从非雇佣企业取得的讲学收入

B. 某职员取得的本单位优秀员工奖金

C. 某工程师从非雇佣企业取得的咨询收入

D. 某高校教师从任职学校领取的工资

【正确答案】AC**【答案解析】**选项BD，按照工资、薪金所得征税。

【想一想】工资、薪金所得与劳务报酬所得的如何区别？

（3）稿酬所得

稿酬所得，是指个人因其作品以图书、报刊等形式出版、发表而取得的所得。作品包括文学作品、书画作品、摄影作品，以及其他作品。对不以图书、报刊出版、发表的翻译、审稿、书画所得为劳务报酬所得。作者去世后，财产继承人取得的遗作稿酬，也应按稿酬所得征收个人所得税。

【学中做·判断题】个人出版书画作品取得的所得，应按劳务报酬所得税目计缴个人所得税。（　　）

【正确答案】×**【答案解析】**个人将其书画文学作品以图书、报刊方式出版、发表而取得的所得是稿酬所得。

（4）特许权使用费所得

特许权使用费所得，是指个人提供专利权、商标权、著作权、非专利技术以及其他特许权的使用权取得的所得；提供著作权的使用权取得的所得，不包括稿酬所得。

① 作者将自己的文字作品手稿原件或复印件拍卖取得的所得，按照特许权使用费所得项目缴纳个人所得税。

② 个人取得专利赔偿所得，应按特许权使用费所得项目缴纳个人所得税。

③ 对于剧本作者从电影、电视剧的制作单位取得的剧本使用费，不再区分剧本的使用方是否为其任职单位，统一按特许权使用费所得项目计征个人所得税。

（5）经营所得

经营所得，是指：①个体工商户从事生产、经营活动取得的所得，个人独资企业投资人、合伙企业的个人合伙人来源于境内注册的个人独资企业、合伙企业生产、经营的所得；②个人依法从事办学、医疗、咨询以及其他有偿服务活动取得的所得；③个人对企业、事业单位承包经营、承租经营以及转包、转租取得的所得；④个人从事其他生产、经营活动取得的所得。个人因从事彩票代销业务而取得的所得、从事个体出租车运营的出租车驾驶员取得的收入，按"经营所得"缴纳个人所得税。

个体工商户和从事生产、经营的个人，取得与生产、经营活动无关的其他各项应税所得，应分别按照其他应税项目的有关规定，计征个人所得税。例如，个体工商户对外投资取得的股息所得，应按“利息、股息、红利”税目的规定单独计征个人所得税。

（6）利息、股息、红利所得

利息、股息、红利所得，是指个人拥有债权、股权等而取得的利息、股息、红利所得。

① 自2008年10月9日起，储蓄存款利息、个人结算账户利息（视同储蓄存款利息）暂免征收个人所得税。个人取得国债利息、地方债务利息、国家发行的金融债券利息、教育储蓄存款利息，储蓄存款利息均免征或暂免征收个人所得税

② 集体所有制企业在改制为股份合作制企业时可以将有关资产量化给职工个人的个人所得税处理：a. 对职工个人以股份形式取得的仅作为分红依据，不拥有所有权的企业量化资产，不征个人所得税。b. 对职工个人以股份形式取得的拥有所有权的企业量化资产，暂缓征收个人所得税；待个人将股份转让时，就其转让收入额，减除个人取得该股份时实际支付的费用支出和合理转让费用后的余额，按“财产转让所得”项目计征个人所得税。c. 对职工个人以股份形式取得的企业量化资产参与企业分配而获得的股息、红利，应按“利息、股息、红利”项目征收个人所得税。

③ 自2015年9月8日起，上市公司股息红利实行差别化个人所得税政策：a. 个人从公开发行和转让市场取得的上市公司股票，持股期限超过1年的，股息红利所得暂免征收个人所得税；b. 个人从公开发行和转让市场取得的上市公司股票，持股期限在1个月以内（含1个月）的，其股息红利所得全额计入应纳税所得额；c. 持股期限在1个月以上至1年（含1年）的，暂减按50%计入应纳税所得额。上述所得统一适用20%的税率计征个人所得税。

（7）财产租赁所得

财产租赁所得，是指个人出租不动产、机器设备、车船以及其他财产取得的所得。

① 个人取得的财产转租收入，属于“财产租赁所得”范围。

② 房地产开发企业与商店购买者个人签订协议，以优惠价格出售其商店给购买者个人，购买者个人在一定期限内必须将购买的商店无偿提供给房地产开发企业对外出租使用。该行为实质上是购买者个人以所购商店交由房地产开发企业出租而取得的房屋租赁收入支付了部分购房价款。对购买者个人少支出的购房价款，应视同个人财产租赁所得，按照“财产租赁所得”项目征收个人所得税。每次财产租赁所得的收入额，按照少支出的购房价款和协议规定的租赁月份数平均计算确定。

（8）财产转让所得

财产转让所得，是指个人转让有价证券、股权、合伙企业中的财产份额、不动产、机器设备、车船以及其他财产取得的所得。

① 对股票转让所得暂不征收个人所得税。境内上市公司股票转让所得，暂不征收个人所得税，但境外股票转让所得应正常征税。

② 个人转让自用5年以上并且是家庭唯一生活用房取得的所得免税。该住房应

属于家庭唯一生活用房，不包括二套房，也不包括商用房（如商铺）。

③ 个人拍卖除文字作品原稿及复印件外的其他财产，应按“财产转让所得”项目缴纳个人所得税。

④ 个人将投资于在中国境内成立的企业或组织（不包括个人独资企业和合伙企业）的股权或股份，转让给其他个人或法人的行为，按照“财产转让所得”项目，依法计算缴纳个人所得税。

⑤ 个人因各种原因终止投资、联营、经营合作等行为，从被投资企业或合作项目、被投资企业的其他投资者以及合作项目的经营合作人取得股权转让收入、违约金、补偿金、赔偿金及以其他名目收回的款项等，均属于个人所得税应税收入，应按照“财产转让所得”项目适用的规定计算缴纳个人所得税。

⑥ 个人以非货币性资产投资，属于个人转让非货币性资产和投资同时发生。对个人转让非货币性资产的所得，应按照“财产转让所得”项目，依法计算缴纳个人所得税。

⑦ 纳税人收回转让的股权征收个人所得税的方法：a. 股权转让合同履行完毕、股权已作变更登记，且所得已经实现的，转让人取得的股权转让收入应当依法缴纳个人所得税。转让行为结束后，当事人双方签订并执行解除原股权转让合同、退回股权的协议，是另一次股权转让行为，对前次转让行为征收的个人所得税款不予退回；b. 股权转让合同未履行完毕，因执行仲裁委员会作出的解除股权转让合同及补充协议的裁决、停止执行原股权转让合同，并原价收回已转让股权的，由于其股权转让行为尚未完成、收入未完全实现，随着股权转让关系的解除，股权收益不复存在，纳税人不应缴纳个人所得税。

⑧ 对个人转让新三板挂牌公司原始股取得的所得，按照“财产转让所得”项目，适用 20% 的比例税率征收个人所得税。原始股是指个人在新三板挂牌公司挂牌前取得的股票，以及在该公司挂牌前和挂牌后由上述股票孳生的送、转股。

⑨ 个人通过招标、竞拍或其他方式购置债权以后，通过相关司法或行政程序主张债权而取得的所得，应按照“财产转让所得”项目缴纳个人所得税。

⑩ 个人通过网络收购玩家的虚拟货币，加价后向他人出售取得的收入，应按照“财产转让所得”项目计算缴纳个人所得税。

【学中做 · 判断题】 个人通过网络收购玩家的虚拟货币，加价后向他人出售取得的收入，不征收个人所得税。(　　)

【正确答案】 × **【答案解析】** 个人通过网络收购玩家的虚拟货币，加价后向他人出售取得的收入，属于个人所得税应税所得，应按照“财产转让所得”项目计算缴纳个人所得税。

（9）偶然所得

偶然所得，是指个人得奖、中奖、中彩以及其他偶然性质的所得。

① 企业对累积消费达到一定额度的顾客，给予额外抽奖机会，个人的获奖所得，按照“偶然所得”项目，全额缴纳个人所得税。

② 个人取得单张有奖发票奖金所得超过 800 元的，应全额按照“偶然所得”项目征收个人所得税。税务机关或其指定的有奖发票兑奖机构，是有奖发票奖金所得

个人所得税的扣缴义务人。

③ 个人为单位或他人提供担保获得收入，按照“偶然所得”项目计算缴纳个人所得税。

④ 房屋产权所有人将房屋产权无偿赠与他人的，受赠人因无偿受赠房屋取得的受赠收入，按照“偶然所得”项目计算缴纳个人所得税。

⑤ 企业在业务宣传、广告等活动中，随机向本单位以外的个人赠送礼品（包括网络红包，下同），以及企业在年会、座谈会、庆典以及其他活动中向本单位以外的个人赠送礼品，个人取得的礼品收入，按照“偶然所得”项目计算缴纳个人所得税，但企业赠送的具有价格折扣或折让性质的消费券、代金券、抵用券、优惠券等礼品除外。

需要说明的是，个人取得的所得，难以界定应纳税所得项目的，由国务院税务主管部门确定。

2. 税率

（1）综合所得适用税率

居民个人每一纳税年度内取得的综合所得包括：工资、薪金所得，劳务报酬所得，稿酬所得，特许权使用费所得。综合所得适用3%至45%的七级超额累进税率。具体税率见表5-2。

表5-2 综合所得税率表

级数	全年应纳税所得额	税率/%	速算扣除数
1	不超过36000元的	3	0
2	36000元至144000元的部分	10	2520
3	144000元至300000元的部分	20	16920
4	300000元至420000元的部分	25	31920
5	420000元至660000元的部分	30	52920
6	660000元至960000元的部分	35	85920
7	超过960000元的部分	45	181920

注：①本表所称全年应纳税所得额是指依照法律规定，居民个人取得综合所得以每一纳税年度收入额减除费用6万元以及专项扣除、专项附加扣除和依法确定的其他扣除后的余额。

②非居民个人取得工资、薪金所得，劳务报酬所得，稿酬所得和特许权使用费所得，依照本表按月换算后计算应纳税额。

① 工资、薪金所得按月预扣预缴率

居民个人工资、薪金所得按累计预扣法计算预扣税款，并按月办理扣缴申报，适用居民个人工资、薪金所得预扣预缴率表。居民个人工资、薪金所得预扣预缴率表如表5-3所示。

表5-3 居民个人工资、薪金所得预扣预缴率表

级数	累计预扣预缴应纳税所得额	预扣率/%	速算扣除数
1	不超过36000元的部分	3	0
2	36000元至144000元的部分	10	2520
3	144000元至300000元的部分	20	16920

续表

级数	累计预扣预缴应纳税所得额	预扣率/%	速算扣除数
4	300000元至420000元的部分	25	31920
5	420000元至660000元的部分	30	52920
6	660000元至960000元的部分	35	85920
7	超过960000元的部分	45	181920

计算居民个人全年一次性奖金应纳税额时，适用按月换算后的综合所得税率表。按月换算后的综合所得税率表如表5-4所示。

表5-4　按月换算后的综合所得税率表

级数	全月应纳税所得额	税率/%	速算扣除数
1	不超过3000元的	3	0
2	3000元至12000元的部分	10	210
3	12000元至25000元的部分	20	1410
4	25000元至35000元的部分	25	2660
5	35000元至55000元的部分	30	4410
6	55000元至80000元的部分	35	7160
7	超过80000元的部分	45	15160

② 劳务报酬所得预扣预缴率

居民个人劳务报酬所得按次预扣预缴税额，适用居民个人劳务报酬所得预扣预缴率表。居民个人劳务报酬所得预扣预缴率表如表5-5所示。

表5-5　居民个人劳务报酬所得预扣预缴率表

级数	预扣预缴应纳税所得额	预扣率/%	速算扣除数
1	不超过20000元	20	0
2	20000元至50000元的部分	30	2000
3	超过50000元的部分	40	7000

③ 稿酬所得预扣预缴率

稿酬所得以收入减除费用后的余额为收入额，稿酬所得的收入额减按70%计算。稿酬所得每次收入不超过4000元的，减除费用按800元计算；每次收入4000元以上的，减除费用按20%计算。

④ 特许权使用费所得预扣预缴率

特许权使用费所得以收入减除费用后的余额为收入额。特许权使用费所得每次收入不超过4000元的，减除费用按800元计算；每次收入4000元以上的，减除费用按20%计算。

（2）非居民个人适用税率

扣缴义务人向非居民个人支付工资、薪金所得，劳务报酬所得，稿酬所得和特许权使用费所得时，应当按月或者按次代扣代缴税款。劳务报酬所得、稿酬所得、特许权使用费所得以收入减除20%的费用后的余额为收入额；其中，稿酬所得的收入额减按70%计算。适用个人所得税税率表如表5-6所示。

表5-6 个人所得税税率表

（非居民个人工资、薪金所得，劳务报酬所得，稿酬所得，特许权使用费所得适用）

级数	应纳税所得额	税率/%	速算扣除数
1	不超过3000元	3	0
2	3000元至12000元的部分	10	210
3	12000元至25000元的部分	20	1410
4	25000元至35000元的部分	25	2660
5	35000元至55000元的部分	30	4410
6	55000元至80000元的部分	35	7160
7	超过80000元的部分	45	15160

（3）经营所得适用税率

经营所得适用5%至35%的五级超额累进税率。具体如表5-7所示。

表5-7 经营所得税率表

级数	全年应纳税所得额	税率/%	速算扣除数
1	不超过30000元的	5	0
2	30000元至90000元的部分	10	1500
3	90000元至300000元的部分	20	10500
4	300000元至500000元的部分	30	40500
5	超过500000元的部分	35	65500

注：本表所称全年应纳税所得额是指依照法律规定，以每一纳税年度的收入总额减除成本、费用以及损失后的余额。

（4）其他所得适用税率

利息、股息、红利所得，财产租赁所得，财产转让所得和偶然所得适用比例税率，税率为20%。个人出租住房取得的所得暂减按10%的税率征收个人所得税。

（三）应纳税所得额确定

应纳税所得额为个人取得的各项收入减去税法规定的费用扣除金额和减免税收入后的余额。由于个人所得税的应税项目不同，扣除费用标准也各不相同，需要按不同应税项目分项计算。个人所得的形式，包括现金、实物、有价证券和其他形式的经济利益；所得为实物的，应当按照取得的凭证上所注明的价格计算应纳税所得额，无凭证的实物或者凭证上所注明的价格明显偏低的，参照市场价格核定应纳税所得额；所得为有价证券的，根据票面价格和市场价格核定应纳税所得额；所得为其他形式的经济利益的，参照市场价格核定应纳税所得额。

微课－居民个人综合所得的计税依据

1. 居民个人综合所得的计税依据

居民个人取得综合所得，按年计算个人所得税；有扣缴义务人的，由扣缴义务人按月或者按次预扣预缴税款；需要办理汇算清缴的，应当在取得所得的次年3月1日至6月30日内办理汇算清缴。居民个人的综合所得，以每一纳税年度的收入额减除基本费用60000元以及专项扣除、专项附加扣除和依法确定的其他扣除后的余额，为应纳税所得额。计算公式为：

综合所得＝纳税年度的综合收入额－基本费用60000元－专项扣除－专项附加扣除－其他扣除

专项扣除、专项附加扣除和依法确定的其他扣除，以居民个人一个纳税年度的应纳税所得额为限额；一个纳税年度扣除不完的，不结转以后年度扣除。

劳务报酬所得、稿酬所得、特许权使用费所得，属于一次性收入的，以取得该项收入为一次；属于同一项目连续性收入的，以一个月内取得的收入为一次。

其他扣除，包括个人缴付符合国家规定的企业年金、职业年金，个人购买符合国家规定的商业健康保险、税收递延型商业养老保险的支出，个人养老金支出，以及国务院规定可以扣除的其他项目。

（1）专项扣除

专项扣除包括居民个人按照国家规定的范围和标准缴纳的基本养老保险、基本医疗保险、失业保险等社会保险费和住房公积金等。

（2）专项附加扣除

专项附加扣除，包括3岁以下婴幼儿照护、子女教育、继续教育、大病医疗、住房贷款利息或者住房租金、赡养老人支出。一个纳税年度扣除不完的，不能结转以后年度扣除。纳税人同时从两处以上取得工资、薪金所得，并由扣缴义务人办理上述专项附加扣除的，对同一专项附加扣除项目，一个纳税年度内，纳税人只能选择从其中一处扣除。纳税人次年需要由扣缴义务人继续办理专项附加扣除的，应当于每年12月份对次年享受专项附加扣除的内容进行确认，并报送至扣缴义务人。纳税人未及时确认的，扣缴义务人于次年1月起暂停扣除，待纳税人确认后再行办理专项附加扣除。

① 3岁以下婴幼儿照护

自2023年1月1日起，纳税人照护3岁以下婴幼儿子女的相关支出，按照每个婴幼儿每月2000元的标准定额扣除。父母可以选择由其中一方按扣除标准的100%扣除，也可以选择由双方分别按扣除标准的50%扣除。扣除的计算时间为婴幼儿出生的当月至年满3周岁的前一个月。纳税人应当留存子女的出生医学证明等有关资料备查。

② 子女教育

纳税人的子女接受全日制学历教育的相关支出，按照每个子女每月2000元的标准定额扣除。子女，是指婚生子女、非婚生子女、继子女、养子女。父母之外的其他人担任未成年人的监护人的，比照本规定执行。学历教育包括义务教育（小学、初中教育）、高中阶段教育（普通高中、中等职业、技工教育）、高等教育（大学专科、大学本科、硕士研究生、博士研究生教育）。年满3岁至小学入学前处于学前教育阶段的子女，按本规定执行。计算时间：学历教育，为子女接受全日制学历教育入学的当月至全日制学历教育结束的当月。父母可以选择由其中一方按扣除标准的100%扣除，也可以选择由双方分别按扣除标准的50%扣除，具体扣除方式在一个纳税年度内不能变更。纳税人子女在中国境外接受教育的，纳税人应当留存境外学校录取通知书、留学签证等相关教育的证明资料备查。

③ 继续教育

纳税人在中国境内接受学历（学位）继续教育的支出，在学历（学位）教育期间按照每月 400 元定额扣除，入学当月起算，教育结束当月终止。同一学历（学位）继续教育的扣除期限不能超过 48 个月。纳税人接受技能人员职业资格继续教育、专业技术人员职业资格继续教育的支出，在取得相关证书的当年，按 3600 元定额扣除。个人接受本科及以下学历（学位）继续教育，符合规定扣除条件的，可以选择由其父母扣除，也可以选择由本人扣除。纳税人接受技能人员职业资格继续教育、专业技术人员职业资格继续教育的，应当留存相关证书等资料备查。

④ 大病医疗

在一个纳税年度内，纳税人发生的与基本医保相关的医药费用支出，扣除医保报销后个人负担（指医保目录范围内的自付部分）累计超过 15000 元的部分，由纳税人在办理年度汇算清缴时，在 80000 元限额内据实扣除。纳税人发生的医药费用支出可以选择由本人或者其配偶扣除；未成年子女发生的医药费用支出可以选择由其父母一方扣除。纳税人及其配偶、未成年子女发生的医药费用支出，按规定分别计算扣除额。纳税人应当留存医药服务收费及医保报销相关票据原件（或者复印件）等资料备查。例如，谌某 2023 年全年的医疗费支出为 122000 元，全部取得医保定点医疗机构的医疗单据，其中 100000 元为医保报销部分，剩余部分由自己负担。那么个人负担 =122000−100000−15000=7000（元），2023 年谌某参与 2023 年的汇算清缴时可以税前扣除的大病医疗支出为 7000 元。

【学中做 · 单选题】邹某和 10 岁的儿子 2022 年发生医疗费用。扣除医疗报销后个人负担的费用分别是 18000 元和 23000 元，邹某实施综合所得汇算时，税前扣除的大病医疗的最高数额是（　　）元。

A.41000　　B.11000　　C.3000　　D.26000

【正确答案】B。**【答案解析】**税前扣除的大病医疗的最高数额 =（18000−15000）+（23000−15000）=11000（元）。

⑤ 住房贷款利息

纳税人本人或者配偶单独或者共同使用商业银行或者住房公积金个人住房贷款为本人或者其配偶购买中国境内住房，发生的首套住房贷款利息支出，在实际发生贷款利息的年度，按照每月 1000 元的标准定额扣除，为贷款合同约定开始还款的当月至贷款全部归还或贷款合同终止的当月，扣除期限最长不超过 240 个月。纳税人只能享受一次首套住房贷款的利息扣除。首套住房贷款是指购买住房享受首套住房贷款利率的住房贷款。经夫妻双方约定，可以选择由其中一方扣除，具体扣除方式在一个纳税年度内不能变更。夫妻双方婚前分别购买住房发生的首套住房贷款，其贷款利息支出，婚后可以选择其中一套购买的住房，由购买方按扣除标准的 100% 扣除，也可以由夫妻双方对各自购买的住房分别按扣除标准的 50% 扣除，具体扣除方式在一个纳税年度内不能变更。纳税人应当留存住房贷款合同、贷款还款支出凭证备查。

⑥ 住房租金

纳税人在主要工作城市没有自有住房而发生的住房租金支出，可以按照以下标准定额扣除：

a. 直辖市、省会（首府）城市、计划单列市以及国务院确定的其他城市，扣除标准为每月 1500 元（每年 18000 元）；

b. 除上述所列城市外，市辖区户籍人口超过 100 万的城市，扣除标准为每月 1100 元（每年 13200 元）；

c. 市辖区户籍人口不超过 100 万的城市，扣除标准为每月 800 元（每年 9600 元）。

计算时间：为租赁合同（协议）约定的房屋租赁期开始的当月至租赁期结束的当月。提前终止合同（协议）的，以实际租赁期限为准。纳税人的配偶在纳税人的主要工作城市有自有住房的，视同纳税人在主要工作城市有自有住房。主要工作城市是指纳税人任职受雇的直辖市、计划单列市、副省级城市、地级市（地区、州、盟）全部行政区域范围；纳税人无任职受雇单位的，为受理其综合所得汇算清缴的税务机关所在城市。夫妻双方主要工作城市相同的，只能由一方扣除住房租金支出。住房租金支出由签订租赁住房合同的承租人扣除。例如，谌某在北京租一套房子，其妻子在上海租一套房子，假如谌某与其妻子在主要工作城市均无自有住房，谌某和妻子当月税前工资可以分别扣除住房租金专项附加扣除。纳税人及其配偶在一个纳税年度内不能同时分别享受住房贷款利息和住房租金专项附加扣除。纳税人应当留存住房租赁合同、协议等有关资料备查。

⑦ 赡养老人

纳税人赡养一位及以上被赡养人的赡养支出，统一按照以下标准定额扣除：

a. 纳税人为独生子女的，按照每月 3000 元的标准定额扣除；

b. 纳税人为非独生子女的，由其与兄弟姐妹分摊每月 3000 元的扣除额度，每人分摊的额度不能超过每月 1500 元。

计算时间：被赡养人年满 60 周岁的当月至赡养义务终止的年末。可以由赡养人均摊或者约定分摊，也可以由被赡养人指定分摊。约定或者指定分摊的须签订书面分摊协议，指定分摊优先于约定分摊。具体分摊方式和额度在一个纳税年度内不能变更。被赡养人是指年满 60 岁的父母（指生父母、继父母、养父母），以及子女均已去世的年满 60 岁的祖父母、外祖父母。

【想一想】增加专项附加扣除对减轻家庭负担、助力民生幸福、提高人民生活水平的意义。

【小结】专项附加扣除项目总结如图 5-1 所示。

【学中做 · 单选题】下列关于个人所得税专项附加扣除时限的表述中，符合税法规定的是（　　）。

A. 住房贷款利息，扣除时限最长不得超过 180 个月

B. 子女教育，扣除时间为子女年满 3 周岁当月至全日制学历教育结束的次月

C. 同一学历继续教育，扣除时限最长不得超过 48 个月

D. 专业技术人员职业资格继续教育，扣除时间为取得相关证书的次年

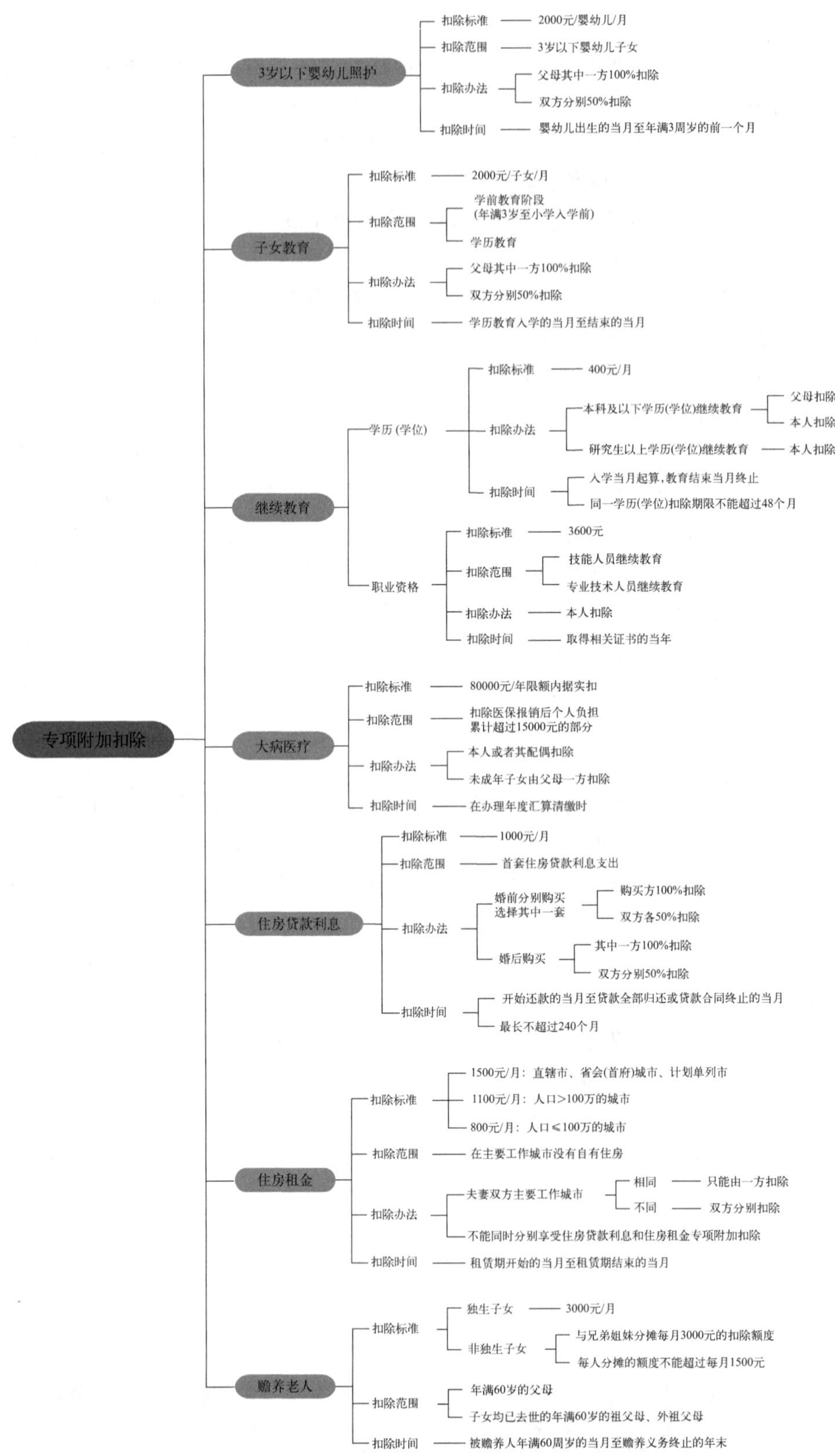

图5-1 个人所得税专项附加扣除思维导图

【正确答案】C**【答案解析】**选项 A，住房贷款利息支出，扣除期限最长不得超过 240 个月。选项 B，子女教育扣除期间为子女年满 3 周岁当月至全日制学历教育结束的当月。选项 D，技能人员职业资格继续教育、专业技术人员职业资格继续教育，为取得相关证书的当年。

（3）其他扣除

① 年金的个人所得税政策

企业和事业单位（以下统称“单位”）根据国家有关政策规定的办法和标准，为在本单位任职或者受雇的全体职工缴付的企业年金或职业年金（以下统称“年金”）单位缴费部分，在计入个人账户时，个人暂不缴纳个人所得税。个人根据国家有关政策规定缴付的年金个人缴费部分，在不超过本人缴费工资计税基数的 4% 标准内的部分，暂从个人当期的应纳税所得额中扣除。超过规定的标准缴付的年金单位缴费和个人缴费部分，应并入个人当期的工资、薪金所得，依法计征个人所得税。税款由建立年金的单位代扣代缴，并向主管税务机关申报解缴。企业年金个人缴费工资计税基数为本人上一年度月平均工资。月平均工资按国家统计局规定列入工资总额统计的项目计算。月平均工资超过职工工作地所在设区城市上一年度职工月平均工资 300% 以上的部分，不计入个人缴费工资计税基数。职业年金个人缴费工资计税基数为职工岗位工资和薪级工资之和。职工岗位工资和薪级工资之和超过职工工作地所在设区城市上一年度职工月平均工资 300% 以上的部分，不计入个人缴费工资计税基数。年金基金投资运营收益分配计入个人账户时，个人暂不缴纳个人所得税。

② 个人购买符合国家规定的商业健康保险

自 2017 年 7 月 1 日起，对个人购买符合规定的商业健康保险产品的支出，允许在当年（月）计算应纳税所得额时予以税前扣除，扣除限额为 2400 元 / 年（200 元 / 月）。单位统一为员工购买符合规定的商业健康保险产品的支出，应分别计入员工个人工资薪金，视同个人购买，按上述限额予以扣除。

【学中做 · 单选题】2023 年公司高管赵某每月工资收入 20000 元，公司为其按月扣缴“三险一金”3000 元。8 月起公司为其购买符合规定条件的商业健康保险，每月保费为 800 元，赵某无专项附加扣除和其他综合所得收入，当年赵某工资、薪金所得应缴纳个人所得税（　　）元。

A.11480　　B.12480　　C.11640　　D.12200

【正确答案】B**【答案解析】**单位统一组织为员工购买符合规定条件的商业健康保险，应分别计入员工个人工资、薪金，视同个人购买，在不超过 200 元 / 月的标准内按月扣除，超过部分并入工资、薪金所得计税。应纳税所得额 = 20000×12 − 3000×12−60000+（800−200）×5=147000（元），适用税率 20%，速算扣除数为 16920 元，应纳税额 =147000×20%−16920=12480（元）。

③ 个人养老金支出

自 2022 年 1 月 1 日起（在个人养老金先行城市实施），对个人养老金实施递延纳税优惠政策。在缴费环节，个人向个人养老金资金账户的缴费，按照 12000 元 / 年的限额标准，在综合所得或经营所得中据实扣除；在投资环节，计入个人养老金资金账户的投资收益暂不征收个人所得税；在领取环节，个人领取的个人养老金，不并入综合所得，单独按照3%的税率计算缴纳个人所得税，其缴纳的税款计入“工资、薪金所得”项目。

2. 经营所得的计税依据

（1）经营所得，以每一纳税年度的收入总额减除成本、费用以及损失后的余额，为应纳税所得额。取得经营所得的个人，没有综合所得的，计算其每一纳税年度的应纳税所得额时，应当减除费用60000元、专项扣除、专项附加扣除以及依法确定的其他扣除。专项附加扣除在办理汇算清缴时减除。从事生产、经营活动，未提供完整、准确的纳税资料，不能正确计算应纳税所得额的，由主管税务机关核定应纳税所得额或者应纳税额。应纳税额计算公式为：

应纳税额 = 应纳税所得额 × 税率 − 速算扣除数 =（收入总额 − 成本 − 费用 − 损失 − 税金 − 其他支出 − 允许弥补以前年度亏损）× 税率 − 速算扣除数

（2）个体工商户下列支出不得扣除：①个人所得税税款；②税收滞纳金；③罚金、罚款和被没收财物的损失；④不符合扣除规定的捐赠支出；⑤赞助支出（非广告性质）；⑥用于个人和家庭的支出；⑦与取得生产经营收入无关的其他支出；⑧国家税务总局规定不准扣除的支出。

（3）个体工商户生产经营活动中，应当分别核算生产经营费用和个人、家庭费用。对于生产经营与个人、家庭生活混用难以分清的费用，其40%视为与生产经营有关费用，准予扣除。

（4）个体工商户纳税年度发生的亏损，准予向以后年度结转，用以后年度的生产经营所得弥补，但结转年限最长不得超过5年。

（5）工资/薪金支出、工会经费、职工福利费支出、职工教育经费等相关费用扣除标准如表5-8所示。

表5-8 工资/薪金支出和三项经费支出等扣除标准

项目	从业人员	业主本人
工资、薪金支出	实际支付据实扣除	不得税前扣除
五险一金	规定的范围和标准缴纳的可扣（为业主缴纳的五险一金可以扣除）	
商业保险费	除按规定为特殊工种从业人员支付的人身安全保险费和规定可以扣除的其他商业保险费外，为业主本人或从业人员支付商业保险费不得扣除	
工会、职工福利费支出、职工教育经费	工资薪金总额的2%、14%和2.5%的标准内据实扣除	当地（地级市）上年度社会平均工资的3倍为计算基数，在规定比例内据实扣除
补充养老保险费5%和补充医疗保险费5%	不超过工资总额5%标准内部分据实扣除；超过部分不得扣除	当地上年度社会平均工资3倍为基数，不超过标准内的部分据实扣除；超过部分，不得扣除

（6）个体工商户代其从业人员或者他人负担的税款，不得税前扣除。

（7）个体工商户自申请营业执照之日起至开始生产经营之日止所发生符合规定的费用，除为取得固定资产、无形资产的支出，以及应计入资产价值的汇兑损益、利息支出外，作为开办费，个体工商户可以选择在开始生产经营的当年一次性扣除，也可自生产经营月份起在不短于3年期限内摊销扣除，但一经选定，不得改变。

（8）个体工商户通过公益性社会团体或者县级以上人民政府及其部门，用于规定的公益事业的捐赠，捐赠额不超过其应纳税所得额 30% 的部分可以据实扣除。个体工商户直接对受益人的捐赠不得扣除。

（9）个体工商户研究开发新产品、新技术、新工艺所发生的开发费用，以及研究开发新产品、新技术而购置单台价值在 10 万元以下的测试仪器和试验性装置的购置费准予直接扣除；单台价值在 10 万元以上（含 10 万元）的测试仪器和试验性装置，按固定资产管理，不得在当期直接扣除。

（10）查账征收的个人独资企业和合伙企业的扣除项目比照《个体工商户个人所得税计税办法》的规定确定。需要注意的是，投资者及其家庭发生的生活费用不允许在税前扣除。生活费用与企业生产经营费用混合在一起难以划分的，全部视为生活费用，不允许税前扣除；企业生产经营和投资者及其家庭生活共用的固定资产，难以划分的，由税务机关核定。

（11）个人独资企业的投资者以全部生产经营为应纳税所得额；合伙企业的投资者按合伙企业的全部生产经营所得和合伙协议约定的分配比例确定应纳税所得额，合伙协议没有约定分配比例的，以全部生产经营所得和合伙人数量平均计算每个投资者的应纳税所得额。生产经营所得，包括企业分配给投资者个人的所得和企业当年留存的所得（利润）

（12）投资者兴办两个或两个以上企业，并且企业性质全部是个人独资的，年度终了后汇算清缴时，应汇总其投资兴办的所有企业的经营所得作为应纳税所得额，以此确定适用税率，计算出全年经营所得的应纳税额，再根据每个企业的经营所得占所有企业经营所得的比例，分别计算出每个企业的应纳税额和应补缴税额。

（13）投资者兴办两个或两个以上企业的，其投资者个人费用扣除标准由投资者选择在其中一个企业的生产经营所得中扣除。

（14）业务招待费、广告费和业务宣传费、利息支出、劳动保护支出、赞助支出与企业所得税规定相同。

（15）自 2023 年 1 月 1 日至 2027 年 12 月 31 日，对个体工商户经营所得年应纳税所得额不超过 200 万元的部分，在现行优惠政策基础上，再减半征收个人所得税。个体工商户不区分征收方式（含定期定额个人工商户），均可享受。个体工商户在预缴和汇算清缴个人所得税时均可享受减半政策，享受政策时无须进行备案。若个体工商户从两处以上取得经营所得，需在办理年度汇总纳税申报时，合并个体工商户经营所得年应纳税所得额，重新计算减免税额，多退少补。个体工商户按照以下方法计算减免税额：减免税额 =（个体工商户经营所得应纳税所得额不超过 200 万元部分的应纳税额 − 其他政策减免税额 × 个体工商户经营所得应纳税所得额不超过 200 万元部分 ÷ 经营所得应纳税所得额）×（1−50%）。例如，纳税人谌某经营个体工商户 D，年应纳税所得额为 2300000 元（适用税率 35%，速算扣除数 65500），同时可以享受残疾人政策减免税额 6000 元，那么谌某该项政策的减免税额 =[（2000000×35%−65500）-6000×1000000÷2300000]×（1−50%）=315945.65（元）。再如，纳税人谌某经营个体工商户 C，年应纳税所得额为 90000 元（适用税率 10%，速算扣除数 1500），同时可以享受残疾人政策减免税额 2000 元，那么谌某该项政策的减免税额 =［（90000×10%−1500）−2000×90000÷90000］×（1−50%）= 2750（元）。

【学中做 · 单选题】根据个人所得税法律制度的规定，个体工商户的下列支出中，在计算经营所得应纳税所得额时，不得扣除的是（　　）。

A. 代替从业人员负担的税款

B. 支付给金融企业的短期流动资金借款利息支出

C. 依照国家有关规定为特殊工种从业人员支付的人身安全保险金

D. 实际支付给从业人员合理的工资薪金支出

【正确答案】A。**【答案解析】**个体工商户代其从业人员或者他人负担的税款，不得税前扣除，选项 A 正确。

3. 其他所得的计税依据

（1）财产租赁所得

财产租赁所得每次收入不超过 4000 元的，减除费用 800 元；4000 元以上的，减除 20% 的费用，其余额为应纳税所得额。

（2）财产转让所得

财产转让所得以转让财产的收入额减除财产原值和合理费用后的余额，为应纳税所得额。纳税义务人未提供完整、准确的财产原值凭证，不能正确计算财产原值的，由主管税务机关核定其财产原值。

（3）利息、股息、红利所得和偶然所得

利息、股息、红利所得和偶然所得以每次收入额为应纳税所得额。

4. 每次收入的确定

（1）财产租赁所得，以一个月内取得的收入为一次；

（2）利息、股息、红利所得，以支付利息、股息、红利时取得的收入为一次；

（3）偶然所得，以每次取得该项收入为一次；

（4）非居民个人取得的劳务报酬所得、稿酬所得、特许权使用费所得，属于一次性收入的，以取得该项收入为一次；属于同一项目连续性收入的，以一个月内取得的收入为一次。

【学中做 · 单选题】根据个人所得税法律制度的规定，下列各项中，以一个月内取得的收入为一次的是（　　）。

A. 偶然所得　　B. 利息、股息、红利所得

C. 财产租赁所得　　D. 财产转让所得

【正确答案】C。**【答案解析】**选项 A，偶然所得，以每次取得该项收入为一次选项；选项 B，利息、股息、红利所得，以支付利息、股息、红利时取得的收入为一次；选项 C，财产租赁所得，以一个月内取得的收入为一次。

（四）税收优惠

1. 免税项目

（1）省级人民政府、国务院部委和中国人民解放军军以上单位，以及外国组织颁

发的科学、教育、技术、文化、卫生、体育、环境保护等方面的奖金。

（2）国债和国家发行的金融债券利息。

（3）按照国家统一规定发给的补贴、津贴。

（4）福利费、抚恤金、救济金。

（5）保险赔款。

（6）军人的转业费、复员费、退役金。

（7）按照国家统一规定发给干部、职工的安家费、退职费、退休工资、离休工资、离休生活补助费。

（8）依照我国有关法律规定应予免税的各国驻华使馆、领事馆的外交代表、领事官员和其他人员的所得。

（9）中国政府参加的国际公约、签订的协议中规定免税的所得。

（10）国务院规定的其他免税所得。由国务院报全国人民代表大会常务委员会备案。

2. 减税项目

（1）残疾、孤老人员和烈属的所得。

（2）因自然灾害造成重大损失的。

上述减税项目的减征幅度和期限，由省、自治区、直辖市人民政府规定，并报同级人民代表大会常务委员会备案。国务院可以规定其他减税情形，报全国人民代表大会常务委员会备案。

3. 其他免税和暂免征税项目

（1）下列所得，暂免征收个人所得税：

① 外籍个人以非现金形式或实报实销形式取得的住房补贴、伙食补贴、搬迁费、洗衣费。

② 外籍个人按合理标准取得的境内、外出差补贴。

③ 外籍个人取得的探亲费、语言训练费、子女教育费等，经当地税务机关审核批准为合理的部分。

④ 外籍个人从外商投资企业取得的股息、红利所得。

2019 年 1 月 1 日至 2023 年 12 月 31 日期间，外籍个人符合居民个人条件的，可以选择享受个人所得税专项附加扣除，也可以选择按照规定，享受住房补贴、语言训练费、子女教育费等津补贴免税优惠政策，但不得同时享受。外籍个人一经选择，在一个纳税年度内不得变更。

（2）个人在上海、深圳证券交易所转让从上市公司公开发行和转让市场取得的股票和新三板的非原始股，转让所得暂不征收个人所得税。

（3）个人举报、协查各种违法、犯罪行为而获得的奖金暂免征收个人所得税。

（4）个人办理代扣代缴手续，按规定取得的扣缴手续费暂免征收个人所得税。

（5）个人转让自用达 5 年以上，并且是唯一的家庭居住用房取得的所得，暂免征收个人所得税。

（6）购买社会福利彩票、体育彩票一次中奖收入不超过 10000 元的暂免征收个人所得税，对一次中奖收入超过 10000 元的，应按税法规定全额征税。

（7）达到离休、退休年龄，但确因工作需要，适当延长离休、退休年龄的高级专家个人所得税。

（8）企事业单位和个人按照省级以上人民政府规定的比例提取并缴付的住房公积金、医疗保险金、基本养老保险金、失业保险金，免予征收个人所得税。

个人领取原提存的住房公积金、医疗保险金、基本养老保险金时，免予征收个人所得税。

对工伤职工及其近亲属按照规定取得的工伤保险待遇，免征个人所得税。

（9）企业和事业单位（以下统称单位）根据国家有关政策规定的办法和标准，为在本单位任职或者受雇的全体职工缴付的企业年金或职业年金（以下统称年金）单位缴费部分，在计入个人账户时，个人暂不缴纳个人所得税。

个人根据国家有关政策规定缴付的年金个人缴费部分，在不超过本人缴费工资计税基数的4%标准内的部分，暂从个人当期的应纳税所得额中扣除。

年金基金投资运营收益分配计入个人账户时，个人暂不缴纳个人所得税。

（10）企业依照国家有关法律规定宣告破产，企业职工从该破产企业取得的一次性安置费收入，免征个人所得税。

（11）对储蓄存款利息所得暂免征收个人所得税。

（12）个人从公开发行和转让市场取得的上市公司股票，持股期限超过1年的，股息红利所得暂免征收个人所得税。

（13）对被拆迁人按照国家有关城镇房屋拆迁管理办法规定的标准取得的拆迁补偿款，免征个人所得税。

（14）以下情形的房屋产权无偿赠与的，对当事双方不征收个人所得税：

① 房屋产权所有人将房屋产权无偿赠与配偶、父母、子女、祖父母、外祖父母、孙子女、外孙子女、兄弟姐妹；

② 房屋产权所有人将房屋产权无偿赠与对其承担直接抚养或者赡养义务的抚养人或者赡养人；

③ 房屋产权所有人死亡，依法取得房屋产权的法定继承人、遗嘱继承人或者受遗赠人。

（15）个体工商户、个人独资企业和合伙企业或个人从事种植业、养殖业、饲养业、捕捞业取得的所得，暂不征收个人所得税。

（16）企业在销售商品（产品）和提供服务过程中向个人赠送礼品，属于下列情形之一的，不征收个人所得税：

① 企业通过价格折扣、折让方式向个人销售商品（产品）和提供服务；

② 企业在向个人销售商品（产品）和提供服务的同时给予赠品，如通信企业对个人购买手机赠话费、入网费，或者购话费赠手机等；

③ 企业对累积消费达到一定额度的个人按消费积分反馈礼品。

（17）在2022年10月1日至2023年12月31日期间，纳税人出售自有住房并在现住房出售后1年内，在同一城市重新购买住房的，可按规定申请退还其出售现住房已缴纳的个人所得税。

（18）个人将其所得对教育、扶贫、济困等公益慈善事业进行捐赠，捐赠额未超过纳税人申报的应纳税所得额30%的部分，可以从其应纳税所得额中扣除。

【学中做·单选题】中国公民李某取得财产转让收入40000元，将其中6000元通过民政部门捐赠给贫困山区，可以扣除的原值和相关税费22000元，李某应缴纳个人所得税（　　）元。

A.2520　　B.3808　　C.4480　　D.4760

【正确答案】A**【答案解析】**捐赠扣除限额 =（40000−22000）×30% = 5400（元），实际捐赠额6000元大于捐赠限额，所以可以税前扣除的金额为5400（元）。应缴纳个人所得税 =［（40000−22000）−5400］×20% = 2520（元）。

国务院规定对公益慈善事业捐赠实行全额税前扣除的，从其规定。以下是属于全额税前扣除的情形：

（1）个人通过非营利性的社会团体和国家机关向红十字事业的捐赠，在计算缴纳个人所得税时，准予在税前的所得额中全额扣除。

（2）个人通过非营利的社会团体和国家机关向农村义务教育的捐赠，在计算缴纳个人所得税时，准予在税前的所得额中全额扣除。

农村义务教育的范围是指政府和社会力量举办的农村乡镇（不含县和县级市政府所在地的镇）、村的小学和初中以及属于这一阶段的特殊教育学校。

纳税人对农村义务教育与高中在一起的学校的捐赠，也享受规定的所得税前扣除政策。接受捐赠或办理转赠的非营利的社会团体和国家机关，应按照财务隶属关系分别使用由中央或省级财政部门统一印（监）制的捐赠票据，并加盖接受捐赠或转赠单位的财务专用印章。税务机关据此对捐赠个人进行税前扣除。

（3）个人通过非营利性社会团体和国家机关对公益性青少年活动场所（其中包括新建）的捐赠，在计算缴纳个人所得税时，准予在税前的所得额中全额扣除。

（4）个人的所得（不含偶然所得，经国务院财政部门确定征税的其他所得）用于对非关联的科研机构和高等学校研究开发新产品、新技术、新工艺所发生的研究开发经费的资助，可以全额在下月（工资、薪金所得）或下次（按次计征的所得）或当年（按年计征的所得）计征个人所得税时，从应纳税所得额中扣除，不足抵扣的，不得结转抵扣。

（5）根据财政部、国家税务总局有关规定，个人通过非营利性的社会团体和政府部门向福利性、非营利性老年服务机构捐赠，通过宋庆龄基金会等6家单位，中国医药卫生事业发展基金会、中国教育发展基金会、中国老龄事业发展基金会等8家单位，中华健康快车基金会等5家单位用于公益救济性的捐赠，向特定地震灾区的捐赠，符合相关条件的，准予在缴纳个人所得税税前全额扣除。

【想一想】个人捐赠体现了家国情怀，国家给予税前扣除给予鼓励，查阅资料，个人捐赠对国家和社会有什么意义？

【学中做·计算题】李某2023年10月取得如下收入：

（1）到期国债利息收入986元。

（2）购买福利彩票支出500元，取得一次性中奖收入15000元。

（3）境内上市公司股票转让所得10000元。

（4）转让自用住房一套，取得转让收入 500 万元，该套住房购买价为 200 万元，购买时间为 2007 年并且是唯一的家庭生活用房。

要求：计算李某当月应缴纳的个人所得税税额。

【正确答案】国债利息收入免征个人所得税，股票转让所得暂不征收个人所得税，转让自用 5 年以上并且是唯一的家庭生活用房取得的所得暂免征个人所得税，福利彩票收入 15000 元（超过 1 万元）应缴纳个人所得税，且不得扣除购买彩票支出。因此，中奖收入应缴纳个人所得税税额 = 15000×20% = 3000（元）；李某当月应缴纳的个人所得税税额为 3000 元。

二、应纳税额计算

（一）综合所得应纳税额的计算

微课 – 综合所得应纳税额的计算

居民个人综合所得应纳税额的计算公式为：

应纳税额 = 应纳税所得额 × 适用税率 − 速算扣除数 =（每一纳税年度的收入额 − 费用 60000− 专项扣除 − 专项附加扣除 − 依法确定的其他扣除）× 适用税率 − 速算扣除数

扣缴义务人向居民个人支付工资、薪金所得时，应当按照累计预扣法计算预扣税款，并按月办理扣缴申报。累计预扣法是指扣缴义务人在一个纳税年度内预扣预缴税款时，以纳税人在本单位截至当前月份工资、薪金所得累计收入减除累计免税收入、累计减除费用、累计专项扣除、累计专项附加扣除和累计依法确定的其他扣除后的余额为累计预扣预缴应纳税所得额，适用居民个人工资、薪金所得预扣预缴率表，计算累计应预扣预缴税额，再减除累计减免税额和累计已预扣预缴税额，其余额为本期应预扣预缴税额。余额为负值时，暂不退税。纳税年度终了后余额仍为负值时，由纳税人通过办理综合所得年度汇算清缴，税款多退少补。具体计算公式如下：

本期应预扣预缴税额 =（累计预扣预缴应纳税所得额 × 预扣率 − 速算扣除数）− 累计减免税额 − 累计已预扣预缴税额

累计预扣预缴应纳税所得额 = 累计收入 − 累计免税收入 − 累计减除费用 − 累计专项扣除 − 累计专项附加扣除 − 累计依法确定的其他扣除

其中：累计减除费用，按照 5000 元 / 月乘以纳税人当年截至本月在本单位的任职受雇月份数计算。

自 2020 年 7 月 1 日起，为进一步支持稳就业、保就业，减轻当年新入职人员个人所得税预扣预缴阶段的税收负担，现就完善调整年度中间首次取得工资、薪金所得等人员有关个人所得税预扣预缴方法事项公告如下：

（1）对一个纳税年度内首次取得工资、薪金所得的居民个人，扣缴义务人在预扣预缴个人所得税时，可按照 5000 元 / 月乘纳税人当年截至本月月份数计算累计减除费用。

（2）正在接受全日制学历教育的学生因实习取得劳务报酬所得的，扣缴义务人预扣预缴个人所得税时，可按照《国家税务总局关于发布〈个人所得税扣缴申报管理办法（试行）〉的公告》（2018 年第 61 号）规定的累计预扣法计算并预扣预缴税款。

（3）首次取得工资、薪金所得的居民个人，是指自纳税年度首月起至新入职时，未取得工资、薪金所得或者未按照累计预扣法预扣预缴过连续性劳务报酬所得个人所得税的居民个人。

居民个人工资、薪金所得预扣预缴率如表 5-9 所示。

表5-9 居民个人工资、薪金所得预扣预缴率表

级数	累计预扣预缴应纳税所得额	预扣率/%	速算扣除数
1	不超过36000元的部分	3	0
2	36000元至144000元的部分	10	2520
3	144000元至300000元的部分	20	16920
4	300000元至420000元的部分	25	31920
5	420000元至660000元的部分	30	52920
6	660000元至960000元的部分	35	85920
7	超过960000元的部分	45	181920

【学中做·计算题】假设 2024 年甲公司职员李某全年取得工资、薪金收入 210 000 元，假定无其他所得。当地规定的社会保险和住房公积金个人缴存比例为：基本养老保险 8%，基本医疗保险 2%，失业保险 0.5%，住房公积金 12%。李某缴纳社会保险费核定的缴费工资基数为 10 000 元。李某正在偿还首套住房贷款及利息，李某为独生女，其独生子正在读大学 3 年级；李某父母均已年过 60 岁。李某夫妻约定由李某扣除贷款利息和子女教育费。计算李某 2024 年应缴纳的个人所得税税额。

【正确答案】

（1）全年减除费用 60000 元。

（2）专项扣除 = 10000×（8%+2%+0.5%+12%）×12 = 27000（元）

（3）专项附加扣除：

李某子女教育支出实行定额扣除，每年扣除 24000 元。

李某首套住房贷款利息支出实行定额扣除，每年扣除 12000 元。

李某赡养老人支出实行定额扣除，每年扣除 36000 元。

专项附加扣除合计 = 24000+12000+36000 = 72000（元）

（4）扣除项合计 = 60000+27000+72000 = 159000（元）

（5）应纳税所得额 = 210000−159000 = 51000（元）

（6）应纳个人所得税额 = 51000×10%-2520 = 2580（元）

扣缴义务人向居民个人支付劳务报酬所得、稿酬所得、特许权使用费所得时，应当按照以下方法按次或者按月预扣预缴税款。

（1）劳务报酬所得、稿酬所得、特许权使用费所得：属于一次性收入的，以取得该项收入为一次；属于同一项目连续性收入的，以一个月内取得的收入为一次。

（2）劳务报酬所得、稿酬所得、特许权使用费所得以收入减除费用后的余额为收入额；其中，稿酬所得的收入额减按 70% 计算。

（3）减除费用：预扣预缴税款时，劳务报酬所得、稿酬所得、特许权使用费所得，每次收入不超过 4 000 元的，减除费用按 800 元计算；每次收入 4000 元以上的，减除费用按收入的 20% 计算。

（4）应纳税所得额：劳务报酬所得、稿酬所得、特许权使用费所得，以每次收入额为预扣预缴应纳税所得额，计算应预扣预缴税额。劳务报酬所得适用居民个人劳务报酬所得预扣预缴率表（表 5-10），稿酬所得、特许权使用费所得适用 20% 的比例预扣率。

表5-10 居民个人劳务报酬所得预扣预缴率表

级数	预扣预缴应纳税所得额	预扣率 /%	速算扣除数
1	不超过 20000 元	20	0
2	20000 元至 50000 元的部分	30	2000
3	超过 50000 元的部分	40	7000

（5）劳务报酬所得应预扣预缴税额 = 预扣预缴应纳税所得额 × 预扣率 − 速算扣除数

（6）稿酬所得、特许权使用费所得应预扣预缴税额 = 预扣预缴应纳税所得额 ×20%

【学中做 · 计算题】2023 年 8 月王某为某公司提供设计服务，取得劳务报酬所得 5000 元。

要求：计算王某当月该笔劳务报酬所得应预扣预缴的个人所得税税额。

【正确答案】劳务报酬所得每次收入不超过 4000 元的，减除费用按 800 元计算；每次收入 4000 元以上的，减除费用按 20% 计算。预扣预缴应纳税所得额不超过 20000 元的，预扣率为 20%，应预扣预缴的个人所得税税额 = 5000×（1−20%）×20% = 800（元）。

【学中做·计算题】2023 年 10 月张某所写的一部小说出版，取得稿酬所得 30000 元。

要求：计算张某该笔稿酬所得应预扣预缴的个人所得税税额。

【正确答案】稿酬所得每次收入不超过 4000 元的，减除费用按 800 元计算；每次收入 4000 元以上的，减除费用按 20% 计算。稿酬所得的收入额减按 70% 计算，预扣率为 20%，应预扣预缴的个人所得税税额 = 30000×（1−20%）×70%×20% = 3360（元）。

【学中做 · 计算题】居民个人万某本月取得特许权使用费所得 20000 元。

要求：计算应预扣预缴税额。

【正确答案】应纳税所得额 = 收入 ×（1−20%）= 20000×（1−20%）= 16000（元），应预扣预缴税额 = 16000×20% = 3200（元）。

居民个人综合所得年度预扣预缴税额与年度应纳税额不一致的，由居民个人于次年 3 月 1 日至 6 月 30 日向主管税务机关办理综合所得年度汇算清缴，税款多退少补。

非居民个人取得工资、薪金所得，劳务报酬所得，稿酬所得和特许权使用费所得，有扣缴义务人的，由扣缴义务人按月或者按次代扣代缴税款，不办理汇算清缴。非居民个人的工资、薪金所得，以每月收入额减除费用5000元后的余额为应纳税所得额；劳务报酬所得、稿酬所得、特许权使用费所得，以每次收入额为应纳税所得额，适用按月换算后的非居民个人月度税率表计算应纳税额。其中，劳务报酬所得、稿酬所得、特许权使用费所得以收入减除20%的费用后的余额为收入额。稿酬所得的收入额减按70%计算。非居民个人工资、薪金所得，劳务报酬所得，稿酬所得，特许权使用费所得应纳税额计算公式：应纳税额 = 应纳税所得额 × 税率 − 速算扣除数。例如，假如某非居民个人取得劳务报酬所得20000元，则应扣缴税额 =（20000−20000×20%）×20%−1410 = 1790（元）。再如，假如某非居民个人取得稿酬所得10000元，则应扣缴税额（10000−10000×20%）×70%×10%−210 = 350（元）。

（二）经营所得应纳税额的计算

个体工商户的生产、经营所得应纳税额的计算公式为：

应纳税额 = 应纳税所得额 × 适用税率 − 速算扣除数 =（全年收入总额 − 成本、费用、税金、损失、其他支出及以前年度亏损）× 适用税率 − 速算扣除数

经营所得适用5%至35%的五级超额累进税率。具体如表5-11所示。

表5-11　经营所得个人所得税税率表

级数	全年应纳税所得额	税率/%	速算扣除数
1	不超过30000元的	5	0
2	30000元至90000元的部分	10	1500
3	90000元至300000元的部分	20	10500
4	300000元至500000元的部分	30	40500
5	超过500000元的部分	35	65500

注：本表所称全年应纳税所得额是指依照法律规定，以每一纳税年度的收入总额减除成本、费用以及损失后的余额。

【学中做 · 计算题】某个体工商户，2023年度有关经营情况如下：

（1）取得餐饮服务收入200万元（不含增值税）；发生营业成本140万元；发生税费14万元（不含增值税）；发生管理费用25万元；发生销售费用5万元。

（2）在管理费用和销售费用中共列支从业人员全年工资28.8万元；在管理费用中列支业主全年工资9.6万元。

（3）列支职工福利费0.7万元。其中从业人员发生的福利费0.6万元，业主发生的福利费0.1万元，当地上年度社会平均工资4万元。

（4）当年向业主朋友借款30万元，支付利息费用2万元，同期同类金融机构贷款利息率为4%。

（5）管理费用中含业务招待费2万元。

（6）销售费用中含宣传费1万元。

（7）当年向从业人员列支人寿险 0.4 万元。

要求：计算 2023 年应纳税所得额和应纳税额。

【正确答案】

（1）会计利润 = 200−140−14−25−5 = 16（万元）

（2）业主工资不能列支，需调增应纳税所得额 9.6 万元。

（3）从业人员福利费扣除标准 = 28.8×14% = 4.032（万元）

业主福利费扣除标准 = 4×3×14% = 1.68（万元）

不需要纳税调整。

（4）利息扣除标准 = 30×4% = 1.2（万元）

调增应纳税所得额 = 2−1.2 = 0.8（万元）

（5）全年销售收入 = 200（万元）

扣除标准 1 = 2×60% = 1.2（万元）

扣除标准 2 = 200×5‰ = 1（万元）

调增应纳税所得额 = 2−1 = 1（万元）

（6）全年销售收入 = 200（万元）

扣除标准 = 200×15% = 30（万元）

不需要纳税调整。

（7）不得扣除，需调增应纳税所得额 0.4 万元。

应纳税所得额 = 16+9.6（业主工资）+0.8（利息）+1（招待费）+0.4（人寿险）−6（业主扣除费用）= 21.8（万元）

应纳税额 =（21.8×20%−1.05）×(1−50%) = 1.66（万元）

（三）利息、股息、红利所得应纳税额的计算

利息、股息、红利所得应纳税额的计算公式为：

应纳税额 = 应纳税所得额 × 适用税率 = 每次收入额 × 适用税率

（四）财产租赁所得应纳税额的计算

财产租赁所得应纳税额的计算公式如下。

（1）每次（月）收入不足 4000 元的：

应纳税额 =［每次（月）收入额 − 财产租赁过程中缴纳的税费 − 由纳税人负担的租赁财产实际开支的修缮费用（800 元为限）−800 元］×20%

（2）每次（月）收入在 4000 元以上的：

应纳税额 =［每次（月）收入额 − 财产租赁过程中缴纳的税费 − 由纳税人负担的租赁财产实际开支的修缮费用（800 元为限）］×（1−20%）×20%

个人出租房屋的个人所得税应税收入不含增值税，计算房屋出租所得可扣除的税费不包括本次出租缴纳的增值税。个人转租房屋的，其向房屋出租方支付的租金及增值税额，在计算转租所得时予以扣除。

【学中做 · 单选题】张某出租住房取得租金收入 3800 元，财产租赁缴纳税费 152

元，修缮费600元，已知个人出租住房暂减按10%征收个人所得税，收入不超过4000，减除800元费用，下列关于张某当月租金收入应缴纳个人所得税税额的计算中，正确的是（　　）。

A.（3800−800）×10% = 300（元）

B. 3800×10% = 380（元）

C.（3800−152−600−800）×10% = 224.8（元）

D.（3800−152−600）×10% = 304.8（元）

【正确答案】C**【答案解析】**财产租赁所得，每次（月）收入不足4000元的：应纳税额 =［每次（月）收入额 − 财产租赁过程中缴纳的税费 − 由纳税人负担的租赁财产实际开支的修缮费用（800元为限）−800元］×20%。

（五）财产转让所得应纳税额的计算

财产转让所得应按照一次转让财产的收入额减除财产原值和合理费用后的余额计算纳税。财产转让所得应纳税额的计算公式为：

应纳税额 = 应纳税所得额 × 适用税率 =（收入总额 − 财产原值 − 合理费用）×20%

个人转让房屋的个人所得税应税收入不含增值税，其取得房屋时所支付价款中包含的增值税计入财产原值，计算转让所得时可扣除的税费不包括本次转让缴纳的增值税。

受赠人转让受赠房屋的，以其转让受赠房屋的收入减除原捐赠人取得该房屋的实际购置成本以及赠与和转让过程中受赠人支付的相关税费后的余额，为受赠人的应纳税所得额，依法计征个人所得税。受赠人转让受赠房屋价格明显偏低且无正当理由的，税务机关可以依据该房屋的市场评估价格或其他合理方式确定的价格核定其转让收入。

【学中做·单选题】2023年11月，林某将一套三年前购入的普通住房出售，取得收入160万元，原值120万元，售房中发生合理费用0.5万元。已知财产转让所得个人所得税税率为20%，计算林某出售该住房应缴纳个人所得税税额的下列算式中正确的是（　　）。

A.（160−120−0.5）×20% = 7.9（万元）

B.160×（1−20%）×20% = 25.6（万元）

C.（160−120）×20% = 8（万元）

D.（160−0.5）×20% = 31.9（万元）

【正确答案】A**【答案解析】**财产转让所得以一次转让财产收入额减去财产原值和合理费用后的余额为应纳税所得额，适用20%的税率计算缴纳个人所得税。

（六）偶然所得应纳税额的计算

偶然所得应纳税额的计算公式为：

应纳税额 = 应纳税所得额 × 适用税率 = 每次收入额 ×20%

（七）个人所得税应纳税额计算的其他规定

1. 全年一次性奖金的征税规定

（1）居民个人取得全年一次性奖金，符合相关规定的，在 2023 年 12 月 31 日前，可不并入当年综合所得，以全年一次性奖金收入除以 12 个月得到的数额，按照按月换算后的综合所得税率表（表 5-12），确定适用税率和速算扣除数，单独计算纳税。

计算公式为：应纳税额＝全年一次性奖金收入 × 适用税率－速算扣除数

表5-12 综合所得月度税率表

级数	应纳税所得税额/元	税率/%	速算扣除数
1	≤3000	3	0
2	3000～12000（含）	10	210
3	12000～25000（含）	20	1410
4	25000～35000（含）	25	2660
5	35000～55000（含）	30	4410
6	55000～80000（含）	35	7160
7	>80000	45	15160

（2）居民个人取得全年一次性奖金，也可以选择并入当年综合所得计算纳税，适用综合所得年度税率表（表 5-13）计算税额。

表5-13 综合所得年度税率表

级数	应纳税所得税额/元	税率/%	速算扣除数
1	≤36000	3	0
2	36000～144000（含）	10	2520
3	144000～300000（含）	20	16920
4	300000～420000（含）	25	31920
5	420000～660000（含）	30	52920
6	660000～960000（含）	35	85920
7	>960000	45	181920

（3）自 2023 年 12 月 31 日起，居民个人取得全年一次性奖金，应并入当年综合所得计算缴纳个人所得税。

【学中做 · 计算题】假定居民个人张某 2023 年 12 月取得全年一次性年终奖 288000 元，假如选择不并入当年综合所得，请依照现行税法规定计算张某 2023 年度全年一次性奖金应缴纳的个人所得税。

【正确答案】

（1）每月奖金＝288000÷12＝24000（元）

（2）全年一次性奖金应缴纳个人所得税＝288000×20%−1410＝56190（元）

以下通过案例形式分析以上两种计税方式。

【案例 5-1-1】小王 2022 年月工资 7000 元，个人每月缴纳三险一金 1000 元，每月享受子女教育和住房租金专项附加扣除 2500 元，2022 年 12 月取得全年一次性奖金 18000 元。那么对于这笔奖金该如何计算呢？

（1）假设选择单独计税，小王取得全年一次性奖金 18000 元，除以 12 得出每月 1500 元，查找综合所得月度税率表，1500 元适用税率为 3%，速算扣除数为 0。然后根据计算公式，应纳税额 = 全年一次性奖金收入 × 适用税率 − 速算扣除数，因此，小王应缴纳奖金个人所得税：18000×3% = 540（元）；小王 2022 年综合所得应纳税所得额为：（7000−5000−1000−2500）×12=−18000（元），无须缴纳个人所得税。上述两项总的应纳税款为 540 元。

（2）假设选择合并计税，小王 2022 年综合所得年度应纳税所得额为：（7000−5000−1000−2500）×12+18000=0 元，因此，小王 2022 年度综合所得无须缴纳个人所得税。

综上，小王可选择将全年一次性奖金并入综合所得。

【案例 5-1-2】小李 2022 年月工资 15000 元，个人每月缴纳三险一金 2000 元，每月享受子女教育和住房贷款利息专项附加扣除 2000 元，2022 年 12 月取得全年一次性奖金 36000 元。那么对于该笔奖金如何计算呢？

（1）假设选择单独计税，小李取得全年一次性奖金 36000 元，除以 12 得出每月 3000 元，查找综合所得月度税率表，3000 元适用税率为 3%，速算扣除数为 0。因此，小李应缴纳奖金个人所得税：36000×3% = 1080（元）；小李 2022 年综合所得应纳税所得额为：(15000−5000−2000−2000)×12=72000（元），查找综合所得年度税率表，适用税率为 10%，速算扣除数为 2520，需缴纳个人所得税：72000×10%−2520=4680（元）。上述两项总的应纳税款为 1080+4680=5760（元）。

（2）假设选择合并计税，小李 2022 年综合所得年度应纳税所得税额为：(15000−5000−2000−2000)×12+36000=108000（元），适用税率为 10%，速算扣除数为 2520，因此，小李 2022 年度综合所得需缴纳个人所得税：108000×10%−2520=8280（元）。

综上，小李可选择将全年一次性奖金单独计税。

【想一想】在合法前提下，如何有效利用税收政策合理减税或延迟纳税？

2. 上市公司股权激励的征税规定

居民个人取得股票期权、股票增值权、限制性股票、股权奖励等股权激励，符合规定的相关条件的，在 2023 年 12 月 31 日前，不并入当年综合所得，全额单独适用综合所得年度税率表，计算纳税。

计算公式为：应纳税额 = 股权激励收入 × 适用税率 − 速算扣除数

居民个人一个纳税年度内取得两次以上（含两次）股权激励的，应合并计算纳税。

【学中做·计算题】王先生为某上市公司的员工，公司 2022 年实行雇员股票期权计划。2022 年 3 月 1 日，该公司授予王先生股票期权 10000 股，授予价 3 元 / 股；该期权无公开市场价格，并约定 2023 年 6 月 1 日起可以行权，行权前不得转让。2023 年

6月1日王先生以授予价购买股票10000股，当日该股票的公开市场价格为8元/股。

【正确答案】应缴纳个人所得税＝10000×（8−3）×10%−2520＝2480（元）。

【学中做·单选题】2021年7月1日，赵某从任职的上市公司取得股票期权2万股。2023年11月1日，赵某行权购买股票2万股，行权价为4元/股，当日的股票收盘价为9元/股。赵某应缴纳个人所得税（　　）元。

A.7480　　B.10480　　C.19080　　D.29840

【正确答案】A**【答案解析】**赵某应缴纳的个税＝（9−4）×20000×10%−2520=7480（元）。

3.个人领取企业年金、职业年金的征税规定

（1）个人达到国家规定的退休年龄，领取的企业年金、职业年金，符合规定的，不并入综合所得，全额单独计算应纳税款。其中：

按月领取的，适用月度税率表计算纳税；

按季领取的，平均分摊计入各月，按每月领取额适用月度税率表计算纳税；

按年领取的，适用综合所得税率表计算纳税。

（2）个人因出境定居而一次性领取的年金个人账户资金，或个人死亡后，其指定的受益人或法定继承人一次性领取的年金个人账户余额，适用综合所得税率表计算纳税。

对个人除上述特殊原因外一次性领取年金个人账户资金或余额的，适用月度税率表计算纳税。

【小结】个人领取企业年金、职业年金计税方法如表5-14所示。

表5-14　个人领取企业年金、职业年金计税方法

领取方式		计算方法	适用税率表
按月领取		全额单独计税	月度税率表
按季领取		先按月平摊，按月全额计税，再汇总税额	
按年领取		全额单独计税	综合所得税率表
一次全部领取	出境定居；个人死亡后，其指定的受益人或法定继承人	全额单独计税	综合所得税率表
	其他原因	全额单独计税	月度税率表

【学中做·单选题】2023年退休的公民万某每月领取企业年金500元，2023年万某领取的全部企业年金应缴纳个人所得税（　　）元。

A.0　　B.180　　C.216　　D.72

【正确答案】B**【答案解析】**应纳税额＝500×3%×12＝180（元）。

4.解除劳动关系一次性补偿收入的征税规定

个人因与用人单位解除劳动关系而取得的一次性补偿收入（包括用人单位发放的经济补偿金、生活补助费和其他补助费用），在当地上年职工平均工资3倍数额以内的部分，免征个人所得税；超过3倍数额的部分，不并入当年综合所得，单独适用综合所得年度税率表，计算纳税。

【学中做·计算题】杨某2023年1月31日与企业解除劳动合同。其在企业工作年限为10年，领取经济补偿金80000元，其所在地区上年职工平均工资为12000元，计算杨某应缴纳的个人所得税。

【正确答案】应税部分＝80000−3×12000＝44000（元），应纳税额＝44000×10%−2520＝1880（元）。

5.提前退休一次性补贴收入的征税规定

个人办理提前退休手续而取得的一次性补贴收入，应按照办理提前退休手续至法定离退休年龄之间实际年度数平均分摊，确定适用税率和速算扣除数，单独适用综合所得年度税率表，计算纳税。计算公式为：

应纳税额＝{［（一次性补贴收入÷办理提前退休手续至法定退休年龄的实际年度数）−费用扣除标准］×适用税率−速算扣除数}×办理提前退休手续至法定退休年龄的实际年度数

【学中做·单选题】2023年3月高先生办理提前退休手续时，距离法定退休年龄还差2年，公司按照规定给予高先生一次性补贴收入16万元，高先生领取补贴应缴纳个人所得税（　　）元。

A.1248　　B.5180　　C.1200　　D.2590

【正确答案】C**【答案解析】**高先生应缴纳个人所得税＝（160000÷2−60000）×3%×2=1200（元）

6.内部退养一次性补贴收入的征税规定

（1）实行内部退养的个人在其办理内部退养手续后至法定离退休年龄之间从原任职单位取得的工资、薪金，不属于离退休工资，应按“工资、薪金所得”项目计征个人所得税。

（2）个人在办理内部退养手续后从原任职单位取得的一次性收入，应按办理内部退养手续后至法定离退休年龄之间的所属月份进行平均，并与领取当月的“工资、薪金”所得合并后减除当月费用扣除标准，以余额为基数确定适用税率，再将当月工资、薪金加上取得的一次性收入，减去费用扣除标准，按适用税率计征个人所得税。

（3）个人在办理内部退养手续后至法定离退休年龄之间重新就业取得的“工资、薪金”所得，应与其从原任职单位取得的同一月份的“工资、薪金”所得合并，并依法自行向主管税务机关申报缴纳个人所得税。

【学中做·单选题】按公司减员增效政策，曲某在距法定退休还有4年的2023年3月办理内部退养手续。当月领取工资4500元及一次性补贴120000元。曲某当月应缴纳个人所得税（　　）元。

A.2880　　B.3600　　C.3735　　D.3585

【正确答案】D**【答案解析】**120000÷48＋4500−5000=2000（元），适用3%税率，应缴纳的个人所得税＝（4500+120000−5000）×3%=3585（元）。

【学中做·判断题】内部退养人员从原任职的企业取得的一次性收入，免征个人所得税。（　　）

【正确答案】×。

7. 单位低价向职工售房的征税规定

单位按低于购置或建造成本价格出售住房给职工，职工因此而少支出的差价部分，不并入当年综合所得，以差价收入除以 12 个月得到的数额，按照月度税率表确定适用税率和速算扣除数，单独计算纳税。计算公式为：

应纳税额 = 职工实际支付的购房价款低于该房屋的购置或建造成本价格的差额 × 适用税率 − 速算扣除数

8. 个人取得公务交通、通信补贴收入的征税规定

个人因公务用车和通信制度改革而取得的公务用车、通信补贴收入，扣除一定标准的公务费用后，按照“工资、薪金所得”项目计征个人所得税。

9. 退休人员再任职取得收入的征税规定

退休人员再任职取得的收入，在减除按个人所得税法规定的费用扣除标准后，按“工资、薪金所得”应税项目缴纳个人所得税。

【学中做 · 判断题】离退休人员再任职取得的收入，免征个人所得税。（　　）

【正确答案】×**【答案解析】**上述收入，按“工资薪金所得”缴纳个人所得税。

10. 离退休人员从原任职单位取得各类补贴、奖金、实物的征税规定

离退休人员除按规定领取离退休工资或养老金外，另从原任职单位取得的各类补贴、奖金、实物，不属于免税的退休工资、离休工资、离休生活补助费，应在减除费用扣除标准后，按“工资、薪金所得”应税项目缴纳个人所得税。

11. 基本养老保险费、基本医疗保险费、失业保险费、住房公积金的征税规定

（1）企事业单位和个人超过规定的比例和标准缴付的基本养老保险费、基本医疗保险费和失业保险费，应将超过部分并入个人当期的工资、薪金收入，计征个人所得税。

（2）单位和个人分别在不超过职工本人上一年度月平均工资 12% 的幅度内，其实际缴存的住房公积金，允许在个人应纳税所得额中扣除。单位和职工个人缴存住房公积金的月平均工资不得超过职工工作地所在设区城市上一年度职工月平均工资的 3 倍，单位和个人超过规定比例和标准缴付的住房公积金，应将超过部分并入个人当期的工资、薪金收入，计征个人所得税。

12. 企业为员工支付保险金的征税规定

对企业为员工支付各项免税之外的保险金，应在企业向保险公司缴付时并入员工当期的工资收入，按“工资、薪金所得”项目计征个人所得税，税款由企业负责代扣代缴。

13. 兼职律师从律师事务所取得工资、薪金性质所得的征税规定

兼职律师从律师事务所取得工资、薪金性质的所得，律师事务所在代扣代缴其个人所得税时，不再减除个人所得税法规定的费用扣除标准，以收入全额（取得分成收入的为扣除办理案件支出费用后的余额）直接确定适用税率，计算扣缴个人所得税。

兼职律师应自行向主管税务机关申报两处或两处以上取得的工资、薪金所得，合并计算缴纳个人所得税。

14. 从职务科技成果转化收入中给予科技人员的现金奖励的征税规定

依法批准设立的非营利性研究开发机构和高等学校根据规定，从职务科技成果转化收入中给予科技人员的现金奖励，可减按 50% 计入科技人员当月工资、薪金所得，依法缴纳个人所得税。

15. 保险营销员、证券经纪人取得的佣金收入的征税规定

保险营销员、证券经纪人取得的佣金收入（累计预扣法），属于“劳务报酬所得”，以不含增值税的收入减除 20% 的费用后的余额为收入额，收入额减去展业成本以及附加税费后，并入当年综合所得，计算缴纳个人所得税。保险营销员、证券经纪人展业成本按照收入额的 25% 计算。

【学中做·单选题】2023 年某保险营销员取得不含税佣收 37.5 万元，假定不考虑其他附加税费、专项扣除和专项附加扣除，2023 年该营销员应缴纳个人所得税（　　）元。

A.9480　　B.16080　　C.19080　　D.28080

【正确答案】B**【答案解析】**(1) 保险营销员、证券经纪人取得的佣金收入（累计预扣法），属于“劳务报酬所得”，以不含增值税的收入减除 20% 的费用后的余额为收入额，收入额减去展业成本以及附加税费后，并入当年综合所得，计算缴纳个人所得税。保险营销员、证券经纪人展业成本按照收入额的 25% 计算。(2) 收入额 = 375000×(1−20%)=300000(元)，展业成本 =300000×25%=75000(元)，应纳税所得额 =300000−75000=22500(元)。(3) 应缴纳个人所得税 =(225000−60000)×20%−16920=16080(元)。

16. 个人从公开发行和转让市场取得上市公司股票的征税规定

个人从公开发行和转让市场取得的上市公司股票，持股期限超过 1 年的，股息红利所得暂免征收个人所得税。

个人从公开发行和转让市场取得的上市公司股票：

(1) 持股期限在 1 个月以内（含 1 个月）的，其股息红利所得全额计入应纳税所得额；

(2) 持股期限在 1 个月以上至 1 年（含 1 年）的，暂减按 50% 计入应纳税所得额。

上述所得统一适用 20% 的税率计征个人所得税。

对个人持有的上市公司限售股，解禁后取得的股息红利，按照上市公司股息红利差别化个人所得税政策规定计算纳税，持股时间自解禁日起计算；解禁前取得的股息红利继续暂减按 50% 计入应纳税所得额，适用 20% 的税率计征个人所得税。

17. 退房补偿款的征税规定

房屋买受人在未办理房屋产权证的情况下，按照与房地产公司约定条件（如对房屋的占有、使用、收益和处分权进行限制）在一定时期后无条件退房而取得的补偿款，应按照“利息、股息、红利所得”项目缴纳个人所得税，税款由支付补偿款的房地产公司代扣代缴。

18. 个人转让限售股的征税规定

个人转让限售股，以每次限售股转让收入，减除股票原值和合理税费后的余额，为应纳税所得额。即：

应纳税所得额＝限售股转让收入－（限售股原值＋合理税费）

应纳税额＝应纳税所得额 ×20%

19. 出租车驾驶员客货营运收入的征税规定

出租车经营单位对出租车驾驶员采取单车承包或承租方式运营，出租车驾驶员从事客货营运取得的收入，按“工资、薪金所得”项目征税。

出租车属于个人所有，但挂靠出租汽车经营单位或企事业单位，驾驶员向挂靠单位缴纳管理费的，或出租汽车经营单位将出租车所有权转移给驾驶员的，出租车驾驶员从事客货运营取得的收入，比照“经营所得”项目征税。

从事个体出租车运营的出租车驾驶员取得的收入，按“经营所得”项目缴纳个人所得税。

20. 关于企业改组改制过程中个人取得的量化资产征税问题

（1）集体所有制企业在改制为股份合作制企业时，对职工个人以股份形式取得的拥有所有权的企业量化资产，暂缓征收个人所得税。

（2）个人将股份转让时，就其转让收入额，减除个人取得该股份时实际支付的费用支出和合理转让费用后的余额，按“财产转让所得”征税。

（3）对职工个人以股份形式取得的企业量化资产参与企业分配而获得的股息、红利，应按“利息、股息、红利所得”项目征收个人所得税。

【任务实施】

1. 计算陈某 1 月转让住房应缴纳个人所得税税额。

解答：财产转让所得应纳税额＝（收入总额－财产原值－合理费用）×20%；945000 元为含增值税销售收入，需要换算为不含税收入。{945000（含税销售收入）÷[1+5%（征收率）]－840000（财产原值）－5000（合理费用）}×20% 税率＝11000（元）。

2. 计算陈某 1 月转让住房应缴纳增值税税额。

解答：个人将购买不足 2 年的住房对外出售的，按照 5% 的征收率全额缴纳增值税。945000 元为含增值税销售收入，需要换算为不含税收入。945000÷（1+5%）×5%＝45000（元）。

3. 陈某的下列所得中，哪些不缴纳个人所得税？（1）区（县）级教育方面的奖金 10000 元；（2）获赠价值 390 元的手机；（3）获得的保险赔款 30 000 元；（4）股票转让所得 120000 元。

解答：（1）需要缴纳个人所得税，省级人民政府、国务院部委和中国人民解放军军以上单位，以及外国组织、国际组织颁发的科学、教育、技术、文化、卫生、体育、环境保护等方面的奖金才免税，区县发的奖金需要缴税；（2）、（3）和（4）免税。

4. 计算陈某 2023 年综合所得应缴纳个人所得税税额。

解答：劳务报酬所得、稿酬所得、特许权使用费所得以收入减除 20% 的费用后的余额为收入额。稿酬所得的收入额减按 70% 计算。综合所得应纳税额＝应纳税所得额×适用税率－速算扣除数＝（每一纳税年度的收入额－费用 6 万元－专项扣除－依法确定的其他扣除）× 适用税率 − 速算扣除数，所以［190000（全年工资薪金所得）+ 8000（劳务报酬所得）×（1−20%）+5000（稿酬所得）×（1−20%）×70%（减征）−60000（基本费用扣除）−40000（专项扣除）］×10%（税率）−2520（速算扣除数）= 7400（元）。

【任务总结】

本任务主要学习了个人所得税纳税人、征收范围、税率、应纳税所得额确定、税收优惠、应纳税额计算等内容，重点掌握个人所得税征收范围、应纳税所得额确定和应纳税额计算。

【职业素养提升】

党的二十大提出，增进民生福祉，提高人民生活品质，完善分配制度。分配制度是促进共同富裕的基础性制度。坚持按劳分配为主体、多种分配方式并存，构建初次分配、再分配、第三次分配协调配套的制度体系。努力提高居民收入在国民收入分配中的比重，提高劳动报酬在初次分配中的比重。坚持多劳多得，鼓励勤劳致富，促进机会公平，增加低收入者收入，扩大中等收入群体。完善按要素分配政策制度，探索多种渠道增加中低收入群众要素收入，多渠道增加城乡居民财产性收入。加大税收、社会保障、转移支付等的调节力度。完善个人所得税制度，规范收入分配秩序，规范财富积累机制，保护合法收入，调节过高收入，取缔非法收入。引导、支持有意愿有能力的企业、社会组织和个人积极参与公益慈善事业。

谈谈新《个人所得税法》修订的内容，领悟“增进民生福祉，提高人民生活品质”，坚定“四个自信”。议一议“个税专项附加扣除政策为扩内需促消费添活力”。

【岗课赛证融通测评】

任务一岗课赛证融通测评

【知识技能评价】

知识技能评价表

业务能力	评价内容	评价结果	改进措施
纳税人与所得来源地确定	1. 个人所得税发展历程 2. 纳税人及纳税义务 3. 所得来源地确定	□A □B □C □A □B □C □A □B □C	1. 2. 3.
征税范围与税率	1. 征税范围 2. 税率	□A □B □C □A □B □C	1. 2. 3.
居民个人综合所得的计税依据	1. 专项扣除 2. 专项附加扣除 3. 其他扣除	□A □B □C □A □B □C □A □B □C	1. 2. 3.

续表

业务能力	评价内容	评价结果	改进措施
其他所得的计税依据	1.经营所得的计税依据 2.财产租赁所得 3.财产转让所得 4.利息、股息、红利所得和偶然所得 5.每次收入的确定	□A　□B　□C □A　□B　□C □A　□B　□C □A　□B　□C □A　□B　□C	1. 2. 3.
税收优惠	1.免税项目 2.减税项目 3.其他免税和暂免征税项目	□A　□B　□C □A　□B　□C □A　□B　□C	1. 2. 3.
应纳税额计算	1.综合所得应纳税额的计算 2.经营所得应纳税额的计算 3.利息、股息、红利所得应纳税额的计算 4.财产租赁所得应纳税额的计算 5.财产转让所得应纳税额的计算 6.偶然所得应纳税额的计算 7.个人所得税应纳税额计算的其他规定	□A　□B　□C □A　□B　□C □A　□B　□C □A　□B　□C □A　□B　□C □A　□B　□C □A　□B　□C	1. 2. 3.
说明：在□中打√，A掌握，B基本掌握，C未掌握			
任课教师评语：			
成绩：		任课教师签字：	

任务二　填写个人所得税纳税申报表

【任务情景】

我国公民张华2022年1月1日新入职工匠公司，当年在工匠公司取得下列所得：

（1）从工匠公司每月工资薪金所得1万元；

（2）12月份取得全年一次性奖金3万元；

（3）张华的儿子小张2018年4月20日出生，夫妻双方商定子女继续教育由张华妻子扣除；

（4）张华与他的妻子贷款购买了人生中的第一套住房，夫妻双方商定选择由张华扣除首套住房贷款利息支出。

任务要求：上述业务由工匠公司代扣代缴个人所得税，工匠公司如何申报？（上述业务不考虑社保及公积金的情况）。

【知识准备】

一、纳税申报

税务机关对扣缴义务人按照所扣缴的税款，付给2%的手续费。

【思维导图】

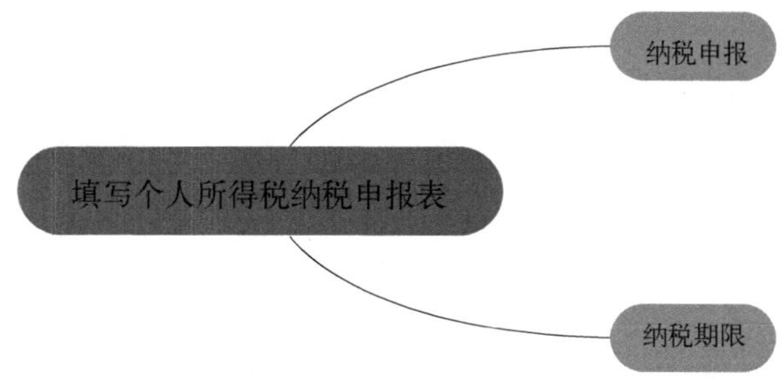

有下列情形之一的，纳税人应当依法办理纳税申报：

（1）取得综合所得需要办理汇算清缴。

（2）取得应税所得没有扣缴义务人。

（3）取得应税所得，扣缴义务人未扣缴税款。

（4）因移居境外注销中国户籍。

（5）取得境外所得。

（6）非居民个人在中国境内从两处以上取得工资、薪金所得。

（7）国务院规定的其他情形。

取得综合所得且符合下列情形之一的纳税人，应当依法办理汇算清缴：

① 从两处以上取得综合所得，且综合所得年收入额减除专项扣除后的余额超过6万元。

② 取得劳务报酬所得、稿酬所得、特许权使用费所得中一项或者多项所得，且综合所得年收入额减除专项扣除的余额超过6万元。

③ 纳税年度内预缴税额低于应纳税额。

④ 纳税人申请退税。

居民个人取得工资、薪金所得时，可以向扣缴义务人提供专项附加扣除有关信息，由扣缴义务人扣缴税款时减除专项附加扣除。纳税人同时从两处以上取得工资、薪金所得，并由扣缴义务人减除专项附加扣除的，对同一专项附加扣除项目，在一个纳税年度内只能选择从一处取得的所得中减除。

居民个人取得劳务报酬所得、稿酬所得、特许权使用费所得，应当在汇算清缴时向税务机关提供有关信息，减除专项附加扣除。

纳税人发现扣缴义务人提供或者扣缴申报的个人信息、所得、扣缴税款等与实际情况不符的，有权要求扣缴义务人修改。扣缴义务人拒绝修改的，纳税人应当报告税务机关，税务机关应当及时处理。

纳税人申请退税时提供的汇算清缴信息有错误的，税务机关应当告知其更正；纳税人更正的，税务机关应当及时办理退税。

扣缴义务人未将扣缴的税款解缴入库的，不影响纳税人按照规定申请退税，税务机应当凭纳税人提供的有关资料办理退税。

二、纳税期限

居民个人取得综合所得，按年计算个人所得税；有扣缴义务人的，由扣缴义务人按月或者按次预扣预缴税款；需要办理汇算清缴的，应当在取得所得的次年3月1日至6月30日内办理汇算清缴。预扣预缴办法由国务院税务主管部门制定。

纳税人取得经营所得，按年计算个人所得税，由纳税人在月度或者季度终了后15日内向税务机关报送纳税申报表，并预缴税款；在取得所得的次年3月31日前办理汇算清缴。

纳税人取得利息、股息、红利所得，财产租赁所得，财产转让所得和偶然所得，按月或者按次计算个人所得税，有扣缴义务人的，由扣缴义务人按月或者按次代扣代缴税款。

纳税人取得应税所得没有扣缴义务人的，应当在取得所得的次月15日内向税务机关报送纳税申报表，并缴纳税款。

纳税人取得应税所得，扣缴义务人未扣缴税款的，纳税人应当在取得所得的次年6月30日前，缴纳税款；税务机关通知限期缴纳的，纳税人应当按照期限缴纳税款。

居民个人从中国境外取得所得的，应当在取得所得的次年3月1日至6月30日内申报纳税。

非居民个人在中国境内从两处以上取得工资、薪金所得的，应当在取得所得的次月15日内申报纳税。

纳税人因移居境外注销中国户籍的，应当在注销中国户籍前办理税款清算。

扣缴义务人每月或者每次预扣、代扣的税款，应当在次月15日内缴入国库，并向税务机关报送扣缴个人所得税申报表。

各项所得的计算，以人民币为单位。所得为人民币以外货币的，按照办理纳税申报或扣缴申报的上一月最后一日人民币汇率中间价，折合成人民币计算应纳税所得额。年度终了后办理汇算清缴的，对已经按月、按季或者按次预缴税款的人民币以外货币所得，不再重新折算；对应当补缴税款的所得部分，按照上一纳税年度最后一日人民币汇率中间价，折合成人民币计算应纳税所得额。

【学中做·单选题】根据个人所得税法律制度的规定，居民个人从中国境外取得所得的，应当在取得所得的一定期限内向税务机关申报纳税，该期限是（　　）。

A. 次年6月1日至6月30日　　B. 次年1月1日至3月1日

C. 次年3月1日至6月30日　　D. 次年1月1日至1月31日

【正确答案】C**【答案解析】**居民个人从中国境外取得所得的，应当在取得所得的次年3月1日至6月30日内申报纳税。

【任务实施】

一、个税计算情况分析

1. 如果张华选择全年一次性奖金单独申报需缴纳个人所得税

（1）2022年正常工资薪金个人所得税应纳税所得额=［10000（每月工资）×

12］-60000（全年基本扣除费用）-（1000×12）（子女教育）-（1000×12）（住房贷款利息）=36000（元）；

（2）张华全年应纳税所得税未超过3.6万元，适用税率3%，2022年度应纳税额=36000×3%=1080（元）；

（3）全年一次性奖金月应纳税所得额=30000÷12=2500（元），月应纳税所得额未超过3000元，适用税率3%，张华2022年全年一次性奖金应纳税额=30000×3%=900（元）；

（4）张华全年一次性奖金单独申报需缴纳个人所得税税额=1080+900=1980（元）。

2. 如果张华选择全年一次性奖金并入综合所得申报需缴纳个人所得税

（1）2022年个人所得税应纳税所得额=（10000×12）+30000（全年一次性奖金）-60000-（1000×12）-（1000×12）=66000（元），张华全年应纳税所得额大于3.6万元小于14.4万元，适用税率10%，速算扣除数2520元。

（2）张华全年一次性奖金并入综合所得申报需缴纳个人所得税=66000×10%-2520=4080（元）。

3. 决策

由上述计算结果发现张某全年一次性奖金单独申报可以少缴个人所得税2100（4080-1980）元，全年一次性奖金申报时应当选择单独申报。

二、个人所得税纳税申报

个人所得税按月申报，在次年3月1日—6月30日进行汇算清缴。

1. 工匠公司申报前准备工作

首先下载自然人电子税务局（扣缴端）APP，然后登录，进行人员信息采集→添加→按要求填写人员基本信息→保存→报送→查看是否全部报送成功，如图5-1所示。

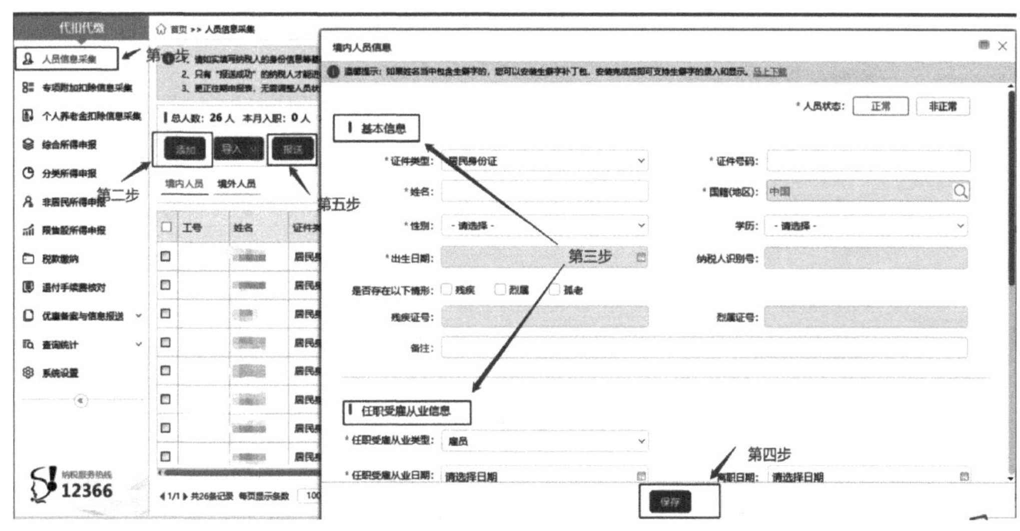

图5-1　申报前准备工作

2. 填写专项附加扣除信息采集

点击专项附加扣除信息采集→添加→姓名选择对应人员（张华）→子女教育→新增（然后按要求填入相关信息）→保存→住房贷款（按要求填入相关信息）→保存→报送→查看报送是否成功，如图 5-2 所示（注：上述“专项附加扣除信息采集”也可以要求员工在个人所得税 APP 中自行填列）。

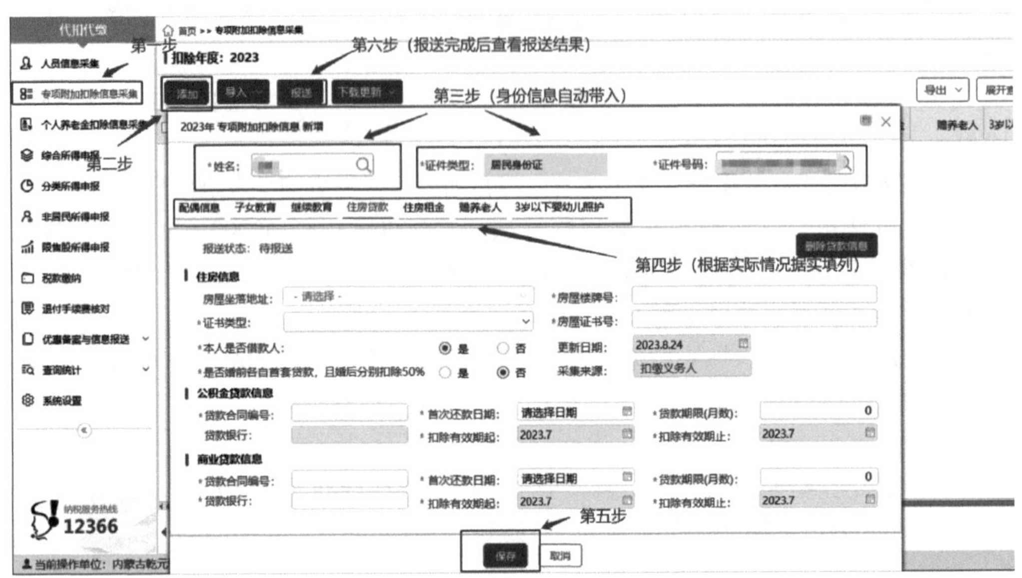

图5-2　专项附加扣除信息采集

3. 按月申报

点击综合所得申报→正常工资薪金所得→填写→添加（根据实际情况按要求填列）→保存→返回→税款计算（可以查看当月应缴个税税款）→附表填写→申报表报送→报送→查看申报状态（是否报送成功）→缴纳税款（目前企业基本全部在银行已经办理了三方协议，申报后可以直接缴纳税款，同下），如图 5-3 所示。

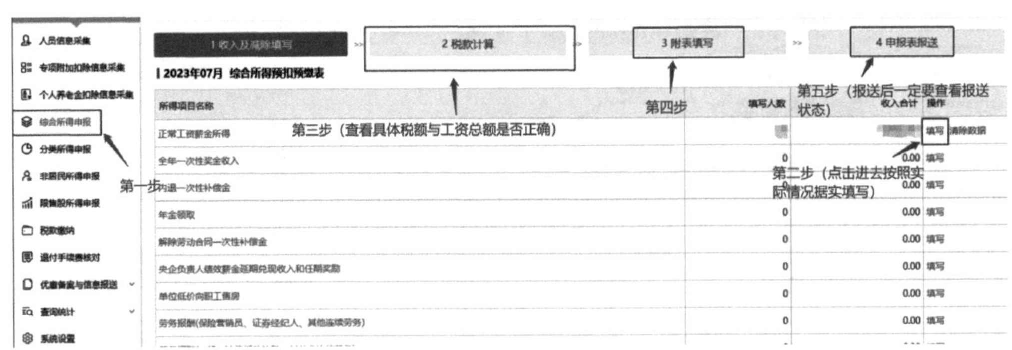

图5-3　按月申报

4. 全年一次性奖金填报

点击综合所得申报→全年一次性奖金收入→填写→添加（根据实际情况按要求填列，全年一次奖金并入当年综合所得合并申报，也可以选择单独申报）→保存→返回

→税款计算（可以查看当月应缴个税税款）→附表填写→申报表报送→报送→查看申报状态（是否报送成功）→缴纳税款。

【任务总结】

本任务主要学习了个人所得税纳税申报、纳税期限等征收管理，重点掌握填写个人所得税的纳税申报表。

【职业素养提升】

虚假填报捐赠扣除和大病医疗专项附加扣除

江苏省苏州市税务部门在2022年度个税汇算退税数据分析时发现，纳税人吴某存在虚假填报捐赠扣除和大病医疗专项附加扣除的情况。经查，吴某先后就职于苏州某人力资源有限公司、苏州某房地产经纪有限公司，在办理2022年度个税汇算时，填报了大额的公益性捐赠扣除和大病医疗专项附加扣除，并提供了伪造的“国家医保服务平台”相关扣除截图和捐赠支出凭证截图。税务部门进一步对该纳税人以前年度的个税汇算情况进行了核查，发现该纳税人在办理2019—2021年度个税汇算时，均存在以上类似情况。吴某在个税年度汇算时存在伪造证据骗取国家税款的情况，性质较为恶劣，税务部门已对其立案稽查，并在后续三年纳入税收监管重点人员名单。（来源：国家税务总局）

谈谈专项附加扣除政策规定，如何诚信依法纳税？

【岗课赛证融通测评】

任务二岗课赛证融通测评

【知识技能评价】

知识技能评价表

业务能力	评价内容	评价结果	改进措施
征收管理	1.纳税申报 2.纳税期限 3.填写纳税申报表	□A □B □C □A □B □C □A □B □C	1. 2. 3.
说明：在□中打√，A掌握，B基本掌握，C未掌握			
任课教师评语：			
成绩：		任课教师签字：	

【项目检测】

项目检测－客观题

项目检测－实训题

项目六

土地增值税办税业务

【学习目标】

一、素质目标

1. 培养诚信依法纳税理念。
2. 树立理性的房地产投资观念。

二、知识目标

1. 了解土地增值税税率和征收管理。
2. 熟悉土地增值税纳税人和税收优惠。
3. 熟悉土地增值税征收管理。
4. 掌握土地增值税征税范围。
5. 掌握土地增值税计税依据和应纳税额的计算。

三、技能目标

1. 会计算土地增值税应纳税额。
2. 会填写土地增值税纳税申报表。

任务一　计算土地增值税应纳税额

【任务情景】

计算土地增值税应纳税额自测题

“房是用来住的”房地产开发公司，2022 年 2 月对新开发的非普通住宅项目进行土地增值税清算，有关情况如下：

（1）甲公司于2015年1月以“招拍挂”方式取得土地使用权，根据合同规定缴纳土地出让金8000万元（不考虑支付的其他费用）并取得合规票据，已缴纳契税240万元。

（2）甲公司使用上述土地的70%开发建造该项目，开发过程中发生开发成本4000万元，包括拆迁补偿费500万元，能提供有效票据。管理费用400万元，销售费用300万元，财务费用中利息支出350万元，包括罚息50万元，不能提供金融机构证明。

（3）截止到2022年1月底已销售该项目的85%，取得含税销售收入20000万元。

已知：甲公司选择简易计税方法计算增值税，房地产开发费用扣除比例按照相关规定上限执行，不考虑印花税、地方教育附加。

任务要求：根据上述资料完成下列任务。

1. 计算该项目本次清算时准予扣除取得土地支付的金额。
2. 计算该项目本次清算时准予扣除的与销售该项目相关的税金。
3. 计算该项目本次清算时准予扣除项目金额合计。
4. 计算该项目本次清算时应缴纳的土地增值税。

【思维导图】

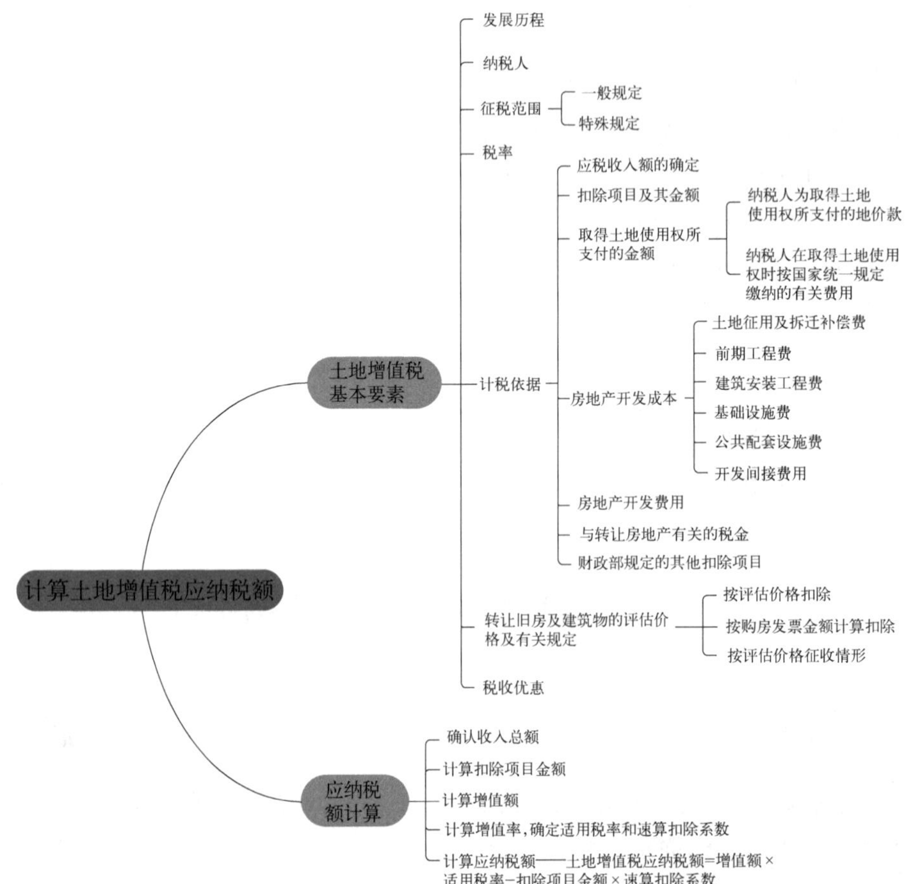

【知识准备】

一、土地增值税基本要素

（一）纳税人、征税范围与税率

1. 土地增值税发展历程

1993 年 12 月 13 日国务院颁布了《中华人民共和国土地增值税暂行条例》（以下简称《土地增值税暂行条例》），自 1994 年 1 月 1 日起施行。1995 年 1 月 17 日财政部印发了《中华人民共和国土地增值税暂行条例实施细则》。2019 年 7 月 16 日，财政部会同国家税务总局起草了《中华人民共和国土地增值税法（征求意见稿）》，向社会公开征求意见。土地增值税是对有偿转让国有土地使用权及地上建筑物和其他附着物产权并取得增值性收入的单位和个人所征收的一种税。

2. 纳税人

在中华人民共和国境内转移房地产并取得收入的单位和个人，为土地增值税的纳税人。不论自然人、法人，不论经济性质，不论内资与外资，中国公民与外籍个人，不论部门，只要符合上述定义均属于土地增值税的纳税义务人。转移房地产，是指下列行为：①转让土地使用权、地上的建筑物及其附着物。②出让集体土地使用权、地上的建筑物及其附着物，或以集体土地使用权、地上的建筑物及其附着物作价出资、入股。需要说明的是，土地承包经营权流转，不征收土地增值税。

转让不动产买卖双方各涉及的税费，具体见表 6-1。

表6-1　转让不动产买卖双方各涉及的税费

交易方	涉及税费
卖方	增值税、城建税、教育费附加、土地增值税、印花税（产权转移书据）、个人所得税（自然人）、企业所得税（法人）
买方	印花税（产权转移书据）、契税

注：需要说明的是，从 2008 年 11 月 1 日起，对个人销售或购买住房暂免征收印花税；对个人销售住房暂免征收土地增值税。

3. 征税范围

（1）一般规定

① 对转让国有土地使用权的行为征税，对出让国有土地的行为不征税。

由于土地使用权的出让方是国家，属于土地交易的一级市场，所以不征税。转让集体土地使用权不征税。

② 对转让国有土地使用权的行为征税，也对转让地上建筑物和其他附着物产权的行为征税。

③ 只对有偿转让房地产征税，对以继承、赠与等方式无偿转让的不予征税。

不征土地增值税的房地产赠与行为包括以下两种情况：①房产所有人、土地使用权所有人将房屋产权、土地使用权赠与直系亲属或承担直接赡养义务人的行为。②房产所有人、土地使用权所有人通过中国境内非营利的社会团体、国家机关将房屋产权、土地使用权赠与教育、民政和其他社会福利、公益事业的行为。

【学中做·判断题】张某因父亲死亡继承其房屋，该行为应缴纳土地增值税。(　　)

【正确答案】×**【答案解析】**土地增值税只对有偿转让的房地产征税，对以继承等方式无偿转让的房地产，不予征税。

(2) 特殊规定

企业改制重组的特殊情形：①非公司制企业整体改制为有限责任公司或者股份有限公司，有限责任公司（股份有限公司）整体改制为股份有限公司（有限责任公司），对改制前的企业将国有土地使用权、房屋权属转移、变更到改制后的企业，暂不征土地增值税。②按照法律规定或者合同约定，两个或两个以上企业合并为一个企业，且原企业投资主体存续的，对原企业将国有土地、房屋权属转移、变更到合并后的企业，暂不征土地增值税。③按照法律规定或者合同约定，企业分设为两个或两个以上与原企业投资主体相同的企业，对原企业将国有土地、房屋权属转移、变更到分立后的企业，暂不征土地增值税。④单位、个人在改制重组时以国有土地、房屋进行投资，对其将国有土地、房屋权属转移、变更到被投资的企业，暂不征土地增值税。上述①～④项有关改制重组土地增值税政策不适用于房地产开发企业。

房地产开发企业将开发的部分房地产转为企业自用或用于出租等商业用途时，如果产权未发生转移，不征收土地增值税。其他特殊规定如表6-2所示。

表6-2　土地增值税征税范围其他特殊规定

具体事项	是否征收土地增值税的规定
合作建房	①建成后自用，暂免； ②建成后转让，征税
房地产交换	征收（个人之间互换自有居住用房免征），因取得实物形态的收入
房地产抵押	①抵押期间（产权未转移）：不征； ②期满以房地产抵债（产权发生转移）：征税
房地产出租	产权未转移，不征
房地产重新评估增值	产权未转移，不征
国家收回国有土地使用权、征用地上建筑物及附着物	条例规定免征
代建房行为	不征
土地使用者转让、抵押、置换土地	征税

【学中做·单选题】根据土地增值税法律制度的规定，下列各项中，属于土地增值税征税范围的是(　　)。

A. 房地产的出租　　B. 企业间房地产的交换

C. 房地产的代建　　D. 房地产的抵押

【正确答案】B**【答案解析】**房地产的出租、抵押期间、代建均不属于土地增值税征税范围。

4. 税率

土地增值税采用四级超率累进税率，具体见表6-3。

表6-3　土地增值税四级超率累进税率表

级数	增值额与扣除项目金额的比率	税率/%	速算扣除系数/%
1	不超过50%的部分	30	0
2	50%～100%的部分	40	5
3	100%～200%的部分	50	15
4	超过200%的部分	60	35

（二）计税依据

微课－计税依据

土地增值税的计税依据为转让房地产所取得的增值额，增值额的计算公式为：

增值额＝收入额－规定的扣除项目金额

1. 应税收入额的确定

纳税人转让房地产取得的收入是指转让房地产取得的各种收入，包括货币收入、非货币收入在内的全部价款及有关的经济利益。营改增后，纳税人转让房地产的土地增值税应税收入为不含增值税收入，计算公式为：

不含增值税的收入＝含增值税的收入－增值税销项税额或增值税税额

具体如表6-4所示。

表6-4　增值税销项税额或增值税税额计算方法

计税方法	计税依据	具体规定
简易计税	自建全额计税	增值税税额＝含税收入÷1.05×5%
	非自建差额计税	增值税税额＝（含税收入－购置原价或作价）÷1.05×5%
一般计税	房企差额计税	增值税销项税额＝（含税收入－土地价款）÷1.09×9%
	非房企全额计税	增值税销项税额＝含税收入÷1.09×9%

2. 扣除项目及其金额

计算增值额时准予扣除的项目为：

（1）取得土地使用权所支付的金额；

（2）开发土地的成本、费用；

（3）新建房及配套设施的成本、费用或者旧房及建筑物的评估价格；

（4）与转移房地产有关的税金；

（5）国务院规定的其他扣除项目。

计算土地增值额时准予从转让收入中扣除的项目，根据转让项目的性质不同，可进行以下划分，具体如表6-5所示。

表6-5　不同项目性质对应的扣除项目

项目的性质	扣除项目
房地产开发企业新建房地产转让（扣除项目5项）	①取得土地使用权所支付的金额
	②房地产开发成本
	③房地产开发费用

续表

项目的性质	扣除项目
房地产开发企业新建房地产转让（扣除项目5项）	④与转让房地产有关的税金（一税一费）
	⑤国务院规定的其他扣除项目
非房地产开发企业新建房地产转让（扣除项目4项）	①取得土地使用权所支付的金额
	②房地产开发成本
	③房地产开发费用
	④与转让房地产有关的税金（二税一费）
存量（旧）房地产转让（扣除项目3项）	①旧房及建筑物的评估价格
	②取得土地使用权所支付的地价款和按国家统一规定缴纳的有关费用
	③转让环节缴纳的税金

3. 取得土地使用权所支付的金额

取得土地使用权所支付的金额，是指纳税人为取得土地使用权所支付的地价款和按国家统一规定交纳的有关费用。

（1）纳税人为取得土地使用权所支付的地价款。地价款确定方式包括：出让方式取得的土地使用权为支付的土地出让金；以行政划拨方式取得的土地使用权为按规定补缴的土地出让金；以转让方式取得的土地使用权为支付的地价款。

（2）纳税人在取得土地使用权时按国家统一规定缴纳的有关费用，如登记、过户手续费和契税。

4. 房地产开发成本

开发土地和新建房及配套设施（以下简称房地产开发）的成本，是指纳税人房地产开发项目实际发生的成本（以下简称房地产开发成本），包括土地征用及拆迁补偿费、前期工程费、建筑安装工程费、基础设施费、公共配套设施费、开发间接费用6项。

（1）土地征用及拆迁补偿费，包括土地征用费、耕地占用税、劳动力安置费及有关地上、地下附着物拆迁补偿的净支出、安置动迁用房支出等。

（2）前期工程费，包括规划、设计、项目可行性研究和水文、地质、测绘、“三通一平”等支出。

（3）建筑安装工程费，是指以出包方式支付给承包单位的建筑安装工程费，以自营方式发生的建筑安装工程费。需要说明的是，建筑安装工程费，全面营改增后，土地增值税纳税人接受建筑安装服务取得的增值税发票，在发票的备注栏需注明建筑服务发生地县（市、区）名称及项目名称，否则不得计入土地增值税扣除项目金额。

（4）基础设施费，包括开发小区内道路、供水、供电、供气、排污、排洪、通信、照明、环卫、绿化等工程发生的支出。

（5）公共配套设施费，包括不能有偿转让的开发小区内公共配套设施发生的支出。

（6）开发间接费用，是指直接组织、管理开发项目发生的费用，包括工资、职工福利费、折旧费、修理费、办公费、水电费、劳动保护费、周转房摊销等。

【**学中做·多选题**】根据土地增值税法律制度的规定，下列各项中，在计算土地增值税计税依据时，应列入房地产开发成本的有（　　）。

A. 土地出让金　　B. 前期工程费

C. 耕地占用税　　D. 公共配套设施费

【**正确答案**】BCD【**答案解析**】房地产开发成本包括土地的征用及拆迁补偿费、前期工程费、建筑安装工程费、基础设施费、公共配套设施费、开发间接费用等。

5. 房地产开发费用

开发土地和新建房及配套设施的费用(以下简称房地产开发费用)，是指与房地产开发项目有关的销售费用、管理费用、财务费用。

微课－计税依据（下）

（1）财务费用中的利息支出，凡能够按转让房地产项目计算分摊并提供金融机构证明的，允许据实扣除，但最高不能超过按商业银行同类同期贷款利率计算的金额。其他房地产开发费用，按取得土地使用权所支付的金额、房地产开发成本规定计算的金额之和的5%以内计算扣除。计算公式为：

允许扣除的房地产开发费用 = 利息 +（取得土地使用权所支付的金额 + 房地产开发成本）× 省级政府确定的比例（5%以内）

（2）凡不能按转让房地产项目计算分摊利息支出或不能提供金融机构证明的，房地产开发费用按取得土地使用权所支付的金额、房地产开发成本规定计算的金额之和的10%以内计算扣除。计算公式为：

允许扣除的房地产开发费用 =（取得土地使用权所支付的金额 + 房地产开发成本）× 省级政府确定的比例（10%以内）

（3）上述计算扣除的具体比例，由各省、自治区、直辖市人民政府规定。

需要说明的是，利息的上浮幅度按国家的有关规定执行，超过利息上浮幅度的部分不允许扣除。对于超过贷款期限的利息部分和加罚的利息不允许扣除。

【**学中做·单选题**】某房地产开发公司开发一住宅项目，取得该土地使用权所支付的金额3000万元，房地产开发成本4000万元，利息支出500万元（能提供金融机构贷款证明）。所在省人民政府规定，能提供金融机构贷款证明的，其他房地产开发费用扣除比例为4%，该公司计算土地增值税时允许扣除开发费用为（　　）万元

A.700.00　　B.780.00　　C.500.00　　D.850.00

【**正确答案**】B【**答案解析**】税法规定，纳税人能够按转让房地产项目计算分摊利息支出，并能提供金融机构的贷款证明的，其允许扣除的房地产开发费用 = 利息支出 +（取得土地使用权所支付的金额 + 房地产开发成本）×5%以内。所以，允许扣除的开发费用 =500+（3000+4000）×4%=780（万元）。

6. 与转让房地产有关的税金

与转让房地产有关的税金，是指在转让房地产时缴纳的城市维护建设税、印花税。因转让房地产交纳的教育费附加，也可视同税金予以扣除。需要说明的是，全面“营改增”后，增值税为价外税，税金不在计税收入中，不得作为相关税金扣除。房地产开发企业印花税已经在开发费用（管理费用）中考虑并已扣除，故不能再做扣除，否则会重复扣除。

【学中做 · 单选题】转让新建房计算土地增值税时，可以作为与转让房地产有关的税金扣除的是（ ）。

A. 契税　　B. 增值税

C. 城镇土地使用税　　D. 城市维护建设税

【正确答案】D**【答案解释】**与转让房地产有关的税金，包括转让房地产时缴纳的城建税、印花税、教育费附加和地方教育附加等税金。教育费附加和地方教育附加视同税金扣除。

7. 财政部规定的其他扣除项目

对从事房地产开发的纳税人可按取得土地使用权所支付的金额、房地产开发成本规定计算的金额之和，加计 20% 扣除。只有从事房地产开发的纳税人可加计 20% 扣除，计算公式为：

加计扣除费用 =（取得土地使用权支付的金额 + 房地产开发成本）×20%

对取得土地使用权后，未开发即转让的，不得加计扣除。县级及以上人民政府要求房地产开发企业在售房时代收的各项费用：①作为计税收入的，可从扣除项目扣除，但不得作为加计 20% 扣除的基数；②房价之外单独收取，不作为计税收入征税，相应的代收费用不得在收入中扣除。

【学中做 · 单选题】根据土地增值税法律制度的规定，纳税人支付的下列款项中，在计算土地增值税计税依据时，不允许从房地产转让收入额中减除的是（ ）。

A. 在转让房地产时缴纳的城市维护建设税

B. 为取得土地使用权所支付的地价款

C. 超过贷款期限的利息部分

D. 开发房地产款项实际发生的土地征用费

【正确答案】C**【答案解析】**财政部、国家税务总局对扣除项目金额中利息支出的计算问题作了两点专门规定：一是利息的上浮幅度按国家的有关规定执行，超过上浮幅度的部分不允许扣除；二是对于超过贷款期限的利息部分和加罚的利息不允许扣除。

（三）转让旧房及建筑物的评估价格及有关规定

1. 按评估价格扣除

纳税人转让旧房的，应按房屋及建筑物的评估价格、取得土地使用权所支付的地价款或出让金和按国家统一规定缴纳的有关费用以及在转让环节缴纳的税金（城建税、印花税、教育费附加）、评估费作为扣除项目金额计征土地增值税。旧房及建筑物的评估价格，是指在转让已使用的房屋及建筑物时，由政府批准设立的房地产评估机构评定的重置成本价乘以成新度折扣率后的价格。计算公式为：

评估价格 = 重置成本价 × 成新度折扣率

评估价格须经当地税务机关确认。

需要说明的是，对取得土地使用权时未支付地价款或不能提供已支付的地价款凭据的，不允许扣除取得土地使用权时所支付的金额。

【学中做·单选题】某企业为增值税一般纳税人，2023 年 11 月转让 5 年前自行建造的厂房，厂房对应的地价款为 600 万元，评估机构评定的重置成本价为 1450 万元，厂房 6 成新。该企业转让厂房计算土地增值税时准予扣除的项目金额是（　　）万元。（不考虑其他相关税费）

A.870.00　　B.2050.00　　C.600.00　　D.1470.00

【正确答案】D【答案解析】评估价格 = 1450×60% = 870（万元）；地价款 = 600（万元）；该企业转让厂房计算土地增值税时准予扣除的项目金额 = 600+870 = 1470（万元）。

2. 按购房发票金额计算扣除

纳税人转让旧房及建筑物，凡不能取得评估价格，但能提供购房发票的，经当地税务部门确认，可按发票所载金额并从购买年度起至转让年度止每年加计 5% 计算扣除。

计算扣除项目时“每年”按购房发票所载日期起至售房发票开具之日止，每满 12 个月计一年；超过一年，未满 12 个月但超过 6 个月的，可以视同为一年。

对纳税人购房时缴纳的契税，凡能提供契税完税凭证的，准予作为“与转让房地产有关的税金”予以扣除（城建税、印花税、契税、教育费附加），但不作为加计 5% 的基数。

【学中做·单选题】某市甲企业 2022 年 1 月转让一处仓库取得含税收入 2060 万元，无法取得评估价格，该仓库于 2014 年 1 月购进，购进时取得购房发票，注明金额 800 万元。契税完税凭证注明契税 24 万元。该企业计算土地增值税时允许扣除项目金额是（　　）万元。（该企业选择按照简易方法计算增值税，不考虑印花税和地方教育附加）

A.1110　　B.1150　　C.1190　　D.1230

【正确答案】B【答案解析】允许扣除项目金额 = 800×（1+8×5%）+（2060−800）÷（1+5%）×5%×（7%+3%）+24 = 1150（万元）。

3. 按评估价格征收情形

（1）对于纳税人隐瞒、虚报房地产成交价格或转让房地产的成交价格低于房地产的评估价格又无正当理由的，应由评估机构参照同类房地产的市场交易价格进行评估，税务机关根据评估价格确定转让房地产的收入。

（2）对于纳税人申报扣除项目金额不实的，应由评估机构按照房屋的重置成本价，乘以房屋的成新度折扣率计算的房屋成本价和取得土地使用权时的基准地价进行评估。

税务机关根据房地产评估价格确定房产的扣除项目金额，并用该房产所坐落土地取得时的基准地价或标准地价来确定土地的扣除项目金额，房产和土地的扣除项目金额之和即为该房地产的扣除项目金额。

（3）房地产开发企业将开发产品用于职工福利、奖励、对外投资、分配给股东或投资人、抵偿债务、换取其他单位和个人的非货币性资产等，发生所有权转移时应视同销售房地产，其收入按下列方法和顺序确认：①按本企业在同一地区、同一年度销售的同类房地产的平均价格确定；②由主管税务机关参照当地当年、同类房地产的市场价格或评估价值确定。

（四）税收优惠

建造普通标准住宅出售，其增值率未超过 20% 的，予以免税。增值率超过 20% 的，应就其全部增值额按规定计税。

普通标准住宅标准必须同时满足：①住宅小区建筑容积率在 1.0 以上；②单套建筑面积在 120 平方米以下；③实际成交价格低于同级别土地上住房平均交易价格 1.2 倍以下（允许单套建筑面积和价格标准适当浮动，但向上浮动的比例不得超过上述标准的 20%）。

因国家建设需要而被政府征用、收回的房地产，免税。因城市实施规划、国家建设的需要而搬迁，由纳税人自行转让原房地产的，免征土地增值税。

自 2008 年 11 月 1 日起，对居民个人拥有的普通住宅，在其转让时暂免征收土地增值税。个人转让非普通住宅，凡居住满 5 年及以上的，免税；居住满 3 年未满 5 年的，减半征收；居住未满 3 年的，按规定计税。

对企事业单位、社会团体以及其他组织转让旧房作为公共租赁住房房源，且增值额未超过扣除项目金额 20% 的，免征土地增值税。

对个人之间互换自有居住用房地产的，经核实可以免征土地增值税。

【学中做 · 判断题】纳税人建造普通标准住宅出售，增值额超过扣除金额 20% 的，应按全部增值额计算缴纳土地增值税。（　　）

【正确答案】√。

二、应纳税额计算

微课－应纳税额计算

土地增值税应纳税额计算公式为：

应纳税额 = 增值额 × 适用税率 − 扣除项目金额 × 速算扣除系数

具体计算步骤如下：

（1）确认收入总额。

（2）计算扣除项目金额。

（3）计算增值额。

计算公式为：

增值额 = 房地产转让收入 − 扣除项目金额

（4）计算增值率，确定适用税率和速算扣除系数。

计算公式为：

增值税率 = 增值额 ÷ 扣除项目金额 ×100%

（5）计算应纳税额。

计算公式为：

土地增值税应纳税额 = 增值额 × 适用税率 − 扣除项目金额 × 速算扣除系数

【学中做 · 计算问答题】某房地产开发公司注册地在甲市，2023 年 7 月对其在乙市开发的一房地产项目进行土地增值税清算，相关资料如下：

（1）2022 年 3 月，公司经“招拍挂”以 24000 万元取得该房地产项目的土地使用权，缴纳了契税。

（2）自 2022 年 4 月起，公司对受让土地进行项目开发建设，发生开发成本 15000 万元，发生与该项目相关的利息支出 3000 万元，并能提供金融机构的贷款证明。

（3）2023 年 6 月项目实现全部销售，共取得不含税收入 75000 万元，允许扣除的有关税金及附加 360 万元，已预缴土地增值税 750 万元。

其他相关资料：当地适用的契税税率为 5%，省级政府规定其他开发费用的扣除比例为 5%。

要求：

（1）回答该公司办理土地增值税纳税申报的地点。

（2）计算该公司清算土地增值税时允许扣除的土地使用权支付的金额。

（3）计算该公司清算土地增值税时允许扣除项目金额的合计数。

（4）计算该公司清算土地增值税时应补缴的土地增值税。

【正确答案】

（1）土地增值税的纳税人应向房地产所在地主管税务机关办理纳税申报，“房地产所在地”，是指房地产的坐落地，即乙市的主管税务机关。

（2）允许扣除的土地使用权支付的金额 = 24000×（1+5%）= 25200（万元）

（3）①允许扣除的开发成本 = 15000（万元）；②允许扣除的开发费用 = 3000+（25200+15000）×5% = 5010（万元）；③允许扣除的税金及附加 = 360（万元）；④其他扣除项目金额 =（25200+15000）×20% = 8040（万元）；⑤允许扣除项目金额的合计数 = 25200+15000+5010+360+8040 = 53610（万元）。

（4）①增值额 = 75000−53610 = 21390（万元）；②增值率 = 21390÷53610×100% = 39.90%，适用税率 30%；③应纳土地增值税 = 21390×30% = 6417（万元）；④应补缴土地增值税 = 6417−750 = 5667（万元）。

【学中做 · 单选题】甲企业 2023 年 1 月销售购置的写字楼，可扣除与销售写字楼有关的税金为 10 万元，支付给房地产评估机构的评估费 5 万元。其中评估写字楼的重置成本 800 万元，成新度折扣率为 70%。甲企业计算土地增值税时允许扣除项目金额（　　）万元。

A.815　　B.565　　C.575　　D.570

【正确答案】C**【答案解析】**甲企业计算土地增值税时允许扣除项目金额为 800×70%+10+5 = 575（万元）。

【任务实施】

1. 计算该项目本次清算时准予扣除取得土地支付的金额。

解答：本次清算时准予扣除取得土地支付的金额 =［8000（地价款）+240（契税）］×

70%（开发比例）×85%（销售比例）=4902.80（万元）。

2. 计算该项目本次清算时准予扣除的与销售该项目相关的税金。

解答：本次清算时准予扣除的与销售该项目相关的税金=20000（销售收入）÷［1+5%（征收率）］×5%（征收率）×［7%（城建税税率）+3%（教育费附加费率）］=95.24（万元）。

3. 计算该项目本次清算时准予扣除项目金额合计。

解答：该项目本次清算时准予扣除项目金额合计计算过程如下。

（1）开发成本=4000（总的开发成本）×85%（销售比例）=3400（万元）。

（2）开发费用=［4902.80（地价款）+3400（开发成本）］×10%（比例的上限）=830.28（万元）。

（3）准予扣除的项目金额合计=4902.80（地价款）+3400（开发成本）+830.28（开发费用）+95.24（税金）+（4902.80+3400）×20%（加计扣除比例）=10888.88（万元）。

4. 计算该项目本次清算时应缴纳的土地增值税。

解答：该项目本次清算时应缴纳土地增值税计算过程如下。

（1）增值额=［20000（含税销售收入）−20000÷（1+5%）×5%（增值税税额）］−10888.88（扣除项目金额合计）=8158.74（万元）。

（2）增值率=8158.74（增值额）÷10888.88（扣除项目金额合计）×100%=74.93%，适用税率40%，速算扣除系数5%。

（3）应纳土地增值税税额=8158.74（增值额）×40%（税率）−10888.88（扣除项目金额合计）×5%（速算扣除系数）=2719.05（万元）。

【任务总结】

本任务主要学习了土地增值税纳税人、征收范围、税率、税收优惠、计税依据、应纳税额计算等内容，重点掌握土地增值税征收范围、计税依据和应纳税额计算。

【职业素养提升】

2019年，城镇居民人均住房建筑面积达到39.8平方米，农村居民人均住房建筑面积达到48.9平方米。加快完善以公租房、保障性租赁住房和共有产权住房为主体的住房保障体系，累计建设各类保障性住房和棚改安置住房8000多万套，帮助2亿多困难群众改善住房条件，低保、低收入住房困难家庭基本实现应保尽保，中等偏下收入家庭住房条件有效改善。坚持房子是用来住的、不是用来炒的定位，加快建立多主体供给、多渠道保障、租购并举的住房制度，稳妥实施房地产长效机制，稳地价、稳房价、稳预期，促进房地产市场平稳健康发展。（来源：央视新闻客户端）

谈谈土地增值税应纳税额计算步骤，议一议征收土地增值税对“坚持房子是用来住的、不是用来炒的定位”的积极意义，树立理性投资观念。

【岗课赛证融通测评】

任务一岗课赛证融通测评

【知识技能评价】

知识技能评价表

业务能力	评价内容	评价结果	改进措施
纳税人、征税范围与税率	1.纳税人 2.征税范围 3.税率	□A　□B　□C □A　□B　□C □A　□B　□C	1. 2. 3.
计税依据	1.应税收入额的确定 2.扣除项目及其金额	□A　□B　□C □A　□B　□C	1. 2. 3.
转让旧房及建筑物的评估价格及有关规定	1.按评估价格扣除 2.按购房发票金额计算扣除 3.按评估价格征收情形	□A　□B　□C □A　□B　□C □A　□B　□C	1. 2. 3.
税收优惠	税收优惠	□A　□B　□C	1. 2. 3.
应纳税额计算	应纳税额计算	□A　□B　□C	1. 2. 3.
说明：在□中打√，A掌握，B基本掌握，C未掌握			
任课教师评语：			
成绩：		任课教师签字：	

任务二　填写土地增值税纳税申报表

【任务情景】

微课－填写土地增值税纳税申报表

2020年，“房不是用来炒的”房地产开发公司开发一栋写字楼出售，2021年5月，取得预收收入100万元，适用3%预征率。

2023年5月，项目全部销售完毕，达到土地增值税清算条件，项目共取得的销售收入总额2000万元，支付开发写字楼的地价款（包含契税）400万元，开发过程中支付拆迁补偿费100万元，供水供电基础设施费80万元，建筑工程费用520万元，开发过程向金融机构借款500万元，借款期限1年，金融机构年利率5%。施工、销售过程中发生的管理费用和销售费用共计260万元。该企业销售写字楼缴纳的城市维护建设税、教育费附加共计110万元。到项目全部销售完毕，已预缴土地增值税60万元。

任务要求：计算土地增值税应纳税额，填写土地增值税纳税申报表。

【思维导图】

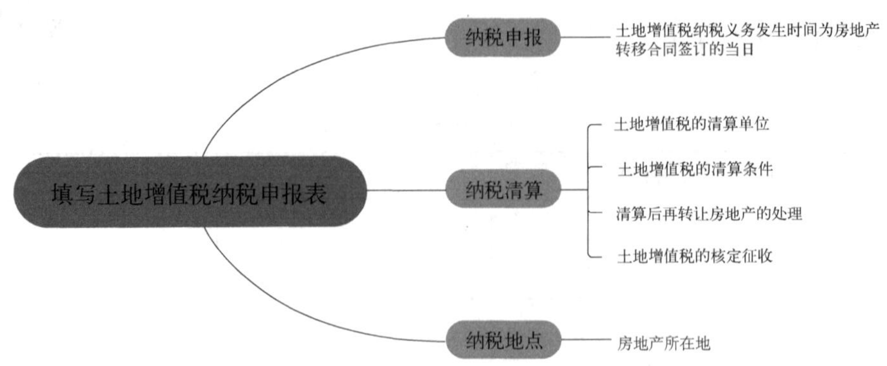

【知识准备】

一、纳税申报

土地增值税纳税义务发生时间为房地产转移合同签订的当日。土地增值税的纳税人应在合同签订后 7 日内，到房地产所在地主管税务机关办理纳税申报，并向税务机关提交：①房屋及建筑物产权、土地使用权证书；②土地使用权转让、房产买卖合同；③房地产评估报告及其他与转让房地产有关的资料。

纳税人因经常发生房地产转让而难以在每次转让后申报的，经税务机关审核同意后，可以定期进行纳税申报。

纳税人采取预售方式销售房地产的，对在项目全部竣工结算前转让房地产取得的收入，税务机关可以预征土地增值税。除保障性住房外，东部地区省份预征率不得低于 2%，中部和东北地区省份不得低于 1.5%，西部地区省份不得低于 1%。待办理完纳税清算后，多退少补。

二、纳税清算

（一）土地增值税的清算单位

土地增值税以国家有关部门审批的房地产开发项目为单位进行清算，对于分期开发的项目，以分期项目为单位清算。开发项目中同时包含普通住宅和非普通住宅的，应分别计算增值额。

（二）土地增值税的清算条件

符合下列情形之一的，纳税人应当进行土地增值税的清算：

（1）房地产开发项目全部竣工、完成销售的；

（2）整体转让未竣工决算房地产开发项目的；

（3）直接转让土地使用权的。

符合下列情形之一的，主管税务机关可以要求纳税人进行土地增值税清算：

（1）已竣工验收的房地产开发项目，已转让的房地产建筑面积占整个项目可售建筑面积比例在 85% 以上，或该比例虽未超过 85%，但剩余可售建筑面积已经出租或自用的；

（2）取得销售（预售）许可证满三年仍未销售完毕的；

（3）纳税人申请注销税务登记但未办土地增值税清算手续的；

（4）省税务机关规定的其他情况。

【学中做 · 单选题】下列情形中，纳税人应当进行土地增值税清算的是（　　）。

A. 取得销售许可证满 1 年仍未销售完毕的

B. 转让未竣工结算房地产开发项目 50% 股权的

C. 直接转让土地使用权的

D. 房地产开发项目尚未竣工但已销售面积达到 50% 的

【正确答案】C**【答案解析】**下列情形中，纳税人应当进行土地增值税清算：①房地产开发项目全部竣工、完成销售的；②整体转让未竣工决算房地产开发项目的；③直接转让土地使用权的。

房地产开发企业进行土地增值税清算时，常见不允许在计算增值额时扣除的项目包括：①房地产开发企业扣留建筑安装施工企业的工程款（质保金），建筑安装施工企业开具发票的，按发票所载金额予以扣除；未开具发票的，扣留的质保金不得计算扣除。②房地产企业逾期开发缴纳的土地闲置费不得扣除。③预提费用，除另有规定外，不得扣除。

需要说明的是，房地产开发企业销售已装修的房屋，其装修费用可以计入房地产开发成本进行扣除。

（三）清算后再转让房地产的处理

在土地增值税清算时未转让的房地产，清算后销售或有偿转让的，纳税人应按规定进行土地增值税的纳税申报，扣除项目金额按清算时的单位建筑面积成本费用乘以销售或转让面积计算。单位建筑面积成本费用 = 清算时的扣除项目总金额 ÷ 清算的总建筑面积。

（四）土地增值税的核定征收

土地增值税清算中符合以下条件之一的，可核定征收：

（1）依照法律、行政法规的规定应当设置但未设置账簿的；

（2）擅自销毁账簿或者拒不提供纳税资料的；

（3）虽设置账簿，但账目混乱或者成本资料、收入凭证、费用凭证残缺不全，难以确定转让收入或扣除项目金额的；

（4）符合土地增值税清算条件，未按照规定的期限办理清算手续，经税务机关责令限期清算，逾期仍不清算的；

（5）申报的计税依据明显偏低，又无正当理由的。

三、纳税地点

土地增值税纳税人发生应税行为应向房地产所在地主管税务机关缴纳税款。房地产所在地是指房地产的坐落地，纳税人转让的房地产坐落地在两个或两个以上地区的，应按房地产所在地分别申报纳税。

【任务实施】

一、计算土地增值税应纳税额

1. 收入 2000 万元。

2. 扣除

（1）取得土地使用权所支付的金额 =400（万元）

（2）房地产开发成本 =100+80+520=700（万元）

（3）房地产开发费用 =80（万元），其中：

① 利息支出 =500×5%=25（万元）

② 其他 =1100×5%=55（万元）（管理费用和销售费用不能据实扣除）

③ 税金 =110（万元）

④ 加计扣除 =1100×20%=220（万元）

扣除项目金额合计 =400+700+80+110+220=1510（万元）

（4）增值额 =2000−1510=490（万元）

（5）税率

增值额 ÷ 扣除项目金额 =490÷1510=32% ＜ 50%，故适用税率为 30%。

（6）税额

应该缴纳土地增值税税额 =490×30%=147（万元）

二、填写土地增值税纳税申报表

土地增值税是根据税源信息进行申报的，因此需要先进行土地增值税的税源信息采集，通过【土地增值税税源信息报告】录入土地增值税税源信息，录入并保存成功后，通过【财产和行为税合并纳税申报】申报土地增值税。具体操作步骤如下。

（一）项目立项后信息采集

（1）登录电子税务局，依次点击【我要办税】—【纳税申报与缴纳】—【综合申报】—【财产和行为税合并纳税申报】—【土地增值税—税源采集】，如图 6-1 所示。

（2）进入“土地增值税税源信息报告”界面，在房地产开发项目立项及每次转让时填报“新增项目”项，如图 6-2 所示。

（3）如实填写项目信息（注意“土地增值税项目所在地行政区划”要选择到“所属区”），填写完后点击“保存”。上传相关附报资料，其中星号的为必录项，点击【保存】，如图 6-3 所示。

（4）提示信息保存成功，进入“维护应税明细”界面，点击【确定】。

图6-1　税源信息采集（1）

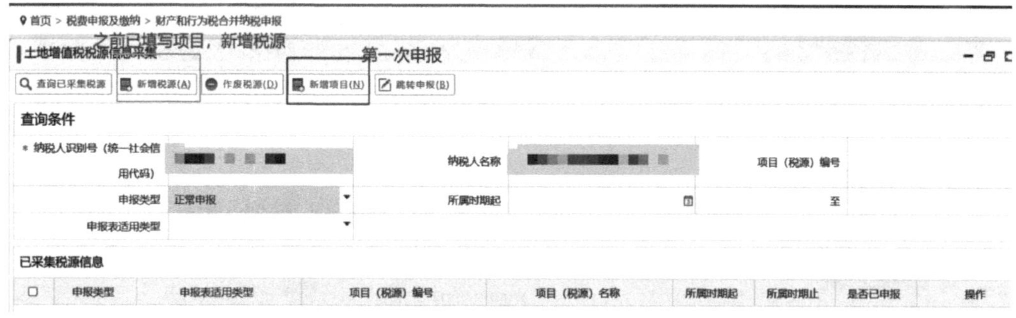

图6-2　税源信息采集（2）

（二）2021 年 5 月预缴申报表填写

1. 登录电子税务局，依次点击【我要办税】—【纳税申报与缴纳】—【综合申报】—【财产和行为税合并纳税申报】—【土地增值税—税源采集】，如图 6-4 所示。

2. 进入“土地增值税税源信息报告”界面，在房地产开发项目立项及每次转让时填报“新增税源”项，如图 6-5 所示。

3. 申报表适用类型选择“从事房地产开发的纳税人预缴适用”，如实填写信息后，点击“下一步”，如图 6-6 所示。

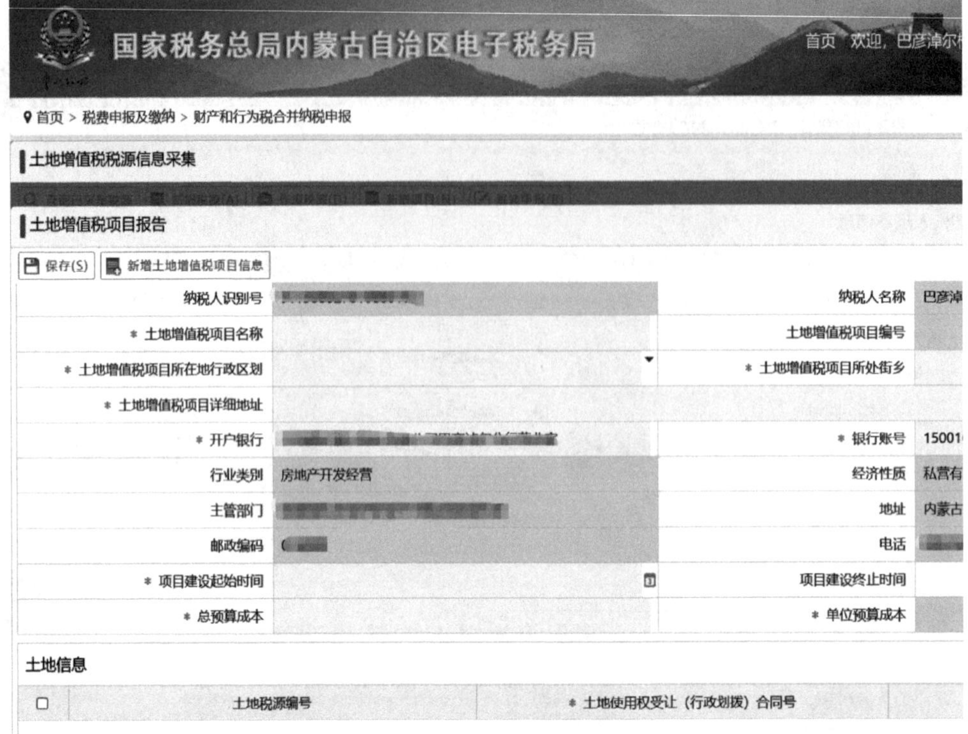

图6-3 税源信息采集（3）

图6-4 预缴申报表填写（1）

首页 > 税费申报及缴纳 > 财产和行为税合并纳税申报

之前已填写项目，新增税源

土地增值税税源信息采集

查询已采集税源　新增税源(A)　作废税源(D)　新增项目(N)　跳转申报(B)

查询条件

* 纳税人识别号（统一社会信用代码）	91150802761088019U	纳税人名称	巴彦淖尔柏晨房地产开发有限责任公司	项目（税源）编号	
申报类型	正常申报	所属时期起		至	
申报表适用类型					

已采集税源信息

申报类型	申报表适用类型	项目（税源）编号	项目（税源）名称	所属时期起	所属时期止	是否已申报	操作

图6-5　预缴申报表填写（2）

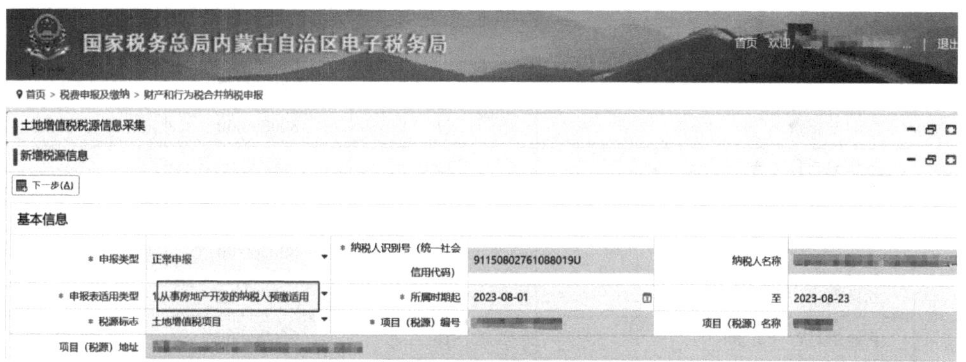

图6-6　预缴申报表填写（3）

4. 选择对应的税款所属起止期、项目名称，并如实填写各业务类型收入，如实填写信息后，点击“保存”，如图 6-7 所示。

财产和行为税纳税申报表

纳税人识别号（统一社会信用代码）：
纳税人名称：
金额单位：人民币元（列至角分）

本期是否适用小微企业“六税两费”减征收政策				否	减征政策适用主体					
					适用减征政策起止时间		至			
序号	税种	税目	税款所属期起	税款所属期止	计税依据	税率	应纳税额	减免税额	已缴税额	应补（退）税额
1	土地增值税	普通住宅（预征）	2021-05-01	2021-05-31		0.01	0	0	0	444.07
2	土地增值税	非普通住宅（预征）	2023-07-01	2021-05-31	0	0.015	0	0	0	0
3	土地增值税	其他类型房地产（预征）	2023-07-01	2021-05-31	1,000,000.00	0.03	30,000.00	0	0	30,000.00
	合计	－	－	－	－	－	30,000.00	0	0	30,000.00

声明：此表是根据国家税收法律法规及相关规定填写的，本人（单位）对填报内容（及附带资料）的真实性、可靠性、完整性负责。

纳税人（签章）：　　　　年　月　日

经办人：
经办人身份证号：******
代理机构签章：
代理机构统一社会信用代码：

受理人：WSSB
受理税务机关(章)：
受理日期：

图6-7　预缴申报表填写（4）

（三）2023 年 5 月清算纳税申报表填写

基本步骤与填写预缴申报表一致，申报表适用类型选择“从事房地产开发的纳税人清算适用”，清算结果报告表如表 6-6 所示。

表6-6 清算结果报告表

（从事房地产开发的纳税人清算适用） 单位：元

项目		行次	金额	
			其他类型房地产	合计
一、转让房地产收入总额 1=2+3+4		1	20000000.00	20000000.00
	货币收入	2	20000000.00	20000000.00
二、扣除项目金额合计 5=6+7+14+17+21+22		5	15100000.00	15100000.00
1. 取得土地使用权所支付的金额		6	4000000.00	4000000.00
2. 房地产开发成本 7=8+9+10+11+12+13		7	7000000.00	7000000.00
其中	土地征用及拆迁补偿费	8	1000000.00	1000000.00
	前期工程费	9		—
	建筑安装工程费	10	5200000.00	5200000.00
	基础设施费	11	800000.00	800000.00
	公共配套设施费	12		—
	开发间接费用	13		—
3. 房地产开发费用 14=15+16		14	800000.00	800000.00
其中	利息支出	15	250000.00	250000.00
	其他房地产开发费用	16	550000.00	550000.00
4. 与转让房地产有关的税金等 17=18+19+20		17	1100000.00	1100000.00
5. 财政部规定的其他扣除项目		21	2200000.00	2200000.00
三、增值额 23=1−5		23	4900000.00	4900000.00
四、增值额与扣除项目金额之比（%）24=23÷5		24	32.45%	0.32
五、适用税率（%）		25	30%	0.30
六、速算扣除系数（%）		26	0%	—
七、应缴土地增值税税额 27=23×25−5×26		27	1470000.00	1470000.00
…		…	…	…
九、已缴土地增值税税额		35	600000.00	600000.00
十、应补（退）土地增值税税额 36=27−28−35		36	870000.00	870000.00

【任务总结】

本任务主要学习了土地增值税的纳税申报、纳税清算、纳税地点等征收管理内容，重点掌握土地增值税清算条件，会填写纳税申报表。

【职业素养提升】

企业迟迟不办理土地增值税清算申报。税务检查人员核查时，发现该企业管理混乱、人员离职、项目关键材料丢失……面对项目成本无法确认和核查遇到的种种困难，检查人员如何破局？

国家税务总局厦门市税务局第二稽查局（以下简称“第二稽查局”）根据税源管理部门移交线索，查处了一起房地产开发企业虚增开发成本偷逃税款案件。涉案企业厦门H房地产有限公司（以下简称“厦门H公司”）在检查所属期内拒不办理土地增值税清算申报，并虚增房地产开发成本3740万元。针对其违法行为，税务机关依法对其作出补缴税费2.15亿元、加收滞纳金、罚款2629.92万元的处理决定。

经查，2010年8月至2020年12月期间，厦门H公司未依法按期对企业建设的T项目进行土地增值税清算，并存在虚列T项目基坑支护零星项目工程成本2800万元；虚列T项目景观工程成本940万元；借款给关联企业，少计算利息收入3475.36万元等违法行为。第二稽查局依法将厦门H公司虚列成本的行为定性为偷税，对该企业作出补缴土地增值税、企业所得税等税款2.15亿元，加收滞纳金，并处罚款2629.92万元的处理决定。（来源：中国税务报，有删减）

谈谈土地增值税应当清算和可以清算的情形，议一议如何加强土地增值税征收管理，促进纳税人诚信依法纳税。

【岗课赛证融通测评】

任务二岗课赛证融通测评

【知识技能评价】

知识技能评价表

业务能力	评价内容	评价结果	改进措施
征收管理	1.纳税申报 2.土地增值税的清算单位 3.土地增值税的清算条件 4.清算后再转让房地产的处理 5.土地增值税的核定征收 6.纳税地点	□A　□B　□C □A　□B　□C □A　□B　□C □A　□B　□C □A　□B　□C □A　□B　□C	1. 2. 3.
说明：在□中打√，A掌握，B基本掌握，C未掌握			
任课教师评语：			
成绩：		任课教师签字：	

【项目检测】

项目检测－客观题

项目检测－实训题

项目七

财产行为税与其他税费办税业务

【学习目标】

一、素质目标

1. 树立“房子是用来住的，不是用来炒的”定位，培养学生理性投资房产观念。
2. 树立保护土地资源、节约用地意识。
3. 培养绿色低碳的生产方式和生活方式。
4. 培养各类资源节约集约利用意识。
5. 牢固树立和践行“绿水青山就是金山银山”的理念。
6. 树立“构建人类命运共同体”意识。
7. 培养学生牢固树立国家主权意识。
8. 培养学生自强不息的爱国情怀。
9. 培养税收法定、依法治国理念。
10. 领悟税收取之于民、用之于民，培养依法纳税意识。

二、知识目标

1. 掌握印花税办税业务。
2. 掌握房产税办税业务。
3. 掌握城镇土地使用税办税业务。
4. 熟悉契税办税业务。
5. 熟悉耕地占用税办税业务。
6. 掌握车船税办税业务。
7. 熟悉资源税办税业务。
8. 熟悉环境保护税办税业务。
9. 掌握车辆购置税办税业务。
10. 熟悉关税办税业务。

11. 了解船舶吨税办税业务。
12. 掌握附加税办税业务。
13. 熟悉烟叶税办税业务。

三、技能目标

1. 会计算印花税、房产税、城镇土地使用税、契税、耕地占用税、车船税、资源税、环境保护税、车辆购置税、关税、船舶吨税、附加税和烟叶税应纳税额。
2. 会进行财产行为税纳税申报。
3. 会进行附加税纳税申报。

任务一 财产行为税办税业务

【任务情景】

按照以下任务情境，完成各项工作任务：

（1）诚信企业2023年6月开业，与其他企业订立转移专用技术使用权书据一件，所载金额80万元；订立产品买卖合同两件，所载金额为150万元；订立借款合同一份，所载金额为40万元。此外，该企业的营业账簿中，“实收资本”科目载有资金600万元，其他营业账簿20本。（注：合同所载金额均不含增值税）。

（2）诚信公司一般纳税人2023年12月底将原值3000万元的房产租赁给公司，租期一年，2024年1月到2月给予免租待遇，2024年实际收到不含税租金收入40万元。当地房产原值减除比例为30%。

（3）诚信供热公司为一般纳税人，占用土地20000平方米，其中自办学校占用2000平方米，其余为供热厂房和办公用地。2023年向居民供热取得采暖费收入占全部采暖费收入的比例是70%，当地城镇土地使用税税额为4元/米^2。

（4）2023年5月，张某获得县人民政府奖励住房一套，经税务机关核定该住房价值80万元。张某对该住房进行装修，支付装修费用5万元。已知契税适用税率为3%。

（5）农村居民张某2023年1月经批准，在户口所在地占用耕地2500平方米，其中2000平方米用于种植中药材，500平方米用于新建自用住宅（在规定用地标准以内）。该地区耕地占用税税额为每平方米30元。

（6）诚信公司2023年拥有机动船舶10艘，每艘净吨位为150吨，非机动驳船5艘，每艘净吨位为80吨，已知机动船舶适用年基准税额为每吨3元。

（7）“安全生产”煤矿公司为增值税一般纳税人，2023年3月销售原煤取得不含税销售额2400万元；将自产的原煤与外购的原煤混合加工为选煤并在本月全部对外销售，取得不含税销售额1520万元，外购该批原煤取得增值税专用发票注明金额

800 万元，税额 104 万元。“安全生产”煤矿所在地与外购原煤所在地原煤资源税税率均为 7%，选煤资源税税率均为 5%。

（8）“绿水青山”工业企业 8 月向水体直接排放第一类水污染物总汞、总镉、总铬、总砷、总铅、总银各 10 千克。排放第二类水污染物悬浮物（SS）、总有机碳（TOC）、挥发酚、氨氮各 10 千克。假设水污染物每污染当量税额按《环境保护税税目税额表》最低标准 1.4 元计算。已知：总汞、总镉、总铬、总砷、总铅、总银的污染当量值分别为 0.0005、0.005、0.04、0.02、0.025、0.02；悬浮物（SS）、总有机碳（TOC）、挥发酚、氨氮的污染当量值分别为 4、0.49、0.08、0.8（单位：千克）。

任务要求：

1. 根据业务（1）计算诚信企业 2023 年 6 月应纳印花税税额。
2. 根据业务（2）计算诚信公司该房产 2023 年应缴纳房产税税额。
3. 根据业务（3）计算企业全年应缴纳城镇土地使用税税额。
4. 根据业务（4）计算张某应缴纳契税税额。
5. 根据业务（5）计算张某应缴纳耕地占用税税额。
6. 根据业务（6）计算诚信公司当年应缴纳车船税税额。
7. 根据业务（7）计算“安全生产”煤矿本月应缴纳资源税税额。
8. 根据业务（8）计算企业 8 月水污染物应缴纳的环境保护税（计算结果保留两位小数）。

【思维导图】

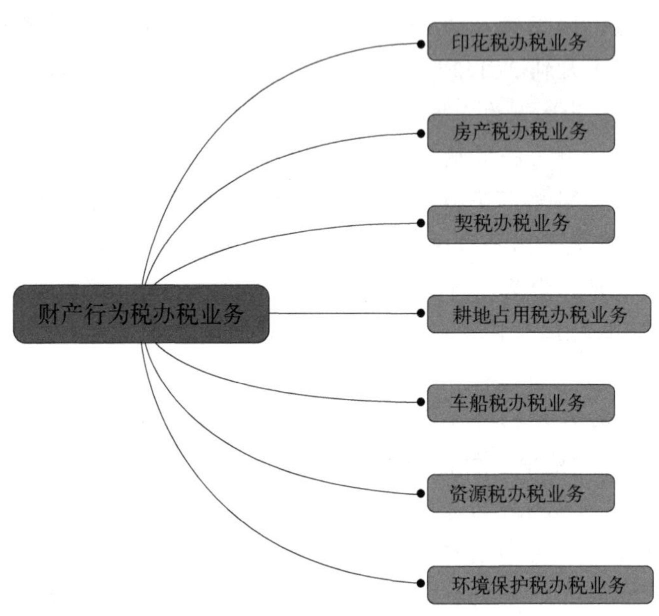

【知识准备】

一、印花税办税业务

（一）纳税人、征税范围与税率

1. 纳税人

在中华人民共和国境内书立应税凭证、进行证券交易的单位和个人，为印花税的纳税人，应当依照本法规定缴纳印花税。在中华人民共和国境外书立在境内使用的应税凭证的单位和个人，应当依照规定缴纳印花税。应税凭证，是指印花税法所附《印花税税目税率表》列明的合同、产权转移书据和营业账簿。证券交易，是指转让在依法设立的证券交易所、国务院批准的其他全国性证券交易场所交易的股票和以股票为基础的存托凭证。证券交易印花税对证券交易的出让方征收，不对受让方征收。

根据书立、领受、使用应税凭证的不同，纳税人可分为立合同人、立账簿人、立据人、使用人和证券交易人等。证券交易的扣缴义务人为证券登记结算机构。纳税人为境外单位或者个人，在境内有代理人的，以其境内代理人为扣缴义务人；在境内没有代理人的，由纳税人自行申报缴纳印花税。

（1）立合同人，是指合同的当事人，即对凭证有直接权利义务关系的单位和个人，但不包括合同的担保人、证人、鉴定人。当事人的代理人有代理纳税义务，他与纳税人负有同等的税收法律义务和责任。采取委托贷款方式书立的借款合同纳税人，为受托方和借款人，不包括委托人。按买卖合同或者产权转移书据税目缴纳印花税的拍卖成交确认书纳税人，为拍卖标的的产权人和买受人，不包括拍卖人。

（2）立账簿人，是指开立并使用营业账簿的单位和个人。

（3）立据人，是指书立产权转移书据的单位和个人。按产权转移书据税目缴纳印花税的拍卖成交确定书纳税人，为拍卖标的的产权人和买受人，不包括拍卖人。

（4）使用人，是指在国外书立、领受，但在国内使用的应税凭证。

（5）证券交易人，是指境内从事证券交易的单位和个人，不包括受让方。

需要说明的是，同一应税凭证，凡有两方或两方以上当事人共同书立并各执一份的，原则上其当事人各方都是印花税的纳税人，应各就其所持有凭证的计税金额全额缴纳印花税。

2. 征税范围与税率

印花税征税范围和税率如表 7-1 所示。印花税的税率实行比例税率。同一应税凭证载有两个以上税目事项并分别列明金额的，按照各自适用的税目税率分别计算应纳税额；未分别列明金额的，从高适用税率。

表 7-1　印花税税目税率表

税目		税率	备注
合同（指书面合同）	借款合同	借款金额的万分之零点五	指银行业金融机构、经国务院银行业监督管理机构批准设立的其他金融机构与借款人（不包括同业拆借）的借款合同

续表

税目		税率	备注
合同（指书面合同）	融资租赁合同	租金的万分之零点五	
	买卖合同	价款的万分之三	指动产买卖合同（不包括个人书立的动产买卖合同）
	承揽合同	报酬的万分之三	
	建设工程合同	价款的万分之三	
	运输合同	运输费用的万分之三	指货运和多式联运合同（不包括管道运输合同）
	技术合同	价款、报酬或者使用费用的万分之三	不包括专利权、专有技术使用权转让数据
	租赁合同	租金的千分之一	
	保管合同	保险费的千分之一	
	仓储合同	仓储费的千分之一	
	财产保险合同	保险费的千分之一	不包括再保险合同
产权转移书据	土地使用权出让书据	价款的万分之五	转让包括买卖（出卖）、继承、赠与、互换、交割
	土地使用权、房屋等建筑物和构筑物所有权转让书据（不包括土地承包经营权和土地经营权转移）	价款的万分之五	
	股权转让书据（不包括应缴纳证券交易印花税的）	价款的万分之五	
	商标专用权、著作权、专利权、专有技术使用权转让书据	价款的万分之三	
营业账簿		实收资本（股本）、资本公积合计金额的万分之二点五	
证券交易		成交金额的千分之一	

【学中做·多选题】下列合同中不属于印花税征税范围的有（　　）。

A. 同业拆借合同　　B. 管道运输合同

C. 贷款合同　　D. 个人书立的动产买卖合同

E. 建设工程勘察合同

【正确答案】ABD**【答案解析】**选项C，按照借款合同征税；选项E，按照建设工程合同征税。

为方便记忆，印花税税目税率表小结如表7-2所示。

表7-2　印花税税目税率表小结

税率	适用税目
千分之一（1‰）	①租赁合同；②保管合同；③仓储合同；④财产保险合同；⑤证券交易
万分之二点五（0.25‰）	营业账簿
万分之三（0.3‰）	①买卖合同；②承揽合同；③建设工程合同；④运输合同；⑤技术合同；⑥商标专用权、著作权、专利权、专有技术使用权转让书据
万分之五（0.5‰）	土地使用权出让书据；土地使用权、房屋等建筑物和构筑物所有权转让书据（不包括土地承包经营权和土地经营权转移书据）；股权转让书据
万分之零点五（0.05‰）	①借款合同；②融资租赁合同

（二）应纳税额计算

印花税应纳税额的计算公式为：

应纳税额＝应税凭证和证券交易计税金额 × 适用税率

1. 应税合同的计税依据

计税依据为合同所列的金额，不包括列明的增值税税款。如合同中价款或者报酬与增值税税款未分开列明的，则按照合计金额确定。本项目的练习题如无特别说明，题目所给金额均为不含增值税税款。

（1）买卖合同（0.3‰）的计税依据

买卖合同的计税依据为合同记载的价款，不得作任何扣除，特别是调剂合同和易货合同，均应包括调剂、易货的全额。在商品购销活动中，采用以货换货方式进行商品交易签订的合同，是反映既购又销双重经济行为的合同。对此，应按合同所载的购、销合计金额计税贴花。合同未列明金额的，应按合同所载购、销数量，依照国家牌价或者市场价格计算应纳税额。

【学中做 · 单选题】A 公司与 B 公司签订了以货易货合同，由 A 公司向 B 公司提供价值 100000 元的钢材，B 公司向 A 公司提供价值 150000 元的机器设备，货物差价由 A 公司付款补足。A、B 两公司共应缴纳印花税为（　　）元。

A.250　　B.125　　C.75　　D.150

【正确答案】D**【答案解析】**应纳税额＝（100000+150000）×0.3‰ ×2＝150（元）

（2）承揽合同（0.3‰）的计税依据

① 受托方提供原材料及辅料，并收取加工费且分别注明的，原材料和辅料按买卖合同（0.3‰）计税贴花，加工费按承揽合同（0.3‰）计税贴花。

② 合同未分别记载原辅料及加工费金额的，一律就全部金额按承揽合同（0.3‰）计税贴花。

③ 委托方提供原材料，受托方收取加工费及辅料，双方就加工费及辅料按承揽合同（0.3‰）计税贴花。

【学中做 · 计算题】公司作为受托方签订甲、乙两份承揽合同，甲合同约定：由委托方提供主要材料（金额 300 万元），受托方只提供辅助材料（金额 20 万元），受托方另收取加工费50万元；乙合同约定：由受托方提供主要材料（金额200万元）并收取加工费40万元。要求：计算签订的承揽合同应缴纳的印花税。

【正确答案】应缴纳的印花税 =（50+20）×0.3‰+200×0.3‰+40×0.3‰=0.093（万元）=930（元）。

（3）建设工程合同（0.3‰）的计税依据为勘察、设计收取的费用（即勘察、设计收入），承包金额。如果施工单位将自己承包的建筑项目再分包或转包给其他施工单位，其所签订的分包或转包合同，仍应按所载金额另行贴花。

【学中做 · 计算题】公司作为承包方签订建筑工程承包合同一份，承包金额300万元，公司随后又将其中的100万元业务分包给另一单位，并签订相关合同。要求：计算建筑工程承包合同应缴纳的印花税。

【正确答案】应缴纳的印花税 =（300+100）×0.3‰ = 0.12（万元）= 1200（元）。

（4）租赁合同（1‰）的计税依据为租赁金额（即租金收入）。计算需注意以下两点：①税额超过1角不足1元的按照1元贴花；②租赁合同只是规定月（天）租金标准，而不确定租期的，先定额5元贴花，在结算时按实际金额计税，补贴印花。

【学中做 · 单选题】2023年1月，甲公司将闲置厂房出租给乙公司，合同约定每月租金2500元，租期未定。签订合同时，预收租金5000元，双方已按定额贴花。5月底合同解除，甲公司收到乙公司补交租金7500元。甲公司5月份应补缴印花税（　　）。

A.7.5元　　B.8元　　C.9.5元　　D.12.5元

【正确答案】A

【答案解析】合同在签订时无法确定计税金额，可在签订时先按定额5元贴花，以后结算时再按实际金额计税，应补缴印花税 =（5000+7500）×1‰ −5 = 7.5（元）。

（5）运输合同（0.3‰）的计税依据为取得的运输费金额（即运费收入），不包括所运货物的金额、装卸费和保险费等。

【学中做 · 计算题】某交通运输企业与某客户签订货物运输合同，合同载明货物价值500万元，运输费用65万元（含装卸费5万元，货物保险费10万元）。要求：计算货物运输合同应纳印花税。

【正确答案】应缴纳的印花税 =（65-5-10）×0.3‰ = 0.025（万元）= 150（元）。

（6）保管合同（1‰）的计税依据为保管的费用（即保管费收入）。

（7）仓储合同（1‰）的计税依据为仓储费用。

（8）借款合同（0.05‰）的计税依据为借款金额（不含利息）。针对实际借贷活动中不同的借款形式，税法规定了不同的计税方法：

① 凡是一项信贷业务既签订借款合同，又一次或分次填开借据的，只以借款合同所载金额计税贴花；凡是只填开借据并作为合同使用的，应以借据所载金额计税，在借据上贴花。

② 借贷双方签订的流动资金周转性借款合同，一般按年（期）签订，规定最高限额，借款人在规定的期限和最高限额内随借随还。对这类合同只就其规定的最高额为计税依据，在签订时贴花一次，在限额内随借随还不签订新合同的，不再另贴印花。

③ 对借款方以财产作抵押，从贷款方取得抵押贷款的合同，应按借款合同贴花，在借款方因无力偿还借款而将抵押财产转移给贷款方时，应就双方书立的产权书据，按产权转移书据有关规定计税贴花。

（9）融资租赁合同（0.05‰）的计税依据为合同所载租金总额。

（10）财产保险合同（1‰）的计税依据为支付（收取）的保险费金额，不包括所保财产的金额。

【学中做 · 多选题】下列关于印花税计税依据的说法，不正确的有（　　）。

A. 租赁合同，以所租赁财产的金额作为计税依据

B. 运输合同，以所运货物金额和运输费用的合计金额为计税依据

C. 借款合同，以借款金额和借款利息的合计金额为计税依据

D. 保险合同，以保险费收入为计税依据

【正确答案】ABC**【答案解析】**选项 A，以租赁金额作为计税依据；选项 B，以运输费用金额作为计税依据；选项 C，以借款金额作为计税依据。

（11）技术合同计税依据为合同所载的价款、报酬或使用费。对技术开发合同，只就合同所载的报酬金额计税，研究开发经费不作为计税依据。

需要说明的是，如果技术转让合同中的转让收入，是按销售收入的一定比例收取或按实现利润分成的，那么可在签订时先按定额 5 元贴花，以后结算再按实际金额计税，补贴印花。

【学中做 · 单选题】甲企业与乙企业签订一份技术开发合同，记载金额共计 800 万元，其中研究开发经费为 500 万元。该合同甲、乙各持一份，共应缴纳的印花税为（　　）。

A.900 元　　B.1800 元　　C.2400 元　　D.4800 元

【正确答案】B**【答案解析】**应纳税额 =（800−500）×0.3‰ ×2 = 0.18（万元）。

【学中做 · 单选题】下列关于印花税计税依据说法正确的是（　　）。

A. 运输合同的计税依据为运输费用和装卸费合计金额

B. 财产保险合同的计税依据为财产金额

C. 营业账簿以账簿记载的实收资本为计税依据

D. 证券交易的计税依据为成交金额

【正确答案】D**【答案解析】**选项 A，运输合同的计税依据为取得的运费收入，不包括所运货物的金额、装卸费和保险费等；选项 B，财产保险合同的计税依据为保险费，不包括所保财产金额；选项 C，营业账簿以账簿记载的实收资本和资本公积之和为计税依据。

【学中做 · 多选题】下列关于印花税的计税依据，表述正确的有（　　）。

A. 买卖合同是以购销金额作为计税依据

B. 运输合同是以保险费和运费作为计税依据

C. 财产保险合同是以财产总价值作为计税依据

D. 仓储合同是以收取的仓储费作为计税依据

【正确答案】AD**【答案解析】**选项 B，运输合同的计税依据为取得的运费收入，

不包括所运货物的金额、装卸费和保险费等；选项C，财产保险合同的计税依据为支付（收取）的保险费，不包括所保财产金额。

2. 应税产权转移书据（0.5‰）的计税依据

计税依据为产权转移书据所列的金额，不包括列明的增值税税款。产权转移书据中价款与增值税税款未分开列明的，按照合计金额确定。未列明金额或者报酬的，按照下列方法确定计税依据：①按照订立合同、产权转移书据时市场价格确定；依法应当执行政府定价的，按照其规定确定。②不能按照上述规定的方法确定的，按照实际结算的价款或者报酬确定。

【学中做 · 计算题】3月份某企业因为生产规模扩大，购置了乙企业的仓库1栋，产权转移书据上注明的交易价格为1200万元，在企业“固定资产”科目上记载的原值为1250万元，取得了房屋权属证书。

要求：计算购置仓库应该缴纳的印花税。

【正确答案】购置仓库应纳印花税 = 1200×10000×0.5‰ = 6000（元）。

3. 应税营业账簿（0.25‰）的计税依据

计税依据为账簿记载的实收资本（股本）、资本公积合计金额。已缴纳印花税的营业账簿，以后年度记载的实收资本（股本）、资本公积合计金额相比已缴纳印花税的实收资本（股本）、资本公积合计金额增加的，按照增加部分计算应纳税额。

【学中做 · 计算题】公司新增实收资本2000万元、资本公积500万元。

要求：计算公司2023年新增记载资金的营业账簿应缴纳的印花税。

【正确答案】新增记载资金的营业账簿应纳印花税 =（20000000+5000000）×0.25‰ = 6250（元）。

4. 证券交易的计税依据

对股票交易征收印花税均依书立时证券市场当日实际成交价格计算金额，按1‰的税率缴纳印花税。以非集中交易方式转让证券时无转让价格的，按照办理过户登记手续前一个交易日收盘价计算确定计税依据；办理过户登记手续前一个交易日无收盘价的，按照证券面值计算确定计税依据。为活跃资本市场、提振投资者信心，自2023年8月28日起，证券交易印花税实施减半征收。

5. 计税依据其他相关规定

（1）应税合同、产权转移书据未列明金额的，印花税的计税依据按照实际结算的金额确定。计税依据按照前款规定仍不能确定的，按照书立合同、产权转移书据时的市场价格确定；依法应当执行政府定价或者政府指导价的，按照国家有关规定确定。

（2）同一应税凭证载有两个以上税目事项并分别列明金额的，按照各自适用的税目税率分别计算应纳税额；未分别列明金额的，从高适用税率。

（3）同一应税合同、应税产权转移书据中涉及两方以上纳税人，且未列明纳税人各自涉及金额的，以纳税人平均分摊的应税凭证所列金额（不包括列明的增值税税款）确定计税依据。

（4）应税合同、应税产权转移书据所列的金额与实际结算金额不一致，不变更应税凭证所列金额的，以所列金额为计税依据；变更应税凭证所列金额的，以变更后的所列金额为计税依据。已缴纳印花税的应税凭证，变更后所列金额增加的，纳税人应当就增加部分的金额补缴印花税；变更后所列金额减少的，纳税人可以就减少部分的金额向税务机关申请退还或者抵缴印花税。

（5）纳税人因应税凭证列明的增值税税款计算错误导致应税凭证的计税依据减少或者增加的，纳税人应当按规定调整应税凭证列明的增值税税款，重新确定应税凭证计税依据。已缴纳印花税的应税凭证，调整后计税依据增加的，纳税人应当就增加部分的金额补缴印花税；调整后计税依据减少的，纳税人可以就减少部分的金额向税务机关申请退还或者抵缴印花税。

（6）纳税人转让股权的印花税计税依据，按照产权转移书据所列的金额（不包括列明的认缴后尚未实际出资权益部分）确定。

（7）应税凭证金额为人民币以外的货币的，应当按照凭证书立当日的人民币汇率中间价折合人民币确定计税依据。

（8）境内的货物多式联运，采用在起运地统一结算全程运费的，以全程运费作为运输合同的计税依据，由起运地运费结算双方缴纳印花税；采用分程结算运费的，以分程的运费作为计税依据，分别由办理运费结算的各方缴纳印花税。

（9）未履行的应税合同、产权转移书据，已缴纳的印花税不予退还及抵缴税款。

（10）纳税人多贴的印花税票，不予退税及抵缴税款。

（11）在签订时无法确定计税金额的某些合同，可在签订时先按定额 5 元贴花，以后结算时再按实际金额计税，补贴印花。

（12）应税合同、产权转移书据未列明金额，在后续实际结算确定金额的，纳税人应当于书立应税合同、产权转移书据的首个纳税申报期申报应税合同、产权转移书据书立情况，在实际结算后下一个纳税申报期，以实际结算金额计算申报缴纳印花税。

（13）纳税人有以下情形的，税务机关可以核定纳税人印花税计税依据：①未按规定建立印花税应税凭证登记簿，或未如实登记和完整保存应税凭证的。②拒不提供应税凭证或不如实提供应税凭证致使计税依据明显偏低的。③采用按期汇总缴纳办法的，未按税务机关规定的期限报送汇总缴纳印花税情况报告，经税务机关责令限期报告，逾期仍不报告的或者税务机关在检查中发现纳税人有未按规定汇总缴纳印花税情况的。

6. 征收管理

（1）纳税义务发生时间

① 印花税的纳税义务发生时间为纳税人书立应税凭证或者完成证券交易的当日。

② 证券交易印花税扣缴义务发生时间为证券交易完成的当日。证券登记结算机构为证券交易印花税的扣缴义务人。

③ 如果合同是在国外签订，并且不便在国外贴花的，应在将合同带入境时办理贴花纳税手续。

（2）纳税地点

① 纳税人为单位的，应当向其机构所在地的主管税务机关申报缴纳印花税；纳

税人为个人的，应当向应税凭证书立地或者纳税人居住地的主管税务机关申报缴纳印花税。

② 不动产产权发生转移的，纳税人应当向不动产所在地的主管税务机关申报缴纳印花税。

③ 证券登记结算机构为证券交易印花税的扣缴义务人，应当向其机构所在地的主管税务机关申报解缴税款以及银行结算的利息。

（3）纳税期限

① 印花税按季、按年或者按次计征。实行按季、按年计征的，纳税人应当自季度、年度终了之日起 15 日内申报缴纳税款；实行按次计征的，纳税人应当自纳税义务发生之日起 15 日内申报缴纳税款。

② 证券交易印花税按周解缴。证券交易印花税扣缴义务人应当自每周终了之日起 5 日内申报解缴税款以及银行结算的利息。

印花税
税收优惠

印花税
自测题

二、房产税办税业务

1. 纳税人、征税范围与税率

房产税是以房屋为征税对象，以房屋计税余值或租金收入为计税依据，向房屋产权所有人征收的一种财产税。房产税具有以下特点：

（1）房产税属于财产税中的个别财产税（征税对象只是房屋）；

（2）征税范围限于城镇的经营性房屋（农村范围内的房产不征；非营业用房不征）；

（3）区别房屋的经营使用方式规定不同的计税依据（将房屋用于经营自用按房产计税余值征税；将房屋用于出租按租金收入征税）。

征收房产税的房产是以房屋形态表现的财产。房屋则是指有屋面和围护结构（有墙或两边有柱），能够遮风避雨，可供人们在其中生产、工作、学习、娱乐、居住或储藏物资的场所。独立于房屋之外的建筑物，如围墙、烟囱、水塔、变电塔、油池油柜、酒窖菜窖、酒精池、糖蜜池、室外游泳池、玻璃暖房、砖瓦石灰窑以及各种油气罐等，则不属于房产。

房地产开发企业建造的商品房（相当于库存商品），在出售前，不征收房产税；但对出售前房地产开发企业已使用或出租、出借的商品房应按规定征收房产税。

房产税采用比例税率，其计税依据分为两种：依据房产计税余值计税的，税率为 1.2%；依据房屋租金收入计税的，税率为 12%。个人出租住房，不分用途，暂减按 4% 的税率征收房产税。对企事业单位、社会团体以及其他组织按市场价格向个人出租用于居住的住房，减按 4% 的税率征收房产税。

2. 计税依据与应纳税额计算

（1）计税依据

计税依据有两种情形：①从价计征，对经营性自用的房屋，以房产的计税余值作为计税依据。所谓计税余值，是指依照税法规定按房产原值一次减除 10% 至 30% 的损耗价值以后的余额。②从租计征，出租的房产以房产租金收入（不含增值税）为房产税的计税依据。

（2）应纳税额计算

① 地上建筑物房产税应纳税额的计算公式如表 7-3 所示。

表7-3　地上建筑物房产税应纳税额的计算公式

计税方法	计税依据	税率	计税公式
从价计征	按照房产原值一次减除 10% ～ 30% 损耗后的余值	年税率 1.2%	应纳税额=应税房产原值×（1-扣除比例）×1.2%
从租计征	租金收入（不含增值税）	12%	应纳税额=租金收入（不含增值税）×12% 或 4%
	个人按市场价格出租的居住用房	4%	

② 地下建筑物房产税应纳税额计算

地下工业用途房产，以房屋原价的 50% ～ 60% 作为应税房产原值，计算公式为：

应纳房产税 = 应税房产原值 ×（1- 原值减除比例）×1.2%

地下商业和其他用途房产，以房屋原价的 70% ～ 80% 作为应税房产原值，计算公式为：

应纳房产税 = 应税房产原值 ×（1- 原值减除比例）×1.2%

出租的地下建筑，按照出租地上房屋建筑的有关规定计算征收房产税。

【学中做·单选题】甲公司为增值税一般纳税人，拥有一处原值 3000 万元的房产。2022 年 5 月甲公司将该自用房产对外出租，取得当年不含增值税租金收入 20 万元。已知房产税从价计征税率为 1.2%，从租计征税率为 12%，当地规定的房产原值扣除比例为 30%。计算甲公司 2022 年度该处房产应缴纳房产税税额的下列算式中，正确的是（　　）。

A. 3000×（1−30%）×1.2% = 25.2（万元）

B. 3000×（1−30%）×1.2%÷12×5+20×（1−30%）×12% = 12.18（万元）

C. 3000×1.2%÷12×5+20×12% = 17.4（万元）

D. 3000×（1−30%）×1.2%÷12×5+20×12% = 12.9（万元）

【正确答案】D。**【答案解析】**①甲公司经营用房产于 5 月对外出租，则 2022 年 1、2、3、4、5 月份应从价计征房产税，房产税按年计算，则从价计征的房产税 = 3000×（1−30%）×1.2%÷12×5 = 10.5（万元）；②该房产于 2022 年收取当年不含增值税的租金 20 万元，则从租计征的房产税 = 20×12% = 2.4（万元）；③ 2022 年甲公司上述房产应缴纳房产税税额 = 10.5+2.4 = 12.9（万元）。

3. 征收管理

（1）纳税义务发生时间

房产税纳税义务发生时间如表 7-4 所示。

表7-4 房产税纳税义务发生时间

房产用途变化	纳税义务发生时间
将原有房产用于生产经营	从生产经营之月起计征房产税
自建房屋用于生产经营	从建成之日的次月起计征房产税
委托施工企业建设的房屋	从办理验收手续之次月起计征房产税 特例：对于验收前已经出租出借的新建房屋，应当在出租出借当月计征房产税
纳税人购置新建商品房	自房屋交付使用之次月起计征房产税
购置存量房	自办理房屋权属转移，登记机关签发房屋权属证书之次月起计征房产税
纳税人出租、出借房产	交付出租、出借房产之次月起计征房产税
房地产开发企业自用、出租、出借本企业建造商品房	自房屋使用或交付之次月起计征房产税

注：纳税人因房产的实物或权利状态发生变化，而依法终止房产税纳税义务的，其应纳税款的计算应截止到房产的实物或权利状态发生变化的当月末。

（2）纳税地点

房产税在房产所在地缴纳。对房产不在同一地方的纳税人，应按房产的坐落地点分别向房产所在地的税务机关缴纳。

（3）纳税期限

房产税实行按年计算、分期缴纳的征收方法，具体纳税期限由省、自治区、直辖市人民政府确定。

房产税
税收优惠

房产税
自测题

三、城镇土地使用税办税业务

1. 纳税人、征税范围与适用税额

城镇土地使用税是以开征范围（城市、县城、建制镇和工矿区）内的土地为征税对象，以实际占用的土地面积为计税依据，按规定税额对拥有土地使用权的单位和个人征收的一种税。城镇土地使用税具有以下特点：①对占用土地的行为征税；②征税对象是土地；③征税范围有所限定（城市、县城、建制镇和工矿区，征税范围不包括农村）；④实行差别幅度税额（调节土地的级差收入）。

城镇土地使用税采用定额税率，按大、中、小城市和县城、建制镇、工矿区分别规定每平方米城镇土地使用税年应纳税额。

2. 计税依据与应纳税额计算

城镇土地使用税以纳税人实际占用的土地面积（平方米）为计税依据。应纳税额计算公式如下：

年应纳税额 = 计税土地面积（平方米）× 适用税额

【学中做 · 单选题】甲商贸公司位于市区，实际占用面积为 5000 平方米，其中办公区占地 4000 平方米，生活区占地 1000 平方米，甲商贸公司还有一个位于农村的仓库，租给公安局使用，实际占用面积为 15000 平方米，已知城镇土地使用税适用税率每平方米税额为 5 元，计算甲商贸公司全年应缴纳城镇土地使用税税额的下列算式中，正确的是（　　）。

A. 5000 × 5 = 25000（元）　　B.（5000+15000）× 5 = 100000（元）

C.（4000+15000）× 5 = 95000（元）　　D. 4000 × 5 = 20000（元）

【正确答案】A**【答案解析】**城镇土地使用税的征税范围包括在城市、县城、建制镇、工矿区范围内的土地，农村的土地不属于城镇土地使用税的征税范围。

3. 征收管理

（1）纳税义务发生时间

① 购置新建商品房，自房屋交付使用之次月起计征城镇土地使用税。

② 购置存量房，自办理房屋权属转移、变更登记手续，房地产权属登记机关签发房屋权属证书之次月起计征城镇土地使用税。

③ 以出让或转让方式有偿取得土地使用权的，应由受让方从合同约定交付土地使用时间的次月起缴纳城镇土地使用税；合同未约定交付土地时间的，由受让方从合同签订的次月起缴纳城镇土地使用税。

④ 纳税人新征用的耕地，自批准征用之日起满 1 年时开始缴纳城镇土地使用税。

⑤ 纳税人新征用的非耕地，自批准征用次月起缴纳城镇土地使用税。

【学中做 · 单选题】某公司 2021 年 5 月 15 日，签订新建商品房销售合同，房产交付使用时间是 2022 年 5 月 31 日。2022 年 7 月 15 日，该公司办理房屋权属证书，该商品房城镇土地使用税的纳税义务发生时间为（　　）。

A.2022 年 7 月　　B.2021 年 6 月　　C.2022 年 8 月　　D.2022 年 6 月

【正确答案】D**【答案解析】**购置新建商品房，自房屋交付使用之次月起计征城镇土地使用税。

（2）纳税申报

城镇土地使用税按年计算、分期缴纳。缴纳期限由省、自治区、直辖市人民政府确定。纳税人新征用的土地，必须于批准新征用之日起 30 日内申报登记。

（3）纳税地点

城镇土地使用税在土地所在地缴纳。纳税人使用的土地不属于同一省管辖范围内的，由纳税人分别向土地所在地的税务机关申报缴纳。在同一省管辖范围内，纳税人跨地区使用的土地，由各省、自治区、直辖市税务局确定纳税地点。

四、契税办税业务

1. 纳税人、征税范围与税率

契税是以所有权发生转移的不动产为征税对象，向产权承受人征收的一种财产税。契税的具有以下特点：①契税属于财产转移税（土地、房屋产权需发生转移）；②契税由财产承受人缴纳，即买方纳税。

转移土地、房屋权属，是指下列行为：①土地使用权出让；②土地使用权转让，包括出售、赠与、互换；③房屋买卖、赠与、互换。土地使用权转让，不包括土地承包经营权和土地经营权的转移。以作价投资（入股）、偿还债务、划转、奖励等方式转移土地、房屋权属的，应当依照规定征收契税。

契税实行幅度比例税率，税率幅度为3% ～ 5%。契税的具体适用税率，由省、自治区、直辖市人民政府在规定的税率幅度内提出，报同级人民代表大会常务委员会决定，并报全国人民代表大会常务委员会和国务院备案。省、自治区、直辖市可以依照上述规定的程序对不同主体、不同地区、不同类型的住房的权属转移确定差别税率。

2. 计税依据与应纳税额

（1）计税依据

① 土地使用权出让、出售，房屋买卖，为土地、房屋权属转移合同确定的成交价格，包括应交付的货币以及实物、其他经济利益对应的价款。

② 土地使用权互换、房屋互换，为所互换的土地使用权、房屋价格的差额。

③ 土地使用权赠与、房屋赠与以及其他没有价格的转移土地、房屋权属行为，为税务机关参照土地使用权出售、房屋买卖的市场价格依法核定的价格。

纳税人申报的成交价格、互换价格差额明显偏低且无正当理由的，由税务机关依照《中华人民共和国税收征收管理法》的规定核定。

（2）应纳税额

应纳税额的计算公式为：应纳税额 = 计税依据 × 税率。

【学中做 · 单选题】王某2023年7月购入一套办公用房，取得增值税普通发票注明金额400万元，税额36万元。同时将自有的一套住宅与李某互换，另外支付李某50万元，已知当地确定的契税税率为4%，王某当月应缴纳契税（　　）万元。

A.17.44　　B.18　　C.16　　D.19.44

【正确答案】B**【答案解析】**王某当月应缴纳契税 =400×4%+50×4%=18（万元）。

3. 征收管理

（1）纳税义务发生时间

契税的纳税义务发生时间，为纳税人签订土地、房屋权属转移合同的当日，或者纳税人取得其他具有土地、房屋权属转移合同性质凭证的当日。

（2）纳税期限

纳税人应当在依法办理土地、房屋权属登记手续前申报缴纳契税。发生以下情形，按规定不再需要办理土地、房屋权属登记的，纳税人应自纳税义务发生之日起90日内申报缴纳契税。

① 因人民法院、仲裁委员会的生效法律文书或者监察机关出具的监察文书等发生土地、房屋权属转移的，纳税义务发生时间为法律文书等生效当日。

② 因改变土地、房屋用途等情形应当缴纳已经减征、免征契税的，纳税义务发生时间为改变有关土地、房屋用途等情形的当日。

③ 因改变土地性质、容积率等土地使用条件需补缴土地出让价款，应当缴纳契税的，纳税义务发生时间为改变土地使用条件当日。

（3）纳税地点

契税在土地、房屋所在地的征收机关缴纳。

契税
税收优惠

契税
自测题

五、耕地占用税办税业务

1. 纳税人、征税范围与适用税额

耕地占用税是为了合理利用土地资源，加强土地管理，保护耕地，对占用耕地建设或者从事非农业建设的单位和个人征收的一种税。耕地占用税在占用耕地环节一次性课征。

（1）纳税人

在中华人民共和国境内占用耕地建设建筑物、构筑物或者从事非农业建设的单位和个人，为耕地占用税的纳税人，应当依照规定缴纳耕地占用税。

（2）征税范围

① 耕地，是指用于种植农作物的土地。占用园地、林地、草地、农田水利用地、养殖水面、渔业水域滩涂以及其他农用地建设建筑物、构筑物或者从事非农业建设的，按规定缴纳耕地占用税。园地，包括果园、茶园、橡胶园、其他园地。其中其他园地包括种植桑树、可可、咖啡、油棕、胡椒、药材等其他多年生作物的园地。

② 林地，包括乔木林地、竹林地、红树林地、森林沼泽、灌木林地、灌丛沼泽、

其他林地，不包括城镇村庄范围内的绿化林木用地，铁路、公路征地范围内的林木用地，以及河流、沟渠的护堤林用地。其他林地包括疏林地、未成林地、迹地、苗圃等林地。

③ 占用园地、林地、草地、农田水利用地、养殖水面、渔业水域滩涂以及其他农用地建设直接为农业生产服务的生产设施的，不缴纳耕地占用税。

（3）适用税额

① 耕地占用税实行定额税率。各地区耕地占用税的适用税额，由省、自治区、直辖市人民政府根据人均耕地面积和经济发展等情况，在前款规定的税额幅度内提出，报同级人民代表大会常务委员会决定，并报全国人民代表大会常务委员会和国务院备案。各省、自治区、直辖市耕地占用税适用税额的平均水平，不得低于《各省、自治区、直辖市耕地占用税平均税额表》规定的平均税额。

② 在人均耕地低于 0.5 亩的地区，省、自治区、直辖市可以根据当地经济发展情况，适当提高耕地占用税的适用税额，但提高的部分不得超过上述确定的适用税额的 50%。

③ 占用基本农田的，应当按照确定的当地适用税额，加按 150% 征收。

④ 占用园地、林地、草地、农田水利用地、养殖水面、渔业水域滩涂以及其他农用地建设建筑物、构筑物或者从事非农业建设的，适用税额可以适当低于本地区确定的适用税额，但降低的部分不得超过 50%。具体适用税额由省、自治区、直辖市人民政府提出，报同级人民代表大会常务委员会决定，并报全国人民代表大会常务委员会和国务院备案。

【学中做 · 单选题】某企业占用基本农田 15000 平方米修建别墅，当地规定的耕地占用税适用税额为 15 元，该企业应该缴纳耕地占用税（　　）元。

A.225000　　B.270000　　C.337500　　D.450000

【正确答案】C【答案解释】占用基本农田的，应按适用税额加按 150% 征收。应纳税额 =15000×15×150%=337500（元）。

2. 计税依据与应纳税额计算

（1）计税依据

耕地占用税以纳税人实际占用的耕地面积为计税依据，按照规定的适用税额一次性征收。

（2）应纳税额计算

应纳税额为纳税人实际占用的耕地面积（平方米）乘以适用税额。计算公式为：

应纳税额 = 实际占用耕地面积（平方米）× 适用税额

【学中做 · 单选题】2023 年 7 月甲公司开发住宅社区经批准共占用耕地 150000 平方米，其中 800 平方米兴建幼儿园，5000 平方米修建学校，已知耕地占用税适用税率为 30 元 / 米 ^{2}，甲公司应缴纳耕地占用税税额的下列算式中，正确的是（　　）。

A.150000 × 30 = 4500000（元）

B.（150000−800−5000）× 30 = 4326000（元）

C.（150000−5000）×30 = 4350000（元）

D.（150000−800）×30 = 4476000（元）

【正确答案】B**【答案解析】**学校、幼儿园占用耕地，免征耕地占用税；甲公司应缴纳耕地占用税 =（150000−800−5000）×30 = 4326000（元）。

3. 征收管理

（1）纳税义务发生时间

① 纳税义务发生时间为纳税人收到自然资源主管部门办理占用耕地手续的书面通知的当日。纳税人应当自纳税义务发生之日起 30 日内申报缴纳耕地占用税。

② 未经批准占用耕地的，耕地占用税纳税义务发生时间为自然资源主管部门认定的纳税人实际占用耕地的当日。

③ 因挖损、采矿塌陷、压占、污染等损毁耕地的纳税义务发生时间为自然资源、农业农村等相关部门认定损毁耕地的当日。

（2）纳税地点

纳税人占用耕地或其他农用地，应当在耕地或其他农用地所在地税务机关申报纳税。

耕地占用税
税收优惠

耕地占用税
自测题

六、车船税办税业务

1. 纳税人、征税范围与适用税额

车船税是对在中华人民共和国境内属于车船税法所列《车船税税目税额表》规定的车辆、船舶（以下简称车船）的所有人或者管理人征收的一种税。

（1）纳税人

在中华人民共和国境内属于车船税法所附《车船税税目税额表》规定的车辆、船舶（以下简称车船）的所有人或者管理人，为车船税的纳税人，应当依照规定缴纳车船税。管理人是指对车船具有管理权或者使用权，不具有所有权的单位和个人。

（2）征税范围

车船税的征税范围是指在中华人民共和国境内属于车船税法所规定的车辆、船舶。车辆、船舶，是指：①依法应当在车船管理部门登记的机动车辆和船舶；②依法不需要在车船管理部门登记、在单位内部场所行驶或者作业的机动车辆和船舶。

【学中做 · 判断题】甲钢铁厂拥有的依法不需要在车船登记部门登记的在单位内部场所行驶的机动车辆，属于车船税的征税范围。（　　）

【正确答案】√。

（3）适用税额

① 车船的适用税额依照车船税法所附《车船税税目税额表》执行。车辆的具体适用税额由省、自治区、直辖市人民政府依照车船税法所附《车船税税目税额表》规定的税额幅度和国务院的规定确定。

② 船舶的具体适用税额由国务院在车船税法所附《车船税税目税额表》规定的税额幅度内确定。

车船税采用有幅度的定额税率，车船税法所附《车船税税目税额表》如表7-5所示。

表7-5 车船税税目税额表

<table>
<tr><th colspan="2">税目</th><th>计税单位</th><th>年基准税额</th><th>备注</th></tr>
<tr><td rowspan="7">乘用车［按发动机气缸容量（排气量）分档］</td><td>1.0升（含）以下的</td><td rowspan="7">每辆</td><td>60元至360元</td><td rowspan="7">核定载客人数9人（含）以下</td></tr>
<tr><td>1.0升以上至1.6升(含)的</td><td>300元至540元</td></tr>
<tr><td>1.6升以上至2.0升(含)的</td><td>360元至660元</td></tr>
<tr><td>2.0升以上至2.5升(含)的</td><td>660元至1200元</td></tr>
<tr><td>2.5升以上至3.0升(含)的</td><td>1200元至2400元</td></tr>
<tr><td>3.0升以上至4.0升(含)的</td><td>2400元至3600元</td></tr>
<tr><td>4.0升以上的</td><td>3600元至5400元</td></tr>
<tr><td rowspan="2">商用车</td><td>客车</td><td>每辆</td><td>480元至1440元</td><td>核定载客人数9人以上，包括电车</td></tr>
<tr><td>货车</td><td>整备质量每吨</td><td>16元至120元</td><td>包括半挂牵引车、三轮汽车和低速载货汽车等</td></tr>
<tr><td>挂车</td><td></td><td>整备质量每吨</td><td>按照货车税额的50%计算</td><td></td></tr>
<tr><td rowspan="2">其他车辆</td><td>专用作业车</td><td rowspan="2">整备质量每吨</td><td>16元至120元</td><td rowspan="2">不包括拖拉机</td></tr>
<tr><td>轮式专用机械车</td><td>16元至120元</td></tr>
<tr><td>摩托车</td><td></td><td>每辆</td><td>36元至180元</td><td></td></tr>
<tr><td rowspan="2">船舶</td><td>机动船舶</td><td>净吨位每吨</td><td>3元至6元</td><td>拖船、非机动驳船分别按照机动船舶税额的50%计算</td></tr>
<tr><td>游艇</td><td>艇身长度每米</td><td>600元至2000元</td><td></td></tr>
</table>

2. 计税依据与应纳税额计算

（1）计税依据

车船税以车船的计税单位数量为计税依据，具体如表7-6所示。

表7-6 车船税计税依据

情形	计税依据	适用税目
1	辆数	乘用车、商用客车和摩托车
2	整备质量吨位数	商用货车、挂车、专用作业车和轮式专用机械车

续表

情形	计税依据	适用税目
3	净吨位数	机动船舶
4	艇身长度	游艇

【学中做·单选题】根据车船税法律制度的规定，非机动驳船的计税依据是（　　）。

A. 净吨位数　　B. 艇身长度　　C. 辆数　　D. 整备质量吨位数

【正确答案】A**【答案解析】**机动船舶、非机动驳船、拖船，以净吨位数为计税依据。游艇以艇身长度为计税依据。

（2）应纳税额计算

① 车船税各税目应纳税额的计算公式如表 7-7 所示。

表 7-7　车船税各税目应纳税额的计算公式

情形	税目	应纳税额计算公式
1	乘用车、客车和摩托车	辆数×适用年基准税额
2	货车、挂车、专用作业车和轮式专用机械车	整备质量吨位数×适用年基准税额
3	机动船舶	净吨位数×适用年基准税额
4	拖船和非机动驳船	净吨位数×适用年基准税额×50%
5	游艇	艇身长度×适用年基准税额

② 购置的新车船，购置当年的应纳税额自纳税义务发生的当月起按月计算。计算公式为：

应纳税额 = 适用年基准税额 ÷12× 应纳税月份数

【学中做·计算题】张某 2023 年 4 月 12 日购买 1 辆发动机气缸容量为 1.6 升的乘用车，已知适用年基准税额 480 元。

要求：计算张某 2023 年应缴纳车船税税额。

【正确答案】购置当年的应纳税额自纳税义务发生的当月（4 月）起按月计算，4 月至 12 月，一共 9 个月。张某 2023 年应缴纳车船税税额 = 480×9÷12 = 360（元）。

3. 征收管理

（1）纳税期限

车船税纳税义务发生时间为取得车船所有权或者管理权的当月。购买车船的发票或者其他证明文件所载日期的当月。

【学中做·判断题】购置的新车船，购置当年车船税的应纳税额自纳税义务发生的次月起按月计算。（　　）

【正确答案】×。**【答案解析】**购置的新车船，购置当年的应纳税额自纳税义务发生的当月起按月计算。

（2）纳税地点

① 车船税的纳税地点为车船的登记地或者车船税扣缴义务人所在地。依法不需要办理登记的车船，车船税的纳税地点为车船的所有人或者管理人所在地。

② 扣缴义务人代收代缴车船税的，纳税地点为扣缴义务人所在地。纳税人自行申报缴纳车船税的，纳税地点为车船登记地的主管税务机关所在地。从事机动车第三者责任强制保险业务的保险机构为机动车车船税的扣缴义务人，应当在收取保险费时依法代收车船税，并出具代收税款凭证。

（3）纳税申报

① 车船税按年申报，分月计算，一次性缴纳。具体纳税申报期限由省、自治区、直辖市人民政府规定。纳税年度为公历 1 月 1 日至 12 月 31 日。

② 扣缴义务人，应当在收取保险费时依法代收车船税，并出具代收税款凭证。

③ 扣缴义务人已代收代缴车船税的，纳税人不再向车辆登记地的主管税务机关申报缴纳车船税。

④ 没有扣缴义务人的，纳税人应当向主管税务机关自行申报缴纳车船税。

⑤ 已缴纳车船税的车船在同一纳税年度内办理转让过户的，不另纳税，也不退税。

（4）其他管理规定

① 在一个纳税年度内，已完税的车船被盗抢、报废、灭失的，纳税人可以凭有关管理机关出具的证明和完税证明，向纳税所在地的主管税务机关申请退还自被盗抢、报废、灭失月份起至该纳税年度终了期间的税款。

② 已办理退税的被盗抢车船，失而复得的，纳税人应当从公安机关出具相关证明的当月起计算缴纳车船税。

【学中做 · 单选题】某企业 2023 年年初拥有小轿车 2 辆；当年 4 月，1 辆小轿车被盗，已按照规定办理退税。通过公安机关的侦查，9 月份被盗车辆失而复得，并取得公安机关的相关证明。已知当地小轿车车船税年纳税额为 500 元 / 辆，该企业 2023 年实际应缴纳的车船税下列计算中，正确的是（　　）。

A.500 × 1 = 500（元）`　　B.500+500 × 3 ÷ 12 = 625（元）

C.500+500 × 7 ÷ 12 = 792（元）　　D.500 × 2 = 1 000（元）

【正确答案】C**【答案解析】**该企业两辆车中一辆丢失，则未丢失车辆正常缴纳车船税，丢失车辆自丢失月份起可凭证明申报退还已纳车船税，其后又失而复得的，自公安机关出具相关证明的当月起计算缴纳车船税。该企业 4 月丢失车辆 9 月找回，可申报退还 4 月至 8 月共计 5 个月的税款。

车船税
税收优惠

车船税
自测题

七、资源税办税业务

（一）纳税人、征税范围与税目税率表

1. 纳税人

（1）在中华人民共和国领域和中华人民共和国管辖的其他海域开发应税资源的单位和个人，为资源税的纳税人，应当依照规定缴纳资源税。应税资源在境内开发，进口应税资源不征收资源税，对出口应税资源也不免征或者退还已纳的资源税。资源税在销售或自用单一环节缴纳，资源税属于价内税。

（2）收购未税矿产品的单位为资源税的扣缴义务人，包括独立矿山、联合企业和其他单位，其他单位包括收购未税矿产品的个体工商户。独立矿山、联合企业收购未税矿产品，按照本单位应税产品税额、税率标准，依据收购数量代扣代缴资源税。其他收购单位收购未税矿产品，按税务机关核定的应税产品税额、税率标准，依据收购数量代扣代缴资源税。

（3）中外合作开采陆上、海上石油资源的企业依法缴纳资源税。2011 年 11 月 1 日前已依法订立中外合作开采陆上、海上石油资源合同的，在该合同有效期内，继续依照国家有关规定缴纳矿区使用费，不缴纳资源税；合同期满后，依法缴纳资源税。

2. 征税范围

应税资源的具体范围，由《中华人民共和国资源税法》（以下简称《资源税法》）所附《资源税税目税率表》（以下称《税目税率表》）确定。

（1）能源矿产：①原油；②天然气、页岩气、天然气水合物；③煤；④煤成（层）气；⑤铀、钍；⑥油页岩、油砂、天然沥青、石煤；⑦地热。

（2）金属矿产：①黑色金属（铁、锰、铬、钒、钛）；②有色金属（钨、钼等）。

（3）非金属矿产：①矿物类；②岩石类；③宝玉石类。

（4）水气矿产：①二氧化碳气、硫化氢气、氦气、氡气；②矿泉水。

（5）盐：①钠盐、钾盐、镁盐、锂盐；②天然卤水；③海盐。

需要说明的是，①原油是指开采的天然原油，人造石油不征税；②天然气是指专门开采或与原油同时开采的天然气；③煤包括原煤和以未税原煤加工的洗选煤。

国务院根据国民经济和社会发展需要，依照《资源税法》的原则，对取用地表水或者地下水的单位和个人试点征收水资源税。征收水资源税的，停止征收水资源费。水资源税试点实施办法由国务院规定，报全国人民代表大会常务委员会备案。自 2016 年 7 月 1 日起在河北省率先实施水资源税改革试点，由水资源费改征水资源税。自 2017 年 12 月 1 日起，将在河北省开展的水资源税改革试点，扩大至北京、天津、山西、内蒙古、河南、山东、四川、陕西、宁夏 9 个省（自治区、直辖市）。

3. 税目税率表

（1）资源税的税目、税率，依照《税目税率表》执行。

（2）《税目税率表》中规定实行幅度税率的，其具体适用税率由省、自治区、直辖市人民政府统筹考虑该应税资源的品位、开采条件以及对生态环境的影响等情况，在《税目税率表》规定的税率幅度内提出，报同级人民代表大会常务委员会决定，并

报全国人民代表大会常务委员会和国务院备案。《税目税率表》中规定征税对象为原矿或者选矿的，应当分别确定具体适用税率。

（3）纳税人开采或者生产不同税目应税产品的，应当分别核算不同税目应税产品的销售额或者销售数量；未分别核算或者不能准确提供不同税目应税产品的销售额或者销售数量的，从高适用税率。

（二）计税依据与应纳税额计算

1. 计税依据

（1）资源税按照《税目税率表》实行从价计征或者从量计征。

（2）《税目税率表》中规定可以选择实行从价计征或者从量计征的，具体计征方式由省、自治区、直辖市人民政府提出，报同级人民代表大会常务委员会决定，并报全国人民代表大会常务委员会和国务院备案。

（3）实行从价计征的，应纳税额按照应税资源产品（以下称应税产品）的销售额乘以具体适用税率计算。实行从量计征的，应纳税额按照应税产品的实际销售数量乘以具体适用税率计算。应税产品为矿产品的，包括原矿和选矿产品。销售额是指纳税人销售应税产品向购买方收取的全部价款和价外费用，不包括增值税销项税额和相关运杂费用。计入销售额中的相关运杂费用，凡取得增值税发票或者其他合法有效凭据，与销售额分别核算的，准予从销售额中扣除；凡未取得相应凭据或不能与销售额分别核算的，应当一并计征资源税。相关运杂费用是指应税产品从坑口或者洗选（加工）地到车站、码头或者购买方指定地点的运输费用、建设基金以及随运销产生的装卸、仓储、港杂费用。

【学中做·多选题】计入销售额的相关运杂费用，在计算应纳资源税时准予扣除的有（　　）。

A. 应税产品从坑口到码头的港杂费用

B. 应税产品从批发地到车站的装卸费用

C. 应税产品从洗选地到码头发生的运费

D. 应税产品从坑口到销售地的运费

E. 应税产品从坑口到购买方指运地产生的仓储费用

【正确答案】ACE**【答案解析】**计入销售额中的相关运杂费用，凡取得增值税发票或者其他合法有效凭据的，准予从销售额中扣除。相关运杂费用，是指应税产品从坑口或者洗选（加工）地到车站、码头或者购买方指定地点的运输费用、建设基金以及随运销产生的装卸、仓储、港杂费用。

（4）纳税人开采或者生产应税产品自用的，应当依照《资源税法》规定缴纳资源税；但是，用于连续生产应税产品的，移送使用环节不缴纳资源税，最终产品出售时应当缴纳资源税（同消费税规定）。纳税人自用应税产品应当缴纳资源税的情形，包括纳税人以应税产品用于非货币性资产交换、捐赠、偿债、赞助、集资、投资、广告、样品、职工福利、利润分配或者连续生产非应税产品等。

（5）以应税产品投资、分配、抵债、赠与、以物易物等，视同应税产品销售，应当缴纳资源税。

（6）已税产品的税务处理（一次课征制，类似消费税的处理）。

① 纳税人用已纳资源税的应税产品进一步加工应税产品销售的，不再缴纳资源税；

② 纳税人以外购原矿与自采原矿混合为原矿销售，或者以外购选矿产品与自产选矿产品混合为选矿产品销售的，则在计算应税产品销售额或者销售数量时，直接扣减外购原矿或者外购选矿产品的购进金额或者购进数量，当期不足扣减的，结转下期，同时应取得合法有效凭证；

③ 纳税人以外购原矿与自采原矿混合洗选加工为选矿产品销售的，准予扣减的外购应税产品购进金额（数量）= 外购原矿购进金额（数量）×（本地区原矿适用税率 ÷ 本地区选矿产品适用税率）。

【学中做 · 单选题】A 省甲煤矿企业（非小型微利企业）为增值税一般纳税人，2023 年 1 月销售原煤取得不含增值税收入 650 万元，从 B 省乙煤矿收购洗选煤取得增值税专用发票注明金额 150 万元，将其与自采的洗选煤混合并全部对外销售，取得不含税销售额 480 万元，已知原煤资源税税率为 6%，洗选煤资源税税率 A 省和 B 省均为 5%。甲煤矿本月应缴纳资源税是（　　）万元。

A.49　　B.54　　C.55.5　　D.63

【正确答案】C**【答案解析】**纳税人以外购选矿产品与自产选矿产品混合为选矿产品销售的，则在计算应税产品销售额时，直接扣减外购选矿产品的购进金额，因此，应缴纳的资源税 =650×6%+（480−150）×5%=55.5（万元）。

（7）纳税人有视同销售应税产品行为而无销售价格的，或申报的应税产品销售额明显偏低且无正当理由的，除另有规定外，按下列顺序确定销售额：

① 按纳税人最近时期同类产品的平均销售价格确定。

② 按其他纳税人最近时期同类产品的平均销售价格确定。

③ 按后续加工非应税产品销售价格，减去后续加工环节的成本利润后确定。

④ 按应税产品组成计税价格确定。组成计税价格 = 成本 ×（1+ 成本利润率）÷（1− 资源税税率），上述公式中的成本利润率由省、自治区、直辖市税务机关确定。

⑤ 按其他合理的方法确定。

2. 应纳税额计算

（1）从价计征

实行从价计征办法的应税产品，资源税应纳税额按销售额乘以比例税率计算，计算公式为：

应纳税额 = 应税产品的销售额 × 适用的比例税率

（2）从量计征

实行从量计征办法的应税产品，资源税应纳税额按销售数量乘以定额税率计算，计算公式为：

应纳税额 = 应税产品的销售数量 × 适用的定额税率

（3）代扣代缴

扣缴义务人代扣代缴资源税应纳税额的计算公式为：

代扣代缴应纳税额 = 收购未税矿产品的数量 × 适用的定额税率

（三）征收管理

1. 纳税义务发生时间

（1）纳税人销售应税产品，纳税义务发生时间为收讫销售款或者取得索取销售款凭据的当日；

（2）自用应税产品的，纳税义务发生时间为移送应税产品的当日；

（3）纳税人采用分期收款结算方式的，为销售合同规定的收款日期的当天；

（4）纳税人采取预收货款结算方式的，为发出应税产品的当天。

（5）扣缴义务人代扣代缴税款的，为支付首笔货款或首次开具支付货款凭据的当天。

2. 纳税地点

纳税人应当向应税产品开采地或者生产地的税务机关申报缴纳资源税。扣缴义务人代扣代缴的资源税，应向收购地主管税务机关缴纳。

3. 纳税期限

资源税按月或者按季申报缴纳；不能按固定期限计算缴纳的，可以按次申报缴纳。纳税人按月或者按季申报缴纳的，应当自月度或者季度终了之日起 15 日内，向税务机关办理纳税申报并缴纳税款；按次申报缴纳的，应当自纳税义务发生之日起 15 日内，向税务机关办理纳税申报并缴纳税款。

资源税
税收优惠

资源税
自测题

八、环境保护税办税业务

（一）纳税人、征税对象与税目税额表

环境保护税是为了保护和改善环境，减少污染物排放，推进生态文明建设而征收的一种税。环境保护税具有以下特点：①征税项目为四种重点污染源（大气污染物、水污染物、固体废物、噪声）；②纳税人主要是企事业单位和其他经营者（不包括家庭和个人）；③直接排放应税污染物是必要条件；④税额为统一定额税（固体废物、噪声）和浮动定额税结合（大气污染物、水污染物）；⑤税收收入全部归地方。

1. 纳税人

在中华人民共和国领域和中华人民共和国管辖的其他海域，直接向环境排放应税污染物的企业事业单位和其他生产经营者为环境保护税的纳税人，应当依照规定缴纳环境保护税。家庭和个人排放污染物的行为，不属于环境保护税的纳税人。

【学中做·多选题】下列直接向环境排放污染物的主体中，属于环境保护税纳税人的有（　　）。

A. 事业单位　　B. 个人

C. 家庭　　D. 私营企业

E. 国有企业

【正确答案】ADE**【答案解析】**环境保护税的纳税人是指在中华人民共和国领域和中华人民共和国管辖的其他海域，直接向环境排放应税污染物的企业事业单位和其他生产经营者，不包含个人和家庭。

2. 征税对象

（1）环境保护税征税对象包括：大气污染物、水污染物、固体废物、噪声（工业）。

（2）有下列情形之一的，不属于直接向环境排放污染物，不缴纳相应污染物的环境保护税：

① 企业事业单位和其他生产经营者向依法设立的污水集中处理、生活垃圾集中处理场所排放应税污染物的；

② 企业事业单位和其他生产经营者在符合国家和地方环境保护标准的设施、场所贮存或者处置固体废物的。

（3）依法设立的城乡污水集中处理、生活垃圾集中处理场所超过国家和地方规定的排放标准向环境排放应税污染物的，应当缴纳环境保护税。城乡污水集中处理场所，是指为社会公众提供生活污水处理服务的场所，不包括为工业园区、开发区等工业聚集区域内的企业事业单位和其他生产经营者提供污水处理服务的场所，以及企业事业单位和其他生产经营者自建自用的污水处理场所。

（4）企业事业单位和其他生产经营者贮存或者处置固体废物不符合国家和地方环境保护标准的，应当缴纳环境保护税。

（5）达到省级人民政府确定的规模标准并且有污染物排放口的畜禽养殖场，应当依法缴纳环境保护税；但依法对畜禽养殖废弃物进行综合利用和无害化处理的，不属于直接向环境排放污染物，不缴纳环境保护税。

【学中做·单选题】下列各项中，不属于环境保护税征税范围的是（　　）。

A. 大气污染物　　B. 建筑施工噪声

C. 尾矿　　D. 养鸡场未经处理直接排放的污水

【正确答案】B**【答案解析】**工业噪声才属于环境保护税征税范围。

3. 税目税额表

环境保护税实行定额税率。环境保护税税目税额表如表7-8所示。

表7-8　环境保护税税目税额表

税目	计税单位	税额
大气污染物	每污染当量	1.2元至12元
水污染物	每污染当量	1.4元至14元

续表

税目		计税单位	税额
固体废物	煤矸石	每吨	5元
	尾矿	每吨	15元
	危险废物	每吨	1000元
	冶炼渣、粉煤灰、炉渣、其他固体废物（含半固态、液态废物）	每吨	25元
噪声	工业噪声	超标1～3分贝	每月350元
		超标4～6分贝	每月700元
		超标7～9分贝	每月1400元
		超标10～12分贝	每月2800元
		超标13～15分贝	每月5600元
		超标16分贝以上	每月11200元

（二）计税依据与应纳税额计算

1. 计税依据

（1）应税污染物的计税依据，按照下列方法确定：

① 应税大气污染物按照污染物排放量折合的污染当量数确定；

② 应税水污染物按照污染物排放量折合的污染当量数确定；

纳税人有下列情形之一的，以其当期应税大气污染物、水污染物的产生量作为污染物的排放量：未依法安装使用污染物自动监测设备或者未将污染物自动监测设备与生态环境主管部门的监控设备联网；损毁或者擅自移动、改变污染物自动监测设备；篡改、伪造污染物监测数据；通过暗管、渗井、渗坑、灌注或者稀释排放以及不正常运行防治污染设施等方式违法排放应税污染物；进行虚假纳税申报。

③ 应税固体废物按照固体废物的排放量确定。固体废物的排放量为当期应税固体废物的产生量减去当期应税固体废物的贮存量、处置量、综合利用量的余额。纳税人有下列情形之一的，以其当期应税固体废物的产生量作为固体废物的排放量：非法倾倒应税固体废物；进行虚假纳税申报。

④ 应税噪声按照超过国家规定标准的分贝数确定。

【学中做 · 多选题】下列选项，属于环境保护税计税依据的有（　　）。

A. 大气污染物的污染当量数　　B. 水污染物的产生量

C. 固体废物的排放量　　D. 噪声分贝数

【正确答案】AC**【答案解析】**选项B，水污染物的环境保护税计税依据为污染当量数；选项D，噪声按照超过国家规定标准的分贝数确定环境保护税的计税依据。

（2）应税大气污染物、水污染物的污染当量数，以该污染物的排放量除以该污染物的污染当量值计算。每种应税大气污染物、水污染物的具体污染当量值，依照《环境保护税法》所附《应税污染物和当量值表》执行。

（3）每一排放口或者没有排放口的应税大气污染物，按照污染当量数从大到小排序，对前 3 项污染物征收环境保护税。

（4）每一排放口的应税水污染物，按照《中华人民共和国环境保护税法》所附《应税污染物和当量值表》，区分第一类水污染物和其他类水污染物，按照污染当量数从大到小排序，对第一类水污染物按照前 5 项征收环境保护税，对其他类水污染物按照前 3 项征收环境保护税。

（5）省、自治区、直辖市人民政府根据本地区污染物减排的特殊需要，可以增加同一排放口征收环境保护税的应税污染物项目数，报同级人民代表大会常务委员会决定，并报全国人民代表大会常务委员会和国务院备案。

（6）应税大气污染物、水污染物、固体废物的排放量和噪声的分贝数，按照下列方法和顺序计算：

① 纳税人安装使用符合国家规定和监测规范的污染物自动监测设备的，按照污染物自动监测数据计算。

② 纳税人未安装使用污染物自动监测设备的，按照监测机构出具的符合国家有关规定和监测规范的监测数据计算。纳税人自行对污染物进行监测所获取的监测数据，符合国家有关规定和监测规范的，视同监测机构出具的监测数据。

③ 因排放污染物种类多等原因不具备监测条件的，按照国务院生态环境主管部门规定的排污系数、物料衡算方法计算。

④ 不能按照本条第一项至第三项规定的方法计算的，按照省、自治区、直辖市人民政府生态环境主管部门规定的抽样测算的方法核定计算。核定计算污染物排放量的，由税务机关会同生态环境主管部门核定污染物排放种类、数量和应纳税额。

【学中做 · 多选题】下列应税污染物中，按照污染物排放量折合的污染当量数作为环境保护税计税依据的有（　　）。

A. 噪声　　B. 大气污染物　　C. 固体废物　　D. 水污染物

【正确答案】BD。

2. 应纳税额计算

（1）环境保护税应纳税额计算方法

① 应税大气污染物的应纳税额为污染当量数乘以具体适用税额。

计算公式为：

应税大气污染物的应纳税额 = 污染当量数 × 适用税额

应税大气污染物的污染当量数 = 该污染物的排放量 ÷ 该污染物的污染当量值

应税大气污染物的每一排放口或者没有排放口，按照污染当量数从大到小排序，对前 3 项污染物征收环境保护税。

【学中做 · 计算题】某企业 2023 年 3 月向大气直接排放二氧化硫、氟化物各 100 千克，一氧化碳 200 千克、氯化氢 80 千克，假设当地大气污染物每污染当量税额 1.2 元，该企业只有一个排放口。已知水污染物污染当量值分别为二氧化硫 0.95、氟化物 0.87、一氧化碳 16.7、氯化氢 10.75。

要求：请计算该企业 6 月大气污染物应缴纳的环境保护税（结果保留两位小数）。

【正确答案】应纳税额计算过程如表 7-9 所示。

表7-9　大气污染物应纳税额计算过程

步骤	项目	计算
第一步	计算各污染物的污染当量数： 污染当量数=该污染物排放量÷该污染物污染当量值	（1）二氧化硫污染当量数=100÷0.95=105.26 （2）氟化物污染当量数=100÷0.87=114.94 （3）一氧化碳污染当量数=200÷16.7=11.98 （4）氯化氢污染当量数=80÷10.75=7.44
第二步	按污染当量数排序	氟化物污染当量数（114.94）＞二氧化硫污染当量数（105.26）＞一氧化碳污染当量数（11.98）＞氯化氢污染当量数（7.44），该企业只有一个排放口，排序选取计税前3项污染物为：氟化物、二氧化硫、一氧化碳
第三步	计算应纳税额	应纳税额=（114.94+105.26+11.98）×1.2 =278.62（元）

② 应税水污染物的应纳税额为污染当量数乘以具体适用税额。

计算公式为：

应纳税额 = 污染当量数 × 适用税额

应税水污染物的污染当量数 = 该污染物的排放量 ÷ 该污染物的污染当量值

应税水污染物按照污染当量数从大到小排序，第一类水污染物按前 5 项征收，其他类水污染物按前 3 项征收。

③ 应税固体废物的应纳税额为固体废物排放量乘以具体适用税额。

计算公式为：

应纳税额 = 固体废物排放量 × 适用税额

= （当期固体废物的产生量 − 当期固体废物的综合利用量 − 当期固体废物的贮存量 − 当期固体废物的处置量）× 适用税额

【学中做 · 单选题】某企业 2023 年 4 月产生尾矿 1500 吨，其中综合利用的尾矿 500 吨（符合国家和地方环境保护标准）、在符合国家和地方环境保护标准的设施贮存 300 吨，适用税额为 15 元 / 吨。甲企业 4 月尾矿应缴纳环境保护税（　　）元。

A.10500　　B.22500　　C.15000　　D.18000

【正确答案】A**【答案解析】**应税固体废物的计税依据按照固体废物的排放量确定。固体废物的排放量为当期应税固体废物的产生量减去当期应税固体废物的贮存量、处置量、综合利用量的余额。应税固体废物的应纳税额 = 固体废物排放量 × 适用税额 =（1500−500−300）×15 = 10500（元）。

④ 应税噪声的应纳税额为超过国家规定标准的分贝数对应的具体适用税额。

计算公式为：

应纳税额 = 超过国家规定标准的分贝数所对应的具体适用税额

【学中做 · 计算题】某工业企业只有一个生产场所，只在昼间生产，边界处声环境功能区类型为 1 类，生产时产生噪声为 70 分贝，《工业企业厂界环境噪声排放标准》规定 1 类功能区昼间的噪声排放限值为 55 分贝，当月超标天数为 12 天。

要求：计算该企业当月噪声污染应缴纳的环境保护税。

【**正确答案**】超标分贝数：70−55 = 15（分贝），对应的税额为每月 5600 元。声源一个月内累计昼间超标不足 15 昼或者累计夜间超标不足 15 夜的，分别减半计算应纳税额。该企业当月噪声污染应缴纳环境保护税 = 5600×50% = 2800（元）。

（2）其他情况

从两个以上排放口排放应税污染物的，对每一排放口排放的应税污染物分别计算征收环境保护税；纳税人持有排污许可证的，其污染物排放口按照排污许可证载明的污染物排放口确定。

（三）征收管理

（1）纳税义务发生时间为纳税人排放应税污染物的当日。

（2）纳税人应当向应税污染物排放地的税务机关申报缴纳环境保护税。

（3）环境保护税按月计算，按季申报缴纳。不能按固定期限计算缴纳的，可以按次申报缴纳。

（4）纳税人按季申报缴纳的，应当自季度终了之日起 15 日内，向税务机关办理纳税申报并缴纳税款。纳税人按次申报缴纳的，应当自纳税义务发生之日起 15 日内，向税务机关办理纳税申报并缴纳税款。

（5）纳税人从事海洋工程向中华人民共和国管辖海域排放应税大气污染物、水污染物或者固体废物，申报缴纳环境保护税的具体办法，由国务院税务主管部门会同国务院生态环境主管部门规定。

环境保护税
税收优惠

环境保护税
自测题

【任务实施】

1. 根据业务（1）计算诚信企业 2023 年 6 月应纳印花税税额。

解答：（1）企业订立产权转移书据应纳税额 = 800000×0.3‰ = 240（元）；

（2）企业订立购销合同应纳税额 = 1500000×0.3‰ = 450（元）；

（3）企业订立借款合同应纳税额 = 400000×0.05‰ = 20（元）；

（4）企业营业账簿中“实收资本”所载资金应纳税额 = 6000000×0.25‰ = 1500（元）；

（5）6 月企业应纳印花税税额 =240+450+20+1500=2210（元）。

2. 根据业务（2）计算诚信公司该房产 2023 年应缴纳房产税税额。

解答：（1）免租期 1—2 月诚信公司按从价计征方式计算房产税应纳税额 = 3000×（1−30%）×1.2%÷12×2−4.2（万元）；

（2）3—12 月按从租计征方式计算房产税应纳税额 =40×12%=4.8（万元）；

（3）2023年应缴纳房产税=4.2+4.8=9（万元）。

3. 根据业务（3）计算企业全年应缴纳城镇土地使用税税额。

解答：应缴纳城镇土地使用税税额=(20000−2000)×(1−70%)×4=21600(元)。

4. 根据业务（4）计算张某应缴纳契税税额。

解答：张某应缴纳契税税额=80×3%=2.4（万元）。

5. 根据业务（5）计算张某应缴纳耕地占用税税额。

解答：农村居民在规定用地标准以内占用耕地新建自用住宅，按照当地适用税额减半征收耕地占用税。占用2000平方米耕地种植中药材，不征收耕地占用税。张某新建住宅应缴纳的耕地占用税=500×30×50%=7500（元）。张某应缴纳耕地占用税7500元。

6. 根据业务（6）计算诚信公司当年应缴纳车船税税额。

解答：非机动驳船的车船税税额按照机动船舶税额的50%计算，因此，应缴纳车船税税额=10（机动船舶10艘）×150（每艘净吨位）×3（年基准税额）+5（非机动驳船）×80（每艘净吨位）×3（年基准税额）×50%（按照机动船舶税额的50%计算）=5100（元）。

7. 根据业务（7）计算“安全生产”煤矿本月应缴纳资源税税额。

解答：纳税人以外购原矿与自采原矿混合洗选加工为选矿产品销售的，准予扣减的外购应税产品购进金额（数量）=外购原矿购进金额（数量）×（本地区原矿适用税率÷本地区选矿产品适用税率），因此，“安全生产”煤矿本月应缴纳资源税=2400×7%+（1520−800×7%÷5%）×5%=188（万元）。

8. 根据业务（8）计算企业8月水污染物应缴纳的环境保护税（计算结果保留两位小数）。

解答：计算过程如表7-10所示。

表7-10 水污染物应缴纳的环境保护税计算过程

步骤	项目	计算
第一步	计算各污染物的污染当量数： 污染当量数=该污染物排放量÷该污染物污染当量值	1. 第一类水污染物的污染当量数： （1）总汞污染当量数=10千克÷0.0005千克=20000 （2）总镉污染当量数=10千克÷0.005千克=2000 （3）总铬污染当量数=10千克÷0.04千克=250 （4）总砷污染当量数=10千克÷0.02千克=500 （5）总铅污染当量数=10千克÷0.025千克=400 （6）总银污染当量数=10千克÷0.02千克=500 2. 第二类水污染物的污染当量数： （1）悬浮物（SS）污染当量数=10千克÷4千克=2.5 （2）总有机碳（TOC）污染当量数=10千克÷0.49千克=20.41 （3）挥发酚污染当量数=10千克÷0.08千克=125 （4）氨氮污染当量数=10千克÷0.8千克=12.5
第二步	按污染当量数排序	1. 第一类水污染物按当量数大小排序： 总汞20000＞总镉2000＞总砷和总银500＞总铅400＞总铬250，因此，选取前5项征收环保税，即总汞、总镉、总砷、总银、总铅需征收环保税

续表

步骤	项目	计算
第二步	按污染当量数排序	2. 第二类水污染物按当量数大小排序： 挥发酚125＞总有机碳（TOC）20.41＞氨氮12.5＞悬浮物（SS）2.5，因此，选取前3项征收环保税，即挥发酚、总有机碳（TOC）、氨氮需征收环保税
第三步	计算应纳税额	1. 第一类水污染物的应纳税额： （1）总汞应纳税额=20000×1.4=28000 （2）总镉应纳税额=2000×1.4=2800 （3）总砷应纳税额=500×1.4=700 （4）总银应纳税额=500×1.4=700 （5）总铅应纳税额=400×1.4=560 2. 第二类水污染物的应纳税额： （1）挥发酚应纳税额=125×1.4=175 （2）总有机碳（TOC）应纳税额=20.41×1.4=28.57 （3）氨氮应纳税额=12.5×1.4=17.5 3. 应纳税额： 该企业8月水污染物应缴纳的环境保护税为32981.07（28000+2800+700+700+560+175+28.57+17.5）元

【任务总结】

本任务主要学习了印花税、房产税、城镇土地使用税、契税、耕地占用税、车船税、资源税、环境保护税等8个税种的纳税人、征收范围、税率、税收优惠、计税依据、应纳税额计算、征收管理等内容，重点掌握每个税种的征收范围、计税依据、应纳税额计算和纳税申报。

【职业素养提升】

党的二十大报告指出，推动绿色发展，促进人与自然和谐共生。大自然是人类赖以生存发展的基本条件。尊重自然、顺应自然、保护自然，是全面建设社会主义现代化国家的内在要求。必须牢固树立和践行“绿水青山就是金山银山”的理念，站在人与自然和谐共生的高度谋划发展。

我们要推进美丽中国建设，坚持山水林田湖草沙一体化保护和系统治理，统筹产业结构调整、污染治理、生态保护、应对气候变化，协同推进降碳、减污、扩绿、增长，推进生态优先、节约集约、绿色低碳发展。

深入推进环境污染防治。坚持精准治污、科学治污、依法治污，持续深入打好蓝天、碧水、净土保卫战。加强污染物协同控制，基本消除重污染天气。统筹水资源、水环境、水生态治理，推动重要江河湖库生态保护治理，基本消除城市黑臭水体。加强土壤污染源头防控，开展新污染物治理。提升环境基础设施建设水平，推进城乡人居环境整治。全面实行排污许可制，健全现代环境治理体系。严密防控环境风险。深入推进中央生态环境保护督察。

党的二十大报告指出，促进世界和平与发展，推动构建人类命运共同体。坚持绿色低碳，推动建设一个清洁美丽的世界。

日本政府决定福岛核污染水于2023年8月24日开始排入海洋。这一排污进程将持续数十年。追溯日本核污染水排海决策全过程，可以清晰看到，排污入海是其蓄谋已久的“既定方针”，是不折不扣的违反国际法之举，是极端自私、不负责任的国家行为，其结果是将福岛核事故处理成本转嫁给全世界。

中国政府一贯坚持人民至上，将采取一切必要措施，维护食品安全和中国人民的身体健康。

谈谈环境保护税的征收对象，说说印象最深的环境污染事件，从环境保护角度谈谈如何构建“人类命运共同体”，领悟“绿水青山就是金山银山”。

【岗课赛证融通测评】

任务一岗课赛证融通测评

【知识技能评价】

知识技能评价

业务能力	评价内容	评价结果	改进措施
财产行为税办税业务	1.印花税 2.房产税 3.城镇土地使用税 4.契税 5.耕地占用税 6.车船税 7.资源税 8.环境保护税	□A □B □C □A □B □C □A □B □C □A □B □C □A □B □C □A □B □C □A □B □C □A □B □C	1. 2. 3.
说明：在□中打√，A掌握，B基本掌握，C未掌握			
任课教师评语：			
成绩：		任课教师签字：	

任务二　其他税费办税业务

【任务情景】

（1）“绿色出行”汽车制造企业为增值税一般纳税人，2023年4月发生以下业务：①将自产B型乘用车5辆留作企业管理部门自用。于当月办理完毕车辆登记手续。B型乘用车当期无同类产品市场对外售价，生产成本为8万元/辆。②进口两辆C型乘用车自用。关税完税价格合计150万元，关税税率10%，取得海关签发的增值税专用缴款书和消费税专用缴款书。已知B型乘用车消费税税率为9%、成本利润率为8%，C型乘用车消费税税率为40%。

（2）2023 年 9 月甲公司进口生产设备一台，海关审定的货价 45 万元，运抵我国关境内输入地起卸前的运费 4 万元、保险费 2 万元。已知关税税率为 10%。

（3）驶入我国港口的某外国拖船，该拖船发动机功率为 15000 千瓦，该拖船负责人申领 30 天期限吨税执照，超过 2000 净吨但小于 10000 净吨对应税率是 2.9 元 / 净吨；超过 1 万净吨但不超过 5 万净吨，对应税率为 3.3 元 / 净吨。

（4）甲公司为增值税一般纳税人，2023 年 5 月应向税务机关缴纳消费税 100 万元，实际缴纳消费税 90 万元，按照留抵退税规定退还增值税 60 万元。已知城市维护建设税税率为 7%。

（5）2023 年 9 月甲公司向烟农收购烟叶一批，支付收购价款 100 万元，支付价外补贴 10 万元，已开具农产品收购发票。已知，烟叶税税率为 20%。

任务要求：按照任务情境，完成各项工作任务。

1. 根据业务（1）计算企业当月应缴纳车辆购置税税额。

2. 根据业务（2）计算甲公司当月该笔业务应缴纳关税税额。

3. 根据业务（3）计算该拖船负责人应缴纳船舶吨税。

4. 根据业务（4）计算甲公司当月应缴纳城市维护建设税税额。

5. 根据业务（5）计算甲公司当月该笔业务应缴纳烟叶税税额。

【思维导图】

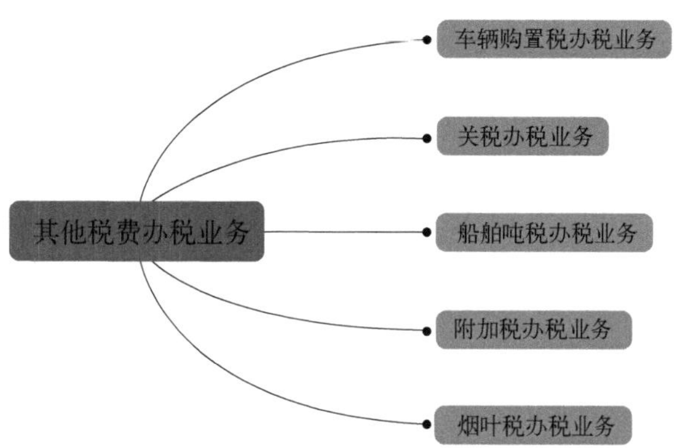

【知识准备】

一、车辆购置税办税业务

1. 纳税人、征税范围与税率

车辆购置税，是对在中国境内购置应税车辆的单位和个人征收的一种税。

（1）纳税人

在中华人民共和国境内购置汽车、有轨电车、汽车挂车、排气量超过 150 毫升的摩托车（以下统称应税车辆）的单位和个人，为车辆购置税的纳税人，应当依照规定缴纳车辆购置税。购置，是指以购买、进口、自产、受赠、获奖或者其他方式取得并自用应税车辆的行为。因此，车辆购置税应税行为包括：①购买自用行为；②进口自用行为；③受赠使用行为；④自产自用行为；⑤获奖自用行为；⑥其他自用行为，如拍卖、抵债、走私、罚没等方式取得并自用的应税车辆。

车辆购置税征税环节选择在销售使用环节（即最终消费环节），所以要求“取得并自用”。

需要说明的是，车辆购置税实行一次性征收，因此，购置已征车辆购置税的车辆（如二手车），不再征收车辆购置税。

【学中做 · 单选题】下列行为中，需要缴纳车辆购置税的有（　　）。

A. 某医院接受某汽车厂捐赠小客车用于医疗服务

B. 某汽车厂将自产小轿车用于日常办公

C. 某幼儿园租赁客车用于校车服务

D. 某物流企业接受汽车生产商投资的运输车辆自用

E. 某轮胎制造企业接受汽车生产商抵债的小汽车自用

【正确答案】ABDE**【答案解析】**选项 C，幼儿园租赁的车辆，不需要缴纳车辆购置税。

（2）征税范围

车辆购置税征税范围：汽车、有轨电车、汽车挂车、排气量超过 150 毫升的摩托车。

（3）税率

车辆购置税采用比例税率，税率统一为 10%。

2. 应纳税额计算

车辆购置税的应纳税额按照应税车辆的计税价格乘以税率计算。计税价格不含车辆购置税，属于价外税，应纳税额计算公式为：

应纳税额 = 计税价格 × 税率

应税车辆的计税价格，按照下列规定确定。

（1）购买自用

为纳税人实际支付给销售者的全部价款，不包括增值税税款；不含销售方代办保险等向购买方收取的保险费，以及向购买方收取的代购买方缴纳的车辆购置税、车辆牌照费。计算公式为：

应纳税额 = 支付的不含增值税价款 ×10%

（2）进口自用

为关税完税价格加上关税和消费税；小汽车（乘用车和中轻型商用客车）征收消费税；大型客车、卡车不征收消费税。

组成计税价格 = 关税完税价格 + 关税 + 消费税（如征收），该组价也是进口消费税、增值税的计税依据。计算公式为：

进口应税车辆应纳税额 =（关税完税价格 + 关税 + 消费税）×10%

【学中做 · 多选题】XYZ 公司进口一辆中轻型商用客车自用，关税完税价格 30

万元，关税税率 20%，消费税税率 5%。关于进口商用客车的税务处理正确的是（　　）。

A. 应缴纳车辆购置税 3.79 万元　　B. 应缴纳进口环节增值税 4.93 万元

C. 应缴纳关税 6 万元　　D. 应缴纳进口环节消费税 1.89 万元

【正确答案】ABCD**【答案解析】**关税 =30×20%=6（万元）；组成计税价格 =30×（1+20%）÷（1−5%）=37.89（万元），应缴纳进口环节增值税 =37.89×13%=4.93（万元）；应缴纳进口环节消费税 =37.89×5%=1.89（万元）；应缴纳车辆购置税 =37.89×10%=3.79（万元）。

（3）自产自用

按照纳税人生产的同类应税车辆的销售价格确定，不包括增值税税款；没有同类应税车辆销售价格的，按照组成计税价格确定。组成计税价格 = 成本 ×（1+ 成本利润率）+ 消费税（如征收）。计算公式为：

应纳税额 = 同类应税车辆的销售价格 ×10%

（4）受赠、获奖或者其他方式取得自用

按照购置应税车辆时相关凭证载明的价格确定，不包括增值税税款。计算公式为：

应纳税额 = 相关凭证载明的价格 ×10%

无法提供相关凭证的，参照同类应税车辆市场平均交易价格确定其计税价格。如原车辆所有人为车辆生产或销售企业：未开具机动车销售统一发票的，按照车辆生产或者销售同类应税车辆的销售价格确定应税车辆的计税价格；无同类应税车辆销售价格的，按照组成计税价格确定应税车辆的计税价格。

纳税人申报的应税车辆计税价格明显偏低，又无正当理由的，由税务机关依照《中华人民共和国税收征收管理法》的规定核定其应纳税额。

纳税人以外汇结算应税车辆价款的，按照申报纳税之日的人民币汇率中间价折合成人民币计算缴纳税款。

【学中做 · 单选题】关于车辆购置税的计税依据，下列说法正确的是（　　）。

A. 受赠自用应税车辆的计税依据为组成计税价格

B. 进口自用应税车辆的计税依据为组成计税价格

C. 购买自用应税车辆的计税依据为支付给销售者的含增值税的价款

D. 获奖自用应税车辆的计税依据为组成计税价格

【正确答案】B。

（5）退税规定

纳税人将已征车辆购置税的车辆退回车辆生产企业或者销售企业的，可以向主管税务机关申请退还车辆购置税。退税额以已缴税款为基准，自缴纳税款之日至申请退税之日，每满一年扣减 10%。

【学中做 · 单选题】2023 年 6 月 20 日，陈某因汽车质量问题与经销商达成退车协议，并于当日向税务机关申请退还已纳车辆购置税。经销商开具的退车证明和退车发票上显示，陈某于 2022 年 5 月 8 日购买该车辆，支付价税合计金额 223800 元，并于当日缴纳车辆购置税 19293.10 元。应退给陈某车辆购置税（　　）元。

A.15434.48　　B.17363.79　　C.17824.78　　D.19293.10

【正确答案】B**【答案解析】**纳税人将已征车辆购置税的车辆退回车辆生产企业或者销售企业的，可以向主管税务机关申请退还车辆购置税。退税额以已缴税款为基准，自缴纳税款之日至申请退税之日，每满一年扣减10%。应退税额＝已纳税额×（1－使用年限×10%）。应退给陈某车辆购置税＝19293.10×（1－10%）＝17363.79（元）。

3. 征收管理

（1）车辆购置税由税务机关负责征收。

（2）纳税人购置应税车辆，应当向车辆登记地的主管税务机关申报缴纳车辆购置税；购置不需要办理车辆登记的应税车辆的，应当向纳税人所在地的主管税务机关申报缴纳车辆购置税。

（3）车辆购置税的纳税义务发生时间为纳税人购置应税车辆的当日。纳税人应当自纳税义务发生之日起60日内申报缴纳车辆购置税。

（4）纳税人应当在向公安机关交通管理部门办理车辆注册登记前，缴纳车辆购置税。公安机关交通管理部门办理车辆注册登记，应当根据税务机关提供的应税车辆完税或者免税电子信息对纳税人申请登记的车辆信息进行核对，核对无误后依法办理车辆注册登记。

（5）税务机关和公安、商务、海关、工业和信息化等部门应当建立应税车辆信息共享和工作配合机制，及时交换应税车辆和纳税信息资料。

车辆购置税
税收优惠

车辆购置税
自测题

二、关税办税业务

（一）纳税人、进出口税则与税率

1. 纳税人

（1）贸易性商品的纳税人是经营进出口货物的收、发货人。具体包括：①外贸进出口公司；②工贸或农贸结合的进出口公司；③其他经批准经营进出口商品的企业。

（2）物品的纳税人包括：①入境旅客随身携带的行李、物品的持有人；②各种运输工具上服务人员入境时携带自用物品的持有人；③馈赠物品以及其他方式入境个人物品的所有人；④个人邮递物品的收件人。

（3）接受纳税人委托办理货物报关等有关手续的代理人，可以代办纳税手续。

2. 进出口税则

关税的税目、税率都由《海关进出口税则》规定。它包括三个主要部分：归类总规则、进口税率表、出口税率表，其中归类总规则是进出口货物分类的具有法律效力的原则和方法。进出口税则中的商品分类目录为关税税目。

3. 税率

（1）关税的税率分为：①进口税率；②出口税率。

（2）进口税率包括：

① 最惠国税率。适用原产于与我国共同适用最惠国待遇条款的 WTO 成员国家或地区的进口货物，或原产于与我国签订有相互给予最惠国待遇条款的双边贸易协定的国家或地区进口的货物，以及原产于我国境内的进口货物。

② 协定税率。适用原产于我国参加的含有关税优惠条款的区域性贸易协定的国家或地区的进口货物。

③ 特惠税率。适用原产于与我国签订有特殊优惠关税协定的国家或地区的进口货物。

④ 关税配额税率。是进口国限制进口货物数量的措施，把征收关税和进口配额相结合以限制进口；对于在配额内进口的货物可以适用较低的关税配额税率，对于配额之外的则适用较高税率。

⑤ 暂定税率。在最惠国税率的基础上，对于一些国内需要降低进口关税的货物，以及出于国际双边关系的考虑需要个别安排的进口货物，可以实行暂定税率。

⑥ 普通税率。适用于原产于未与我国共同适用最惠国条款的世界贸易组织成员，未与我国订有相互给予最惠国待遇、关税优惠条款贸易协定和特殊关税优惠条款贸易协定的国家或者地区的进口货物，以及原产地不明的货物。

【学中做 · 单选题】根据关税法律制度的规定，原产于与我国签订含有特殊关税优惠条款的是（　　）。

A. 协定税率　　B. 最惠国税率　　C. 特惠税率　　D. 普通税率

【正确答案】C。

（3）进口货物适用何种关税税率是以进口货物的原产地为标准的。

① 进口关税一般采用比例税率，实行从价计征的办法。

② 对啤酒、原油等少数货物则实行从量计征。

③ 对广播用录像机、放像机、摄像机等实行从价加从量的复合税率。

（4）税率的确定

① 进出口货物，应当按照收发货人或者他们的代理人申报进口或者出口之日实施的税率征税。

② 进口货物到达前，经海关核准先行申报的，应当按照装载此货物的运输工具申报进境之日实施的税率征税。

③ 进出口货物的补税和退税，适用该进出口货物原申报进口或者出口之日实施的税率，另有规定除外。

（二）关税完税价格

1. 关税完税价格组成

2014 年 2 月 1 日实施的《中华人民共和国海关审定进出口货物完税价格办法》（海关总署令第 213 号）规定，进口货物的完税价格由海关以该货物的成交价格为基础审查确定，并应当包括该货物运抵中华人民共和国境内输入地点起卸前的运输及其相关费用、保险费。

（1）应计入完税价格的调整项目

下列费用或价值应计入完税价格：

① 由买方负担的除购货佣金以外的佣金和经纪费（卖方佣金计入）；购货佣金是指向境外采购代理人支付的买方佣金。向境外采购代理人支付的买方佣金不计入。

② 由买方负担的与该货物视为一体的容器费用。

③ 由买方负担的包装材料和包装劳务费用。

④ 与该货物的生产和向我国境内销售有关的，由买方以免费或者低于成本的方式提供并可以按适当比例分摊的料件、工具、模具、消耗材料及类似货物的价款，以及在境外开发、设计等相关服务的费用。

⑤ 与该货物有关并作为卖方向我国销售该货物的一项条件，应当由买方向卖方或有关方直接或间接支付的特许权使用费。

⑥ 卖方直接或间接从买方对该货物进口后转售、处置或使用所得中获得的收益。

（2）不应计入完税价格的调整项目

进口货物的价款中单独列明的下列税收、费用，不计入完税价格：

① 厂房、机械或设备等货物进口后的建设、安装、装配、维修或者技术服务的费用，但是保修费用除外；

② 进口货物运抵境内输入地点起卸后发生的运输及相关费用、保险费；

③ 进口关税、进口环节海关代征税（进口增值税或消费税）及其他国内税；

④ 为在境内复制进口货物而支付的费用；

⑤ 境内外技术培训及境外考察费用。

（3）进口货物完税价格中的运输及相关费用、保险费的计算

① 进口货物的运输及相关费用，应当按照由买方实际支付或应当支付的费用计算，如果进口货物的运输及相关费用无法确定的，海关应当按照该货物进口同期的正常运输成本审查确定。

② 运输工具作为进口货物，利用自身动力进境的，海关在审查确定完税价格时，不再另行计入运输及相关费用。

③ 进口货物的保险费，应当按照实际支付的费用计算。如果进口货物的保险费无法确定或未实际发生，应估算，海关应当按照“货价加运费”的3‰计算保险费。计算公式为：保费 =（货价 + 运费）×3‰。

④ 邮运进口的货物，应当以邮费作为运输及其相关费用、保险费。

【学中做 · 计算题】某市一家进出口公司为增值税一般纳税人，2023 年 7 月发生以下业务：从国外进口中档护肤品一批，该批货物在国外的买价为 200 万元人民币，由进出口公司支付的购货佣金 10 万元人民币，运抵我国海关卸货前发生的运输费为 30 万元人民币，保险费无法确定。该批货物已报关，取得海关开具的增值税专用缴款书。已知：进口护肤品的关税税率为 10%，增值税税率为 13%。

要求：

（1）计算上述业务应缴纳的进口关税。

（2）计算上述业务应缴纳的进口环节增值税。

【正确答案】

（1）关税完税价格 =（200+30）+（200+30）×3‰ = 230.69（万元）

关税应纳税额 = 230.69×10% = 23.07（万元）

（2）增值税应纳税额 =（230.69+23.07）×13% = 32.99（万元）

2. 特殊贸易进口货物的完税价格

（1）运往境外加工的货物的完税价格，以境外加工费和料件费以及复运进境的运输及其相关费用和保险费审查确定完税价格。

（2）运往外修理的机械器具、运输工具或者其他货物的完税价格，以经海关审定的修理费和料件费作为完税价格。

【学中做 · 单选题】甲公司将一台设备运往境外修理，出境前向海关报关出口并在海关规定期限内复运进境，该设备经修理后的市场价格为500万元，经海关审定的修理费和料件费分别为15万元和20万元，计算甲公司该设备复运进境时进口关税完税价格的下列算式中，正确的是（　　）。

A.500−15 = 485（万元）　　B.500−15−20 = 465（万元）

C.500+15+20 = 535（万元）　　D.15+20 = 35（万元）

【正确答案】D**【答案解析】**出境时已向海关报明并在海关规定期限内复运进境的，以经海关审定的修理费和料件费作为完税价格，故完税价格 = 15+20 = 35（万元）。

（3）租借和租赁进口货物的完税价格，以海关审查确定的货物租金作为完税价格。

（4）对于国内单位留购的进口货样、展览品和广告陈列品，以留购价格作为完税价格。

（5）逾期未出境的暂进口货物的完税价格，如入境超过半年仍留在国内使用的，应自第7个月起，按月征收进口关税，其完税价格按原货进口时的到岸价格确定，每月的税额计算公式为：每月关税 = 货物原到岸价格 × 关税税率 ×1÷48。

（6）转让出售进口减免税货物的完税价格，在转让或出售而需补税时，完税价格计算公式为：完税价格 = 原入境到岸价格 × [1− 实际使用月份 ÷（管理年限 ×12)]。

【学中做 · 单选题】关于符合海关规定的特殊方式进口货物的关税完税价格确定，下列说法正确的是（　　）。

A. 运往境外加工的货物，均以境外加工费和料件费以及该货物复运进境的运输及其相关费用、保险费为基础审查确定

B. 经海关批准暂时进境的货物，按照一般进口货物完税价格确定的有关规定审查确定

C. 运往境外修理的货物，以境外修理费及其运费、保险费为基础审查确定

D. 捐赠进口的货物，以倒扣价格估价方法审查确定

【正确答案】B。

3. 出口货物的完税价格

（1）出口货物的完税价格由海关以该货物的成交价格为基础审查确定，并应当包括货物运至中华人民共和国境内输出地点装载前的运输及其相关费用、保险费。

（2）出口货物的成交价格，是指该货物出口销售时，卖方为出口该货物应当向买方直接收取和间接收取的价款总额。

（3）下列税收、费用不计入出口货物的完税价：①出口关税；②在货物价款中单独列明的货物运至中华人民共和国境内输出地点装载后的运输及其相关费用、保险费；③在货物价款中单独列明由卖方承担的佣金。

【学中做 · 多选题】下列各项税费中，应计入出口货物完税价格的有（　　）。

A. 货物出口关税

B. 货物运至我国境内输出地点装载前的保险费

C. 货物运至我国境内输出地点装载前的运输费用

D. 货价中单独列明的货物运至我国境内输出地点装载后的运输费用

【正确答案】BC。

（三）应纳税额计算

关税应纳税额计算方法如表 7-11 所示。

表7-11　关税应纳税额计算方法

计税方法	适用范围	计算公式
从价税	一般的进（出）口货物	应纳税额 = 应税进（出）口货物数量 × 单位完税价格 × 适用税率
从量税	进口啤酒、原油等	应纳税额 = 应税进口货物数量 × 关税单位税额
复合税	进口广播用录像机、放像机、摄像机等	应纳税额 = 应税进口货物数量 × 关税单位税额+应税进口货物数量 × 单位完税价格 × 适用税率
滑准税	进口规定适用滑准税的货物	进口商品价格越高，（比例）税率越低；税率与商品进口价格反方向变动

【学中做 · 单选题】2023 年 9 月甲公司进口一批货物，海关审定的成交价格为 1100 万元，货物运抵我国境内输入地点起卸前的运费 96 万元，保险费 4 万元。已知关税税率为 10%。计算甲公司该笔业务应缴纳的关税税额的下列算式中，正确的是（　　）。

A.（1100+96+4）× 10% = 120（万元）　B.（1100+4）× 10% = 110.4（万元）

C.1100 × 10% = 110（万元）　D.（1100+96）× 10% = 119.6（万元）

【正确答案】A**【答案解析】**进口环节，关税完税价格包括货价以及货物运抵我国关境内输入地点起卸前的包装费、运费、保险费和其他劳务费等费用。

（四）征收管理

（1）关税是在货物实际进出境时，即在纳税人按进出口货物通关规定向海关申报后、海关放行前一次性缴纳。

（2）进口货物的报关期限为自运输工具申报进境之日起 14 日内，由收货人或其代理人向海关报关；出口货物应在货物装入运输工具的 24 小时之前，向海关报关。

（3）关税的纳税义务人或其代理人在海关填发税款缴款书之日起 15 日内缴纳税款，逾期不缴纳的，依法追缴并自到期次日起至缴清税款之日止，由海关按日征收欠缴税款万分之五的滞纳金。纳税义务人、担保人自缴纳税款期限届满之日起超过 3 个月仍未缴纳税款的，经直属海关关长或者其授权的隶属海关关长批准，海关可以采取强制措施。

（4）因不可抗力或者国家税收政策调整不能按期缴纳税款，依法提供税款担保后，可直接向海关办理延期缴纳税款，但最长不得超过 6 个月。

（5）旅客携运进出境的行李物品有下列情形之一的，海关暂不予放行：

① 旅客不能当场缴纳进境物品税款的；

② 进出境的物品属于许可证件管理的范围，但旅客不能当场提交的；

③ 进出境的物品超出自用合理数量，按规定应当办理货物报关手续或其他海关手续，其尚未办理的；

④ 对进出境物品的属性、内容存疑，需要由有关主管部门进行认定、鉴定、验核的；

⑤ 按规定暂不予以放行的其他行李物品。

（6）退税、补征和追征规定

下列情形纳税人可以从缴纳税款之日起的 1 年内，书面声明理由，连同纳税收据向海关申请退税，逾期不予受理：①对由于海关误征、多缴纳税款的；②海关核准免验的进口货物在完税后，发现有短卸情况，经海关审查认可的；③已征出口关税的货物，因故未装运出口申报退关，经海关查验属实的，纳税人可以自缴纳税款之日起 1 年内，申请退还关税。海关应当自受理退税申请之日起 30 日内作出书面答复，并通知退税申请人。

进出口货物完税后，如发现少征或漏征税款，海关有权在 1 年内予以补征，无税收滞纳金；如因收发货人或其代理人违反规定而造成少征或漏征税款的，海关在 3 年内可以追缴，并加收万分之五的滞纳金。

关税
税收优惠

关税
自测题

三、船舶吨税办税业务

（一）纳税人、征税范围与税目税率表

船舶吨税是对自中国境外港口进入境内港口的船舶征收的一种税。2017 年 12 月

27日第十二届全国人民代表大会常务委员会第三十一次会议通过了《中华人民共和国船舶吨税法》（以下简称《船舶吨税法》），自2018年7月1日起施行。2011年12月5日国务院公布的《中华人民共和国船舶吨税暂行条例》同时废止。

1. 纳税人与征税范围

自中华人民共和国境外港口进入境内港口的船舶（以下称应税船舶），以应税船舶的负责人为纳税人，应当依照《船舶吨税法》缴纳船舶吨税（以下简称吨税）。

2. 税目税率表

（1）吨税的税目、税率依照《船舶吨税法》所附的《吨税税目税率表》执行。《吨税税目税率表》如表7-12所示。

表7-12 吨税税目税率表

税目 (按船舶净吨位划分)	税率(元/净吨)						备注
	普通税率 (按执照期限划分)			优惠税率 (按执照期限划分)			
	1年	90日	30日	1年	90日	30日	
不超过2000净吨	12.6	4.2	2.1	9.0	3.0	1.5	1.拖船按照发动机功率每千瓦折合净吨位0.67吨。 2.无法提供净吨位证明文件的游艇,按照发动机功率每千瓦折合净吨位0.05吨。 3.拖船和非机动驳船分别按相同净吨位船舶税率的50%计征税款
超过2000净吨，但不超过10000净吨	24.0	8.0	4.0	17.4	5.8	2.9	
超过10000净吨，但不超过50000净吨	27.6	9.2	4.6	19.8	6.6	3.3	
超过50000净吨	31.8	10.6	5.3	22.8	7.6	3.8	

注：拖船是指专门用于拖（推）动运输船舶的专业作业船舶。

（2）吨税设置优惠税率和普通税率。船舶吨税以船舶净吨位大小分等级设置为4个税目。税率采用定额税率，分为30日、90日和1年三种不同的税率。

（3）中华人民共和国国籍的应税船舶，船籍国（地区）与中华人民共和国签订含有相互给予船舶税费最惠国待遇条款的条约或者协定的应税船舶，适用优惠税率。其他应税船舶，适用普通税率。

【学中做·多选题】应税船舶负责人每次申报纳税时，可按规定选择申领一种期限的吨税执照，下列期限属于可选择吨税执照期限的有（　　）。

A.30日　　B.90日　　C.180日　　D.1年

【正确答案】ABD**【答案解析】**吨税执照期限分别为30日、90日或1年。

（二）应纳税额计算

（1）吨税按照船舶净吨位和吨税执照期限征收。

（2）应税船舶负责人在每次申报纳税时，可以按照《吨税税目税率表》选择申领一种期限的吨税执照。

（3）吨税的应纳税额按照船舶净吨位乘以适用税率计算。计算公式为：

应纳税额 = 应税船舶净吨位 × 适用税率

（4）吨税由海关负责征收。海关征收吨税应当制发缴款凭证。

（5）应税船舶负责人缴纳吨税或者提供担保后，海关按照其申领的执照期限填发吨税执照。

（6）应税船舶在进入港口办理入境手续时，应当向海关申报纳税领取吨税执照，或者交验吨税执照（或者申请核验吨税执照电子信息）。应税船舶在离开港口办理出境手续时，应当交验吨税执照（或者申请核验吨税执照电子信息）。

（7）应税船舶负责人申领吨税执照时，应当向海关提供下列文件：

① 船舶国籍证书或者海事部门签发的船舶国籍证书收存证明；

② 船舶吨位证明。

（8）应税船舶因不可抗力在未设立海关地点停泊的，船舶负责人应当立即向附近海关报告，并在不可抗力原因消除后，依照本法规定向海关申报纳税。

【学中做·计算题】B 国某运输公司一艘货轮驶入我国某港口，该货轮净吨位为 30000 吨，货轮负责人已向我国海关领取了吨税执照，在港口停留期为 30 天，B 国已与我国签订相互给予船舶税最惠国待遇条款。

要求：请计算该货轮负责人应向我国海关缴纳的船舶吨税。

【正确答案】

（1）根据船舶吨税的相关规定，该货轮应享受优惠税率，每净吨位为 3.3 元。

（2）应纳船舶吨税 = 30000×3.3 = 99000（元）。

（三）征收管理

（1）吨税纳税义务发生时间为应税船舶进入港口的当日。应税船舶在吨税执照期满后尚未离开港口的，应当申领新的吨税执照，自上一次执照期满的次日起续缴吨税。

（2）应税船舶负责人应当自海关填发吨税缴款凭证之日起 15 日内缴清税款。未按期缴清税款的，自滞纳税款之日起至缴清税款之日止，按日加收滞纳税款万分之五的税款滞纳金。

（3）应税船舶到达港口前，经海关核准先行申报并办结出入境手续的，应税船舶负责人应当向海关提供与其依法履行吨税缴纳义务相适应的担保；应税船舶到达港口后，依照本法规定向海关申报纳税。

（4）下列财产、权利可以用于担保：①人民币、可自由兑换货币；②汇票、本票、支票、债券、存单；③银行、非银行金融机构的保函；④海关依法认可的其他财产、权利。

（5）应税船舶在吨税执照期限内，因修理、改造导致净吨位变化的，吨税执照继续有效。应税船舶办理出入境手续时，应当提供船舶经过修理、改造的证明文件。

（6）应税船舶在吨税执照期限内，因税目税率调整或者船籍改变而导致适用税率变化的，吨税执照继续有效。

因船籍改变而导致适用税率变化的，应税船舶在办理出入境手续时，应当提供船籍改变的证明文件。

（7）吨税执照在期满前毁损或者遗失的，应当向原发照海关书面申请核发吨税执照副本，不再补税。

（8）海关发现少征或者漏征税款的，应当自应税船舶应当缴纳税款之日起 1 年内，补征税款。但因应税船舶违反规定造成少征或者漏征税款的，海关可以自应当缴纳税款之日起 3 年内追征税款，并自应当缴纳税款之日起按日加征少征或者漏征税款万分之五的税款滞纳金。

海关发现多征税款的，应当在 24 小时内通知应税船舶办理退还手续，并加算银行同期活期存款利息。

船舶吨税税收优惠

应税船舶发现多缴税款的，可以自缴纳税款之日起 3 年内以书面形式要求海关退还多缴的税款并加算银行同期活期存款利息；海关应当自受理退税申请之日起 30 内查实并通知应税船舶办理退还手续。

四、附加税办税业务

（一）概述

城市维护建设税（以下简称“城建税”）是对从事工商经营，缴纳增值税、消费税的单位和个人征收的一种税。城建税具有以下特点：

（1）税款专款专用（用来保证城市的公共事业和公共设施的维护与建设）；

（2）属于一种附加税（没有独立的征税对象或税基，以实际缴纳的增值税、消费税税额之和为计税依据）；

（3）根据城镇规模设计税率（城市市区 7%、县城或建制镇 5%，其余地区 1%）；

（4）征收范围较广（原则上说，缴纳增值税、消费税的纳税人都要缴纳城建税）。

教育费附加是以各单位和个人实际缴纳的增值税、消费税的税额为计征依据而征收的一种费用，教育费附加率为 3%。其目的是加快发展教育事业，扩大教育经费资金来源，《征收教育费附加的暂行规定》自 1986 年 7 月 1 日起实施。

根据《财政部关于统一地方教育附加政策有关问题的通知》(财综〔2010〕98 号)，各地统一开征地方教育附加，为实际缴纳的增值税、消费税税额的 2%。

（二）征税范围

包括城市、县城、建制镇，以及税法规定征收消费税、增值税（以下简称“两税”）的其他地区。

（三）纳税人

城建税的纳税人是在征税范围内从事工商经营，并缴纳消费税、增值税的单位和个人，包括外商投资企业和外国企业及外籍个人。扣缴义务人为负有增值税、消费税扣缴义务的单位和个人，在扣缴增值税、消费税的同时扣缴城市维护建设税。

（四）税率

城建税实行地区差别比例税率，共分三档，具体如表 7-13 所示。纳税人所在地，是指纳税人住所地或者与纳税人生产经营活动相关的其他地点，具体地点由省、自治区、直辖市确定。市区、县城、镇按照行政区划确定，行政区划变更的，自变更完成当月起适用新行政区划对应的城建税税率。纳税人在变更完成当月的下一个纳税申报期按新税率申报缴纳。

表7-13　城市维护建设税税率

档次	纳税人所在地	税率
1	市区	7%
2	县城、镇	5%
3	不在市、县城、镇	1%

需要注意的是：

（1）中国铁路总公司城建税税率统一为5%；开采海洋石油资源的中外合作油（气）田所在地在海上，其城市维护建设税适用1%税率；

（2）撤县建市后，城建税适用税率为7%；

（3）由受托方代收、代扣“两税”的，以扣缴义务人所在地税率计算代收、代扣城建税；

（4）流动经营等无固定纳税地点的，按纳税人缴纳“两税”所在地的规定税率就地缴纳城建税；

（5）纳税人跨地区提供建筑服务、销售和出租不动产的，在建筑服务发生地、不动产所在地预缴增值税时，按预缴地城建税税率就地计算缴纳城建税和教育费附加；

（6）代扣代缴增值税不一定均要代扣代缴城市维护建设税，例如境外单位和个人向境内销售劳务、服务、无形资产代扣代缴增值税，不缴城建税（进口不征）。

【学中做·单选题】关于城市维护建设税适用税率，下列说法错误的是（　　）。

A. 行政区划变更的，自变更完成当月起适用新行政区划对应的城市维护建设税税率

B. 纳税人所在地在县城、镇的，税率为5%

C. 委托某企业加工应税消费品，按受托方所在地适用税率征税

D. 纳税人跨地区出租不动产，按机构所在地适用税率征税

【正确答案】D**【答案解析】**选项D，纳税人跨地区提供建筑服务、销售和出租不动产的，在建筑服务发生地、不动产所在地预缴增值税时，按预缴地城建税税率就地计算缴纳城建税和教育费附加。

（五）减免税

（1）海关对进口产品代征增值税、消费税的，不征收城市维护建设税（进口不征）。

（2）由于“两税”减免而发生的退税，同时退还已纳的城建税；但对出口产品退还增值税、消费税的，不退还已缴纳的城市维护建设税（出口不退）；经总局审批的当期免抵的增值税税额应纳入城建税和教育费附加的计征范围。

（3）对“两税”补罚，城建税也要补罚，但“两税”的滞纳金和罚款不作为城建税的计税依据。

（4）“两税”减免，城建税也减免，但“两税”实行先征后返、先征后退、即征即退办法的，除另有规定外，对随“两税”征收的城建税和教育费附加一律不予退（返）还。

（5）对国家重大水利工程建设基金，免城建税。

（6）根据《财政部税务总局关于进一步实施小微企业“六税两费”减免政策的公告》（2022 年第 10 号公告），自 2022 年 1 月 1 日至 2024 年 12 月 31 日，由省、自治区、直辖市人民政府根据本地区实际情况，以及宏观调控需要确定，对增值税小规模纳税人、小型微利企业和个体工商户可以在 50% 的税额幅度内减征资源税、城市维护建设税、房产税、城镇土地使用税、印花税（不含证券交易印花税）、耕地占用税和教育费附加、地方教育附加。

（7）其他优惠：减免增值税同时减免城建税。

教育费附加、地方教育附加的减免规定同城建税规定。

【学中做·判断题】对由于减免增值税、消费税而发生退税的，已征收的城市维护建设税不予退还。（　　）

【正确答案】×**【答案解析】**由于减免增值税、消费税而发生退税的，可同时退还已征收的城市维护建设税。

（六）应纳税额计算

城市维护建设税的计税依据是纳税人实际缴纳的消费税、增值税税额和出口货物、劳务或者跨境销售服务、无形资产增值税免抵税额。城市维护建设税的计税依据应当按照规定扣除期末留抵退税退还的增值税税额。“两税”补、罚，城建税也要补、罚；但“两税”的滞纳金和罚款，不作城建税的计税依据；“两税”减免，城建税也减免。城市维护建设税应纳税额的计算公式为：

附加税
自测题

应纳税额 =（实纳增值税税额 + 实纳消费税税额 − 期末留抵退税退还的增值税税额 + 增值税免抵税额）× 适用税率。

教育费附加、地方教育附加计算公式为：

教育费附加 =（实纳增值税 + 实纳消费税）×3%；

地方教育附加 =（实纳增值税 + 实纳消费税）×2%。

【学中做·单选题】甲公司为增值税一般纳税人，2023 年 5 月应向税务机关缴纳消费税 100 万元，实际缴纳消费税 90 万元，按照留抵退税规定退还增值税 60 万元。已知城市维护建设税税率为 7%。甲公司当月应缴纳城市维护建设税税额为（　　）。

A.6.3 万元　　B.7 万元　　C.2.1 万元　　D.2.8 万元

【正确答案】C。**【答案解析】**城市维护建设税的计税依据为纳税人实际缴纳的增值税、消费税税额，在计算计税依据时，应当按照规定扣除期末留抵退税退还的增值税税额。应缴纳城市维护建设税税额 =（90−60）×7% = 2.1（万元）。

（七）征收管理

城建税、教育费附加、地方教育附加的征税管理同“两税”规定。代征、代扣、代缴“两税”的，同时代征、代扣、代缴城市维护建设税，其纳税地点为代扣代收地。

【学中做·单选题】下列关于城建税的说法中，正确的是（　　）。

A. 城建税一律不单独加收滞纳金和罚款

B. 增值税实行即征即退的，一律退还城建税

C. 城建税原则上不单独规定减免税

D. 计税依据包括增值税、消费税的滞纳金和罚款

【正确答案】C【答案解释】如果纳税人不按规定缴纳城建税，则可以单独加收滞纳金及罚款。对增值税实行即征即退办法的，除另有规定外，一律不予退还。城建税的计税依据不包括滞纳金和罚款。

五、烟叶税办税业务

（一）纳税义务人

烟叶税是以纳税人收购烟叶的收购金额为计税依据征收的一种税。在我国境内收购烟叶的单位为烟叶税的纳税人。

（二）征税范围

烟叶税征税范围为烤烟叶、晾晒烟叶。

（三）税率

比例税率：20%。

（四）应纳税额的计算

烟叶税的计税依据是纳税人收购烟叶实际支付的价款总额（即烟叶收购金额），包括纳税人支付给烟叶生产销售单位和个人的烟叶收购价款和价外补贴。价外补贴统一按烟叶收购价款的 10% 计算。应纳税额的计算公式如下：

应纳税额 = 价款总额 × 税率（20%）= 收购价款 ×（1+10%）× 税率（20%）

（五）征收管理

纳税义务发生时间：纳税人收购烟叶的当日，在烟叶收购环节征收。

纳税地点：纳税人收购烟叶，应当向烟叶收购地的主管税务机关申报纳税。

纳税期限：烟叶税按月计征，于纳税义务发生月终了之日起 15 日内申报纳税。

【学中做·单选题】某烟草公司 2023 年 8 月 8 日到邻县收购烟草支付价款 88 万元，另向烟农支付了 10% 价外补贴，下列纳税事项的表述中，正确的是（　　）。

A. 烟草公司 8 月收购烟叶应缴纳烟叶税 19.6 万元

B. 烟草公司 8 月收购烟叶应缴纳烟叶税 17.6 万元

C. 烟草公司收购烟叶的纳税义务发生时间是 8 月 8 日

D. 烟草公司应向公司所在地主管税务机关申报缴纳烟叶税

【正确答案】C**【答案解析】**应纳烟叶税＝88×（1+10%）×20%＝19.36（万元）。烟叶税的纳税义务发生时间为纳税人收购烟叶的当天，即8月8日；烟草公司应向收购地的主管税务机关申报缴纳烟叶税。

【任务实施】

1. 根据业务（1）计算企业当月应缴纳车辆购置税税额。

解答：

（1）自产自用应纳车辆购置税＝5（乘用车数量）×8（生产成本）×［1+8%（成本利润率）］÷［1−9%（消费税税率）］×10%（车辆购置税税率）＝4.75（万元）；

（2）进口自用应纳车辆购置税＝150（关税完税价格）×［1+10%（关税税率）］÷［（1−40%消费税税率）］×10%（车辆购置税税率）＝27.5（万元）；

（3）企业当月应纳车辆购置税=4.75+27.5=32.25（万元）。

2. 根据业务（2）计算甲公司当月该笔业务应缴纳关税税额。

解答：进口环节，关税完税价格包括货价以及货物运抵我国关境内输入地点起卸前的包装费、运费、保险费和其他劳务费等费用，应纳关税税额＝（45+4+2）×10%＝5.1（万元）。

3. 根据业务（3）计算该拖船负责人应缴纳船舶吨税。

解答：拖船减半征收车船税，应缴纳的船舶吨税＝15000（发动机功率）×0.67（每千瓦折合净吨位）×3.3（税率）×50%（减半征收）＝16600（元）。

4. 根据业务（4）计算甲公司当月应缴纳城市维护建设税税额。

解答：城市维护建设税的计税依据为纳税人实际缴纳的增值税、消费税税额，在计算计税依据时，应当按照规定扣除期末留抵退税退还的增值税税额，因此，应缴纳城市维护建设税税额＝（90−60）×7%＝2.1（万元）。

5. 根据业务（5）计算甲公司当月该笔业务应缴纳烟叶税税额。

解答：烟叶税应纳税额＝实际支付的价款总额×烟叶税税率；价款总额＝烟叶收购价款＋价外补贴，价外补贴统一按烟叶收购价款的10%计算，因此，应缴纳烟叶税税额＝（100+10）×20%＝22（万元）。

【任务总结】

本任务主要学习了车辆购置税、关税、船舶吨税、城市维护建设税、教育费附加、地方教育附加、烟叶税等7个税费的纳税人、征收范围、税率、税收优惠、计税依据、应纳税额计算、征收管理等内容，重点掌握每个税费的征收范围、计税依据、应纳税额计算和纳税申报。

【职业素养提升】

党的二十大报告指出，加快发展方式绿色转型。推动经济社会发展绿色化、低碳化是实现高质量发展的关键环节。加快推动产业结构、能源结构、交通运输结构等调整优化。实施全面节约战略，推进各类资源节约集约利用，加快构建废弃物循环利用体系。完善支持绿色发展的财税、金融、投资、价格政策和标准体系，发展绿色低碳产业，健全资源环境要素市场化配置体系，加快节能降碳先进技术研发和推广应用，倡导绿色消费，推动形成绿色低碳的生产方式和生活方式。

从车辆购置税税收优惠角度，谈谈个人、企业如何积极转变思想观念，主动参与到绿色、低碳、循环、可持续的生活方式中去。

【岗课赛证融通测评】

任务二岗课赛证融通测评

【知识技能评价】

知识技能评价

业务能力	评价内容	评价结果	改进措施
其他税费办税业务	1.车辆购置税 2.关税 3.船舶吨税 4.城市维护建设税 5.教育费附加 6.地方教育附加 7.烟叶税	□A　□B　□C □A　□B　□C □A　□B　□C □A　□B　□C □A　□B　□C □A　□B　□C □A　□B　□C	1. 2. 3.
说明：在□中打√，A掌握，B基本掌握，C未掌握			
任课教师评语：			
成绩：		任课教师签字：	

【项目检测】

项目检测

项目八

智慧化税费申报

【学习目标】

一、素质目标

1. 培养分析判断、解决问题的能力。
2. 培养创新发展、不断学习的能力。

二、知识目标

1. 熟悉企业所得税、增值税的申报流程。
2. 熟悉发票开具流程。
3. 掌握 RPA 财务机器人的流程设计思路。

微课 -RPA 发票填开机器人（上）

三、技能目标

1. 能够进行 RPA 发票填开机器人的开发及应用。
2. 能够进行 RPA 增值税申报机器人的开发及应用。
3. 能够进行 RPA 企业所得税申报机器人的开发及应用。

微课 -RPA 发票填开机器人（中）

任务一　RPA发票填开机器人

【任务情景】

微课 -RPA 发票填开机器人（下）

北京星辰贸易有限公司为增值税一般纳税人，主要经营销售点读笔、早教机、复读机和耳机业务，其销售业务量大范围广，导致每日开具发票数量大（表 8-1），开票工作琐碎而重复，针对该项业务痛点，北京星辰贸易有限公司希望开发RPA发票填开机器人以代替人工完成此项工作。

任务要求：根据所提供的业务数据完成RPA发票填开机器人。

表8-1　开票清单数据

发票票类	任务	客户名称	明细序号	开票明细	规格型号	数量	折扣率/%
增值税专用发票	任务一：销售订单XS2305001	北京兴华商贸有限公司	3	点读笔	星夜黑	40	
			1	点读笔	AR-9a	50	
增值税普通发票	任务二：销售订单XS2305002	北京庄胜崇光百货商场	4	点读笔	隽秀粉	100	
			3	点读笔	星夜黑	100	
			2	点读笔	AR-10a	300	
增值税专用发票	任务三：销售订单XS2305003	北京强锋贸易有限公司	6	蓝牙无线麦克风	0	50	
增值税专用发票	任务四：销售订单XS2305004	北京现代商城有限公司	7	复读机	64G	20	
增值税专用发票	任务五：销售订单XS2305005	北京永世贸易有限公司	8	早教机	T4	60	5
			4	点读笔	隽秀粉	200	5
			1	点读笔	AR-9a	100	5
增值税专用发票	任务六：销售订单XS2305006	北京新韵电器贸易有限公司	5	点读笔	深湖蓝	100	
			9	音乐蓝牙耳机	0	300	
增值税专用发票	任务七：销售订单XS2305007	北京瑞宜家电有限公司	6	蓝牙无线麦克风	0	200	2
			5	点读笔	深湖蓝	300	2
			4	点读笔	隽秀粉	50	2
增值税专用发票	任务八；销售订单XS2305008	武汉尘世贸易有限公司	10	智能蓝牙耳机	0	20	
			2	点读笔	AR-10a	60	
增值税普通发票	任务九：销售订单XS2305009	天津顺利电器商行	7	复读机	64G	50	
增值税专用发票	任务十：销售订单XS2305010	广州美沃贸易有限公司	1	点读笔	AR-9a	100	
			8	早教机	T4	50	
增值税专用发票	任务十一：销售订单XS2305011	北京新韵电器贸易有限公司	3	点读笔	星夜黑	150	
			9	音乐蓝牙耳机	0	200	
增值税专用发票	任务十二：销售订单XS2305012	北京永世贸易有限公司	10	智能蓝牙耳机	0	200	1
			4	点读笔	隽秀粉	50	1

续表

发票票类	任务	客户名称	明细序号	开票明细	规格型号	数量	折扣率/%
增值税普通发票	任务十三：销售订单XS2305013	北京庄胜崇光百货商场	2	点读笔	AR-10a	20	
			1	点读笔	AR-9a	60	
增值税专用发票	任务十四：销售订单XS2305014	北京强锋贸易有限公司	3	点读笔	星夜黑	50	
			6	蓝牙无线麦克风	0	150	
增值税专用发票	任务十五：销售订单XS2305015	北京现代商城有限公司	7	复读机	64G	200	

【知识准备】

在公司的实际业务操作中，会计人员根据开票清单，登录公司使用的开票系统进行增值税专用发票和增值税普通发票的开具。根据操作环境、操作需求的不同，RPA 的流程设计会有所差异。因此，结合实际业务操作，可以将 RPA 发票填开机器人的流程大致分为三个子流程：读取开票清单、登录开票系统、填写发票内容。

关于读取数据和登录系统的开发步骤，本案例不再详细展开。下面简单梳理一下填写发票内容的操作思路，以便理解并进行 RPA 发票填开机器人的开发。手动进行开票时，会计人员通常需要登录开票系统逐一选择发票类型，填写发票明细，完成开票。而 RPA 开票则是根据已有的开票清单，选择发票类型、客户、明细等信息。开具完发票第一条明细后，根据开票清单中下一行数据的发票类别、纳税人识别号等项目是否为空，判断该行数据是需要增行以填写下一条发票明细，还是需要开具新的一张发票。同时在填完相关信息后，还需要判断该张发票的全部明细是否填写完毕，若填写完毕即可打印发票。

鉴于 RPA 流程开发的复杂性，本项目后续任务的开发与此任务一致，仅针对开发流程复杂且重要的部分进行讲解，剩余的简单流程可结合流程图（图 8-1）自行完成，不再一一介绍。

【任务实施】

一、判断行次

步骤一：添加【编程】—【数据表】类别下的【对于每一个行】活动，第一个子流程读取数据后输入到变量 data 中，因此本活动输入的数据表设置为 data（变量类型为 DataTable，范围为 RPA 发票填开机器人）。在【对于每一个行】活动的正文添加【工作流】—【流程图】类别下的【流程图】活动，如图 8-2 所示。

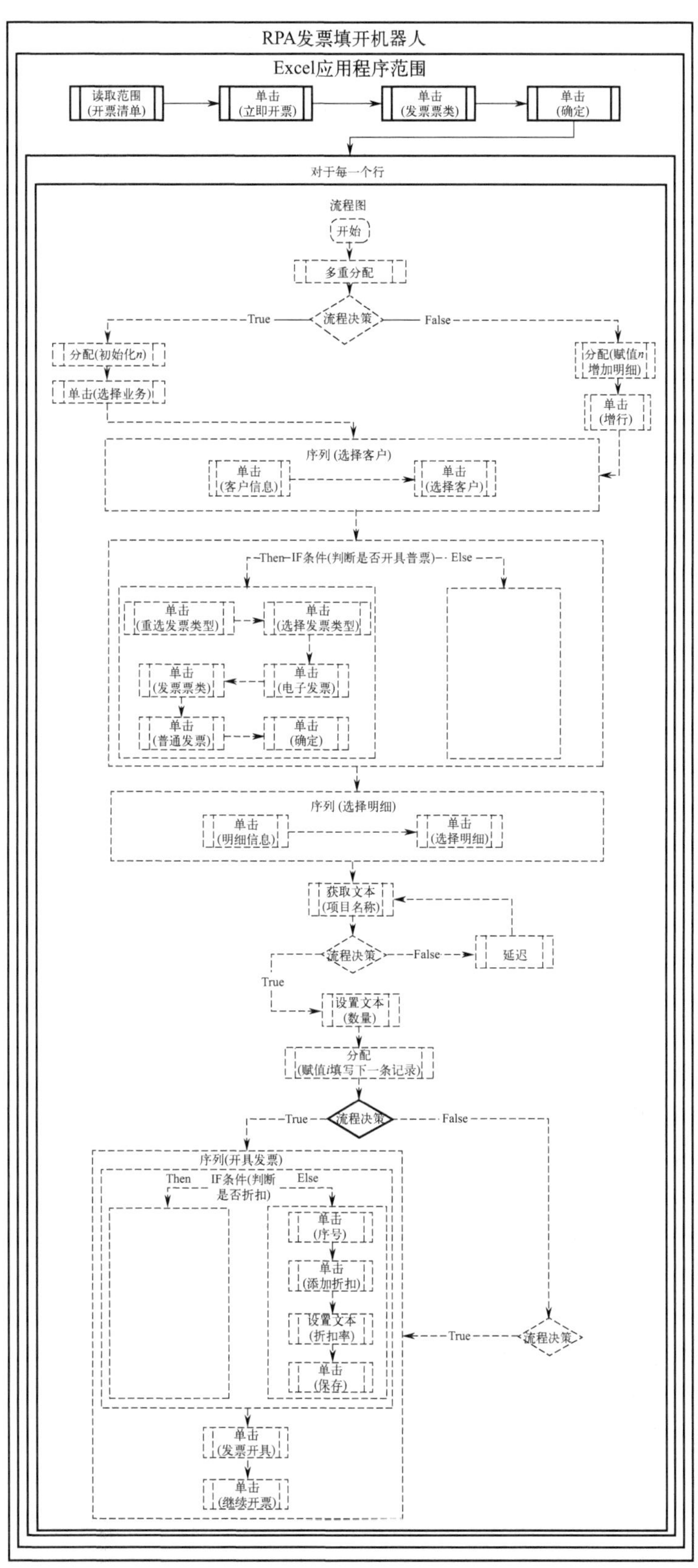

图8-1　RPA发票填开机器人流程图

步骤二：如图 8-3 所示，在【流程图】活动中添加【工作流】—【控件】类别下的【多重分配】活动。分别创建四个变量 *b*、*c*、*d*、*e*，变量类型为 String，范围为 RPA 发票填开机器人。如图 8-4 所示，设置【多重分配】活动，令 *b*=row(1).ToString；*c*=row(2).ToString；*d*=row(3).ToString 以及 *e*=row(4).ToString。“row(1).ToString”为开票清单中的任务列文本，“row(2).ToString”为客户名称列文本，“row(3).ToString”为明细序号列文本，“row(4).ToString”为开票明细列文本。

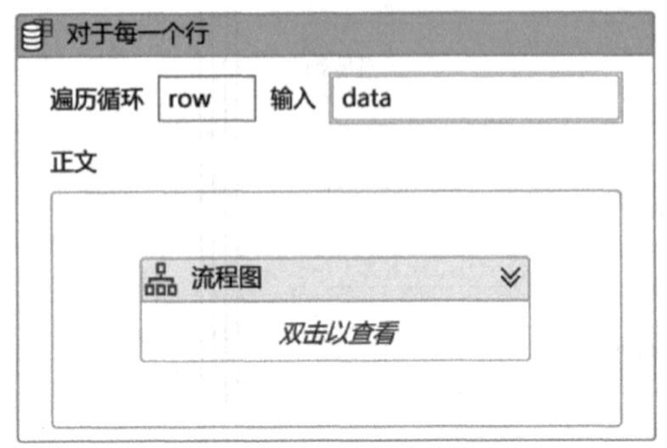

图8-2 对于每一个行设置

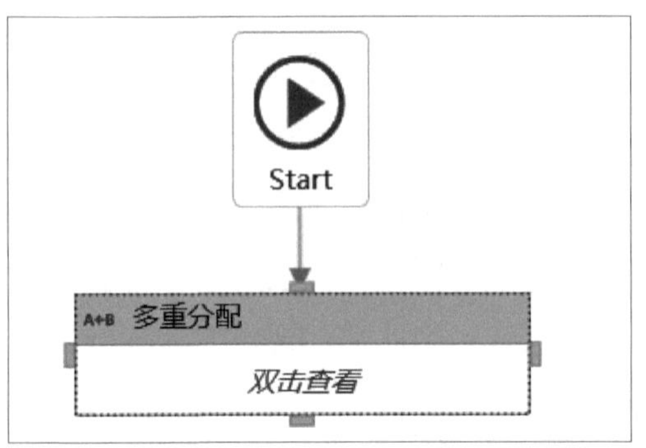

图8-3 多重分配1

图8-4 多重分配2

步骤三：如图 8-5 所示，在【流程图】活动中添加【工作流】—【流程图】类别下的【流程决策】活动，设置决策条件为“data(i)(0).tostring <> ""”。即发票类别为非空值时，执行【流程决策】活动左侧为真的流程：开始开具本张发票，进行客户信息填写，同时对应填写第 1 条货物明细；当发票类别为空值时执行【流程决策】活动右侧为假的流程：增行以填写同一张发票中的第 2 条或第 *n*+1 条货物明细信息。

步骤四：当步骤三中的条件成立时，则说明该行的第一列发票类别不为空，说明该行是该发票的第一条明细。如图 8-6 所示，添加【System】—【Activities】—【Statements】类别下的【分配】活动。在变量面板增加变量 *n*，变量类型为 Int32，范围为 RPA 发票填开机器人。此变量用于控制发票中的货物明细行次。设置【分配】活动，令 *n*=1。

上述步骤为流程决策“data(i)(0).tostring <> ""”，条件不为真，即该行不是发票的第一条明细时需设置的步骤。当条件为假时，表明开具的是下一条明细，因此需要增行。

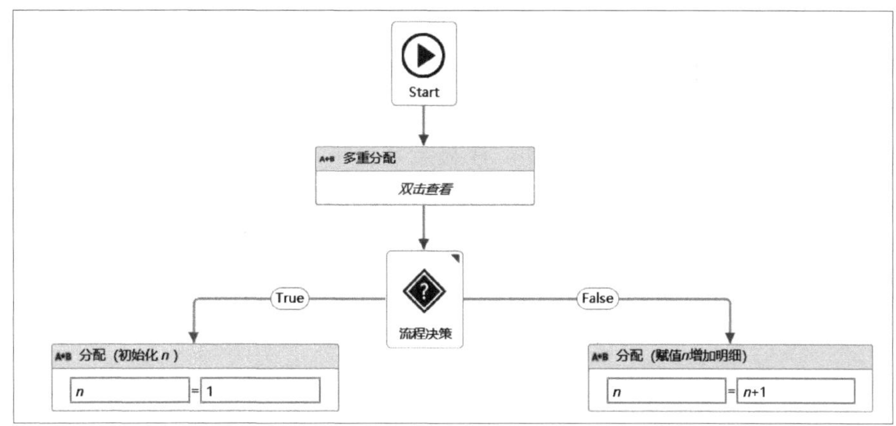

图8-5　流程决策设置

步骤五：当步骤三中条件不成立时，索引发票清单中的第二条或第 n+1 条货物明细信息。如图 8-7 所示，添加【System】—【Activities】—【Statements】类别下的【分配】活动，在显示名称中增加“（赋值 n 增加明细）”。设置【分配】活动，令 n=n+1。此活动用于赋值变量 n，用于后续填写明细时能自动控制下一条明细的填写位置。

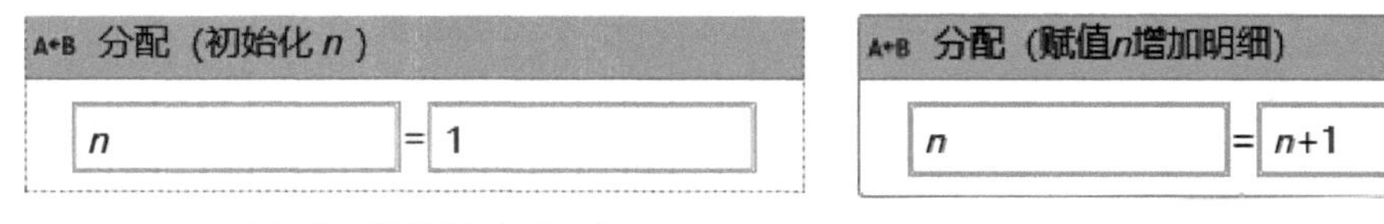

图8-6　分配（初始化n）

图8-7　分配（赋值n增加明细）

步骤六：如图 8-8 所示，添加【用户界面自动化】—【元素】—【鼠标】类别下的【单击】活动，在显示名称中增加“（增行）”，通过“指明在屏幕上”功能拾取“增行”元素。

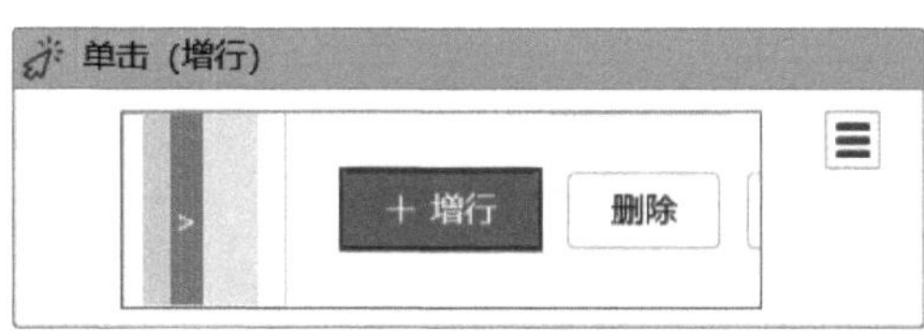

图8-8　单击（增行）

二、选择客户

步骤一：如图 8-9 所示，在【流程图】活动中添加【用户界面自动化】—【元素】—【鼠标】类别下的【单击】活动，在显示名称中增加“（选择业务）”，并通过“指明在屏幕上”功能拾取元素。修改【单击（选择业务）】的元素属性，编辑选取器，选中所拾取元素的文本“任务一：销售订单 XS2305001”（拾取的任务不同，此处显示的名称也会不同），鼠标右击选择变量，选择变量 b 替换“aaname=' 任务一：销售订单 XS2305001'” 中的文本内容。为达到循环选择不同的任务，使用变量 b，替换完成后元素为 “aaname='{{b}}'”。

步骤二：选择完业务后，首先需要选择客户。添加【System】—【Activities】—【Statements】类别下的【序列】活动，在显示名称中增加“（选择客户）”。如图 8-10 所示，在序列中添加两个【用户界面自动化】—【元素】—【鼠标】类别下的【单击】活动。在第一个【单击】活动显示名称中增加“（客户信息）”，通过“指明在屏幕上”功能拾取元素。然后修改第二个【单击】活动显示名称中增加“（选择客户）”，通过“指明在屏幕上”功能拾取“选择”元素。

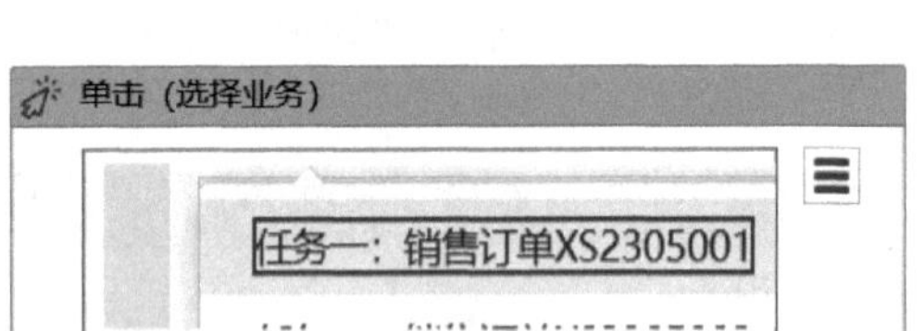

图8-9 单击（选择业务）

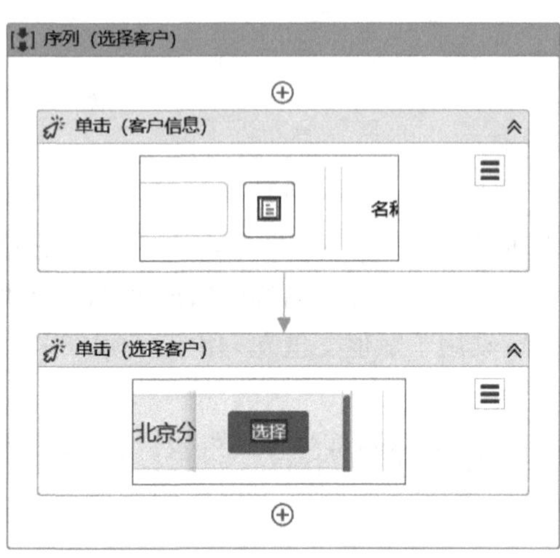

图8-10 序列（选择客户）

步骤三：修改【单击（选择客户）】的元素属性。如图 8-11 所示，点击【在用户界面探测器中打开】，进入用户界面探测器。如图 8-12 所示，在右侧的选定项目栏中勾选“rowName”属性，勾选完成下方即会显示。

图8-11 选取器编辑器

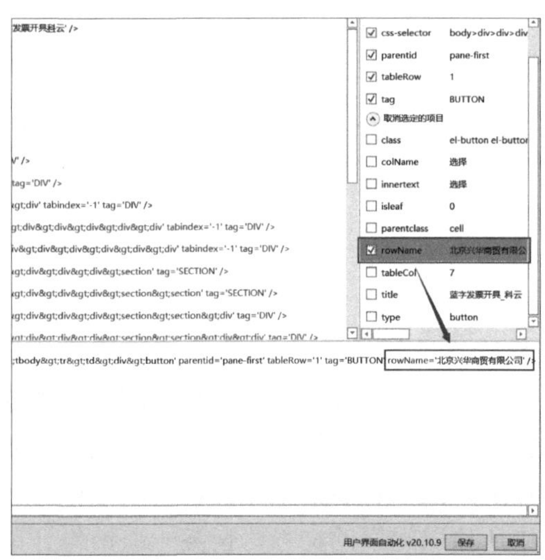

图8-12 用户界面探测器添加元素

步骤四：如图 8-13 所示，选中“北京兴华商贸有限公司”文本，鼠标右击选择变量，选择变量 *c*。由于拾取元素时选择的是第一选择按钮，即第一个客户，为达到每次循环开票选择不同的客户，因此使用变量 *c* 替换该部分元素，替换完成后 rowName='{{*c*}}'。另外将“tableRow='1'”修改为“tableRow='*'”，“tableRow”中的数字代表不同行次，当选择第二个客户时，该元素会对应为 2，若该活动的属性仍设置为 1，RPA 根据元素无法选择到对应的界面元素，流程就此停止，因此此处需要使用通配符“*”替代，改为“tableRow='*'”，如图 8-14 所示。

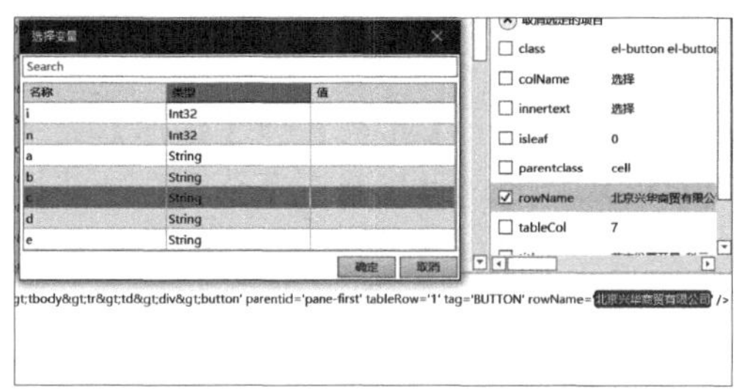

图8-13　用户界面探测器选择变量

tableRow='*' tag='BUTTON' rowName='{{c}}' />

图8-14　用户界面探测器元素修改结果

三、更改发票类型

步骤一：如图 8-15 所示，添加【System】—【Activities】—【Statements】类别下的【IF 条件】活动，设置条件为 row(0).ToString=" 增值税普通发票 "。符合该条件时，运行 Then 分支活动，不符合该条件时，运行 Else 分支活动。由于选择发票类型时默认选择了增值税专用发票，因此 Else 分支内不用添加活动。

步骤二：如图 8-16 所示，在【IF 条件】活动的 Then 分支中，添加【用户界面自动化】—【元素】—【鼠标】类别下的【单击】活动。【单击】活动显示名称中增加“(重选发票类型)”，通过“指明在屏幕上”功能拾取“重选发票类型”元素。

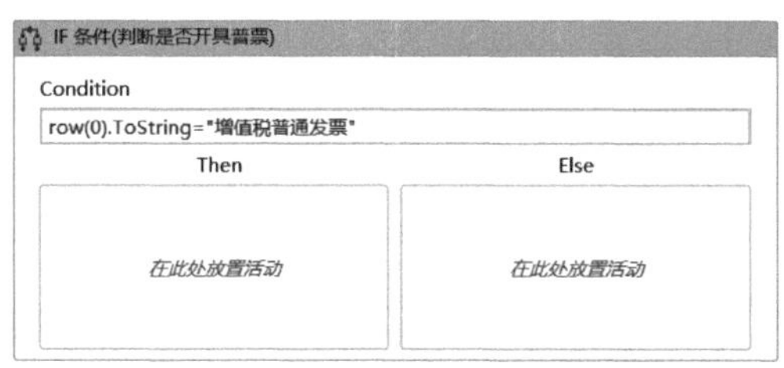

图8-15　IF 条件（判断是否开具普票）

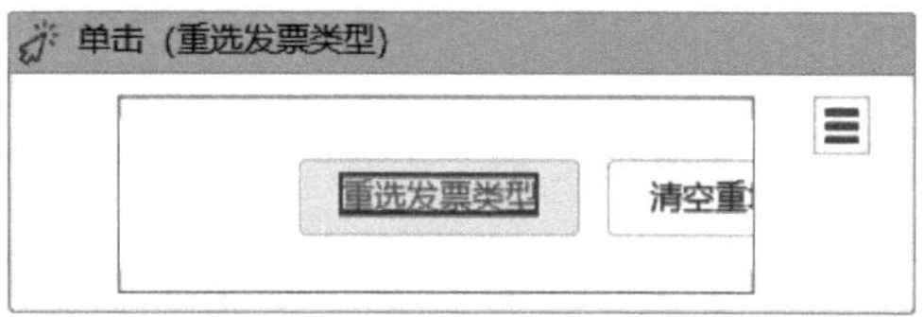

图8-16　单击（重选发票类型）

步骤三：如图 8-17 所示，添加【用户界面自动化】—【元素】—【鼠标】类别下的【单击】活动，显示名称中增加“(选择发票类型)”，通过“指明在屏幕上”功能拾取电子发票 / 纸质发票下的“请选择”元素。

步骤四：如图 8-18 所示，添加【用户界面自动化】—【元素】—【鼠标】类别下的【单击】活动，显示名称中增加“(电子发票)”，通过“指明在屏幕上”功能拾取电子发票 / 纸质发票下的“电子发票”元素。

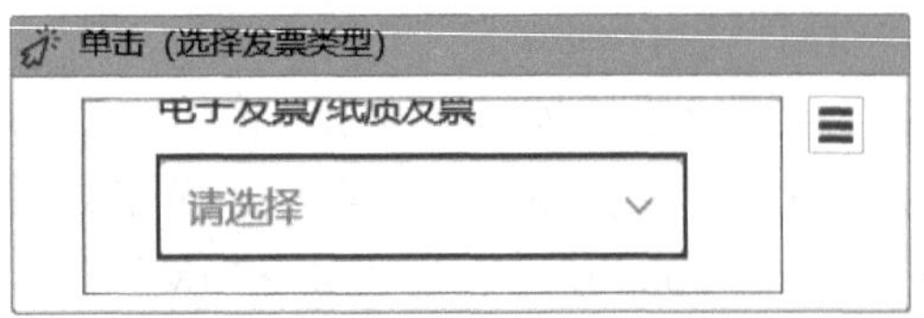

图8-17 单击（选择发票类型）

图8-18 单击（电子发票）

步骤五：如图 8-19 所示，添加【用户界面自动化】—【元素】—【鼠标】类别下的【单击】活动，显示名称中增加“(发票票类)”，通过“指明在屏幕上”功能拾取发票票类下的“请选择”元素。

步骤六：如图 8-20 所示，添加【用户界面自动化】—【元素】—【鼠标】类别下的【单击】活动，显示名称中增加“(普通发票)”，通过“指明在屏幕上”功能拾取发票票类下的“普通发票”元素。

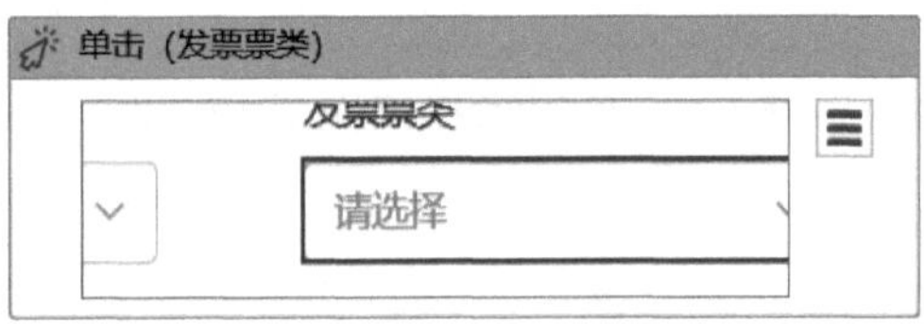

图8-19 单击（发票票类）

图8-20 单击（普通发票）

步骤七：如图 8-21 所示，添加【用户界面自动化】—【元素】—【鼠标】类别下的【单击】活动，显示名称中增加“(确定)”，通过“指明在屏幕上”功能拾取“确定”元素。

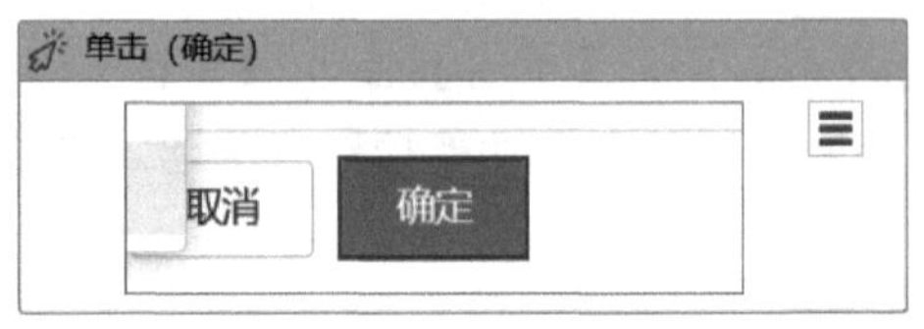

图8-21 单击（确定）

四、选择明细

步骤一：在【IF 条件】活动后添加【System】—【Activities】—【Statements】类别下的【序列】活动，在显示名称中增加“(选择明细)”。如图 8-22 所示，在序列中添加【用户界面自动化】—【元素】—【鼠标】类别下的【单击】活动。活动显示名称中增加“(明细信息)”，通过“指明在屏幕上”功能拾取“明细信息”元素。点击编辑选取器，进入用户界面探测器，在右侧的选定项目栏中勾选“tableRow”属性,，选中“tableRow='1'”中的 1，鼠标右击选择变量 *n*，将“tableRow='1'”使用变量替代变为“tableRow='{{*n*}}'”，修改结果如图 8-23 所示。变量 *n* 用于控制发票明细行次，比如当 *n*=1 时，选择项目名称第一行按钮，当 *n* 赋值加 1 明细增行后，*n*=2，此时就会选择第二行项目名称按钮。

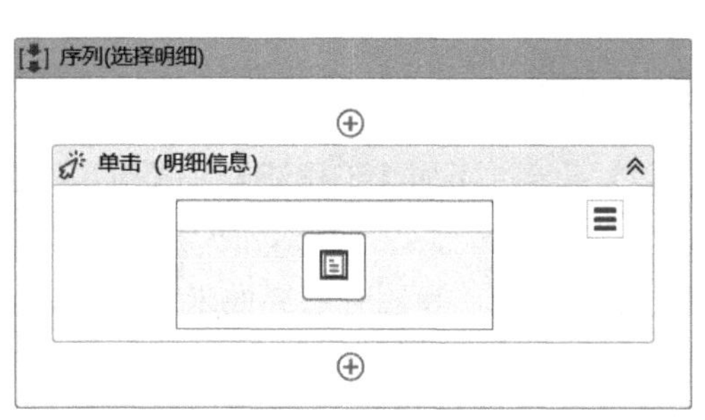

图8-22　单击（明细信息）

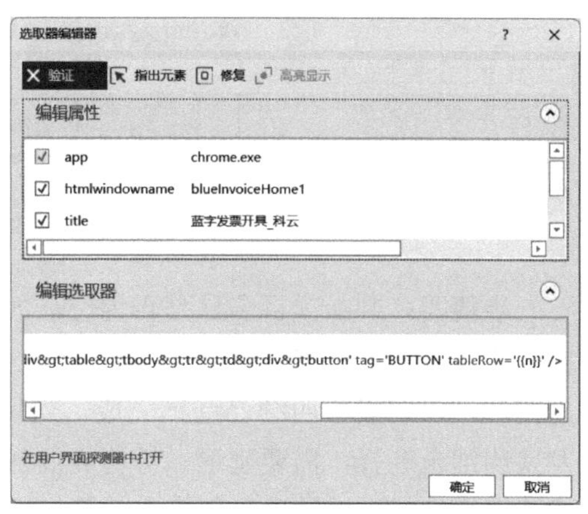

图8-23　选取器编辑器修改结果（一）

步骤二：如图8-24所示，添加【用户界面自动化】—【元素】—【鼠标】类别下的【单击】活动，活动显示名称中增加“(选择明细)”，通过“指明在屏幕上”功能拾取“选择”元素。点击编辑选取器，然后进入用户界面探测器，在右侧的选定项目栏中勾选“tableRow”属性，选中“tableRow='1'”中的1，鼠标右击选择变量 d，将“tableRow='1' ”使用变量替代变为“tableRow='{{d}}'”，修改结果如图8-25所示，变量 d 用于控制明细的选择按钮。

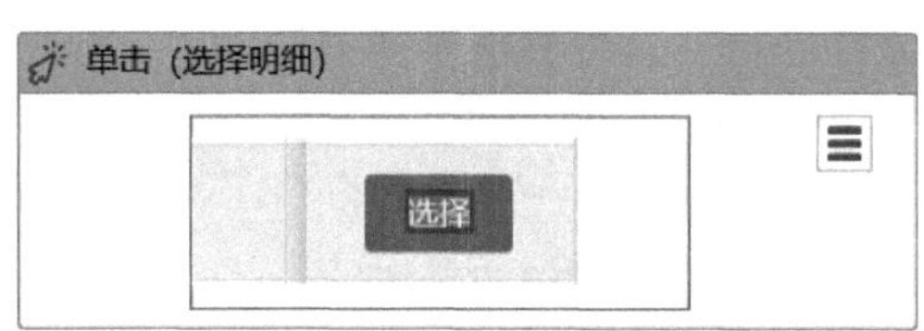

图8-24　单击（选择明细）

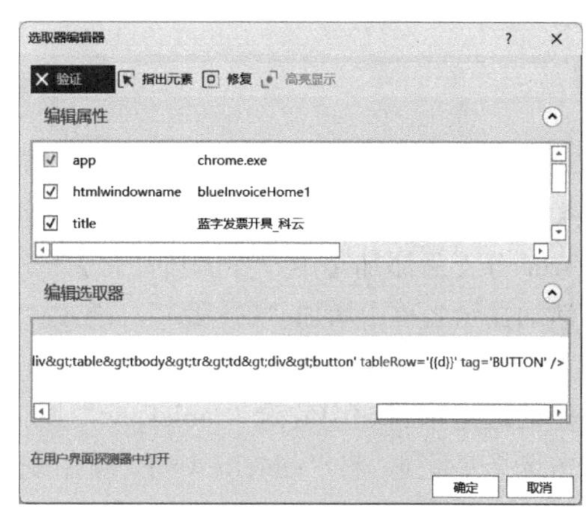

图8-25　选取器编辑器修改结果（二）

步骤三：在变量面板增加变量项目名称，变量类型为String，范围为RPA发票填开机器人。此变量用于输入或输出所获取的项目名称文本。如图8-26所示，添加【用户界面自动化】—【元素】—【控件】类别下的【获取文本】活动，活动显示名称中增加“(项目名称)”，通过“指明在屏幕上”功能拾取项目名称元素，同样需要进入用户界面探测器，在右侧的选定项目栏中勾选“tableRow”属性，选中“tableRow='1'”中的1，鼠标右击选择变量 n，将“tableRow='1'”使用变量替代变为“tableRow='{{n}}'”。最后设置属性，将输出的值设为变量项目名称。

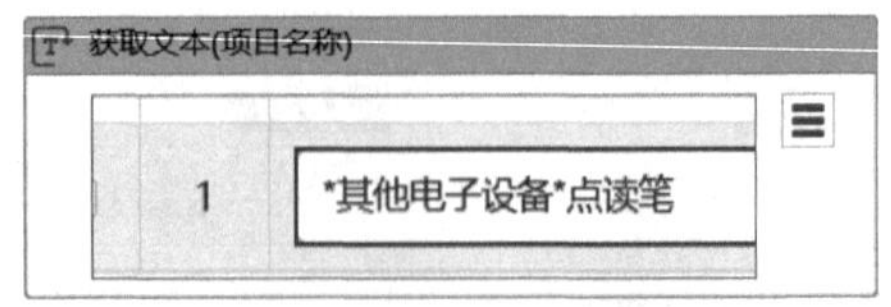

图8-26 获取文本（项目名称）

步骤四：判断项目名称是否为空。如图 8-27 所示，添加【工作流】—【流程图】类别下的【流程决策】活动，设置决策条件为“项目名称<> ""”，即项目名称不为空时，表明发票明细已选择完成，当项目明细为空时，表明开票界面未加载完成，发票明细未选择，需要延迟，等待界面加载完成。此步骤是为确保 RPA 能完整运行，避免网络加载缓慢导致流程停滞的稳健性操作。

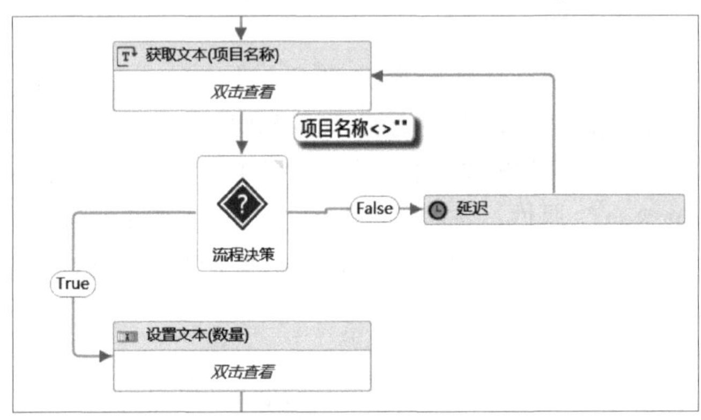

图8-27 流程决策判断项目名称

步骤五：在流程决策 False 分支后添加【System】—【Activities】—【Statements】类别下的【延迟】活动，设置持续时间 00：00：01。如图 8-28 所示，在流程决策 True 分支后添加【用户界面自动化】—【元素】—【控件】类别下的【设置文本】，活动显示名称中增加“(数量)”，通过“指明在屏幕上”功能拾取数量栏下的“请输入”元素。设置活动属性输入文本为“row(6).ToString”。进入用户界面探测器，在右侧的选定项目栏中勾选“tableRow”属性，选中“tableRow='1'”中的“1”，鼠标右击选择变量 *n*，将“tableRow='1'”使用变量替代变为“tableRow='{{*n*}}'”。

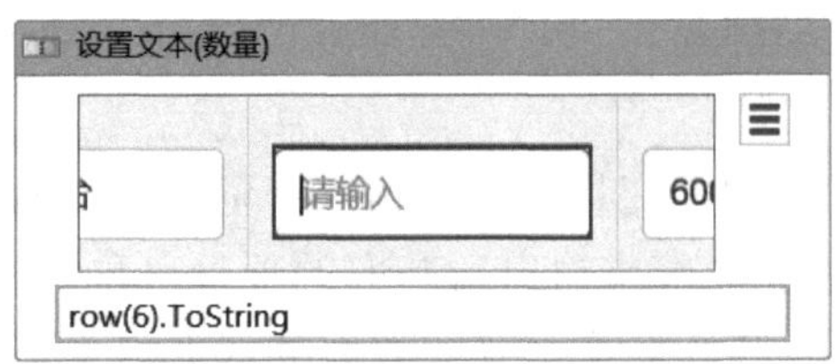

图8-28 设置文本（数量）

五、开具发票

步骤一：添加【System】—【Activities】—【Statements】类别下的【分配】活动，

在显示名称中增加“(赋值 *i* 填写下一条记录)”。在变量面板创建变量 *i*，变量类型为 Int32，范围为 RPA 发票填开机器人。如图 8-29 所示，设置【分配】，令 *i*=*i*+1，用于赋值变量 *i* 填开下一张发票。

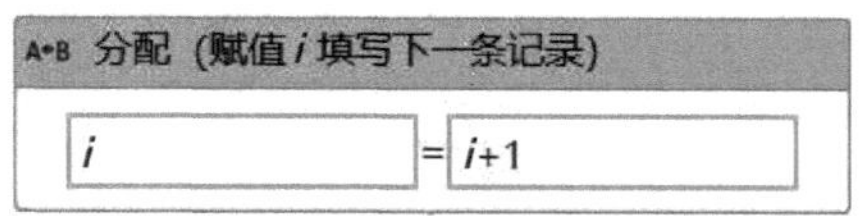

图8-29　分配（赋值i填写下一条记录）

步骤二：开始判断是否打印发票。如图 8-30 所示，添加【工作流】—【流程图】类别下的【流程决策】活动，设置决策条件为“*i*=data.Rows.Count”，即 *i* 是否等于 data 的行数。当条件成立时，说明该张发票为最后一张，执行【流程决策】活动左侧为真的流程：打印发票。

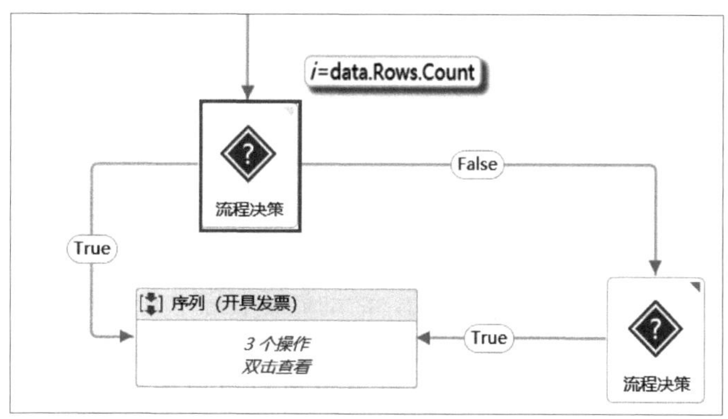

图8-30　流程决策判断是否打印1

步骤三：当步骤二中的条件不成立时，说明其不是最后一张发票，进入下一判断流程：判断该张发票的明细是否已经填写完毕。如图 8-31 所示，添加【工作流】—【流程图】类别下的【流程决策】活动，设置决策条件为“data(i)(0).ToString <> ""”。下一行的第一列发票类别非空，说明下一行是新的发票信息，本发票已经全部填写完毕。下一行货物名称为空，表明发票明细未开具完成，需新增行。

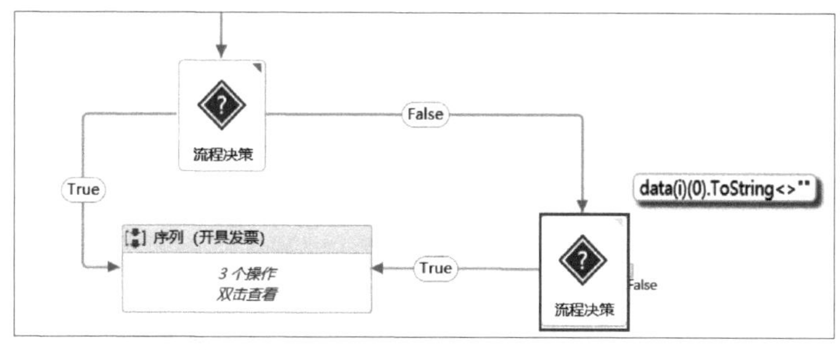

图8-31　流程决策判断是否打印2

步骤四：上述判断完毕后，即可进入打印发票步骤，如图 8-32 所示，在序列中添加【System】—【Activities】—【Statements】类别下的【IF 条件】活动，在显示名称中增加“(判断是否折扣)”，设置条件为“row(7).ToString=""”，即对于数据表 data 中每一个行的折扣率列数据进行判断，当该列数据为空时，执行 Then 分支内容，当该列数据不为空时，执行 Else 分支内容。当数据表中的折扣率列存在数据时，说明需要添加折扣率，若不存在数据则无须添加折扣率，因此只需在 Else 分支中添加活动即可。

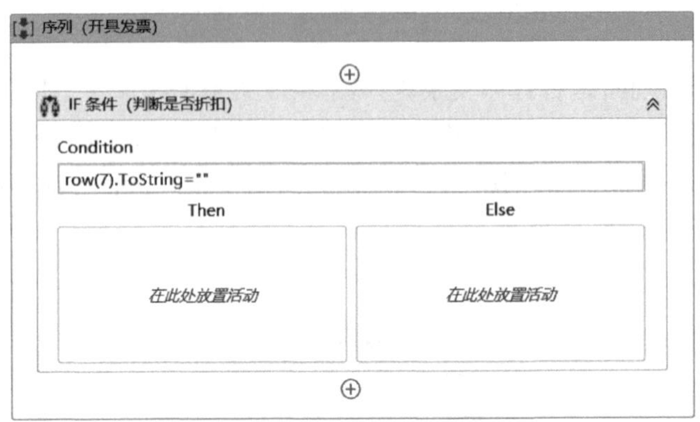

图8-32 序列（开具发票）

步骤五：如图 8-33 和图 8-34 所示，在 Else 分支内添加两个【用户界面自动化】—【元素】—【鼠标】类别下的【单击】活动，活动显示名称中分别增加“(序号)”和“(添加折扣)”，通过“指明在屏幕上”功能拾取序号勾选框和“添加折扣”元素。如图 8-35 所示，添加【用户界面自动化】—【元素】—【控件】类别下的【设置文本】，活动显示名称中增加“(折扣率)”，通过“指明在屏幕上”功能拾取“折扣率”元素。设置活动属性输入文本为“row(7).ToString”。如图 8-36 所示，添加【用户界面自动化】—【元素】—【鼠标】类别下的【单击】活动，活动显示名称中增加“(保存)”，通过“指明在屏幕上”功能拾取“保存”元素。

图8-33 单击（序号）

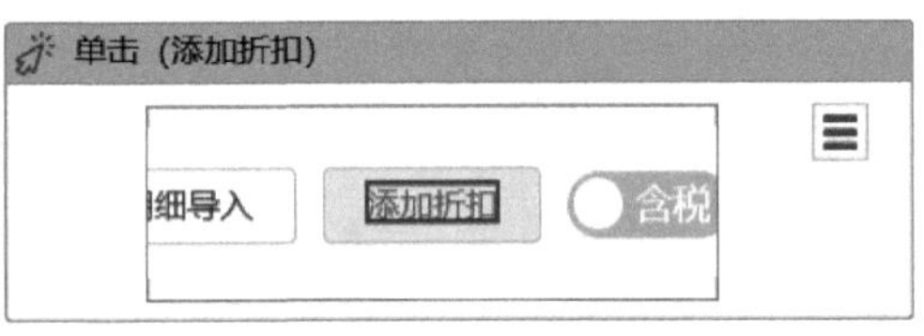

图8-34 单击（添加折扣）

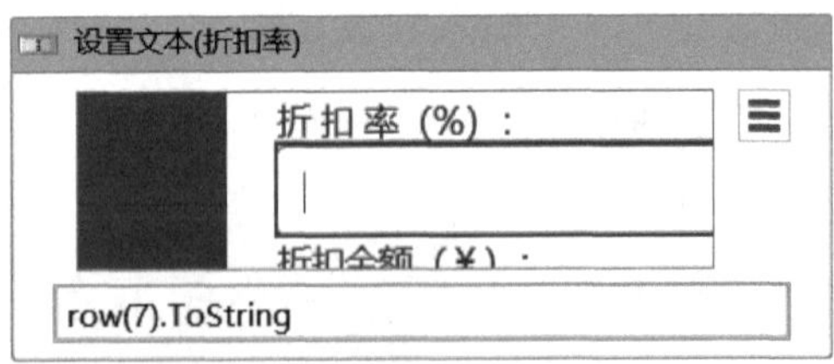

图8-35 设置文本（折扣率）

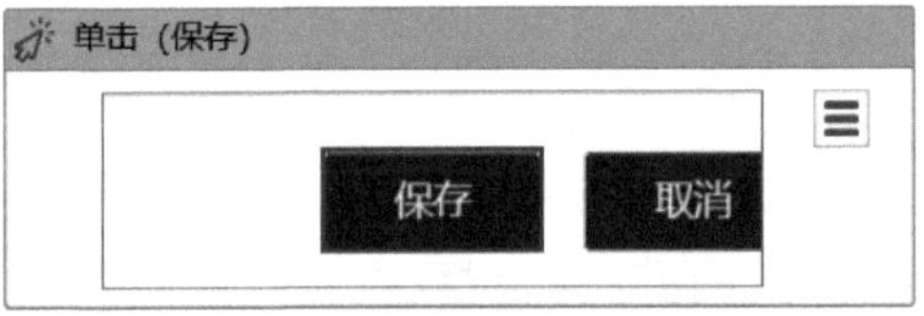

图8-36 单击（保存）

步骤六：如图 8-37 所示，在 IF 条件活动后添加两个【用户界面自动化】—【元素】—【鼠标】类别下的【单击】活动，活动显示名称中分别增加“（发票开具）”和“（继续开票）”，通过“指明在屏幕上”功能拾取“发票开具”和“继续开票”元素。

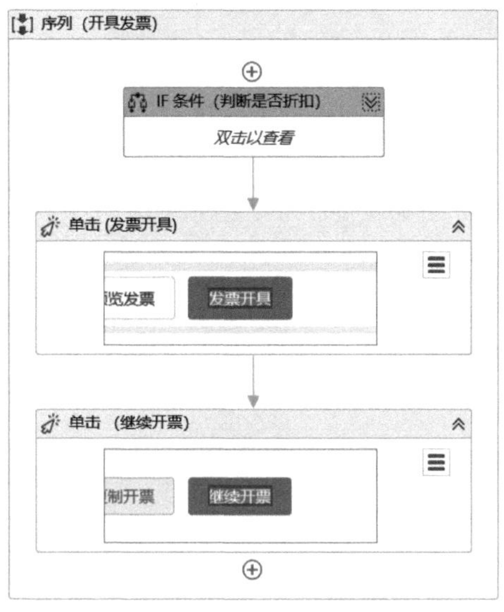

图8-37　序列（开具发票）

【任务总结】

本任务主要学习了 RPA 开票填写发票内容流程开发，包括判断行次、选择客户、更改发票类型、选择明细、开具发票等内容，重点掌握 RPA 开票流程的搭建及活动使用。

【职业素养提升】

《中华人民共和国发票管理办法》第二十二条第二款规定：任何单位和个人不得有下列虚开发票行为：①为他人、为自己开具与实际经营业务情况不符的发票；②让他人为自己开具与实际经营业务情况不符的发票；③介绍他人开具与实际经营业务情况不符的发票。

根据《中华人民共和国发票管理办法》第三十七条规定，违反本办法第二十二条第二款的规定虚开发票的，由税务机关没收违法所得；虚开金额在 1 万元以下的，可以并处 5 万元以下的罚款；虚开金额超过 1 万元的，并处 5 万元以上 50 万元以下的罚款；构成犯罪的，依法追究刑事责任。

根据《中华人民共和国刑法》第二百零五条之规定，虚开增值税专用发票或者虚开用于骗取出口退税、抵扣税款的其他发票，是指为他人虚开、为自己虚开、让他人为自己虚开、接受他人虚开行为之一的行为。

虚开增值税专用发票的，处三年以下有期徒刑或者拘役，并处二万元以上二十万元以下罚金；虚开的税款数额巨大或者有其他严重情节的，处三年以上十年以下有期徒刑，并处五万元以上五十万元以下罚金；虚开的税款数额特别巨大或者有其他特别严重情节的，处十年以上有期徒刑或者无期徒刑，并处没收财产。

党的二十大报告指出，加快建设法治社会。法治社会是构筑法治国家的基础。弘扬社会主义法治精神，传承中华优秀传统法律文化，引导全体人民做社会主义法治的忠实崇尚者、自觉遵守者、坚定捍卫者。建设覆盖城乡的现代公共法律服务体系，深入开展法治宣传教育，增强全民法治观念。推进多层次多领域依法治理，提升社会治理法治化水平。发挥领导干部示范带头作用，努力使尊法学法守法用法在全社会蔚然成风。

建设法治国家，谈谈财税工作人员应当如何做。

【岗课赛证融通测评】

任务一岗课赛证融通测评

【知识技能评价】

知识技能评价表

业务能力	评价内容	评价结果	改进措施
判断行次	1. 多重分配的设置 2. 流程决策的设置 3. 分配的设置 4. 变量的创建	□A　□B　□C □A　□B　□C □A　□B　□C □A　□B　□C	1. 2. 3.
选择客户	1. 简单活动的设置 2. 元素的修改 3. 通配符的使用	□A　□B　□C □A　□B　□C □A　□B　□C	1. 2. 3.
更改发票类型	1. IF 条件的使用 2. 简单活动的设置	□A　□B　□C □A　□B　□C	1. 2. 3.
选择明细	1. 简单活动的设置 2. 元素的修改	□A　□B　□C □A　□B　□C	1. 2. 3.
开具发票	1. 流程决策的设置 2. 分配的设置	□A　□B　□C □A　□B　□C	1. 2. 3.
说明：在□中打 √，A 掌握，B 基本掌握，C 未掌握			
任课教师评语：			
成绩：		任课教师签字	

任务二　RPA增值税申报机器人

【任务情景】

北京风尚雅居家具用品有限公司主营家具生产与销售，企业财务人员每月要耗费大量时间申报增值税税款，为提升工作效率，公司决定开发 RPA 增值税申报机器人以代替人工完成此项工作。

微课 -RPA 增值税申报机器人（上）

任务要求：根据所提供的业务数据完成 RPA 增值税申报机器人。

1. 科目余额表
2. 交通登记表

交通登记表如表 8-2 所示。

微课 -RPA 增值税申报机器人（中）

表8-2　交通登记表

所属期	票种	份数	金额/元	税额/元
2023/6/1	机票	1	550.46	49.54
2023/6/1	机票	1	550.46	49.54
2023/6/1	可抵扣的士票	4	207.28	6.22
2023/6/12	机票	1	688.07	61.93
2023/6/12	机票	1	688.07	61.93
2023/6/12	可抵扣的士票	2	65.53	1.97
2023/6/20	动车票	1	195.41	17.59
2023/6/20	动车票	1	195.41	17.59
2023/6/20	可抵扣的士票	5	95.63	2.87
合计		17	3236.32	269.18

微课 -RPA 增值税申报机器人（下）

科目余额表

3. 进转出备查簿

进转出备查簿如表 8-3 所示。

表8-3　进转出备查簿

所属期	项目	金额/元	税额/元	备注
2023/6/30	非正常损失	579	75.27	门板损坏
2023/6/30	非正常损失	780	101.4	柜子摔坏
2023/6/30	集体福利、个人消费	3682	478.66	职工福利

【知识准备】

在公司的实际业务操作中，会计人员根据纳税申报信息表，登录电子税务局进行增值税申报工作。因此，结合实际业务操作，可以将 RPA 增值税申报机器人

（图 8-38）的流程分为三个子流程：读取纳税申报信息表、登录报税系统、申报增值税。

关于读取纳税申报信息表和登录报税系统的开发步骤，本案例不再详细展开。在子流程申报增值税中，主要工作是填写申报增值税的主表和各个附表。其中，填写附表 2（本期进项税额明细）较为复杂，除了填写项目多，还涉及网页与 Excel 表格相互结合判断，从而完成进项税额转出的填写。除此之外，本案例涉及较多变量，既有从纳税申报信息表中读取数据的，也有从申报附表获取数据的，且附表之间是有联系的。因此需要从整体上理解报税流程，前后相结合进行，才能完成本案例的开发。

【任务实施】

一、申报抵扣的进项税额

步骤一：如图 8-38 所示，在填写附表 2 流程中补充剩下流程。添加【用户界面自动化】—【元素】—【鼠标】类别下的【单击】活动，在显示名称中增加“(附表 2)”，通过“指出浏览器中的元素”功能拾取“增值税及附加税费申报表附列资料（二）”，进入该活动的属性面板，勾选模拟单击，以进入附表 2 的填写界面，如图 8-39 和图 8-40 所示。

附表 2 主要填写的是本期进项税额明细，首先需要填写“一、申报抵扣的进项税额”。查看纳税申报信息表，可知需要填写的是交通票登记表的合计信息，已经在子流程 1 中读取到变量表“data_4”中。由于交通票属于“项目（二）其他扣税凭证下的其他”类别，也属于“项目（四）本期用于抵扣的旅客运输服务扣税凭证”。因此对于交通票合计的份数、金额、税额等信息，需要分别填写两处地方。

步骤二：如图 8-41 所示，添加两个【用户界面自动化】—【元素】—【控件】类别下的【设置文本】活动，在显示名称中增加“(发票份数)”，通过“指出浏览器中的元素”功能拾取“项目（二）其他扣税凭证下的其他类别”和“项目（四）本期用于抵扣的旅客运输服务扣税凭证”对应的份数填写位置。由于份数在 data_4 的第一行第三列，因此设置输入文本为“data_4(0)(2).tostring”。

步骤三：如图 8-42 所示，添加两个【用户界面自动化】—【元素】—【控件】类别下的【设置文本】活动，在显示名称中增加“(发票金额)”，通过“指出浏览器中的元素”功能拾取“项目（二）其他扣税凭证下的其他类别”和“项目（四）本期用于抵扣的旅客运输服务扣税凭证”对应的金额填写位置。由于金额在 data_4 的第一行第四列，因此设置输入文本为“data_4(0)(3).tostring”。

步骤四：如图 8-43 所示，添加两个【用户界面自动化】—【元素】—【控件】类别下的【设置文本】活动，在显示名称中增加“(税额)”，通过“指出浏览器中的元素”功能拾取“项目（二）其他扣税凭证下的其他类别”和“项目（四）本期用于抵扣的旅客运输服务扣税凭证”对应的税额填写位置。由于税额在 data_4 的第一行第五列，因此设置输入文本为“data_4(0)(4).tostring”。

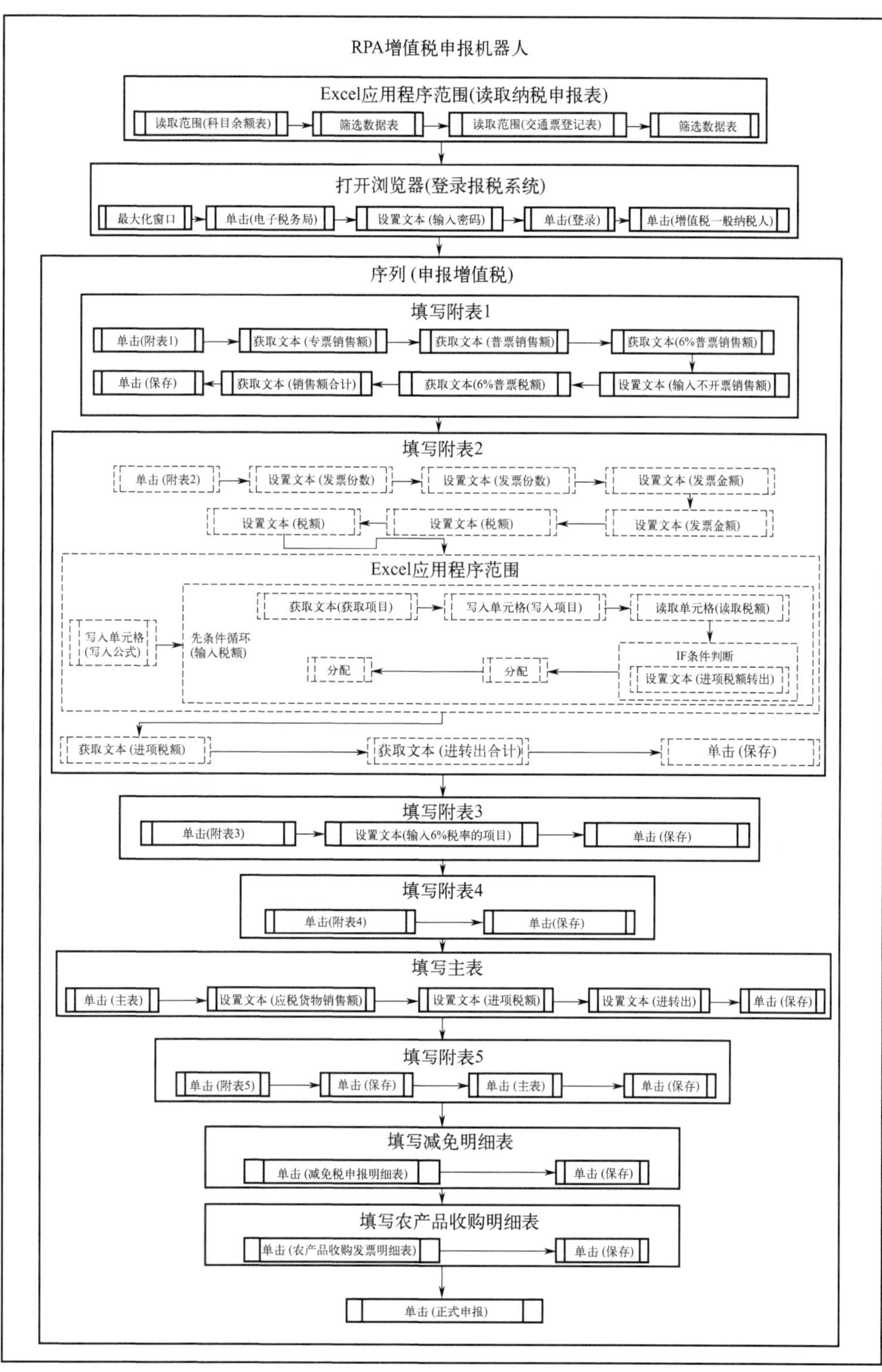

图8-38　RPA增值税申报机器人流程图

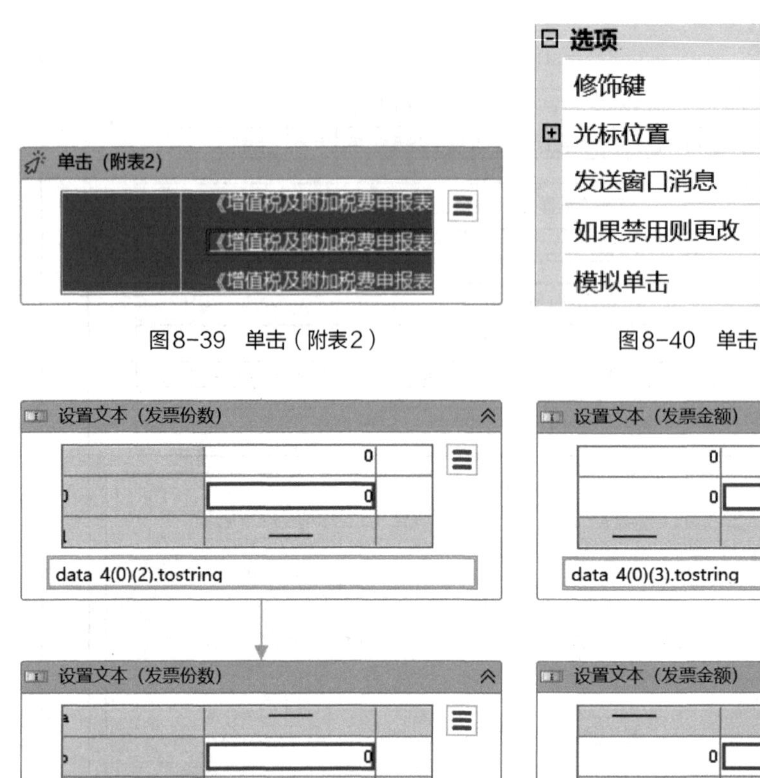

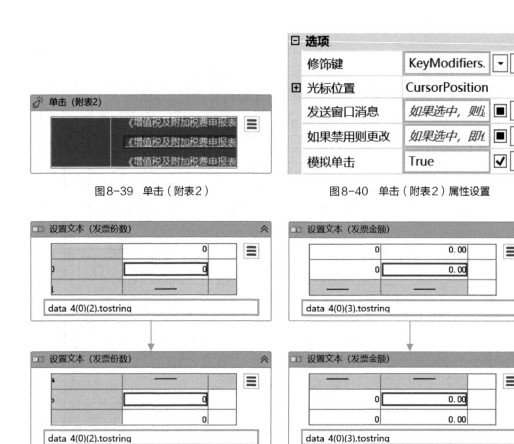

图8-39 单击（附表2）

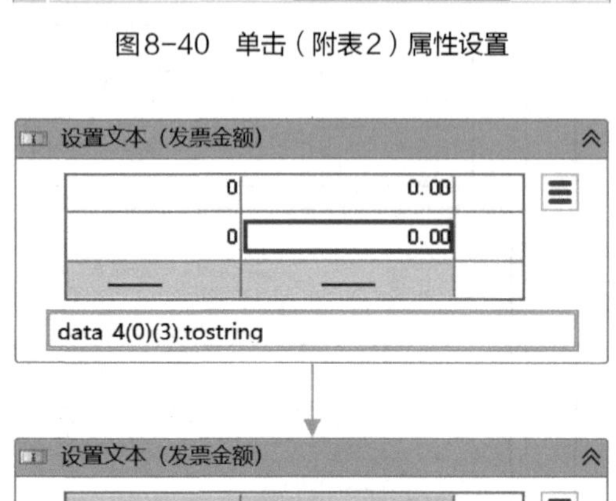

图8-40 单击（附表2）属性设置

图8-41 设置文本（发票份数）

图8-42 设置文本（发票金额）

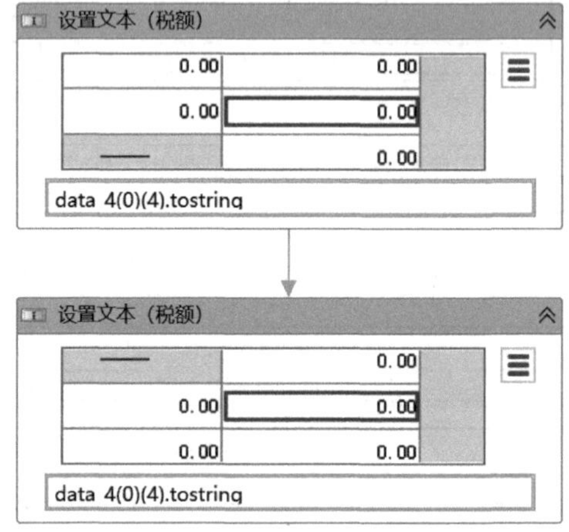

图8-43 设置文本（税额）

二、填写进项税额转出额

接着填写“二、进项税额转出额”的内容，需要结合Excel表格操作和SUMIF函数以获取对应项目的税额。因此用到【Excel应用程序范围】活动，该活动执行序列下有【写入单元格】和【先条件循环】两个活动。

步骤一：如图 8-44 所示，添加【应用程序集成】—【Excel】类别下的【Excel 应用程序范围】活动。为该活动设置工作簿路径，单击“浏览”按钮，选择“纳税申报信息表 .xls”文件。

步骤二：如图 8-45 所示，在【Excel 应用程序范围】活动的执行序列中添加【应用程序集成】—【Excel】类别下的【写入单元格】活动，在显示名称中增加“(写入公式)”，写入工作表名称设置为“进转出备查簿”，范围为“H1”，值为“=SUMIF(B:B,G1,D:D)”。在后续流程中，会利用【获取文本】获取进项税额转出的项目，再利用【写入单元格】将项目名称输入 G1 单元格。本步骤输入的公式可在后续帮助计算出该项目的税额总和，以便填入附表 2。

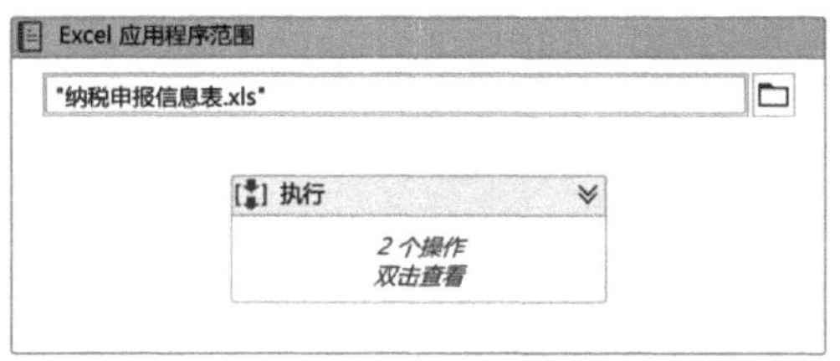

图8-44　Excel应用程序范围

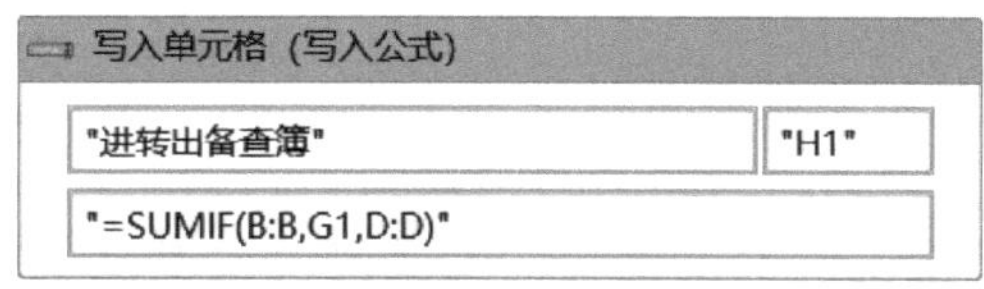

图8-45　写入单元格（写入公式）

步骤三：如图 8-46 所示，添加【工作流】—【控件】类别下的【先条件循环】活动，在显示名称中增加“(输入税额)”。在变量面板创建变量 *n*，类型选择 Int32，范围选择 RPA 增值税申报机器人，初始值设为 19。条件设置为 *n* ＜ =28 and (*n* ＜＞ 26 or *n* ＜＞ 27)。*n* 初始值为 19 和该条件的设置原因留到下面进行说明。

为得到进转出备查簿子表中每个项目的税额之和，需要到附表 2 页面获取进项税额转出的每个项目名称，填写到进转出备查簿子表中，结合先前输入的条件求和函数即可得出该项目税额之和。

步骤四：如图 8-47 所示，添加【用户界面自动化】—【元素】—【控件】类别下的【获取文本】活动，在显示名称中增加“(获取项目)”。通过“指出浏览器中的元素”功能获取进项税额转出的第一个项目“免税项目用”。

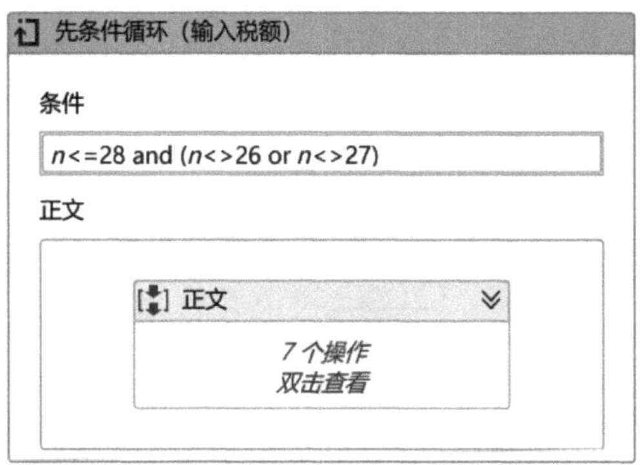

图8-46　先条件循环（输入税额）

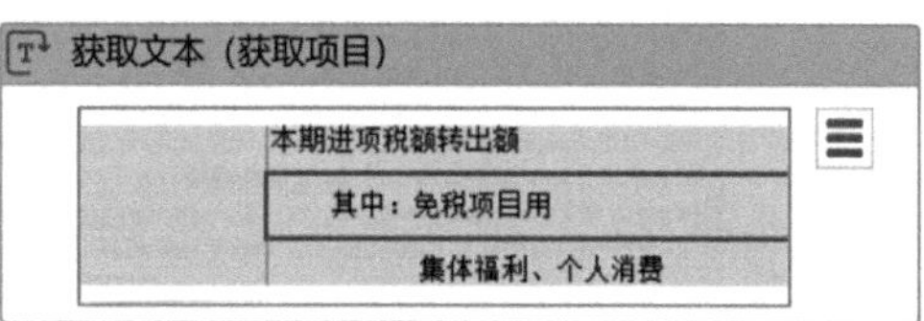

图8-47　获取文本（获取项目）

步骤五：此处解释说明【先条件循环】活动的条件设置原因，打开【获取文本】活动的编辑选取器，如图 8-48 和图 8-49 所示，可以看到“tableRow='19'”，这表明第一个项目“免税项目用”是在第 19 行，一共 10 个项目，则最后一个项目在第 28 行。由于第 26、27 行两行无须获取，因此需要获取的是第 19 ～ 28 行（除 26、27 两行）的项目名称。所以变量 n 的初始值设置为 19，【先条件循环】活动的条件设置为 n < =28 and (n <> 26 or n <> 27)。

编辑选取器

```
<html app='chrome.exe' title='RPA环境' />
<webctrl name='onlinetax' tag='IFRAME' />
<webctrl src='OnlinetaxSelectTaxAction.do?datatype=practice&amp;contentId=20220424*' tag='FRAME' />
<webctrl id='mainFrame' tag='IFRAME' />
<webctrl css-selector='body&gt;div&gt;form&gt;table' idx='2' tag='TABLE' />
<webctrl isleaf='1' tableCol='1' tableRow='19' tag='TD' />
```

图8-48　获取文本的页面元素

本期进项税额转出额	
19	其中：免税项目用
20	集体福利、个人消费
21	非正常损失
22	简易计税方法征税项目用
23	免抵退税办法不得抵扣的进项税额
24	纳税检查调减进项税额
25	红字专用发票信息表注明的进项税额
26	上期留抵税额抵减欠税
27	上期留抵税额退税
28	其他应作进项税额转出的情形

图8-49　变量n初始值说明

步骤六：为了能依次循环获取每个项目名称，要将选取器中代表行数位置的 19 用变量 n 替换控制。针对⑧中添加的【获取文本】活动，打开编辑选取器，如图 8-50、图 8-51 和图 8-52 所示，选中 19，右键单击选择变量，选取变量 n 以替换。如图 8-53 所示，将第三行星号前的 20220424 删除，留下星号通配符即可。

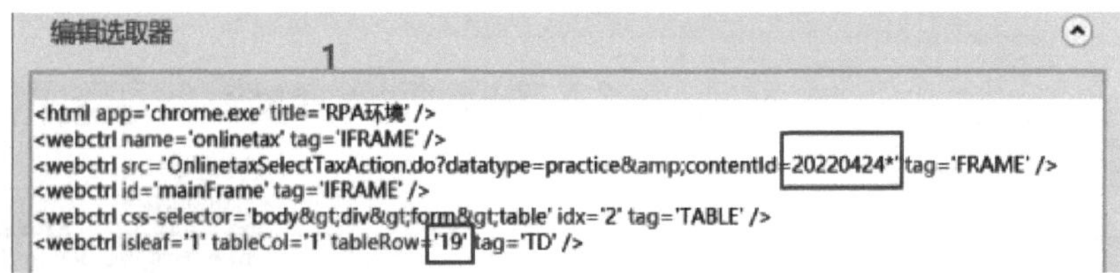

编辑选取器

1

```
<html app='chrome.exe' title='RPA环境' />
<webctrl name='onlinetax' tag='IFRAME' />
<webctrl src='OnlinetaxSelectTaxAction.do?datatype=practice&amp;contentId=20220424*' tag='FRAME' />
<webctrl id='mainFrame' tag='IFRAME' />
<webctrl css-selector='body&gt;div&gt;form&gt;table' idx='2' tag='TABLE' />
<webctrl isleaf='1' tableCol='1' tableRow='19' tag='TD' />
```

图8-50　通配符替换元素（一）

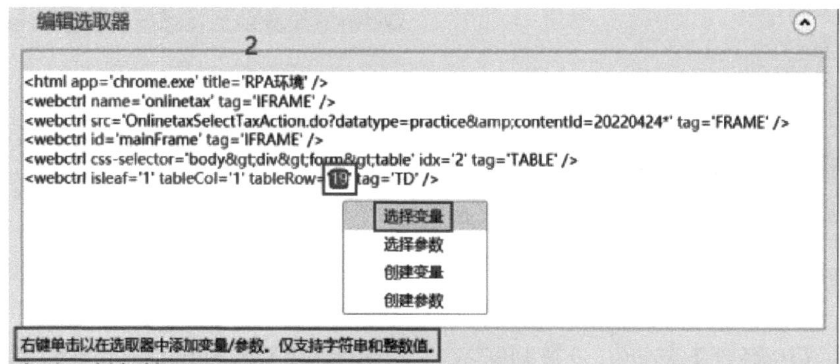

图8-51　变量替换元素（一）

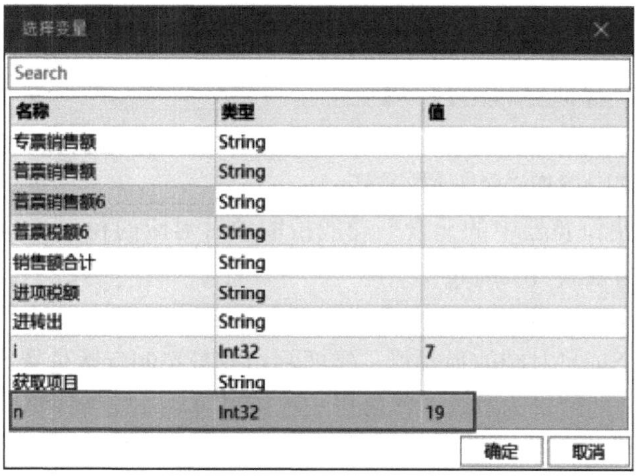

选择变量

Search

名称	类型	值
专票销售额	String	
普票销售额	String	
普票销售额6	String	
普票税额6	String	
销售额合计	String	
进项税额	String	
进转出	String	
i	Int32	7
获取项目	String	
n	Int32	19

确定　取消

图8-52　变量替换元素（二）

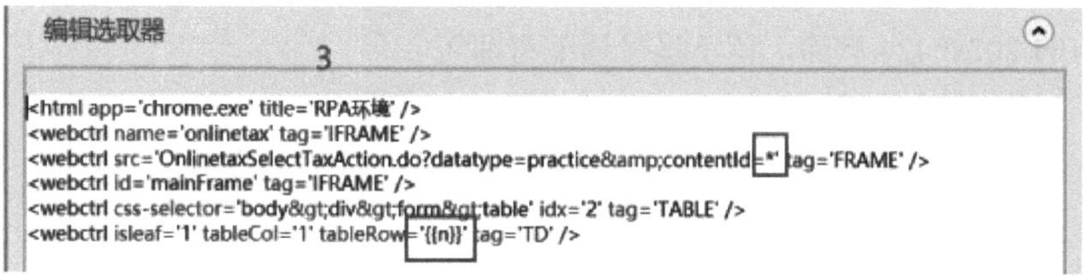

编辑选取器

3

```
<html app='chrome.exe' title='RPA环境' />
<webctrl name='onlinetax' tag='IFRAME' />
<webctrl src='OnlinetaxSelectTaxAction.do?datatype=practice&amp;contentId=*' tag='FRAME' />
<webctrl id='mainFrame' tag='IFRAME' />
<webctrl css-selector='body&gt;div&gt;form&gt;table' idx='2' tag='TABLE' />
<webctrl isleaf='1' tableCol='1' tableRow='{{n}}' tag='TD' />
```

图8-53　变量替换元素（三）

步骤七：如图 8-54 所示，添加【应用程序集成】—【Excel】类别下的【写入单元格】活动，显示名称增加“（写入项目）”，写入工作表名称为“进转出备查簿”，范围为“G1”，值为变量“获取项目”。

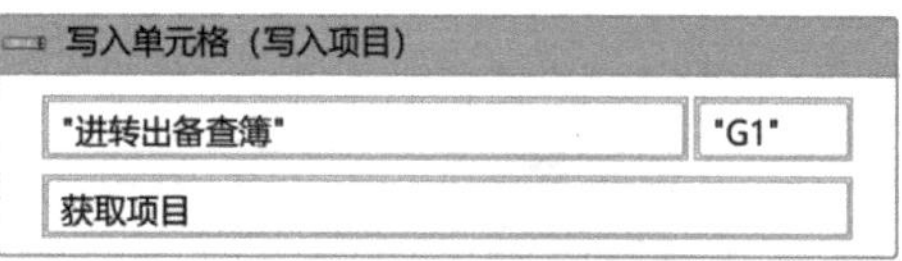

图8-54　写入单元格（写入项目）

步骤八：如图 8-55 所示，添加【应用程序集成】—【Excel】—【表格】类别下的【读取单元格】活动，在显示名称中增加“（读取税额）”。输入单元格设置为“H1”，工作表设置为“进转出备查簿”，输出结果设置为变量“读取进转出税额”。

步骤九：如图 8-56 所示，添加一个【System】—【Activities】—【Statements】

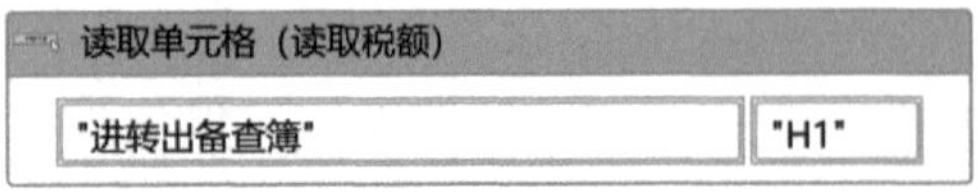

读取单元格（读取税额）

"进转出备查簿"　"H1"

图8-55　读取单元格（读取税额）

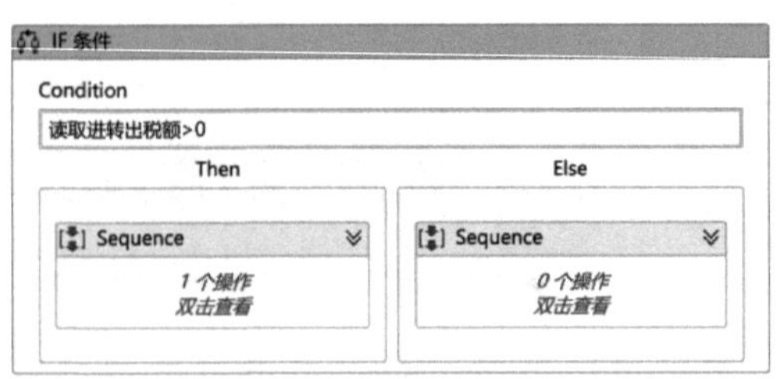

图8-56　IF条件设置

类别下的【IF 条件】活动，设置判断条件为“读取进转出税额＞ 0”。

步骤十：若是循环到的该项目税额大于 0，则需要填写进附表 2。如图 8-57 所示，添加【用户界面自动化】—【元素】—【控件】类别下的【设置文本】活动，在显示名称中增加“(进项税额转出)”，通过“指出浏览器中的元素”功能拾取项目对应的税额填写框，输入文本设置为“读取进转出税额 .ToString”。

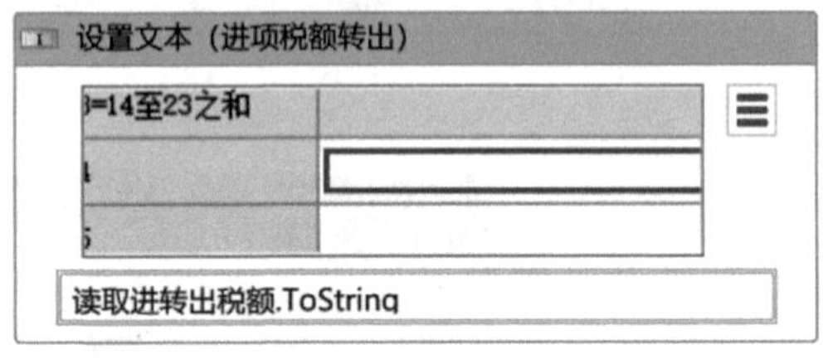

图8-57　设置文本（进项税额转出）

步骤十一：与获取项目名称的【获取本文】活动同理，为了【设置文本】活动能自动填写到每个项目对应的税额栏，需要利用变量控制行数位置。如图 8-58 所示，打开【设置文本】的编辑选取器，在最后一行可以看到 a7，7 即第一个项目对应税额的位置行数。在变量面板创建变量 *i*，类型选择 Int32，范围选择 RPA 增值税申报机器人，因为第一个税额在第 7 行，因此初始值设置为 7。如图 8-59、图 8-60 和图 8-61 所示，打开编辑选取器，选中数字 7，右击选择变量，选择 *i*。除此之外，可将第三行星号前的 20220424 删除，留下星号通配符即可。

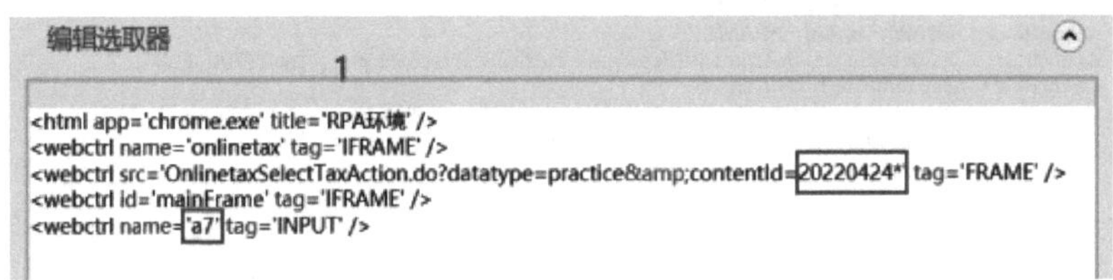

图8-58　通配符替换元素（二）

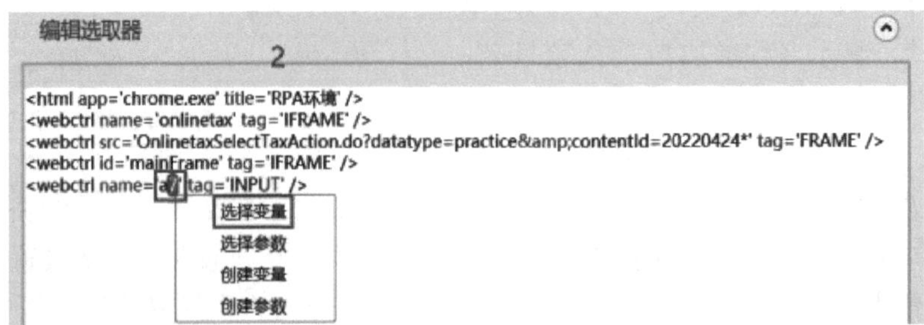

图8-59　变量替换元素（四）

选择变量

Search

名称	类型	值
专票销售额	String	
普票销售额	String	
普票销售额6	String	
普票税额6	String	
销售额合计	String	
进项税额	String	
进转出	String	
i	Int32	7
获取项目	String	
n	Int32	19

确定　取消

图8-60　变量替换元素（五）

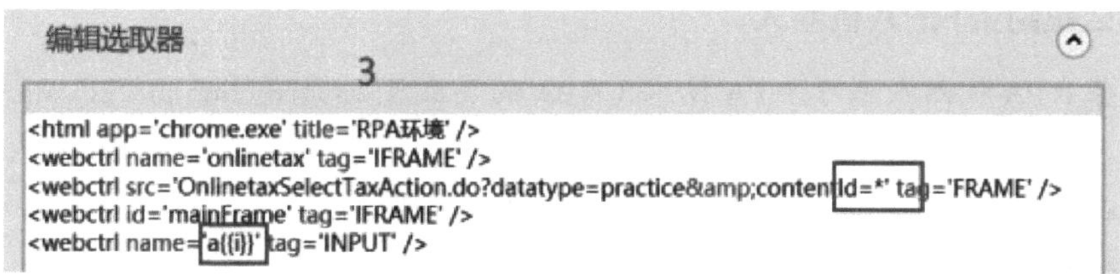

图8-61　变量替换元素（六）

步骤十二：在一个项目循环结束后，为了自动控制进行下一个项目名称的获取和税额的填写，需要对变量 *n* 和 *i* 进行分配。如图 8-62 所示，添加【工作流】—【控件】类别下的【分配】活动，设置【分配】活动中 *n*=*n*+1，*i*=*i*+1。

步骤十三：为了其余表格的填写，需要获取进项税额和本期进项税额转出额。如图 8-63 所示，添加【用户界面自动化】—【元素】—【控件】类别下的【获取文本】活动，在显示名称中增加“(进项税额)”和“(进转出)”，通过“指出浏览器中的元素”功能获取进项税额和本期进项税额转出额，并将值输出到变量“进项税额”和“进转出”。

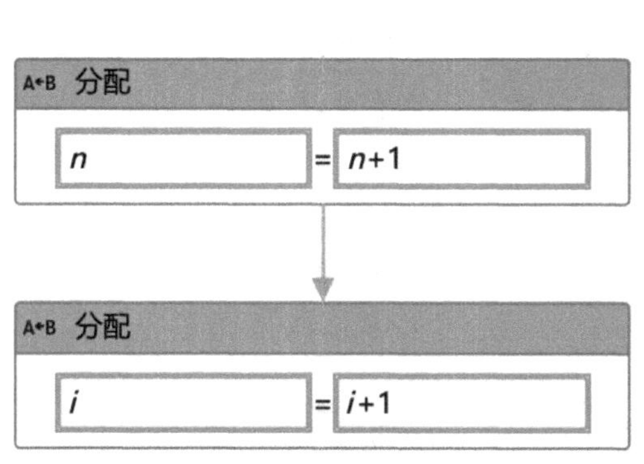

图8-62　分配赋值*n*和*i*

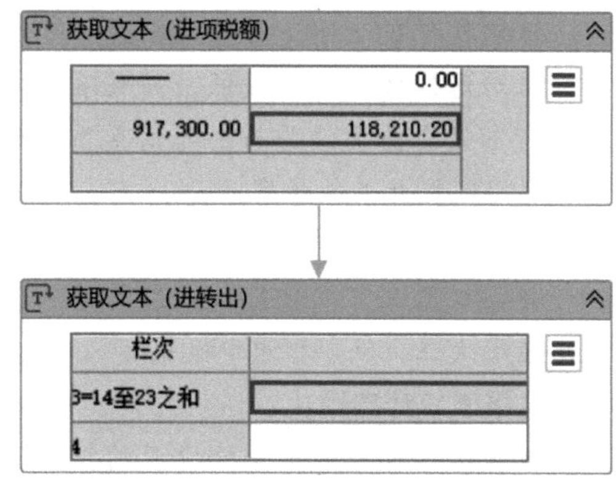

图8-63　获取进项税额和进项税额转出

步骤十四：如图8-64所示，添加【用户界面自动化】—【元素】—【鼠标】类别下的【单击】活动，在显示名称中增加“(保存)”，通过“指明在屏幕上”功能拾取“保存”按钮。

图8-64　单击（保存）

【任务总结】

本任务主要学习了RPA增值税申报机器人填写附表2的流程开发，包括申报抵扣的进项税额、填写进项税额转出额等内容，重点掌握RPA增值税申报机器人流程的搭建、进项税额及进项转出税额的计算与相关活动使用。

【职业素养提升】

一、什么是财务RPA机器人

财务RPA机器人基于RPA技术（RPA的英文全称是robotic process automation，直译过来是机器人流程自动化），能够代替人工进行简单重复操作，处理量大易错业务，可在银企对账、合并报表、费用审核、财务处理等方面大大提高财务工作效率，让财务人力投入到更具创造性的工作中，促进财务转型。

二、RPA财务机器人应用场景

1. 财务自动化

（1）大量高度重复、简单、繁琐的工作可以通过RPA去完成。

（2）有逻辑的工作内容，通过让RPA智能分析和学习各类业务的特征，待类似业务或者科目再发生时，自动触发业务模板生成各类结果。

（3）将现有的软件和现有的IT系统进行整合，跨平台和跨系统进行操作，RPA可以登录不同系统、调用不同的工具、使用不同的应用程序，访问网页，包括在不同的终端进行操作。

2. 账单处理自动化

日常收付款业务交易量比较大、笔数比较多时，通过手工下载银行对账单并进行人工对账的效率会比较低，并且准确率也不高。而对账机器人能够按照规则自动从银行下载交易明细并与企业信息系统中的收款单、付款单自动核对，大大减少对账出错率及提升工作效率。

3. 税务自动化

税务机器人可以进行销项发票的一键开票，进项发票智能识别与处理，专票签收与在线认证、税务智能申报等。

4. 报表统计自动化

报表机器人可根据系统设置的报表编报方式，在固定的时点按设置要求自动批量编制报表、计算报表、上报报表和汇总报表。帮助企业财务人员提高了信息报送的效率，提升了报送的质量。从而在保证了合规的同时，大幅提高企业的整理风险管控工作效率及管理能力。

5. 发票查验自动化

通过RPA机器人自主登录增值税查验平台，轮番查询增值税发票，自动判断发票真伪，减少原先需要的大量人力以及时间，极大地提高了业务部分门的办事效率。

6. 月结自动化

在机器人月结工作台内定义月结任务并设定月结规则。机器人执行月结任务，随后进行月结检查，自动生成月结报告并发送到对应岗位。

7. 审单自动化

报销单提交后，机器人根据单据类型自动提取检查方案，并根据检查方案比对相应的检查项。

谈谈在人工智能和财务机器人环境下财税人员的学习和工作重心。

【岗课赛证融通测评】

任务二岗课赛证融通测评

【知识技能评价】

知识技能评价表

业务能力	评价内容	评价结果	改进措施
申报抵扣的进项税额	1. 进项税额的计算 2. 简单活动的设置	□A　□B　□C □A　□B　□C	1. 2.
填写进项税额转出额	1. 元素的修改 2. 先条件循环的设置 3. Excel相关活动的设置	□A　□B　□C □A　□B　□C □A　□B　□C	1. 2. 3.
说明：在□中打√，A掌握，B基本掌握，C未掌握			
任课教师评语：			
成绩：		任课教师签字	

任务三　RPA企业所得税申报机器人

【任务情景】

北京风尚雅居家具用品有限公司是一家高新技术企业，主营家具生产与销售，其企业所得税采用查账征收方式，预缴期间为按季度预缴。企业财务人员每月或每季度要耗费大量时间申报税款，报税环节费时费力且不能出错，为提升工作效率，公司决定开发RPA企业所得税申报机器人以代替人工完成此项工作。

微课-RPA企业所得税申报机器人（上）

微课-RPA企业所得税申报机器人（中）

微课-RPA企业所得税申报机器人（下）

任务要求：根据提供的业务数据完成 RPA 企业所得税申报机器人。

1. 信息统计表

信息统计表如表 8-4 所示。

表8-4 信息统计表

季度	时间	从业人数	资产总额/万元
第一季度	期初	216	5979.72
	期末	228	5000.30
第二季度	期初	228	5000.30
	期末	215	5048.40
第三季度	期初		
	期末		
第四季度	期初		
	期末		

2. 利润表

利润表如表 8-5 所示。

表8-5 利润表

编制单位：北京风尚雅居家具用品有限公司　　账期：2023年6月　　单位：元

项目	本期金额	本年累计
一、营业收入	945940.00	5602640.00
减：营业成本	680940.68	4055644.08
税金及附加	256.50	1282.50
销售费用	47387.72	284326.32
管理费用	105206.40	631238.40
研发费用		
财务费用	217.20	309.00
其中：利息费用	217.20	1509.00
利息收入		1200.00
加：其他收益		
投资收益（损失以“−”号填列）		
其中：对联营企业和合营企业的投资收益		
以摊余成本计量的金融资产终止确认收益(损失以“−”号填列)		
净敞口套期收益（损失以“−”号填列）		
公允价值变动收益（损失以“−”号填列）		
信用减值损失（损失以“−”号填列）		
资产减值损失（损失以“−”号填列）		

续表

项目	本期金额	本年累计
资产处置收益（损失以“—”号填列）		
二、营业利润（亏损以“-”号填列）	111931.50	629839.70
加：营业外收入		
减：营业外支出		2000.00
三、利润总额（亏损总额以“-”号填列）	111931.50	627839.70
减：所得税费用	2798.29	94175.96
四、净利润（净亏损以“-”号填列）	109133.21	533663.75
（一）持续经营净利润（净亏损以“-”号填列）		
（二）终止经营净利润（净亏损以“-”号填列）		
五、其他综合收益的税后净额		
六、综合收益总额		
七、每股收益		
（一）基本每股收益		
（二）稀释每股收益		

【知识准备】

在公司的实际业务操作中，会计人员根据企业所得税申报资料，登录电子税务局进行企业所得税申报。因此，结合到实际业务操作，可以将 RPA 企业所得税申报机器人（图 8-65）的流程分为三个子流程：读取企业所得税申报资料、登录报税系统、申报企业所得税。

关于读取企业所得税申报资料和登录报税系统的开发步骤，本案例不再详细展开。在子流程申报企业所得税中，主要工作是填写申报企业所得税的主表和附表。其中，附表的填写较为简单。而填写主表的流程中，关于预缴税款的计算填制较为复杂，涉及判断填写的过程。在填制预缴税款时，除了常规项目的填写，还需要对企业是否属于小微企业进行判断，并计算出本期应纳所得税额。

【任务实施】

一、填写基础数据

步骤一：如图 8-65 和图 8-66 所示，进入预缴税款计算的填写部分。首先需要填写相关基础信息。如图 8-67 所示，添加【用户界面自动化】—【元素】—【控件】类别下的【设置文本】活动，在显示名称中增加“(营业收入)”，通过“指出浏览器中的元素”功能拾取行次为 1 的营业收入金额填写框，由于相关数据已经在子流程 1 中被读取出来并存储于对应变量中，设置输入文本为变量“营业收入”。

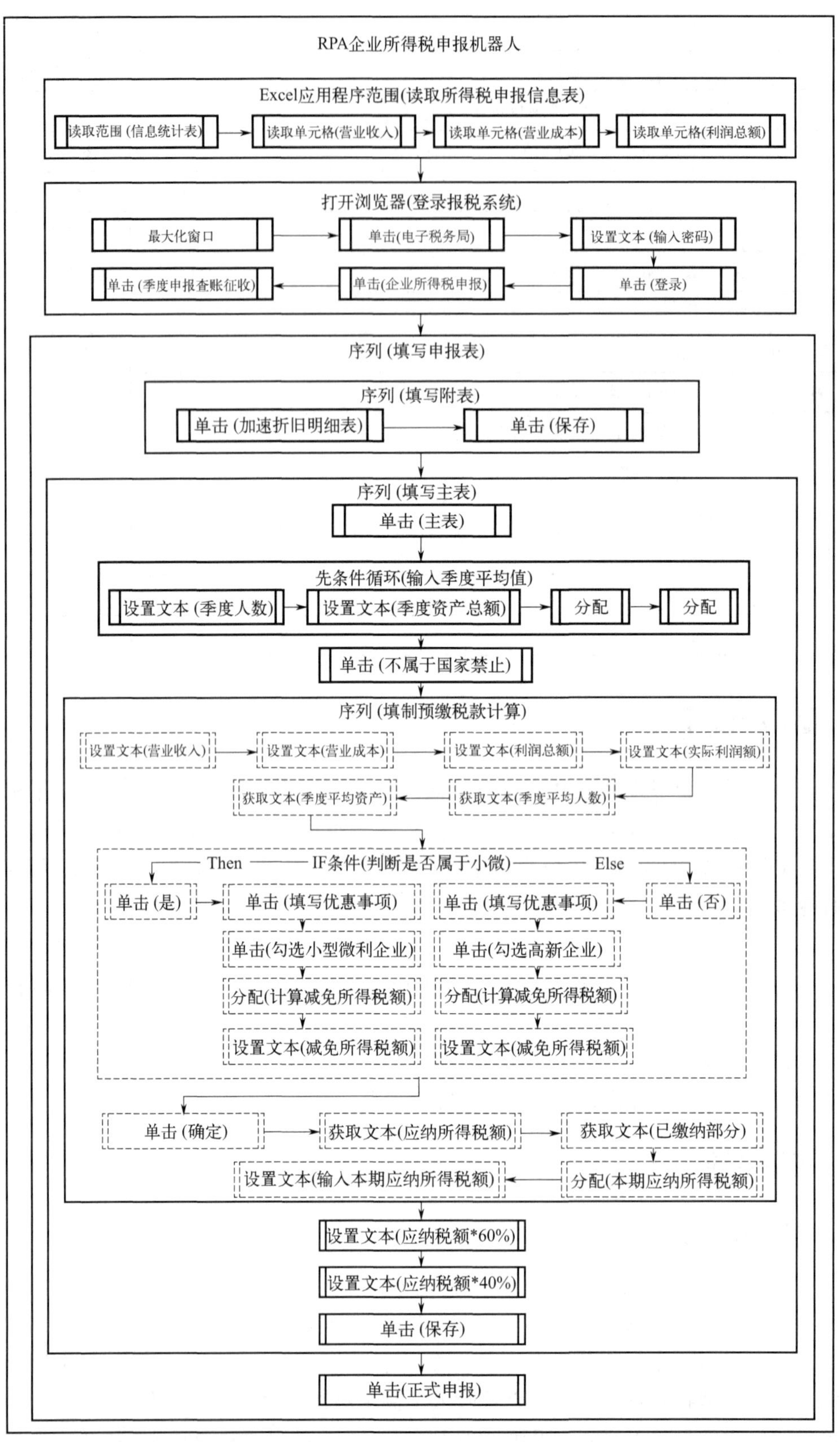

图8-65 RPA企业所得税申报机器人流程图

预缴税款计算		
行次	项目	本年累计金额
1	营业收入	0.00
2	营业成本	0.00
3	利润总额	0.00
4	加：特定业务计算的应纳税所得额	0.00
5	减：不征税收入	0.00
6	减：资产加速折旧、摊销（扣除）调减额（填写A201020）	0.00
7	减：免税收入、减计收入、加计扣除（7.1+7.2+…） 填写优惠事项	0.00
8	减：所得减免（8.1+8.2+…） 填写优惠事项	0.00
9	减：弥补以前年度亏损	0.00
10	实际利润额（3+4-5-6-7-8-9）\ 按照上一纳税年度应纳税所得额平均额确定的应纳税所得额	0.00

图8-66　预缴税款计算

步骤二：如图 8-68 所示，添加【用户界面自动化】—【元素】—【控件】类别下的【设置文本】活动，在显示名称中增加“(营业成本)”，通过“指出浏览器中的元素”功能拾取行次为 2 的营业成本金额填写框，设置输入文本为变量“营业成本”。

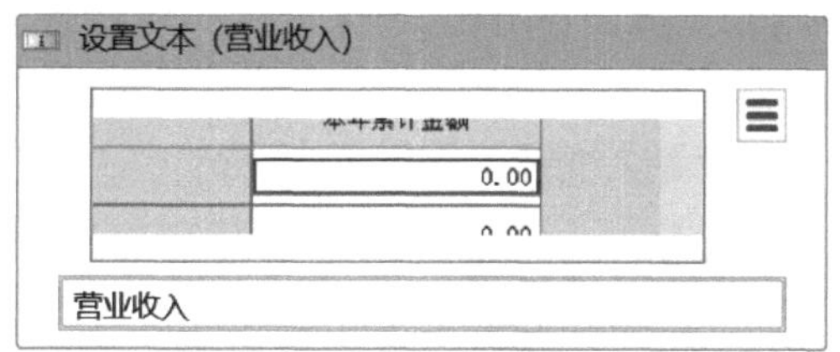

图8-67　设置文本（营业收入）

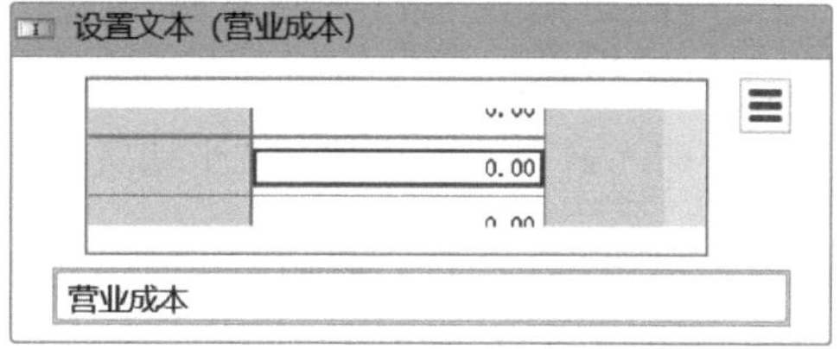

图8-68　设置文本（营业成本）

步骤三：如图 8-69 所示，添加【用户界面自动化】—【元素】—【控件】类别下的【设置文本】活动，在显示名称中增加“(利润总额)”，通过“指出浏览器中的元素”功能拾取行次为 3 的利润总额金额填写框，设置输入文本为变量“利润总额”。

步骤四：如图 8-70 所示，添加【用户界面自动化】—【元素】—【控件】类别下的【设置文本】活动，在显示名称中增加“(实际利润额)”，通过“指出浏览器中的元素”功能拾取行次为 10 的实际利润额金额填写框，设置输入文本为变量“利润总额”。

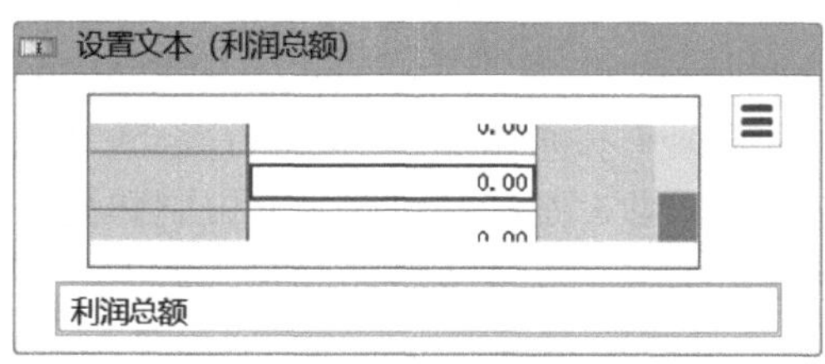

图8-69　设置文本（利润总额）

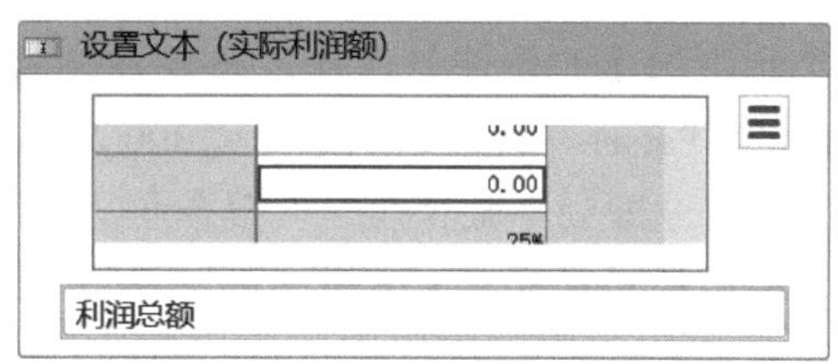

图8-70　设置文本（实际利润额）

二、判断是否属于小微企业

步骤一：如图 8-71 和图 8-72 所示，添加【用户界面自动化】—【元素】—【控件】

类别下的【获取文本】活动，在显示名称中增加“(季度平均人数)”，通过“指出浏览器中的元素”功能拾取季度平均人数，输出值设置为变量“季度平均人数”。

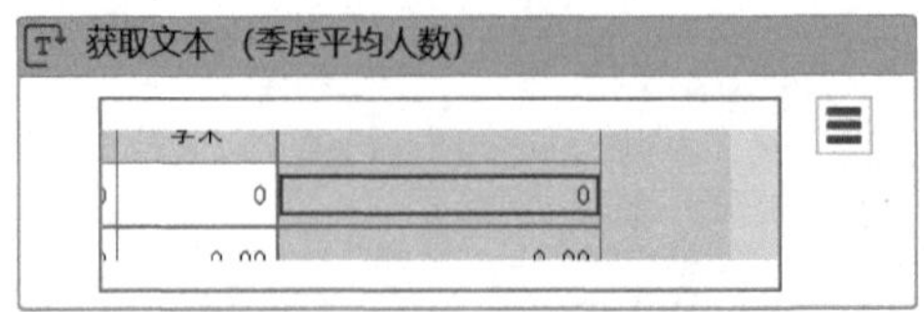

图8-71 获取文本（季度平均人数）

优惠及附报事项有关信息									
项目	一季度		二季度		三季度		四季度		季度平均值
	季初	季末	季初	季末	季初	季末	季初	季末	
从业人数	0	0	0	0	0	0	0	0	0
资产总额（万元）	0.00	0.00	0.00	0.00	0.00	0.00	0.00	0.00	0.00

图8-72 优惠及附报事项有关信息（一）

步骤二：如图 8-73 和图 8-74 所示，添加【用户界面自动化】—【元素】—【控件】类别下的【获取文本】活动，在显示名称中增加“(季度平均资产)”，通过“指出浏览器中的元素”功能拾取季度平均资产，输出值设置为变量“季度平均资产”。

图8-73 获取文本（季度平均资产）

优惠及附报事项有关信息									
项目	一季度		二季度		三季度		四季度		季度平均值
	季初	季末	季初	季末	季初	季末	季初	季末	
从业人数	0	0	0	0	0	0	0	0	0
资产总额（万元）	0.00	0.00	0.00	0.00	0.00	0.00	0.00	0.00	0.00

图8-74 优惠及附报事项有关信息（二）

步骤三：如图 8-75 和图 8-76 所示，添加【System】—【Activities】—【Statements】类别下的【IF 条件】活动，设置条件为“double.Parse(季度平均资产) < 5000 and double.Parse(季度平均人数) < 300 And double.Parse(利润额) < 3000000”，满足条件的企业即为小微企业。小微企业，即小型微利企业，是指从事国家非限制和禁止行业，且同时符合年度应纳税所得额不超过 300 万元、从业人数不超过 300 人、资产总额不超过 5000 万元等三个条件的企业。在 Then 和 Else 下分别添加两个【序列】活动。

步骤四至步骤八为满足判断条件时，进入的 Then 序列。

步骤四：此时企业属于小微企业，由于所得税优惠不可同享，需要择优享有。根据现行所得税政策，小微企业企业所得税优惠力度更大，当企业既是小微企业又是

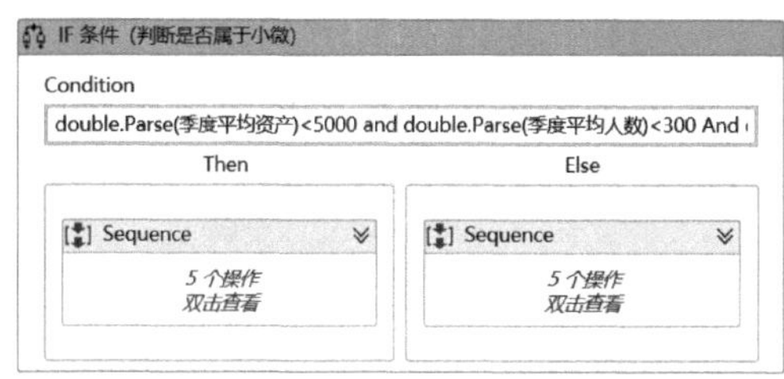

图8-75　IF条件（判断是否属于小微）

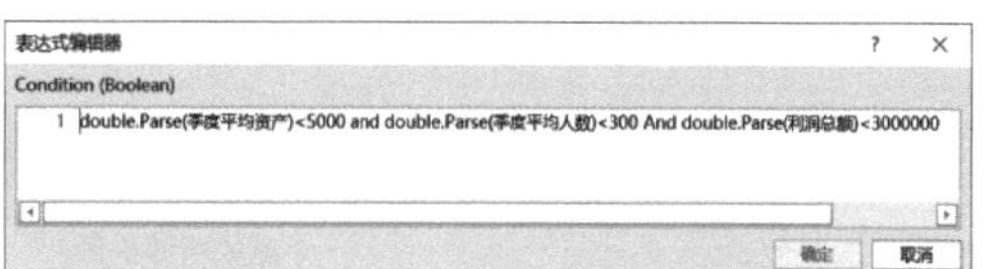

图8-76　IF条件属性设置

高新企业时，应选择小微企业优惠事项。如图 8-77 和图 8-78 所示，添加【用户界面自动化】—【元素】—【鼠标】类别下的【单击】活动，在显示名称中增加“(是)”，通过“指出浏览器中的元素”功能拾取小型微利企业右边的“是”按钮。

步骤五：如图 8-79 所示，添加【用户界面自动化】—【元素】—【鼠标】类别下的【单击】活动，在显示名称中增加“(填写优惠事项)”，通过“指出浏览器中的元素”功能拾取行次为 13 的“填写优惠事项”按钮。

优惠及附报事项有关信息									
项目	一季度		二季度		三季度		四季度		季度平均值
	季初	季末	季初	季末	季初	季末	季初	季末	
从业人数	216	228	228	215	215	245	0	0	225
资产总额（万元）	5,979.72	5,000.30	5,000.30	5,048.40	5,048.40	5,748.40	0.00	0.00	5,304.25
国家限制或禁止行业	○是　◉否				小型微利企业		○是　○否		

图8-77　优惠及附报事项有关信息（三）

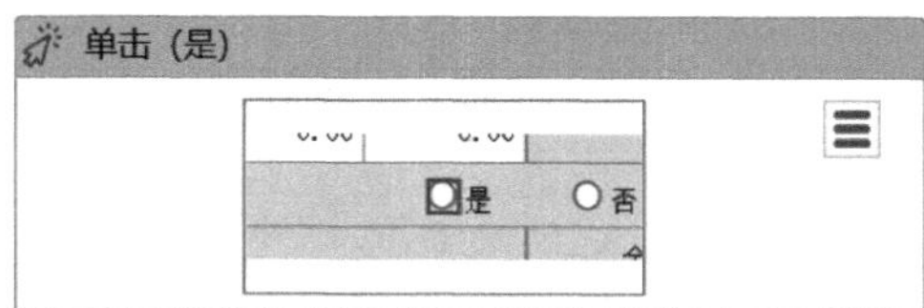

图8-78　单击（是）

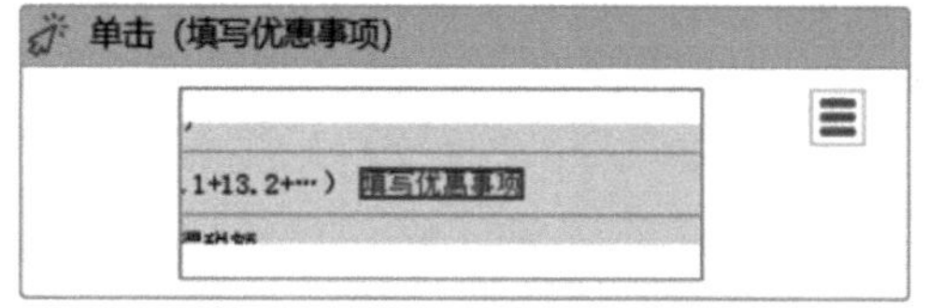

图8-79　单击（填写优惠事项）

步骤六：进入填写优惠事项界面后，如图 8-80 和图 8-81 所示，添加【用户界面自动化】—【元素】—【鼠标】类别下的【单击】活动，在显示名称中增加“(勾选小型微利企业)”，通过“指出浏览器中的元素”功能拾取小型微利企业的勾选框。

步骤七：勾选小微企业后，需要计算减免所得税额。如图 8-82 所示，添加【System】—【Activities】—【Statements】类别下的【分配】活动，显示名称中增加“(计

减免所得税额优惠事项表				
序号	选择	代码	优惠事项	
1	☐	JMSE010	小微企业	符合条件的小型微利企业减免企业所得税
2	☐	JMSE011	高新技术企业	国家需要重点扶持的高新技术企业减按 15%的税率征收企业所得税
3	☐	JMSE012		经济特区和上海浦东新区新设立的高新技术企业在区内取得的所得定期减免企业所得税

图8-80　减免所得税额优惠事项表（一）

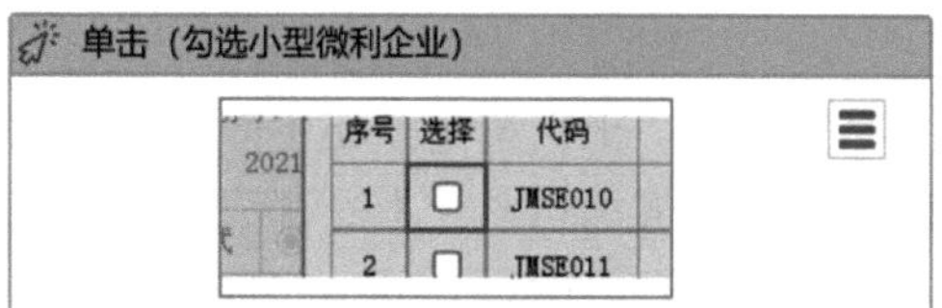

图8-81　单击（勾选小型微利企业）

算结果赋值）”。根据《财政部 税务总局公告》（2023 年第 12 号）政策规定，对小型微利企业减按 25% 计算应纳税所得额，按 20% 的税率缴纳企业所得税。因此减免所得税额 =Double.Parse(利润总额)*0.25-Double.Parse(利润总额)*0.25*0.2。

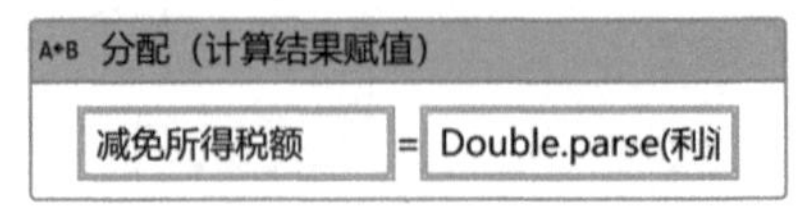

图8-82　分配（计算结果赋值）

步骤八：如图 8-83 和图 8-84 所示，添加【用户界面自动化】—【元素】—【控件】类别下的【设置文本】活动，在显示名称中增加“（减免所得税额）”，通过“指出浏览器中的元素”功能拾取优惠事项右边的本年累计金额，设置输入文本为“减免所得税额 .tostring”。

减免所得税额优惠事项表

序号	选择	代码	优惠事项		本年累计金额
1	☑	JMSE010	小微企业	符合条件的小型微利企业减免企业所得税	0.00
2	☐	JMSE011	高新技术企业	国家需要重点扶持的高新技术企业减按 15%的税率征收企业所得税	0.00
3	☐	JMSE012		经济特区和上海浦东新区新设立的高新技术企业在区内取得的所得定期 减免企业所得税	0.00

图8-83　减免所得税额优惠事项表（二）

设置文本（减免所得税额）

所得税 0.00

减按 15%的税

减免所得税额.tostring

图8-84　设置文本（减免所得税额）

步骤九至步骤十四为不符合判断条件时，进入的 Else 序列。

步骤九：此时企业不属于小微企业，因此添加【用户界面自动化】—【元素】—【鼠标】类别下的【单击】活动，在显示名称中增加“（否）”，通过“指出浏览器中的元素”功能拾取小型微利企业右边的“否”按钮，如图 8-85 和图 8-86 所示。

优惠及附报事项有关信息

项目	一季度		二季度		三季度		四季度		季度平均值
	季初	季末	季初	季末	季初	季末	季初	季末	
从业人数	0	0	0	0	0	0	0	0	0
资产总额（万元）	0.00	0.00	0.00	0.00	0.00	0.00	0.00	0.00	0.00
国家限制或禁止行业	○是 ◉否				小型微利企业		○是 ◉否		

图8-85　优惠及附报事项有关信息（四）

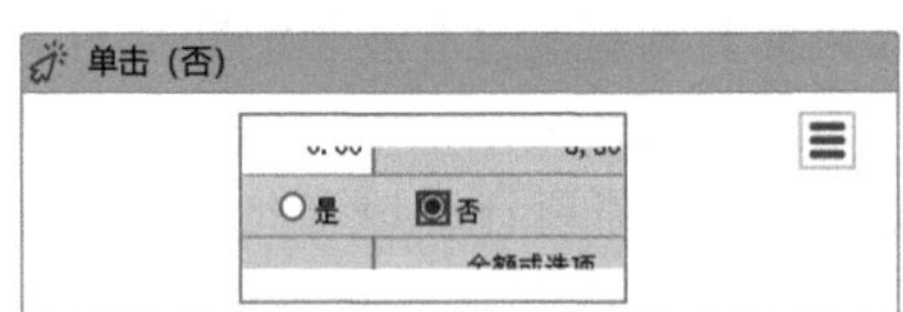

图8-86　单击（否）

步骤十：根据案例描述可知，该企业为高新技术企业。如图 8-87 和图 8-88 所示，添加【用户界面自动化】—【元素】—【鼠标】类别下的【单击】活动，在显示名称中增加“（填写优惠事项）”，通过“指出浏览器中的元素”功能拾取行次为 13 的“填写优惠事项”按钮。

图8-87　填写优惠事项

图8-88　单击（填写优惠事项）

步骤十一：进入填写优惠事项界面后，如图 8-89 和图 8-90 所示，添加【用户界面自动化】—【元素】—【鼠标】类别下的【单击】活动，在显示名称中增加“（勾选高新企业）”，通过“指出浏览器中的元素”功能拾取高新企业的勾选框。

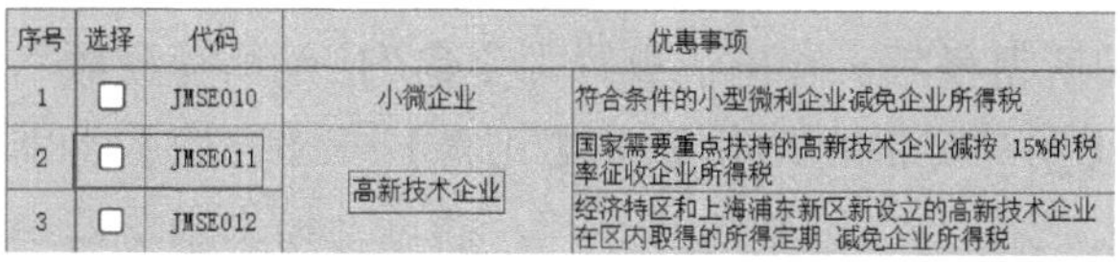

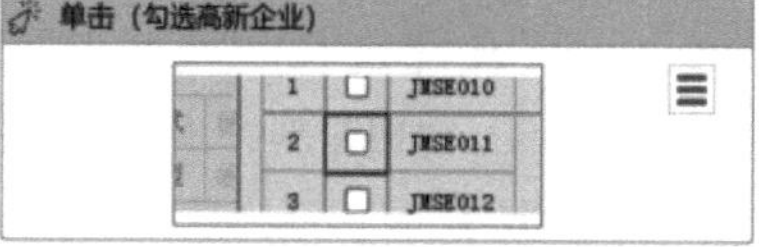

图8-89　优惠事项表

图8-90　单击（勾选高新企业）

步骤十二：勾选高新企业后，需要计算减免所得税额。如图 8-91 和图 8-92 所示，添加【System】—【Activities】—【Statements】类别下的【分配】活动，显示名称中增加“（计算结果赋值）”。设置【分配】活动，令减免所得税额 =Double.parse(利润总额)*0.25-Double.parse(利润总额)*0.15。

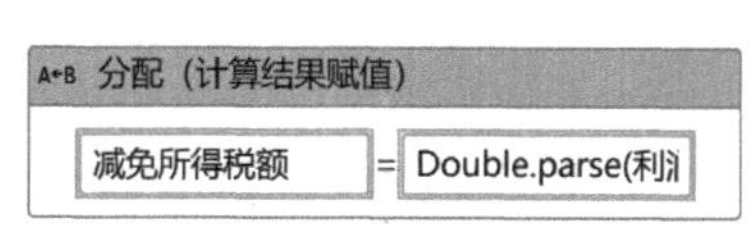

图8-91　分配（计算结果赋值）

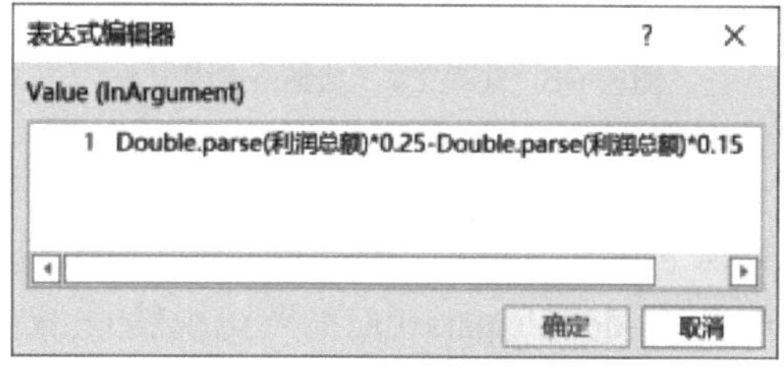

图8-92　分配属性设置

步骤十三：如图 8-93 和图 8-94 所示，添加【用户界面自动化】—【元素】—【控件】类别下的【设置文本】活动，在显示名称中增加“（减免所得税额）”，通过“指出浏览器中的元素”功能拾取优惠事项右边的本年累计金额，设置输入文本为“减免所得税额 .tostring”。

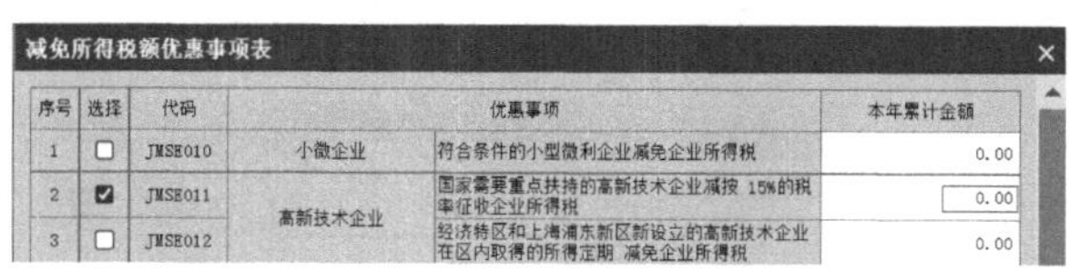

图8-93　减免所得税额优惠事项表（三）

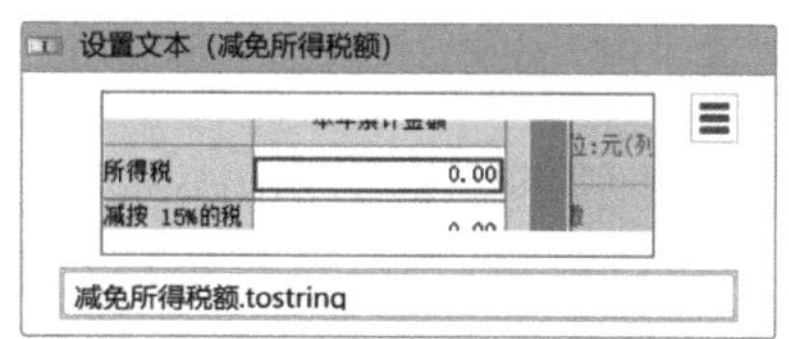

图8-94　设置文本（减免所得税额）

步骤十四：如图 8-95 所示，添加【用户界面自动化】—【元素】—【鼠标】类别下的【单击】活动，在显示名称中增加“（确定）”，通过“指出浏览器中的元素”功能拾取优惠填写事项界面最下方的确定按钮。

图8-95 单击（确定）

三、计算本期应纳所得税额

步骤一：如图 8-96 所示，添加【用户界面自动化】—【元素】—【控件】类别下的【获取文本】活动，在显示名称中增加“（应纳所得税额）”，通过“指出浏览器中的元素”功能拾取行次为 12 的应纳所得税额，输出值设置为变量“应纳所得税额”。

步骤二：如图 8-97 所示，添加【用户界面自动化】—【元素】—【控件】类别下的【获取文本】活动，在显示名称中增加“（已缴纳部分）”，通过“指出浏览器中的元素”功能拾取行次为 14 的本年实际已缴纳所得税额，输出值设置为变量“已缴纳所得税额”。

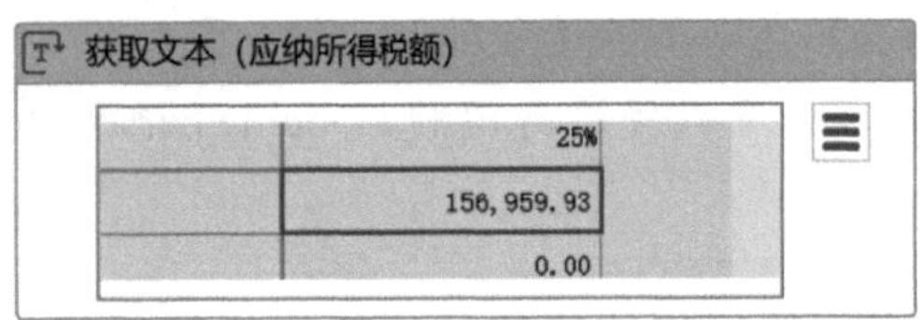

图8-96 获取文本（应纳所得税额）

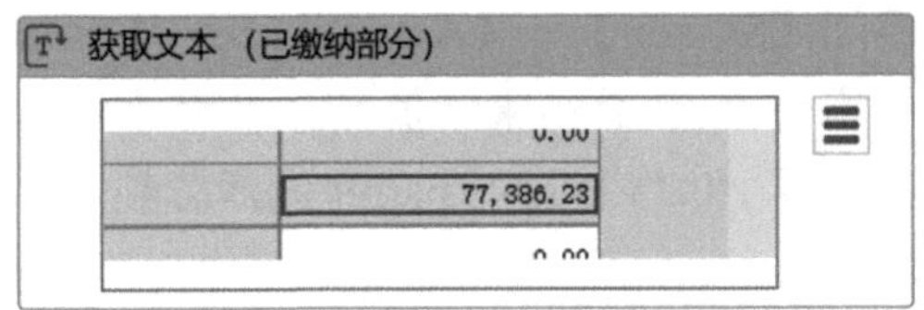

图8-97 获取文本（已缴纳部分）

步骤三：如图 8-98 和图 8-99 所示，添加【System】—【Activities】—【Statements】类别下的【分配】活动，显示名称中增加“（本期应纳所得税额）”。设置本期应纳所得税额=double.parse（应纳所得税额）－减免所得税额－double.parse（已缴纳所得税额）。

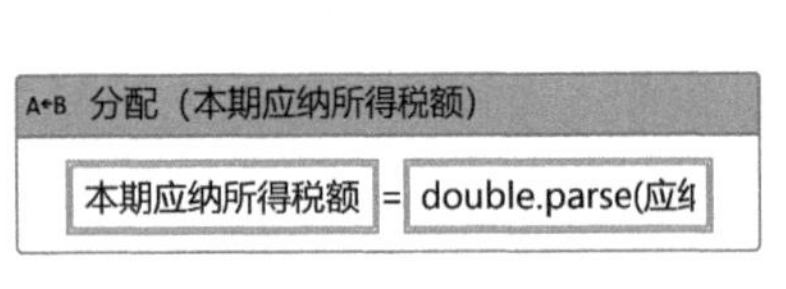

图8-98 分配（本期应纳所得税额）

表达式编辑器

Value (InArgument)

1 double.parse(应纳所得税额)-减免所得税额-double.parse(已缴纳所得税额)

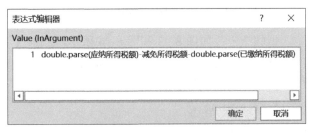

确定 取消

图8-99 分配属性设置

步骤四：如图 8-100 所示，添加【用户界面自动化】—【元素】—【控件】类别下的【设置文本】活动，在显示名称中增加“（输入本期应纳所得税额）”，通过“指出浏览器中的元素”功能拾取行次为 16 的本期应纳所得税额，设置输入文本为“本期应纳所得税额 .ToString”。

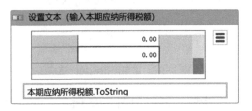

设置文本（输入本期应纳所得税额）

0.00

0.00

本期应纳所得税额.ToString

图8-100 设置文本（输入本期应纳所得税额）

【任务总结】

本任务主要学习了 RPA 企业所得税申报机器人填写主表中与预缴税款计算的流程开发，包括填写基础数据、判断是否属于小微企业、计算本期应纳所得税额等内容，重点掌握 RPA 企业所得税申报机器人流程的搭建、小微企业符合条件及相关税收优惠计算以及相关活动的使用。

【职业素养提升】

在大数据技术和人工智能时代，财税工作已经发生转型，未来的财税工作重心在于财务数字化建设、财务分析、预算管理、税收筹划、投融资决策、股权设计、集团财务管控、收购并购、内控规范、风险管理、挂牌上市，等等。

谈谈作为未来的财税工作者，自己应如何应对财税工作转型。

【岗课赛证融通测评】

任务三岗课赛证融通测评

【知识技能评价】

知识技能评价表

业务能力	评价内容	评价结果	改进措施
填写基础数据	1. 设置文本活动的设置 2. 变量的前后使用	□A　□B　□C □A　□B　□C	1. 2. 3.
判断是否属于小微企业	1. 小微企业符合条件及相关税收优惠的计算 2. 高新企业税收优惠的计算 3.IF 条件、分配的等活动的设置	□A　□B　□C □A　□B　□C □A　□B　□C	1. 2. 3.
计算本期应纳所得税额	1. 获取文本、分配等活动的设置 2. 应纳所得税额的计算	□A　□B　□C □A　□B　□C	1. 2. 3.
说明：在□中打√，A 掌握，B 基本掌握，C 未掌握			
任课教师评语：			
成绩：		任课教师签字	

【项目检测】

项目检测－客观题－智慧化税费申报

工作领域三

大数据税务风险管理岗与税收筹划岗

项目九

大数据税务风险管理与税收筹划

【学习目标】

一、素质目标

1. 增强税务风险管理意识，主动防范化解风险。
2. 培养坚持学习、守正创新、财税工作为企业创造价值的意识。

二、知识目标

1. 了解税务风险、税收筹划的含义。
2. 熟悉税务风险通用指标和指标配比分析。
3. 熟悉税收筹划原则和方法。
4. 掌握增值税、企业所得税评估分析指标及使用方法。
5. 掌握筹资阶段、投资阶段、营运阶段和分配阶段的税收筹划思路和方法。

三、技能目标

1. 会计算税务风险企业和行业指标值及预警值，并进行税务风险管控。
2. 会进行企业常规业务税收筹划操作。

任务一　大数据税务风险管理

【任务情景】

营业收入税收负担率、经营活动现金流出税负率、企业所得税税收负担率的行业预警值分别为 2.45%、2.19%、24.25%，内蒙古沃达阀门有限公司 2019 年至 2021 年指标计算相关数据如表 9-1 所示。

任务要求：分别计算2019年至2021年企业所得税评估分析指标，并分别计算2020年营业收入税收负担率、经营活动现金流出税负率、企业所得税税收负担率的偏离度。

表9-1　企业所得税评估分析指标计算相关数据

单位：元

项目	2021年	2020年	2019年
应纳税所得额	966244.00	—	2240292.00
应纳税额	241561.00	—	560073.00
利润总额	708416.00	3647263.00	2351194.00
营业利润	774985.00	3616687.00	2358402.00
营业收入	171495259.00	195032300.00	197450983.00
支付的各项税费	342270.00	585864.00	455582.00
经营活动现金流出	193516614.00	245657575.00	221607301.00

【思维导图】

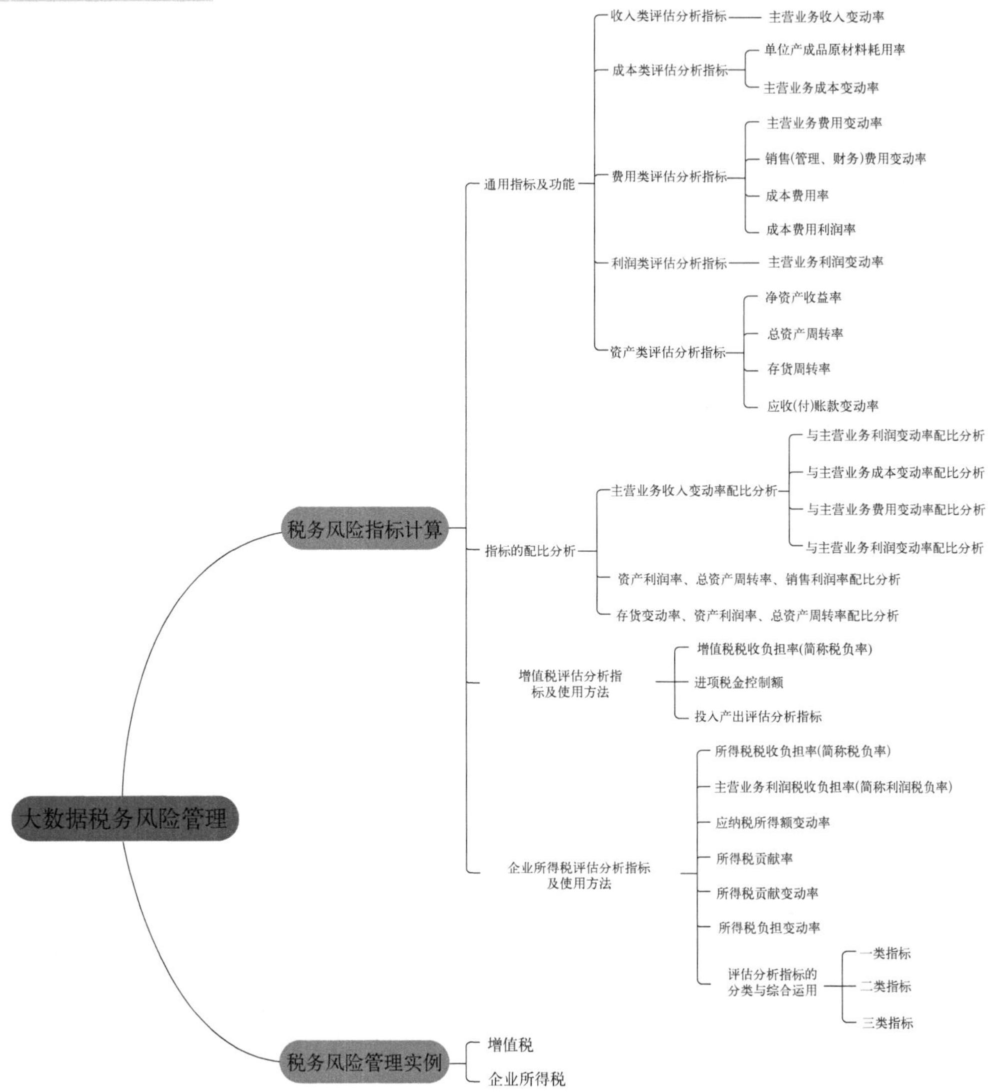

【知识准备】

一、税务风险指标计算

税务风险指因没有遵循税法可能遭受的法律制裁、财务损失或声誉损害。企业税务风险主要包括两方面，一方面是企业纳税行为不符合税收法律法规规定，应纳税而未纳税、少纳税，从而面临补税、罚款、加收滞纳金、刑罚处罚及声誉损害等风险；另一方面是企业经营行为适用税法不准确，没有用足有关优惠政策，多缴纳了税款，承担了不必要的税收负担。

根据国家税务总局关于印发《纳税评估管理办法（试行）》的通知（国税发〔2005〕43 号）的相关规定，计算以下涉税风险指标值并进行相应分析。

（一）通用指标及功能

1. 收入类评估分析指标及其计算公式和指标功能

主营业务收入变动率 =（本期主营业务收入 − 基期主营业务收入）÷ 基期主营业务收入 ×100%。如主营业务收入变动率超出预警值范围，可能存在少计收入和多列成本等问题，运用其他指标进一步分析。

【学中做 · 计算题】营业收入变动率的行业预警值为 39.89%，内蒙古沃达阀门有限公司 2019 年至 2021 年营业收入如表 9-2 所示。分别计算 2020 年、2021 年营业收入变动率及偏离度。

表9-2　2019年至2021年营业收入　　单位：元

项目	2021 年	2020 年	2019 年
营业收入	171495259.00	195032300.00	197450983.00

【正确答案】

（1）根据主营业务收入变动率计算公式，2020 年、2021 年营业收入变动率及偏离度计算结果如表 9-3 所示。

表9-3　2020年、2021年营业收入变动率及偏离度

年份	企业指标值	行业预警值	偏离度
2021 年	−12.07%	7.32%	−264.87%
2020 年	−1.22%	7.32%	−116.73%

（2）分析计算结果。从计算结果可以看出，企业 2020 年至 2021 年营业收入变动率严重偏离行业预警值，可能存在少计收入多列成本等问题。

2. 成本类评估分析指标及其计算公式和功能

（1）单位产成品原材料耗用率 = 本期投入原材料 ÷ 本期产成品成本 ×100%。

分析单位产品当期耗用原材料与当期产出的产成品成本比率，判断纳税人是否存在账外销售、错误使用存货计价方法、人为调整产成品成本或应纳所得额等问题。

（2）主营业务成本变动率 =（本期主营业务成本 − 基期主营业务成本）÷ 基期主营业务成本 ×100%，其中：主营业务成本率 = 主营业务成本 ÷ 主营业务收入。

主营业务成本变动率超出预警值范围，可能存在销售未计收入、多列成本费用、扩大税前扣除范围等问题。

【学中做 · 计算题】营业成本变动率的行业预警值为 7.28%，内蒙古沃达阀门有限公司 2019 年至 2021 年营业成本如表 9-4 所示。分别计算 2020 年、2021 年营业成本变动率及偏离度。

表9-4　2019年至2021年营业成本　　单位：元

项目	2021 年	2020 年	2019 年
营业成本	163974211.00	186208049.00	188708891.00

【正确答案】

（1）根据主营业务成本变动率计算公式，2020 年、2021 年营业成本变动率及偏离度计算结果如表 9-5 所示。

表9-5　2020年、2021年营业成本变动率及偏离度

年份	企业指标值	行业预警值	偏离度
2021 年	−11.94%	7.28%	−264.02%
2020 年	−1.33%	7.28%	−118.20%

（2）分析计算结果。从计算结果可以看出，企业 2020 年至 2021 年营业成本变动率严重偏离行业预警值，可能存在少计收入多列成本等问题。

3. 费用类评估分析指标及其计算公式和指标功能

（1）主营业务费用变动率 =（本期主营业务费用 − 基期主营业务费用）÷ 基期主营业务费用 ×100%，其中：主营业务费用率 =（主营业务费用 ÷ 主营业务收入）× 100%。与预警值相比，如相差较大，可能存在多列费用问题。

（2）销售（管理、财务）费用变动率 =〔本期销售（管理、财务）费用 − 基期销售（管理、财务）费用〕÷ 基期销售（管理、财务）费用 ×100%。如果销售（管理、财务）费用变动率与前期相差较大，可能存在税前多列支销售（管理、财务）费用问题。

（3）成本费用率 =（本期销售费用 + 本期管理费用 + 本期财务费用）÷ 本期主营业务成本 ×100%。分析纳税人期间费用与销售成本之间关系，与预警值相比较，如相差较大，企业可能存在多列期间费用问题。

（4）成本费用利润率 = 利润总额 ÷ 成本费用总额 ×100%，其中：成本费用总额 = 主营业务成本总额 + 费用总额。与预警值比较，如果企业本期成本费用利润率异常，可能存在多列成本、费用等问题。

【学中做 · 计算题】成本费用率的行业预警值为 9.07%、销售费用变动率为 10.98%，内蒙古沃达阀门有限公司 2019 年至 2021 年相关营业损益数据如表 9-6 所示。计算 2020 年、2021 年费用类评估分析指标，并计算成本费用率、销售费用变动率的偏离度（表 9-7）。

表9-6 2019年至2021年损益数据

单位：元

项目	2021年	2020年	2019年
营业收入	171495259.00	195032300.00	197450983.00
营业成本	163974211.00	186208049.00	188708891.00
税金及附加	55129.00	125816.00	111129.00
销售费用	5236334.00	7453349.00	5688606.00
管理费用	1798965.00	1860997.00	2210660.00
财务费用	1156007.00	1674114.00	452791.00
利润总额	708416.00	3647263.00	2351194.00

表9-7 费用类评估分析指标

年份	2021年	2020年
主营业务费用变动率		
销售费用变动率		
管理费用变动率		
财务费用变动率		
成本费用率		
成本费用利润率		

【正确答案】

（1）根据费用类评估分析指标及其计算公式，2020年、2021年费用类评估分析指标计算结果如表9-8所示。

表9-8 费用类评估分析指标计算结果

年份	2021年	2020年
主营业务费用变动率	−12.72%	0.08%
销售费用变动率	−29.75%	31.02%
管理费用变动率	−3.33%	−15.82%
财务费用变动率	−30.95%	269.73%
成本费用率	5.00%	5.90%
成本费用利润率	0.41%	1.85%

（2）成本费用率、销售费用变动率的偏离度计算结果（表9-9、表9-10）。

表9-9 2020年、2021年成本费用率偏离度

年份	企业指标值	行业预警值	偏离度
2021年	5.00%	9.07%	−44.92%
2020年	5.90%	9.07%	−34.94%

表9-10 2020年、2021年销售费用变动率偏离度

年份	企业指标值	行业预警值	偏离度
2021年	−29.75%	10.98%	−370.90%
2020年	31.02%	10.98%	182.54%

（3）分析计算结果。从计算结果可以看出，成本费用率连续两年比预警值低，偏离度 34% 以上，可能存在多列营业成本等问题。销售费用变动率与预警值偏离度比较大，存在多列销售费用的问题。

4. 利润类评估分析指标及其计算公式和指标功能

主营业务利润变动率 =（本期主营业务利润 − 基期主营业务利润）÷ 基期主营业务利润 ×100%。

上述指标若与预警值相比相差较大，可能存在多结转成本或不计、少计收入问题。

【学中做 · 计算题】营业利润变动率的行业预警值为 10.28%，内蒙古沃达阀门有限公司 2019 年至 2021 年营业利润如表 9-11 所示。分别计算 2020 年、2021 年营业利润变动率及偏离度。

表9-11　2019年至2021年营业利润　单位：元

项目	2021年	2020年	2019年
营业利润	774985.00	3616687.00	2358402.00

【正确答案】

（1）根据营业利润变动率计算公式，2020 年、2021 年营业利润变动率及偏离度计算结果如表 9-12 所示。

表9-12　2020年、2021年营业利润变动率及偏离度

年份	企业指标值	行业预警值	偏离度
2021年	−78.57%	10.28%	−864.32%
2020年	53.35%	10.28%	419.00%

（2）分析计算结果。从计算结果可以看出，企业 2020 年至 2021 年营业利润营业成本变动率严重偏离行业预警值，可能存在少计收入多列成本等问题。

5. 资产类评估分析指标及其计算公式和指标功能

（1）净资产收益率 = 净利润 ÷ 平均净资产 ×100%。分析纳税人资产综合利用情况。如指标与预警值相差较大，可能存在隐瞒收入，或闲置未用资产计提折旧问题。

（2）总资产周转率 =（利润总额 + 利息支出）÷ 平均总资产 ×100%。

（3）存货周转率 = 主营业务成本 ÷ [（期初存货成本 + 期末存货成本）÷2] ×100%。

分析总资产和存货周转情况，推测销售能力。如总资产周转率或存货周转率加快，而应纳税税额减少，可能存在隐瞒收入、虚增成本的问题。

（4）应收（付）账款变动率 = [期末应收（付）账款 − 期初应收（付）账款] ÷ 期初应收（付）账款 ×100%。分析纳税人应收（付）账款增减变动情况，判断其销售实现和可能发生坏账情况。如应收（付）账款增长率增高，而销售收入减少，可能存在隐瞒收入、虚增成本的问题。

【学中做 · 计算题】存货周转率的行业预警值为 616.59%，内蒙古沃达阀门有限

公司 2019—2021 部分报表数据如表 9-13、表 9-14 所示。计算 2020 年、2021 年资产类评估分析指标、存货周转率的偏离度。

表9-13 2019年至2021年部分报表数据 单位：元

项目	2021年	2020年	2019年
营业成本	163974211.00	186208049.00	188708891.00
利润总额	708416.00	3647263.00	2351194.00
利息支出	1553744.00	1386519.00	1119931.00
净利润	829576.00	1541071.00	1791121.00
净资产	53200725.00	53988287.00	49010406.00
总资产	266661876.00	254020149.00	254020149.00
存货成本	16054132.00	18125245.00	16135771.00
应收账款	109948570.00	93518152.00	63194660.00
应付账款	83125458.00	84632541.00	44965735.00

表9-14 2019—2021年度增值税、企业所得税申报数据表 单位：元

税种名称	2021年	2020年	2019年
增值税	3012409.92	4095678.30	3846470.64
企业所得税	241561.00	0	560073.00

【正确答案】

（1）根据资产类评估分析指标计算公式，2020 年、2021 年资产类评估分析指标计算结果如表 9-15、表 9-16 所示。

表9-15 资产类评估分析指标计算结果

项目	2021年	2020年
净资产收益率	1.55%	2.99%
总资产周转率	0.87%	1.98%
存货周转率	959%	1087%
应收账款变动率	17.57%	47.98%
应付账款变动率	−1.78%	88.22%

表9-16 2020年、2021年存货周转率偏离度

年份	指标值	行业预警值	偏离度
2021年	959.49%	616.59%	55.61%
2020年	1087.00%	616.59%	76.29%

（2）分析计算结果。从计算结果可以看出，企业 2020 年至 2021 年存货周转率偏离行业预警值，应纳税额减少，可能存在隐瞒收入、虚增成本的问题。

（二）指标的配比分析

1. 主营业务收入变动率与主营业务利润变动率配比分析

正常情况下，二者基本同步增长。当比值＜1且相差较大，二者都为负时，可能存在企业多列成本费用、扩大税前扣除范围问题；当比值＞1且相差较大，二者都为正时，可能存在企业多列成本费用、扩大税前扣除范围等问题；当比值为负数，且前者为正后者为负时，可能存在企业多列成本费用、扩大税前扣除范围等问题。

【学中做·计算题】 沿用上文数据，计算：指标值＝主营业务收入变动率/主营业务利润变动率。

【正确答案】

计算2021年指标值=−12.07%/−78.57%=0.15；2020年指标值=−1.22%/−1.33%=−0.02。2021年比值＜1，两者相差不大，都为负值，可能存在企业多列成本费用、扩大税前扣除范围问题。

2. 主营业务收入变动率与主营业务成本变动率配比分析

正常情况下二者基本同步增长，比值接近1。当比值＜1且相差较大，二者都为负时，可能存在企业多列成本费用、扩大税前扣除范围等问题；当比值＞1且相差较大，二者都为正时，可能存在企业多列成本费用、扩大税前扣除范围等问题；当比值为负数，且前者为正后者为负时，可能存在企业多列成本费用、扩大税前扣除范围等问题。

【学中做·计算题】 沿用上文数据，计算：指标值＝主营业务收入变动率/主营业务成本变动率。

【正确答案】

计算2021年指标值=−12.07%/−11.94%=1.01；2020年指标值=−1.22%/−1.33%=0.92。2021年比值＞1，两者相差不大，都为负值，少计收入多列费用风险较低。2020年比值＜1，两者都为负值，相差稍大，可能存在企业多列成本费用问题。

3. 主营业务收入变动率与主营业务费用变动率配比分析

正常情况下，二者基本同步增长。当比值＜1且相差较大，二者都为负时，可能存在企业多列成本费用、扩大税前扣除范围等问题；当比值＞1且相差较大，二者都为正时，可能企业存在多列成本费用、扩大税前扣除范围等题；当比值为负数，且前者为正后者为负时，可能存在企业多列成本费用、扩大税前扣除范围等问题。

【学中做·计算题】 沿用上文数据，计算：指标值＝主营业务收入变动率/主营业务费用变动率。

【正确答案】

计算2021年指标值=−12.07%/−12.72%=0.95；2020年指标值=−1.22%/0.08%=−15.25。2021年比值＞1，两者相差不大，都为负值，税务风险低。

4. 主营业务成本变动率与主营业务利润变动率配比分析

当两者比值大于1，都为正时，可能存在多列成本的问题；前者为正，后者为负时，视为异常，可能存在多列成本、扩大税前扣除范围等问题。

【学中做 · 计算题】沿用上文数据，计算：指标值 = 主营业务成本变动率 / 主营业务利润变动率。

【正确答案】

计算 2021 年指标值 =−11.94%/−78.57%=0.15；2020 年指标值 =−1.33%/53.35%=−0.02。2021 年比值＜ 1，税务风险低。

5. 资产利润率、总资产周转率、销售利润率配比分析

如本期总资产周转率 − 上年同期总资产周转率＞ 0，本期销售利润率 − 上年同期销售利润率≤ 0，而本期资产利润率 − 上年同期资产利润率≤ 0 时，说明本期的资产使用效率提高，但收益不足以抵补销售利润率下降造成的损失，可能存在隐匿销售收入、多列成本费用等问题。如本期总资产周转率 − 上年同期总资产周转率≤ 0，本期销售利润率 − 上年同期销售利润率＞ 0，而本期资产利润率 − 上年同期资产利润率≤ 0 时，说明资产使用效率降低，导致资产利润率降低，可能存在隐匿销售收入问题。

6. 存货变动率、资产利润率、总资产周转率配比分析

比较分析本期资产利润率与上年同期资产利润率，本期总资产周转率与上年同期总资产周转率。若本期存货增加不大，即存货变动率≤ 0，本期总资产周转率 − 上年同期总资产周转率≤ 0，可能存在隐匿销售收入问题。

（三）增值税评估分析指标及使用方法

1. 增值税税收负担率（简称税负率）

税负率 =（本期应纳税额 ÷ 本期应税主营业务收入）×100%。

与预警值对比。销售额变动率高于正常峰值且税负率低于预警值或销售额变动率正常，而税负率低于预警值的，以进项税额为评估重点，查证有无扩大进项抵扣范围、骗抵进项税额、不按规定申报抵扣等问题，对应核实销项税额计算的正确性。

对销项税额的评估，应侧重查证有无账外经营、瞒报、迟报计税销售额、混淆增值税与营业税征税范围、错用税率等问题。

【学中做 · 计算题】增值税税负率的行业预警值为 2.40%，内蒙古沃达阀门有限公司 2019 年至 2021 年指标计算相关数据如表 9-17 所示。分别计算 2019 年至 2021 年增值税税负率及偏离度。

表 9-17　2019 年至 2021 年增值税税负率指标计算相关数据　　单位：元

项目	2021 年	2020 年	2019 年
增值税应纳税额	3012409.92	4095678.30	3846470.64
应税营业收入	171495259.00	195032300.00	197450983.00

【正确答案】

（1）根据增值税税负率指标计算公式，2019 年至 2021 年增值税税负率及偏离度

计算结果如表 9-18 所示。

表9-18　2019年至2021年增值税税负率及偏离度

年份	企业指标值	行业预警值	偏离度
2021年	1.76%	2.40%	−26.81%
2020年	2.10%	2.40%	−12.50%
2019年	1.95%	2.40%	−18.83%

（2）分析计算结果。从计算结果可以看出，企业 2019 年至 2021 年增值税税负率偏离行业预警值，可能存在多抵扣进项税额、少计销项税额等问题。

2. 进项税金控制额

本期进项税金控制额 =（期末存货较期初增加额 + 本期销售成本 + 期末应付账款较期初减少额）× 主要外购货物的增值税税率 + 本期运费支出数 ×9%。

将增值税纳税申报表计算的本期进项税额，与纳税人财务会计报表计算的本期进项税额进行比较；与该纳税人历史同期的进项税额控制额进行纵向比较；与同行业、同等规模的纳税人本期进项税额控制额进行横向比较；与本期进项税额实际情况进行比较，查找问题，对评估对象的申报真实性进行评估。

具体分析时，先计算本期进项税金控制额，以进项税金控制额与增值税申报表中的本期进项税额核对，若前者明显小于后者，则可能存在虚抵进项税额和未付款的购进货物提前申报抵扣进项税额的问题。

3. 投入产出评估分析指标

投入产出评估分析指标 = 当期原材料（燃料、动力等）投入量 ÷ 单位产品原材料（燃料、动力等）使用量。

单位产品原材料（燃料、动力等）使用量是指同地区、同行业单位产品原材料（燃料、动力等）使用量的平均值。对投入产出指标进行分析，测算出企业实际产量。根据测算的实际产量与实际库存进行对比，确定实际销量，从而进一步推算出企业销售收入，如测算的销售收入大于其申报的销售收入，则企业可能有隐瞒销售收入的问题。通过其他相关纳税评估指标与评估方法，并与税负变化的实际情况进行比较，对评估对象的申报真实性进行评估。

4. 企业所得税评估分析指标及使用方法

（1）分析指标

① 所得税税收负担率（简称税负率）= 应纳所得税额 ÷ 利润总额 ×100%。

与当地同行业同期和本企业基期所得税负担率相比，低于标准值可能存在不计或少计销售（营业）收入、多列成本费用、扩大税前扣除范围等问题，运用其他相关指标深入评估分析。

② 主营业务利润税收负担率（简称利润税负率）

利润税负率 =（本期应纳税额 ÷ 本期主营业务利润）×100%。

上述指标设定预警值并与预警值对照，与当地同行业同期和本企业基期所得税负担率相比，如果低于预定值，企业可能存在销售未计收入、多列成本费用、扩大税前扣除范围等问题，应作进一步分析。

③ 应纳税所得额变动率

应纳税所得额变动率 =（评估期累计应纳税所得额 − 基期累计应纳税所得额）÷ 基期累计应纳税所得额 ×100%。

关注企业处于税收优惠期前后，该指标如果发生较大变化，可能存在少计收入、多列成本，人为调节利润问题；也可能存在费用配比不合理等问题。

④ 所得税贡献率

所得税贡献率 = 应纳所得税额 ÷ 主营业务收入 ×100%。

将当地同行业同期与本企业基期所得税贡献率相比，低于标准值视为异常，可能存在不计或少计销售（营业）收入、多列成本费用、扩大税前扣除范围等问题，应运用所得税变动率等相关指标作进一步评估分析。

⑤ 所得税贡献变动率

所得税贡献变动率 =（评估期所得税贡献率 − 基期所得税贡献率）÷ 基期所得税贡献率 ×100%。

与企业基期指标和当地同行业同期指标相比，低于标准值可能存在不计或少计销售（营业）收入、多列成本费用、扩大税前扣除范围等问题。

运用其他相关指标深入详细评估，并结合上述指标评估结果，进一步分析企业销售（营业）收入、成本、费用的变化和异常情况及其原因。

⑥ 所得税负担变动率

所得税负担变动率 =（评估期所得税负担率 − 基期所得税负担率）÷ 基期所得税负担率 ×100%。

与企业基期和当地同行业同期指标相比，低于标准值可能存在不计或少计销售（营业）收入、多列成本费用、扩大税前扣除范围等问题。

运用其他相关指标深入详细评估，并结合上述指标评估结果，进一步分析企业销售（营业）收入、成本、费用的变化和异常情况及其原因。

（2）评估分析指标的分类与综合运用

① 企业所得税纳税评估指标的分类

对企业所得税进行评估时，为便于操作，可将通用指标中涉及所得税评估的指标进行分类并综合运用。

一类指标：主营业务收入变动率、所得税税收负担率、所得税贡献率、主营业务利润税收负担率。

二类指标：主营业务成本变动率、主营业务费用变动率、销售（管理、财务）费用变动率、主营业务利润变动率、成本费用率、成本费用利润率、所得税负担变动率、所得税贡献变动率、应纳税所得额变动率及通用指标中的收入、成本、费用、利润配比指标。

三类指标：存货周转率、固定资产综合折旧率、营业外收支增减额、税前弥补亏损扣除限额及税前列支费用评估指标。

② 企业所得税评估指标的综合运用

各类指标出现异常，应对可能影响异常的收入、成本、费用、利润及各类资产的相关指标进行审核分析。

a. 一类指标出现异常，要运用二类指标中相关指标进行审核分析，并结合原材料、燃料、动力等情况进一步分析异常情况及其原因。

b. 二类指标出现异常，要运用三类指标中影响的相关项目和指标进行深入审核分析，并结合原材料、燃料、动力等情况进一步分析异常情况及其原因。

c. 在运用上述三类指标的同时，对影响企业所得税的其他指标，也应进行审核分析。

二、税务风险管理实例

微课－税务风险管理实例

企业税务风险指标计算后，在确定税务风险重点关注领域的同时，需要进一步查验涉税会计凭证，查证问题。以下通过实例展示税务风险查证方法。

【学中做·业务题】2023 年 6 月 5 日，某公司与夏新商厦签订销售合同，销售 12 个液晶显示屏，价款共计 480000 元（不含税），并在合同中规定折扣条件为“2/10，1/20，n/30”（以不含税的价款作为折扣基数），2022 年 6 月 12 日收到夏新商厦的货款共计 531552 元。该公司税务会计开具增值税发票上注明货款为 470400 元，税款为 61152 元，税率 13%，价税合计为 531552 元。该公司的账务处理如下。

借：银行存款　　531552

　　贷：主营业务收入——液晶显示屏　　470400

　　　　应交税费——应交增值税（销项税额）　　61152

【正确答案】

这是一笔含现金折扣的销售业务涉税处理业务。按照增值税规定，现金折扣发生在销货行为之后，故销售折扣不能从销售额中扣除。因销售折扣因具有融资目的，销售额应全额计税。该公司税务会计处理这笔涉税业务存在以下问题。

（1）发票开具金额错误。发票开具金额应按照销售全额开具，不能扣除现金折扣金额。所以开票金额应为 480000 元，税款为 62400 元，价税合计 542400 元。

（2）营业收入确认金额错误。营业收入应按全额确认，不能扣除现金折扣。所以主营业务收入为 480000 元。

（3）销项税额计算错误。销项税额 =480000×0.13=62400（元），销售额不能扣除现金折扣金额。

按照以上错误，进行调账。

以上错误，导致少计营业收入 =480000−470400=9600（元），少计销项税额 = 62400−61152=1248（元），影响增值税、附加税和企业所得税应纳税额计算结果，产生税务风险。

【学中做·业务题】为了维护客户关系，某公司 2023 年 6 月 7 日端午节将 2023

年1月购进的一批电子按摩仪赠送给客户，已知该批电子按摩仪1月份购进时的价款为2400元/台（不含税），而市场零售价格是2980元/台，一共送出15台。税务会计认为不用开具发票也无须进行纳税申报。该公司的账务处理如下。

借：营业外支出　　　　36000

　　贷：库存商品　　　　36000

【正确答案】

将自产、委托加工或者购进的货物无偿赠送其他单位或者个人增值税应视同销售，计算销项税额。该公司将外购的电子按摩仪赠送给客户，未视同销售，存在税务风险。少计销项税额=2980÷1.13×0.13×15=5142.48（元）。税金及附加增加=5142.48×（7%+3%+2%）=617.10（元）。应调账。

企业所得税也应按视同销售处理，应纳税所得额增加=2980÷1.13×15−2400×15−617.10=2940.42（元），应纳税额=2940.42×25%=735.11（元）。

【学中做·业务题】某公司2023年7月5日与华银科技公司签订合同，约定向华银科技公司销售一批直饮机，其不含税价格60万元，同时约定华银科技公司7月20日前需支付全部价税款，否则华银科技公司需支付3万元的违约金。7月15日按照合同约定国华电器股份有限公司向华银科技公司发货，但由于华银科技公司资金出现问题，7月25日才付款，共支付货款60万元、增值税7.8万元、违约金3万元。该公司的账务处理如下。

借：银行存款 708000

　　贷：主营业务收入——直饮机 600000

　　　　应交税费——应交增值税（销项税额）78000

　　　　营业外收入 30000

【正确答案】

违约金属于增值税价外费用，没有计算销项税额，存在税务风险。按照规定，价外费用为含税收入应并入销售额，计算销项税额。因此，销项税额增加=30000/1.13×0.13=3451.33（元）。税金及附加相应增加=3451.33×（7%+3%+2%）=414.16（元）。应调账。

【任务实施】

根据企业所得税评估分析指标计算公式，2019年至2021年企业所得税评估分析指标计算结果如表9-19、表9-20所示。

表9-19　企业所得税评估分析指标计算结果

项目	2021年	2020年	2019年
营业收入税收负担率	0.20%	0.30%	0.23%
经营活动现金流出税负率	0.18%	0.24%	0.21%
企业所得税税收负担率	34.10%	0.00%	23.82%
利润税负率	31.17%	0.00%	23.75%

续表

项目	2021年	2020年	2019年
应纳税所得额变动率	—	−100.00%	—
所得税贡献率	0.14%	0.00%	0.28%
所得税贡献变动率	—	−100.00%	—
所得税负担变动率	—	−100.00%	—

表9-20　2020年偏离度计算结果

项目	指标值	预警值	偏离度
营业收入税收负担率	0.30%	2.45%	−87.74%
经营活动现金流出税负率	0.24%	2.19%	−89.11%
企业所得税税收负担率	0.00%	24.25%	−100.00%

分析计算结果：从计算结果可以看出，企业2020年以上三个指标偏离行业预警值，可能存在少计应纳税额等问题。

【任务总结】

本任务主要学习了税务风险通用指标计算与分析、指标配比与分析、增值税评估分析指标及使用方法、企业所得税评估分析指标及使用方法、税务风险管理实例等内容，重点掌握税务风险指标计算、分析与管控。

【职业素养提升】

2022年影响中国会计人员的十大信息技术分别是：财务云、会计大数据分析与处理技术、流程自动化（RPA和IPA）、中台技术（数据、业务、财务中台等）、电子会计档案、电子发票、在线审计与远程审计、新一代ERP、在线与远程办公、商业智能（BI）。2022年五大潜在影响技术排名分别是：金税四期与大数据税收征管、业财税融合与数据编织、大数据多维引擎与增强分析、机器人任务挖掘与智能超级自动化、分布式记账与区块链审计。

2023年影响中国会计行业的十大信息技术分别是：①数电发票；②会计大数据分析与处理技术；③财务云；④流程自动化；⑤电子会计档案；⑥中台技术；⑦新一代ERP；⑧数据治理技术；⑨商业智能（BI）；⑩数据挖掘。2023年五大潜在影响技术排名分别是：①生成式人工智能(AIGC)；②大数据多维引擎与增强分析；③AI信任、风险和安全管理；④多模态预训练大模型；⑤自适应人工智能。（来源：上海国家会计学院）

在大数据技术环境下，企业各项税务工作均在税务关机的监控下，如何做好企业税务风险管控，是未来财税人员的工作重心，也是为企业创造价值的一项重要工作，谈谈做好企业财税风险管控的合理化建议。

【岗课赛证融通测评】

【知识技能评价】

知识技能评价表

业务能力	评价内容	评价结果	改进措施
税务风险指标计算	1.通用指标及功能 2.指标的配比分析 3.增值税评估分析指标及使用方法 4.企业所得税评估分析指标及使用方法	□A □B □C □A □B □C □A □B □C □A □B □C	1. 2. 3.
税务风险管理实例	1.增值税 2.企业所得税	□A □B □C □A □B □C	1. 2. 3.
说明：在□中打√，A掌握，B基本掌握，C未掌握			
任课教师评语：			
成绩：		任课教师签字：	

任务二　税收筹划实务

【任务情景】

【任务资料】某公司在销售空调的同时，负责空调的安装，2023年公司产品销售情况如表9-21所示。随着安装业务量的增加，公司考虑是否需要单独成立安装公司，对两种方案进行对比。

方案一：成立一家独立的公司承接空调的安装业务，以包含安装费用的销售价格对外销售产品，但销售产品和安装业务分别核算。

方案二：不设立独立的安装公司，继续按照包含安装费用的销售价格对外销售产品。

表9-21　2023年公司产品销售情况　　单位：元

产品	销售数量/台	销售单价（含税）	销售金额（含税）	含安装费单价（含税）	含安装费销售金额（含税）
挂机空调QC174	1600	3616	5785600	3816	6105600
挂机空调MC135D	3200	3280	10496000	3480	11136000
2P柜机空调	2400	3680	8832000	3980	9552000
3P柜机空调	1500	6380	9570000	6780	10170000
10P柜机空调	200	22600	4520000	23600	4720000
合计	8900		39203600		41683600

假设公司产品毛利率 20%，安装一个挂机空调的成本是 150 元，安装一个 2P 柜机空调的成本是 240 元，安装一个 3P 柜机空调的成本是 360 元，安装一个 10P 柜机空调的成本是 800 元，不考虑其他费用（假设忽略成立公司的开办费用等）。

说明：本业务只考虑增值税销项税额、税金及附加、企业所得税。

任务要求：从利润最大化原则角度，选择最优方案。

【思维导图】

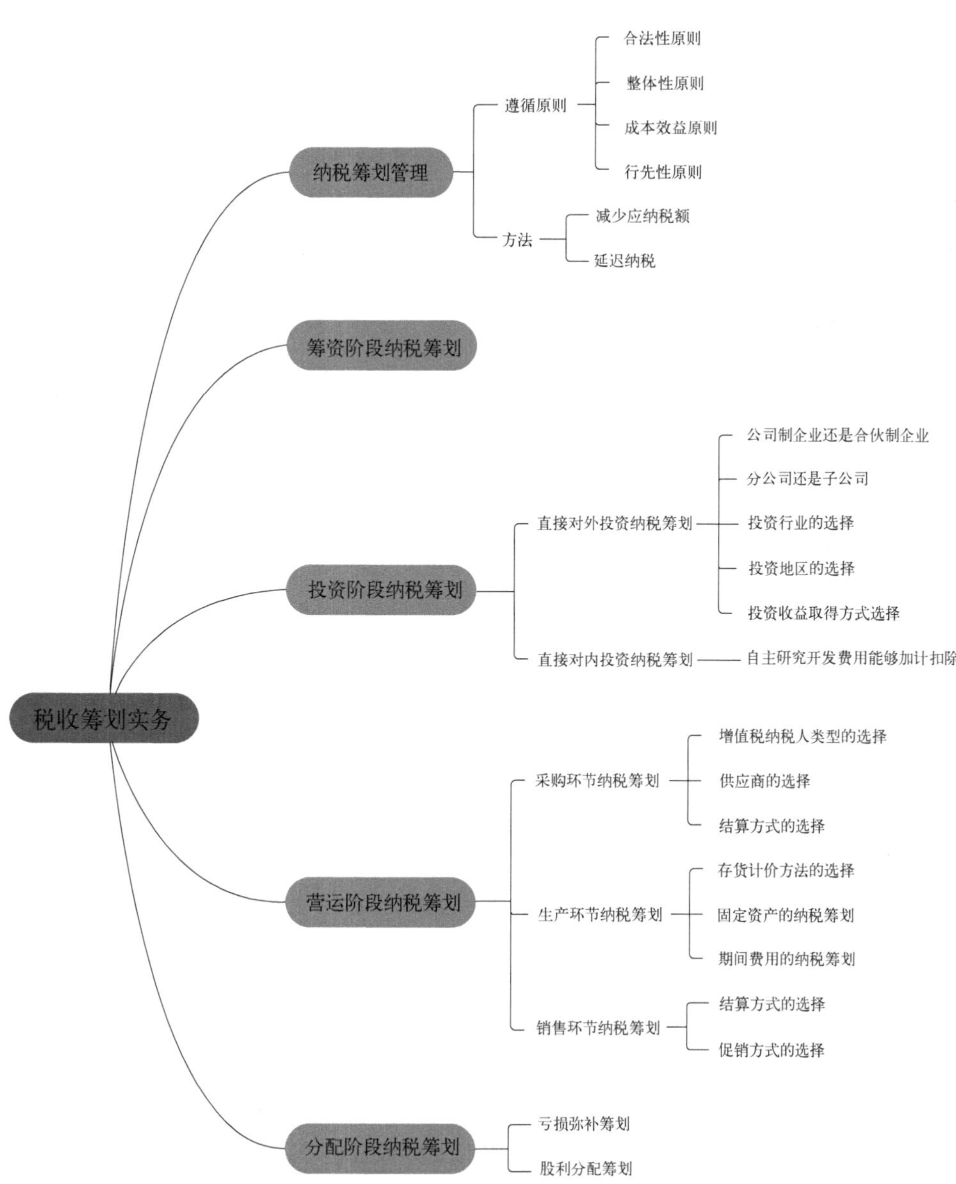

【知识准备】

一、纳税筹划管理

纳税筹划是指在纳税行为发生之前，在不违反税法及相关法律法规的前提下，对纳税主体的投资、筹资、营运及分配行为等涉税事项作出事先安排，纳税筹划的外在表现是降低税负和延期纳税。

企业的纳税筹划必须遵循以下原则：合法性原则（时刻关注国家税收法律法规和税收优惠政策）、整体性原则（谋求整体税负的降低）、成本效益原则（选择净收益最大的方案）、行先性原则（在纳税义务发生前谋划）。

纳税筹划的方法主要包括：①减少应纳税额。企业可以通过利用税收优惠政策（包括免税政策、减税政策、退税政策、税收扣除政策、税率差异政策、分劈技术等）和转让定价来实现减少应纳税额的目标。②延迟纳税。利用会计处理方法进行递延纳税，主要包括存货计价方法的选择和固定资产折旧的纳税筹划等。

二、筹资阶段纳税筹划

企业筹资阶段，因内部筹资无筹资费用，股东无须承担双重税负，因此内部筹资可以减轻股东税收负担。内部筹资一般不能满足企业全部资金需求，企业还需要进行外部筹资。使用负债外部筹资的利息在计算应纳税所得额时可以税前扣除，能降低企业税收负担。但是负债筹资会带来较高的财务风险，要权衡利弊，控制好资本结构，同时确保总资产报酬率（息税前）大于债务利息率。

三、投资阶段纳税筹划

1. 直接对外投资纳税筹划

纳税人可以在投资组织形式、投资行业、投资地区和投资收益取得方式的选择上进行筹划。

（1）公司制企业还是合伙制企业

公司制企业存在双重纳税问题，企业营业利润要缴纳企业所得税，税后利润发放给股东，股东要缴纳个人所得税。合伙制企业各个合伙人只就分的合伙收益缴纳个人所得税。

（2）分公司还是子公司

子公司需要独立申报缴纳企业所得税，分公司由总公司汇总计算缴纳企业所得税。应根据企业分支机构可能存在的盈亏情况、税率差别等因素来决定分支机构的设立形式，以合法、合理地降低税收负担。

【学中做 · 分析题】甲公司是一家知名企业，2023 年准备在其他城市开设 20 家分店，由于都是新成立，初步预算这 20 家店每家利润不到 100 万元。要求计算并分析甲公司是设立分公司还是设立子公司对企业发展更有利。不考虑应纳税所得额的调整因素，企业所得税税率为 25%。

【正确答案】

若是设立分公司，由于企业所得税需要汇总纳税，汇总后超过了小型微利企业标准，没法享受小微企业税收优惠，需要按照 25% 缴纳企业所得税。20 家店合计应纳企业所得税 =20×100×25%=500（万元）。

若是设立子公司，由于每家店不论从人员人数、资产总额还是应纳税所得额看，都符合小型微利企业标准，可以享受小微企业税收优惠，需要按照 5% 税负缴纳企业所得税。20 家店合计应纳企业所得税 =20×100×5%=100（万元），节税 =500−100=400（万元）。

纳税筹划的要点是分支机构能否享受小型微利企业税率优惠政策。

【学中做 · 分析题】甲公司是一家知名企业，2023 年准备在其他城市开设 A 分店，由于是新成立，未来三年内，初步预算 A 分店可能处于亏损状态，预计第一年亏损 400 万元，同年总部将盈利 800 万元。要求计算并分析甲公司是设立分公司还是设立子公司对企业发展更有利。不考虑应纳税所得额的调整因素，企业所得税税率为 25%。

【正确答案】

假设采取分公司形式设立 A 分店，则企业总部应缴所得税为 =（−400+800）×25%=100（万元）。

假设采取子公司形式设立 A 分店，则企业总部应缴所得税 =500×25%=125（万元），A 分店当年亏损所以不需要缴纳所得税，其亏损额需留至下一年度税前弥补。

通过上述分析可知，如果将 A 分店设立为分公司，则 A 分店的亏损在发生当年就可以由公司总部弥补，与设立为子公司相比较，甲公司获得了提前弥补亏损的税收利益；如果将 A 分店设立为子公司形式，则其经营初期的亏损只能由以后年度的盈余弥补。此外，由于预计在未来 3 年内，A 分店可能都会面临亏损，如果将其设立为子公司，A 分店面临着不能完全弥补亏损的风险，可能会失去亏损弥补的抵税收益。因此，将 A 分店设立为分公司对甲公司更为有利。

（3）投资行业的选择

应选择税收负担较轻的行业，比如国家重点扶持的高新技术企业（企业所得税税率 15%）、技术先进型服务企业（企业所得税税率 15%）、投资创业投资企业可以按投资额的 70% 抵扣应纳税所得额。

（4）投资地区的选择

选择在西部地区投资属于国家鼓励类产业企业，企业所得税税率 15%。在海外投资时，选择税收优惠较多的国家进行投资。

（5）投资收益取得方式选择

以股息红利方式取得可以免税，以资本利得方式取得投资收益需要缴纳企业所得税。

2. 直接对内投资纳税筹划

自主研究开发费用能够加计扣除。企业为开发新技术、新产品、新工艺发生的研究开发费用，未形成无形资产计入当期损益的，在按照规定据实扣除的基础上，按照研究开发费用的50%加计扣除；形成无形资产的，按照无形资产成本的150%摊销。企业开展研发活动中实际发生的研发费用，未形成无形资产计入当期损益的，在按规定据实扣除的基础上，自2023年1月1日起，再按照实际发生额的100%在税前加计扣除；形成无形资产的，自2023年1月1日起，按照无形资产成本的200%在税前摊销。

四、营运阶段纳税筹划

微课－税收筹划实务操作

1. 采购环节纳税筹划

采购环节主要影响增值税进项税额。

（1）增值税纳税人类型的选择

增值税一般纳税人以不含税的增值额为计税基础，小规模纳税人以不含税销售额为计税基础，在销售价格相同的情况下，税负的高低主要取决于增值率的大小。一般来说，增值率高的企业，适宜作为小规模纳税人；反之，适宜作为一般纳税人。当增值率达到某一数值时，两类纳税人的税负相同，这一数值被称为无差别平衡点增值率。

【学中做·计算题】设X为增值率，S为不含税销售额，P为不含税购进额，假定一般纳税人适用的增值税税率为a，小规模纳税人的征收率为b，试求解无差别平衡点增值率。

【正确答案】

（1）无差别平衡点增值率计算过程

设X为增值率，S为不含税销售额，P为不含税购进额，假定一般纳税人适用的增值税税率为a，小规模纳税人的征收率为b，则：

增值率 $X=(S-P)\div S$

一般纳税人应纳增值税 $=S\times a-P\times a=X\times S\times a$

小规模纳税人应纳增值税 $=S\times b$

令 $X\times S\times a=S\times b$

得到不含税平衡点 $X=b/a$

含税平衡点 $X=b\times1.13$（或1.09或1.06）$/a\times1.03$

无差别平衡点增值率计算结果如表9-22所示。

表9-22 无差别平衡点增值率

一般纳税人适用税率(a)	小规模纳税人征收率(b)	不含税平衡点增值率（$X=b/a$）
13.00%	3.00%	23.08%
9.00%	3.00%	33.33%
6.00%	3.00%	50.00%
一般纳税人适用税率($a\times1.03$)	**小规模纳税人征收率($b\times1.13/1.09/1.06$)**	**不含税平衡点增值率**
13.39%	3.39%	25%
9.27%	3.27%	35%
6.18%	3.18%	51%

（2）结论如下：由以上计算可知，一般纳税人与小规模纳税人的不含税无差别平衡点的增值率为 *b*/*a*，当一般纳税人适用的增值税税率为 13%，小规模纳税人的征收率为 3% 时，所计算出的无差别平衡点增值率为 23.08%。若企业的增值率等于 23.08%，选择成为一般纳税人或小规模纳税人在税负上没有差别，其应纳增值税额相同。若企业的增值率小于 23.08%，选择成为一般纳税人税负较轻；反之，选择小规模纳税人较为有利。

举例说明如下：A 商品一般纳税人适用的增值税税率为 13%，小规模纳税人的征收率为 3%。假设甲增值税纳税人 2019 年 6 月购进 A 商品不含税价格为 14500 元，当月实现的不含税销售额为 20000 元。不考虑其他因素，计算甲公司经销 A 商品的增值率，甲公司适宜选择作哪类纳税人？

因无差别平衡点增值率 =3%/13%=23.08%。甲公司经销 A 商品的增值率 =(20000−14500)/20000=27.5%，高于无差别平衡点增值率，则一般纳税人税负重于小规模纳税人税负，甲公司适宜选择作小规模纳税人。

（2）供应商的选择

一般纳税人从一般纳税人处采购的货物，增值税进项税额可以抵扣。一般纳税人从小规模纳税人处采购的货物，增值税不能抵扣（自开专票或由税务机关代开的除外）。为了弥补购货人的损失，小规模纳税人有时会在价格上给予优惠。在选择购货对象时，要综合考虑由于价格优惠所带来的成本的减少和不能抵扣的增值税带来的成本费用的增加。

【学中做·分析题】甲企业为生产并销售 A 产品的增值税一般纳税人，适用的增值税税率为 13%。现有 X、Y、Z 三个公司可以为其提供生产所需原材料，其中 X 为一般纳税人，且可以提供增值税专用发票，适用的增值税税率为 13%；Y 为小规模纳税人，可以委托税务机关开具增值税税率为 3% 的发票；Z 为个体工商户，开具普通发票。X、Y、Z 三家公司提供的原材料质量无差别，所提供的每单位原材料的含税价格分别为 90.4 元、84.46 元和 79 元。A 产品的单位含税售价为 113 元，假设城市维护建设税税率为 7%，教育费附加税率为 3%。

任务要求：从利润最大化角度考虑甲企业应该选择哪家企业作为原材料供应商。

【正确答案】

A 产品的不含税单价 = 113÷（1+13%）= 100（元）；每单位 A 产品的增值税销项税额 = 100×13% = 13（元）；由于甲企业的购货方式不会影响到企业的期间费用，所以在以下计算过程中省略期间费用。

（1）从 X 处购货：单位成本 = 90.40÷（1+13%）= 80（元）；可以抵扣的增值税进项税额 = 80×13% = 10.40（元）；应纳增值税 = 13−10.40 = 2.60（元）；税金及附加 = 2.60×（7%+3%）= 0.26（元）；单位产品税后利润 =（100−80−0.26）×（1−25%）= 14.805（元）。

（2）从 Y 处购货：单位成本 = 84.46÷（1+3%）= 82（元）；可以抵扣的增值税进项税额 = 82×3% = 2.46（元）；应纳增值税 = 13−2.46 = 10.54（元）；税金及附加 = 10.54×

（7%+3%）= 1.054（元）；单位产品税后利润 =（100−82−1.054）×（1−25%）= 12.7095（元）。

（3）从 Z 处购货：单位成本 = 79 元；可以抵扣的增值税进项税额 = 0；应纳增值税 = 13 元；税金及附加 = 13×（7%+3%）= 1.3（元）；单位产品税后利润 =（100−79−1.3）×（1−25%）= 14.775（元）。

由上可知，在一般纳税人处购买原材料所获利润最大，所以应该选择 X 公司作为原材料供应商。

（3）结算方式的选择

赊购不仅可以获得推迟付款的好处，还可以在赊购当期抵扣进项税额，在赊购、现金、预付三种购货方式的价格无明显差异时，尽可能选择赊购方式。

2. 生产环节纳税筹划

（1）存货计价方法的选择

企业预计长期盈利或处于非税收优惠期间，为了少交税，就要想办法让利润降到最低，从而要选择本期发出存货成本较大的计价方法；企业预计亏损或处于减税、免税等税收优惠期间，就要利用亏损弥补的政策以及减免税的政策，尽量使利润较大，因此要选择使本期发出存货成本较小的计价方法。

（2）固定资产的纳税筹划

如果预期企业较长时期盈利，新增固定资产入账价值尽可能低，尽可能在当期扣除相关费用，同时，尽量缩短折旧年限或采用加速折旧法；如果属于亏损企业和享受税收优惠的企业，合理预计企业的税收优惠期间或弥补亏损所需年限，采用适当的折旧安排，尽量在税收优惠期间和亏损期间少提折旧，以达到抵税收益最大化。

（3）期间费用的纳税筹划

企业在生产经营过程中所发生的费用和损失，只有部分能够计入所得税扣除项目，且有些扣除项目还有限额规定。例如企业发生的招待费支出，按照发生额的 60% 扣除，但最高不得超过当年销售收入的 5‰。因此，企业应该严格规划招待费的支出时间，对于金额巨大的招待费，争取在两个或多个会计年度分别支出，从而使扣除金额最多。

3. 销售环节纳税筹划

（1）结算方式的选择

不同销售结算方式中纳税义务的发生时间不同，这为企业进行纳税筹划提供了可能。如：分期收款结算方式以合同约定日期为纳税义务发生时间；委托代销商品方式下，委托方在收到销货清单时确认销售收入，产生纳税义务。销售结算方式的筹划应在税法允许的范围内，尽量采取有利于本企业的结算方式。

（2）促销方式的选择

如果销售额和折扣额在同一张发票上注明，可以以销售额扣除折扣额后的余额作为计税金额，减少企业的销项税额。从税负角度考虑，企业应选择使净现金流量最大的促销方式。

五、分配阶段纳税筹划

1. 亏损弥补筹划

当企业发生亏损后，纳税筹划的首要任务是增加收入或减少可抵扣项目，使应纳税所得额尽可能多，以尽快弥补亏损，获得抵税收益。例如，可以利用税法允许的资产计价和摊销方法的选择权，少列扣除项目和扣除金额，使企业尽早盈利以及时弥补亏损。

2. 股利分配筹划

自然人投资者持股期限超过 1 年，股息红利所得暂免征收个人所得税；持股期限在 1 个月以内（含 1 个月），股息红利所得全额计入应纳税所得额；持股期限在 1 个月以上至 1 年（含 1 年），暂减按 50% 计入应纳税所得额。股票转让所得收益，不征收个人所得税，但投资个人在股票交易时需承担成交金额 1‰的印花税。

投资企业（无论是否为居民企业）从居民企业取得的股息等权益性收益所得只要符合相关规定都可享受免税收入待遇；投资企业通过股权转让等方式取得的投资收益需要计入应纳税所得额，按企业适用的所得税税率缴纳企业所得税。

【任务实施】

【解答】

（1）这个纳税筹划的要点是选择混合销售还是兼营行为。

（2）方案一成立一家独立的公司承接空调的安装业务，以包含安装费用的销售价格对外销售产品，但销售产品和安装业务分别核算，那么方案一的安装业务和销售产品属于兼营行为，安装费适用税率 9% 计算销项税额，销售产品业务适用税率 13% 税率计算销项税额。税后利润计算过程如下：

① 营业收入 = 39203600/1.13+（41683600−39203600）/1.09 = 36968680.69（元）；

② 营业成本 = 39203600/1.13×（1−20%）+1600×150+3200×150+2400×240+1500×360+200×800 = 29750761.06（元）；

③ 应纳增值税税额 = 39203600/1.13×0.13+（41683600−39203600）/1.09×0.09= 4714919.31（元）；

④ 税金及附加 =4714919.31×（7%+3%+2%）= 565790.32（元）；

⑤ 毛利 = 36968680.69−29750761.06 = 7217919.62（元）；

⑥ 利润总额 = 7217919.62−565790.32 = 6652129.31（元）；

⑦ 应纳企业所得税税额 = 6652129.31×0.25 = 1663032.33（元）；

⑧ 税后利润 = 6652129.31−1663032.33 = 4989096.98（元）。

（3）方案二不设立独立的安装公司，继续按照包含安装费用的销售价格对外销售产品，属于混合销售行为，按主业缴纳增值税。公司的主业是销售货物，故安装费收入应当按照 13% 税率计算销项税额。税后利润计算过程如下：

① 营业收入 = 41683600/1.13 = 36888141.59（元）；

② 营业成本 = 39203600/1.13×（1−20%）+1600×150+3200×150+2400×240+1500×

360+200×800 = 29750761.06（元）；

③ 应纳增值税税额 = 41683600/1.13×0.13 = 4795458.41（元）；

④ 税金及附加 = 4795458.41×（7%+3%+2%）= 575455.01（元）；

⑤ 毛利 = 36888141.59−29750761.06 = 7137380.53（元）；

⑥ 利润总额 = 7137380.53−575455.01 = 6561925.52（元）；

⑦ 应纳企业所得税税额 = 6561925.52×0.25 = 1640481.38（元）；

⑧ 税后利润 = 6561925.52−1640481.38 = 4921444.14（元）。

（4）方案一比方案二税后利润大 4989096.98−4921444.14 = 67652.84（元）。按照利润最大化原则，应选择方案一。

【任务总结】

本任务主要学习了税收筹划的含义、原则和方法，税收筹划在筹资阶段、投资阶段、营运阶段、分配阶段的纳税筹划方法和税收筹划实例等内容，重点掌握税收筹划方法，能够进行税收筹划为企业创造价值。

【职业素养提升】

财政部于 2023 年 1 月 12 日制定印发了《会计人员职业道德规范》，这是我国首次制定全国性的会计人员职业道德规范。根据新闻报道中财政部会计司有关负责人的介绍，此次制定的规范，将新时代会计人员职业道德要求总结提炼为三条核心表述，即“坚持诚信，守法奉公”“坚持准则，守责敬业”“坚持学习，守正创新”。该规范提出“三坚三守”，强调会计人员“坚”和“守”的职业特性和价值追求，是对会计人员职业道德要求的集中表达，推进会计诚信体系建设，提高会计人员职业道德水平。会计人员职业道德规范具体内容如下。

（1）坚持诚信，守法奉公。牢固树立诚信理念，以诚立身、以信立业，严于律己、心存敬畏。学法知法守法，公私分明、克己奉公，树立良好职业形象，维护会计行业声誉。

（2）坚持准则，守责敬业。严格执行准则制度，保证会计信息真实完整。勤勉尽责、爱岗敬业，忠于职守、敢于斗争，自觉抵制会计造假行为，维护国家财经纪律和经济秩序。

（3）坚持学习，守正创新。始终秉持专业精神，勤于学习、锐意进取，持续提升会计专业能力。不断适应新形势新要求，与时俱进、开拓创新，努力推动会计事业高质量发展。

结合税收筹划学习内容，谈谈税收筹划工作体现了哪些会计职业道德规范。

【岗课赛证融通测评】

任务二岗课赛证融通测评

【知识技能评价】

知识技能评价表

业务能力	评价内容	评价结果			改进措施
税收筹划实务	1. 纳税筹划管理	□A	□B	□C	
	2. 筹资阶段纳税筹划	□A	□B	□C	1.
	3. 投资阶段纳税筹划	□A	□B	□C	2.
	4. 营运阶段纳税筹划	□A	□B	□C	3.
	5. 分配阶段纳税筹划	□A	□B	□C	
说明：在□中打√，A掌握，B基本掌握，C未掌握					
任课教师评语：					
成绩：		任课教师签字：			

【项目检测】

主观题－大数据税务风险管理与税收筹划

参文考献

[1] 梁伟样. 税费计算与申报. 5版. 北京：高等教育出版社，2022.
[2] 财政部会计资格评价中心. 经济法基础. 北京：经济科学出版社，2022.
[3] 财政部会计资格评价中心. 初级会计实务. 北京：经济科学出版社，2022.
[4] 全国税务师职业资格考试教材编写组. 税法（Ⅰ）. 北京：中国税务出版社，2023.
[5] 全国税务师职业资格考试教材编写组. 税法（Ⅱ）. 北京：中国税务出版社，2023.
[6] 全国税务师职业资格考试教材编写组. 涉税服务实务. 北京：中国税务出版社，2023.
[7] 中国注册会计师协会. 税法. 北京：中国财政经济出版社，2023.
[8] 侯永斌，正保会计网校. 经济法基础应试指南. 上海：上海交通大学出版社，2022.
[9] 刘丹，正保会计网校. 税法（Ⅰ）应试指南. 北京：中国税务出版社，2023.
[10] 杨军，正保会计网校. 税法（Ⅱ）应试指南. 北京：中国税务出版社，2023.
[11] 奚卫华，正保会计网校. 涉税服务实务应试指南. 北京：中国税务出版社，2023.
[12] 奚卫华，正保会计网校. 税法应试指南（上下册）. 北京：中国税务出版社，2023.